绿杜文库

见珍于世

香烟股份有限公司

CIGARETTES, INC.

Nan Enstad

An Intimate History Of Corporate Imperialism

[美] 楠·恩斯塔德 著

王晶 译

1870—1930

中美烟草贸易研究

NEWSTAR PRESS
新星出版社

CIGARETTES, INC.: An Intimate History of Corporate Imperialism by Nan Enstad
Licensed by The University of Chicago Press, Chicago, Illinois, U.S.A.
© 2018 by The University of Chicago.
Simplified Chinese translation copyright © 2024 New Star Press Co., Ltd.
All rights reserved.

图书在版编目（CIP）数据

香烟股份有限公司：1870—1930 中美烟草贸易研究 /（美）楠·恩斯塔德著；王晶译 . — 北京：新星出版社，2024. 8. — ISBN 978-7-5133-5708-1

Ⅰ . F752.771.2

中国国家版本馆 CIP 数据核字第 2024EY1174 号

香烟股份有限公司：1870—1930 中美烟草贸易研究
[美] 楠·恩斯塔德 著；王晶 译

责任编辑	赵清清
责任校对	刘 义
责任印制	李珊珊
装帧设计	冷暖儿

出 版 人	马汝军
出版发行	新星出版社
	（北京市西城区车公庄大街丙 3 号楼 8001　100044）
网　　址	www.newstarpress.com
法律顾问	北京市岳成律师事务所
印　　刷	北京美图印务有限公司
开　　本	660mm×970mm　1/16
印　　张	23.25
字　　数	310 千字
版　　次	2024 年 8 月第 1 版　2024 年 8 月第 1 次印刷
书　　号	ISBN 978-7-5133-5708-1
定　　价	78.00 元

版权专有，侵权必究。如有印装错误，请与出版社联系。
总机：010-88310888　　传真：010-65270449　　销售中心：010-88310811

无论何时何地,献给芬恩。

目 录

前言　谁才是对公司重要的人 …………………… 1

序　言 ……………………………………………… 8

第一章　帝国时代的亮叶香烟 …………………… 29

第二章　公司的"赋魅" …………………………… 74

第三章　亮叶烟草关系网 ………………………… 118

第四章　组建跨国香烟厂的劳动力 ……………… 161

第五章　骆驼牌和皇后牌 ………………………… 204

第六章　爵士乐和香烟的亲密舞蹈 ……………… 244

第七章　种族的碰撞 ……………………………… 289

结　论　责任追究 ………………………………… 335

致　谢 ……………………………………………… 345

索　引 ……………………………………………… 350

前言　谁才是对公司重要的人

我们关于商业公司的讨论已经乏善可陈到了不可思议的地步，而这种创意匮乏的原因来自公司的结构本身。这个观点正是我写这本书的基石。这个问题可以归纳为："谁才是对公司重要的人？"[1] 至少在过去的几百年里，评论家们已经指出，商业公司的组织结构设定了归属边界，将公司成员限制在股东和董事会这个群体内。这种结构意味着公司唯一不变的法则就是为股东赚钱，而员工、消费者以及环境的利益，只有在财务报表中以"成本"的方式出现时，公司才会想起。股东才是最重要的，至于所谓利益相关者，除非采取某种改革措施使他们发挥作用，否则正如其字面意思，"利益相关者"也是人微言轻。工会和各种监管机构使"其他"利益变得重要，但这些利益仍然来自公司外部。事实上，这种利益通常被称为"外部利益"。近年来，一味追求股东利润最大化的观念不断升温，导致监管机构和工会的权力被不断削弱。包括经理在内的员工不论对公司而言是多么不可或缺，也不管他们其实才是真正创造商品和

---

[1] John D. Kelly, "Who Counts? Imperial and Corporate Structures of Governance, Decolonization and Limited Liability," in *Lessons of Empire: Imperial Histories and American Power*, ed. Craig Calhoun et al. (New York: New Press, 2006), 157–174.

利润的人，只要他们没购买股票，就并非真正的公司成员。**1**

谁在公司中举足轻重，也影响着谁会在公司青史留名。虽然对公司权力结构持批评观点的不乏其人，但几十年前劳工这一群体就已被公司历史远远排除在外了，这反映出劳工不过是局外之人。这种类似对劳工的无视也适用于很多其他群体。随着婴儿潮一代的成年，美国社会也迎来繁荣发展，但这些人中的有色人种、女性、移民、性少数群体（LGBT）、员工和消费者的卓越成就通常不会被归入公司历史，即使经济活动才是故事中的核心元素。如此催生的众多新现象促使历史学家去研究不断变化的民族归属边界，这里的边界既包括文字上的也包括意识形态上的，但公司的边界却似乎静止不变。历史学家如今已经认同一个国家不能只看到总裁和政客的主张，但仍然很难承认一个公司也不只有商人和官僚。

本书讲述了一个关于公司赋权的新故事，它植根于一个简单的前提：跨国商业巨头，尤其是在烟草行业的辉煌，是由无数普通人的日常行为和努力铸就的。我的研究从一个由几百名白人组成的团体开始，这个团体来自实行种族隔离的美国南部，他们在 1905 年至 1937 年间前往中国创建烟草企业，为英美烟草公司 **2**（British American Tobacco Company，BAT）建造中国分公司。在这项人数众多的尝试中，一些人得以晋升管理层，但大多数都是来自农村、第一次离开家园的底层工人。

---

1 人们对公司权力的批判由来已久，且内容广泛，包括金融工具在以下方面担任的越来越重要的角色：改变公司结构和目的、所有权和管理层的划分、法人人格的变化、公司社会责任、工人在公司管理中的边缘化等。尽管如此，由于缺少对公司认知的拓宽，这种批判在我们当代的公共对话中却越来越少见。若想稍作了解，可见 Adolf Berle and Gardiner Means, *The Modern Corporation and Private Property* ([1933] New Brunswick, N.J.: Transaction Publishing, 1991); Martin J. Sklar, *The Corporate Reconstruction of American Capitalism, 1890–1916: The Market, the Law, and Politics* (London: Cambridge University Press, 1988), 49–50; Naomi R. Lamoreaux, *The Great Merger Movement in American Business, 1895–1904* (London: Cambridge University Press, 1988); Naomi R. Lamoreaux and William J. Novak, eds., *Corporations and American Democracy* (Cambridge: Harvard University Press, 2017); William G. Roy, *Socializing Capital: The Rise of the Large Industrial Corporation in America* (Princeton: Princeton University Press, 1997).

2 相关研究领域中的过往出版物多把该公司名称译为"英美烟公司"。为符合当下阅读习惯，本书将其译为"英美烟草公司"。——编者注从他们的经历中，我追踪了中国和美国之间相互联系和相互影响的过程，勾勒出两国香烟业迅速崛起的新历史图景。在本书中读者不仅能看到商业决策，还能看到来自美、中、英三国的企业家、经理、经销商、工厂工人、农民、佣人、妻子、性工作者、广告商、爵士音乐家和消费者这样一个跨国群体所经历的生活。[1] 这个跨国公司正是在这样的环境中创办的。

我在着手开展这个课题的时候，从历史上关于公司权力的辩论中获得了灵感，这些辩论已然十分接近公司归属的边界问题，只是今日已看不到这样的讨论了。20世纪50年代，许多评论人士试图提出一种统筹公司成员资格和管理的方法，以赋予更多利益相关者权利。著名法律学者艾布拉姆·查耶斯（Abram Chayes）曾建议："一个更宽泛的（公司）'成员'概念，以及一个更接近真实公司生活的概念，应包括那些与公司关系足够密切的人或以足够专业的方式被公司管理的人。（他们理应）参与公司权力行使的相关决策。"[2] 查耶斯提醒我们，公司不仅是一个法律和金融机构，也是一个雇用和影响许多人的社会组织。修改公司的管理流程非我能力所及，但改变历史书中（关于公司归属）的界限操作起来相对简单。在查耶斯的"公司成员"（corporate membership）概念的基础上，衍生了一种更贴近"真实公司生活"（the facts of corporate life）

---

[1] 因此，我收集了各种各样的档案，以便深入研究企业中各种角色及其日常行为。我与科里·格雷夫斯一起，对前美国烟草公司的非洲裔美国人和白人工人进行了口述史研究。我还查阅了南方工人、去中国的白领员工和中国工人的口述历史档案。我深入研究了企业各级员工的文化实践，尤其关注食物、爵士乐和舞蹈，以及棒球。同样重要的还有，在中国的美国白领的私人信件、回忆录和照片，中国商人的个人纪念品，还有工会记录，这些资料让我可以研究生活伴侣、雇主和仆人、商人和职业舞女之间的密切关系。有了这些信息来源、公司记录、公共关系记录和政府调查记录都可能被推翻。

[2] Abram Chayes, "The Modern Corporation and the Rule of Law," in The Corporation in Modern Society, ed. Edward S. Mason (Cambridge: Harvard University Press, 1959), 19–22; Ann Laura Stoler, "Tense and Tender Ties: The Politics of Comparison in North American History and (Post) Colonial Studies," *Journal of American History* 88, no. 3 (December 2001): 829–865; Ramon Gutierrez, "What's Love Got to Do with It?" *Journal of American History* 88, no. 3 (December 2001): 866–869. 斯托勒呼吁历史学家通过奴役、家庭生活和性行为来研究商业帝国里的亲密关系。受到这种思想的影响，我将这两个概念结合在一起，在远大于斯托勒研究领域的范围里研究亲密关系。

的叙事框架，这种框架基于新兴的社会和经济关系网，而不是正式的公司边界。它还改变了公司的原有属性，并使我们看到对公司更狭义的法律定义如何影响了历史的展现，以及如何让我们忽视了经济活动可能发挥的作用。查耶斯所使用的"足够亲密"（sufficient intimacy）这个措辞对我很有启发，因此，我把公司看作一种亲密的、充满生命力的形式，即使香烟这类的产品可能危害健康。

这让我想到了另一个定义的角度：这本书里几乎每个人都吸烟，不管是美国人、中国人还是英国人。读者应该把书中出现的几乎每一个空间都想象成烟雾缭绕的地方，无论是美国、中国还是英国。公司员工不论在公司董事会会议室、部门办公室、工厂卫生间、绅士俱乐部，还是在商店、餐馆、卡巴莱[1]和家里都会吸烟。作为一种个人物品，香烟不仅价格低廉还便于携带，因此成为各级公司文化的一部分。高管和员工获得免费香烟的不同模式塑造了特权和层级制度。烟雾缭绕中，人们开启对话，敲定交易。在我意识到吸烟如此盛行时，两点领悟改变了我的研究方法。首先，人们互相递烟并约着一起吸烟时，无疑营造了亲密的、具有仪式感的氛围，这让我真正意识到：公司中的每个空间和每次交换都是一种文化形态。没有独立于"文化"的"经济形态"，它们的相互关联无处不在。我决定以这样的视角来看待它们。

其次，从公司老板到工厂工人，每个吸烟的人都被香烟极大地威胁着健康，他们和其他消费者一样，因为吸烟而生病或死亡。尽管这个观点显而易见，它还是让我有几分触动，因为它揭示出，把公司权力的代理人和那些受这种权力支配的人截然分开并不那么容易。即使是身居高位的高管，也须承认自己是公司的一员，他们受制于公司的层级制度，享受公司带来的好处，承担公司所面临的风险。在问"谁才是对公司重要的人？"这个问题时，我的出发点是从人性化的角度来看待公司的所有工作人员，包括那些享有特权者，同时，关注公司如何在员工之间

---

[1] 卡巴莱（cabaret），夜间提供歌舞表演的餐馆或者歌舞厅。——译者注。

以及更广泛的社会环境中制造了不平等，进而使人们遭遇痛苦。我并不避讳记录欺骗行为，尤其全球烟草业中也有很多这样的现象，但本书要讲的不是关于加害者和受害者的道德故事。实际上，我必须先加以说明，就烟草行业而言，这种叙事本能有时会限制而不是进一步推进我们对公司权力的伦理批评。

最后，20世纪20年代吸烟率飙升，伴随而来的是毁灭性的健康危机，心脏病、肺气肿和肺癌的发病率均急剧上升，这体现了本书所讲内容的重要性。在美国，几十年来公司对此模糊处理，诉讼纠纷连续不断，最近吸烟率和发病率终于有所下降，但在中国等地，吸烟率继续上升，声势浩大的香烟营销从未停歇——目前，仅在中国就有3.5亿人吸烟。这段历史起源于美国北卡罗来纳州和弗吉尼亚州这片小地方，后来演变成一段围绕公司资本主义展开的全球性历史叙事，其中充斥着权力、享乐和危险。

这本书的确描绘了吸烟的上升趋势，但并不是像医学史那样，把这个故事与越来越多关于吸烟危害的科学证据联系起来。在回顾公司赋权的过程中我发现，20世纪30年代末可以说是这项研究的终止时间，当时用亮叶烟草[1]（bright leaf）制作的香烟在美国、中国以及全球其他地方都已赢得了大量消费者。也正是在这个时候，日本侵华使英美烟草公司的工作变得更加艰难，就在第二次世界大战之前，美国的公司权力格局发生了变化。医学历史上最引人注目的香烟事件发生在第二次世界大战之后，当时经科学证实，香烟的确对健康有害，但美国的香烟公司串通一气混淆了这一事实。幸运的是，最近出版了几本关于第二次世界大战后这段故事的专著。[2] 本书的论述重点是，在实行种族隔离的美国南方和中国的通商口岸之间，烟草行业是如何催生了新的全球公司权力结构。

---

1 据韦伯大词典，亮叶烟草是一种烤制的烟草。这种烟草在烤制后呈浅黄色。——译者注
2 Allan M. Brandt, *The Cigarette Century: The Rise, Fall and Deadly Persistence of the Product that Defined America* (New York: Basic Books, 2007); Robert N. Proctor, *Golden Holocaust: Origins of the Cigarette Catastrophe and the Case for Abolition* (Berkeley: University of California, 2011).

研究和撰写这本书的最大乐趣之一就是深入研究中国历史。作为一名美国历史学家，我从没想过我会因为对公司权力的兴趣以及对英美烟草公司中南方白人的追踪而来到中国。我在中国了解到的远比我想象中更吸引人。虽然读者可以在本书末尾看到致谢部分，但我仍旧需要特别感谢三位中国译者——郭珏、王昊晨和徐詹棋，正是他们的帮助，我才能在上海社会科学院做研究，查阅那里的英美烟草公司中国分公司的记录，并在书中使用一系列中国资料。虽然英美烟草公司中国分公司与美国南方的联系在美国历史上鲜为人知，但中国历史学家对英美烟草公司中国分公司非常熟悉，因为在两次世界大战期间，它是最大和最有影响力的外国公司之一。中国历史学家对英美烟草公司的商业史、劳工史、农业史和广告史做了深入的探究，当然，焦点主要落在中国人身上；外国人对他们的历史也至关重要，但他们很少了解背后的故事。因此，我认为这本书是在探索美国和中国烟草公司的发展，重点关注美国人，但也包括中国人，在一定程度上也包括英国公司员工。如此一来，这本书完全符合"世界上的美国"或"跨国美国历史"的范畴。

本书的每一章都以公司赋权和香烟兴起的不同侧面为主题，各章大致按时间顺序排列。限于篇幅，我无法尽述公司每位"成员"的一生，所以我借用文化史的方式来研究公司成立时的重大地点和时间节点，考察在关键时刻前往一线的人们，以及新的烟草产品、文化/经济体系和价值观（包括市场价值观）是如何确立的。本书将为读者从英国第一个亮叶烟草市场的发展开始讲起，接着是关于在美国公司权力是如何在法律和财务方面获得提升，英美烟草公司如何在中国形成农业种植体系和工厂体系，中国分公司如何形成外国商业文化，大品牌如何在美国和中国崛起，爵士乐和香烟的流通，以及两次世界大战期间中国分公司如何不断修正其组织结构。

通过这一切，我注意到了公司生活中价值与权力之间的关键悖论：创造力、创新力、生产力和利润来自跨国公司的各个角落；但是种族隔离、新赋的公司权力和结构以及帝国主义扩张的野心，这三者之间逐渐形成的关系掩盖了这一事实，过分将其归功于首席执行官和企业家，接受甚至称赞了不民主的公司管理结构。通过这段公司赋权的详尽历史，我邀请读者重新思考，究竟谁才是对公司重要的人。

序　言

1916年，李·帕克（Lee Parker）离开父亲在北卡罗来纳州阿霍斯基（Ahoskie）的烟草农场，来到了中国上海。六十年后，他在回忆录中写道："我刚刚从美国来，受雇于英美烟草公司，负责'让每一个中国男人和女人的嘴里都叼上香烟'。"帕克的父亲供他到维克森林学院读书，希望他毕业后能成为为数不多的白人专业人士（white professional class）的一员。但即使有大学学位，"乡下人也很难找到工作"，帕克回忆说。他听说当地威尔逊市有一位烟草市场的采购员在为中国分公司招聘年轻人，便向自己的兄弟借了五美元前往威尔逊。帕克在烟草仓库当场接受了"半分钟到两分钟"的面试[1]，此后他的人生道路突然转向东方，中国，成为世界上第一家跨国公司的香烟推销员。

1905年至1937年，数百名年轻白人男子从种植烟草的弗吉尼亚州和北卡罗来纳州来到英美烟草公司中国分公司工作，帕克就是其中之一。正是在这段时间里，全世界的香烟消费量急剧上升。美国南方人占据了公司每个部门的管理职位。理查德·亨利·格雷戈里（Richard Henry Gregory）来自北卡罗来纳州格兰维尔县，负责管理农业部门，美国南方人就是通过这个部门向中国农民介绍亮叶烟草和烤制（curing）系统的。

---

[1] Lee Parker, interview by Burton Beers, June 1980, transcript, Kessler Papers, Southern Historical Collections, Manuscripts Department, University of North Carolina, Chapel Hill.

20世纪20年代，来自北卡罗来纳州罗利的艾维·里迪克（Ivy Riddick）管理着上海的大型香烟厂，那个时期爆发了大型罢工事件和反帝国主义的抗议活动。詹姆斯·N. 乔伊纳（James N. Joyner）出生于北卡罗来纳州的戈德斯伯勒（Goldsboro），1912年至1935年在中国从事销售工作，是两大销售部门的负责人。在英美烟草公司中国分公司快速扩张的数年里[1]，来自北卡罗来纳州里兹韦尔（Reidsville）的詹姆斯·A. 托马斯（James A. Thomas）是负责中国业务的"一把手"。每个管理人员的背后都站着几十个普通员工，他们大多是来自农村的南方白人，为中国分公司工作一个合约期（4年）或多个合约期；在其运营期间，曾有数百名美国南方人来到中国。

这些人处在一个巨大的关系网之中，这个关系网把来自美国南部偏北地区亮叶烟草产区的白人男性挑选出来，让他们进入美国和中国的新兴企业。这些人的父亲、兄弟和表兄弟则留在美国，在当地同时兴起的香烟公司从事类似的工作。要想成为这个跨国关系网的一员，必须是白人男性，并与亮叶烟草的种植、烘烤、拍卖或生产有一定联系。重要的不是这个人知道什么，而是他认识谁，因为对于那些有亲属从事烟草贸易的人而言，即使他没有接受过任何特别的培训，也没有什么经验，仍旧可以进入这个行业。这个关系网起到了管理系统的作用，它协调了美国和中国白领经理的聘用和安置问题；它与董事会一样，构成了跨国烟草公司的结构基石，更重要的是，甚至影响了日常决策和企业文化。

在此之前，我们没有听说过那些通过亮叶烟草关系网来到中国的人的经历，部分原因是这些南方农村人似乎不太可能是全球资本家。他们大多数在踏上中国的长途旅行之前从未离开过自己的家乡。对于来自农村的大多数人来说，上海是他们见过的最现代化、最国际化的地方。总

---

1 Richard Henry Gregory Papers, James A. Thomas Papers, David M. Rubenstein Rare Book and Manuscript Library, Duke University; Ivy Riddick Papers, Southern Historical Collection, University of North Carolina, Chapel Hill; James N. Joyner Papers, J. Y. Joyner Library, East Carolina University.

体来讲，他们没有受过高等教育。只有少数人，比如帕克，毕业于温斯顿-塞勒姆（Winston-Salem）的维克森林学院或达勒姆的三一学院，其他人则很早就退学开始工作，就像詹姆斯·A.托马斯10岁时那样。他们当然都不吸烟。尤其在20世纪20年代之前，香烟是城市里那些老油子的专属；南方人都是嚼自己种的烟草。傍晚时分，叼上烟斗，好不惬意；生意场合，抽根雪茄，功成一半；但是香烟却没那么流行。在中国，亮叶烟草关系网中的男人成为首批臣服于香烟的人，这笔"买卖"几无难度，因为他们可以从公司免费获得香烟。一些当代读者习惯性地认为农村生活，尤其是实行种族隔离的南方农村生活是与世隔绝、思想偏狭的，在他们看来，亮叶烟草关系网里这些跨国工作的人可能有些另类。然而，尽管从地理和文化上来讲，他们与金融大都市纽约相距甚远，但他们却成为全球第一批跨国公司的代表，进而推动了与现代性联系密切的商品——香烟的发展。

只有思考这个关系网是如何安排各级员工等运作问题，我们才能理解含有亮叶烟草的香烟品牌是如何在美国和中国同时迅速崛起的。20世纪20年代，中国消费者对由100%亮叶烟草制成的皇后牌香烟（Ruby Queen cigarettes）青睐有加，销量达到了前所未有的高度；在美国，用亮叶烟草制作混合型香烟的骆驼牌香烟（Camel cigarettes）销量飙升，遥遥领先于竞争对手。通过占领这两个巨大的市场，骆驼牌和皇后牌成为世界上最受欢迎的两个香烟品牌，毫不夸张地说，它们也改变了世界。取得这些成绩之后，烟草公司走向了品牌化的前沿，尝试用新的方法来获得消费者的青睐，让他们甘心掏腰包。不论在世界哪个地方，香烟都成为城市"现代"生活的视觉化代表，而且由于它们在个人及团体社交中具有重要作用，香烟也成为各类人事争端与纠纷中颇具象征性的社交产品。仅仅靠向中国出口一根美国香烟，企业是无法实现这一壮举的。相反，这个关于香烟的历史叙述是两国间跨文化的交流成果，因为创新和生产是在日常的企业活动中发生的。

亮叶烟草香烟本身在烟草历史中有着举足轻重的地位，但它也是企业赋权深刻发展历程中的附属品。美国的烟草业起初是以商业伙伴关系而非公司的形式肇始的，但随着公司权力的转变越来越大，新型商业行为成为可能，烟草业也得以合并和扩张。松散的新公司法、《第十四修正案》、日益重要的股票市场以及企业集团为扩张做好的准备，都为新的发展潜力创造了空间；烟草公司竞相将这些潜力转化为利润和声望。[1] 实际上，在行业形成之初，即远在以公司形式运作之前，烟草业就已进入了国际市场。来自弗吉尼亚州里士满的路易斯·金特（Lewis Ginter）凭借亮叶烟草香烟率先在伦敦大获成功。五家美国本土烟草公司巨头的所有者互为合作关系，他们明白，烟业行业未来的希望在国外市场。随后，他们在新泽西联合成立了美国烟草公司（American Tobacco Company，ATC），以此对当时产能最高的邦萨克（Bonsack）卷烟机[2]实现越洋控制。

然而，在美国烟草公司成立后，初建成员之一詹姆斯·B.杜克（James B. Duke）从金特手中夺取了美国烟草公司的控制权，并实施了一项激进的扩张计划。经过紧张激烈的竞争，美国烟草公司很快吞并了数百家经营嚼烟和烟斗烟草的公司。如此一来，美国烟草公司几乎完全控制了

---

[1] Morton J. Horwitz, "Santa Clara Revisited: The Development of Corporate Theory," *West Virginia Law Review* 88, no. 2 (Winter 1985–86): 173–224; Gregory A. Mark, "The Personification of the Business Corporation in American Law," *University of Chicago Law Review* 54, no. 4 (Autumn 1987): 1441–1483; David Millon, "Theories of the Corporation," *Duke Law Journal* 1990, no. 2 (April 1990): 201–262; Lawrence M. Friedman, "The Law of Corporations," in Friedman, *A History of American Law*, 3rd ed. (New York: Simon and Schuster, 2005); William G. Roy, *Socializing Capital: The Rise of the Large Industrial Corporation in America* (Princeton: Princeton University Press, 1997); TeemuRuskola, *Legal Orientalism: China, the United States, and Modern Law* (Cambridge: Harvard University Press, 2013); Martin J. Sklar, *The Corporate Reconstruction of American Capitalism, 1890–1916: The Market, the Law, and Politics* (London: Cambridge University Press, 1988), 49–50; Naomi R. Lamoreaux, *The Great Merger Movement in American Business, 1895–1904* (London: Cambridge University Press, 1988); Naomi R. Lamoreaux and William J. Novak, eds., *Corporations and American Democracy* (Cambridge: Harvard University Press, 2017), 245–325.

[2] 詹姆斯·艾伯特·邦萨克（James Albert Bonsack，1859—1924）于1881年发明的自动卷烟机实现了烟草的大规模生产。——编者注

亮叶烟草的供应。[1] 这种商业行为甚至有面临法庭指控之嫌，但新泽西州的公司法和第十四修正案对私人财产和正当程序予以保护，该公司因而成功规避了政府的监管。

美国烟草公司也立即实施了一项雄心勃勃的海外扩张计划。公司通过股票市场筹集部分资金后，收购了德国、澳大利亚和日本的烟草公司，并于 1902 年与英国帝国烟草公司（Imperial Tobacco Company of Britain）合并，成立了英美烟草公司（British American Tobacco Company, BAT）。美国烟草公司和帝国烟草公司同意互不涉足对方的国内市场，但合并了两家的海外资产，使英美烟草公司成为一家完全致力于海外扩张的跨国公司。美国烟草公司拥有英美烟草公司 60% 的股份，詹姆斯·B.杜克担任这两家公司的董事会主席。美国烟草公司和后来的英美烟草公司的海外扩张成为英美帝国主义扩张历史的一部分，它既利用帝国权力为外国公司赢得了特权，也承担了榨取利润和强行操纵的角色。英美烟草公司的触手很快伸到了世界各地，中国成为它在海外最大的贸易基地。[2]

亮叶烟草关系网是企业扩张中不可或缺的一部分，在中国和美国实地建设那些地理条件迥异的大型农业和工厂体系的过程中，这个关系网起到了指导和管理的作用。除根据种族、性别和地区来挑选某些白领员工外，这个跨国关系网还充当了亮叶烟草、香烟、亮叶烟草种子和相关管理知识的流通渠道。这些管理知识不可避免地掺杂了源自美国南方的种族歧视色彩。此外，虽说这个关系网是企业结构的一部分，但它仍在美英企业帝国的海外落地中发挥了关键作用。人们对企业帝国最好的理

---

1 Nannie May Tilley, *The Bright-Tobacco Industry, 1860–1929* (Chapel Hill: University of North Carolina Press, 1948); *Report of the Commissioner of Corporations on the Tobacco Industry*, vols. 1–3 (Washington, DC: Government Printing Office, 1915).

2 Sherman Cochran, *Big Business in China: Sino-Foreign Rivalry in the Cigarette Industry, 1890–1930* (Cambridge: Harvard University Press, 1980); Cochran, *Encountering Chinese Networks: Western, Japanese, and Chinese Corporations in China, 1880–1937* (Berkeley: University of California Press, 2000); Howard Cox, *The Global Cigarette: Origins and Evolutions of British American Tobacco, 1880–1945* (Oxford: Oxford University Press, 2000); Carol Benedict, *Golden Silk Smoke: A History of Tobacco in China, 1550–2010* (Berkeley: University of California Press, 2011).

解是，它不仅仅是某种占领或统治势力，它还包含"由迁徙、信息、权力和规则组成的等级关系网，这些关系网由在全球流动的劳工、移民和管理者组成"[1]。根据这个定义，我们可以认为亮叶烟草关系网是企业帝国主义的一种表现，给中国和美国国内都带来了巨大的影响。

企业赋权是通过无数人之间的日常创新和交易实现的；反过来，香烟的跨国成功也得益于这些努力。在日常商业实践中，公司权力与种族隔离和帝国主义的出现密不可分，这种关系决定了美国在20世纪全球秩序中的地位。亮叶烟草关系网在我做本书的研究之时起到了至关重要的作用，因为是它将美国和中国联系在一起。管理阶层的成员同时也是这个关系网中的成员，他们完全依赖于公司员工，包括中国的企业家、经理、销售员、工厂工人、农民和佣人，以及非洲裔美国人、白人农民和工厂工人、非洲裔美籍佣人在内的员工们，也是公司的创建者。作为社会组织，美国和中国香烟公司的内部情况非常复杂，人们的日常接触必须跨越种族的差异，否则根本无从实现香烟的生产和销售。

直到现在，这段历史仍然不为人所知，因为我们深陷在资本主义的神话中。有两个互相关联的关于烟草业的叙事几十年来在许多平台重复上演，似乎已成常识。第一个源于对企业家的崇拜。这个叙事认为，詹姆斯·B.杜克具有出色的企业家创新精神，这使他从一开始就掌控了这个行业。在他的竞争对手生产手卷香烟时，杜克却引进了更高效的机器制造香烟，降低了成本，获取了利润，从而脱颖而出，并迫使他的竞争

---

[1] Paul A. Kramer, "Imperial Openings: Civilization, Exemption, and the Geopolitics of Mobility in the History of Chinese Exclusion, 1868–1910," *Journal of the Gilded Age and Progressive Era* 14 (2015), 317. 我对企业帝国的理解也借鉴了集合的概念，集合凭借人、植物、商品和知识共同发挥作用来产生和调动权力。参见 Aihwa Ong and Stephen J. Collier, eds., *Global Assemblages: Technology, Politics, and Ethics as Anthropological Problems* (Malden, MA: Blackwell, 2005); Bruno Latour, *Reassembling the Social: An Introduction to Actor-Network-Theory* (Oxford: Oxford University Press, 2005), 11–12; Bill Brown, "Thing Theory," *Critical Inquiry* 28, no. 1 (Autumn 2001): 1–22; Jane Bennett, *Vibrant Matter: A Political Ecology of Things* (Durham: Duke University Press, 2010), 20–38. 环境历史学家通常会将非人类角色作为影响因素考虑在内；对我的项目尤其有影响的一部作品是 Drew A. Swanson, *A Golden Weed: Tobacco and Environment in the Piedmont South* (New Haven: Yale University Press, 2014)。

对手与他合并成美国烟草公司。这个叙事在很大程度上将这一成功归因于杜克自命不凡和敢于冒险的个性，他拒绝按照既定的游戏规则行事，遵从自己卓越的商业远见。

第二个历史叙述则与现代性这个母题有关，认为先进的技术塑造了现代商业形式和商品从西向东传播的统一模式，如卷烟机与大型公司和香烟之间的关系。人们对这一过程的评价各不相同：一种认为这是传播先进事物的好善之举，另一种认为这是企业帝国的暴力扩张。无论是褒扬还是批评，这种叙述的支持者都同意，西方的烟草公司代表在国内开发了新技术和新产品，开拓了新的商业形式，然后扩大规模，将它们出口到世界各地，在那里他们改变了更"顺从"和更"原始"（或"不发达"）的社会。

我把这两种叙述称作神话，因为它们是没有史实依据的英雄故事。它们是一套明显罔顾事实、掩盖香烟历史的资本主义理论。詹姆斯·B.杜克和那些烟草公司确实很有影响力，但我们如何表述这种影响力则会让世界大变模样。若想用新的叙事方式来解读烟草公司的历史，必然要用新的视角去看待资本主义的创新与扩张。

反思创新

在宏大叙事中，詹姆斯·B.杜克已成为受人尊敬的典型——一位才华横溢、富有创新精神的企业家。他以卷烟机重组香烟产业的传说是经济学家约瑟夫·熊彼特（Joseph Schumpeter）创造性毁灭（creative destruction）理论的教科书级案例。这种理论在 21 世纪初再次强势兴起。在第二次世界大战前后的几十年里，熊彼特发现了一种创新模式，在这种模式中，企业家通过运用新技术来打造更便宜、质量更差的产品，从而颠覆了现有的商业惯例。之后，这位创新者降低产品价格，让后知后觉的竞争对手措手不及，并围绕新的成功模式重组了行业。[1]

熊彼特本人呼吁学者们继续在史实中寻找这种模式的范例，20世纪60年代，研究人员开始把杜克视为创造性毁灭者的典型代表，然而对实际的历史记录却态度草率。[2] 著名的商业史学家小艾尔弗雷德·D.钱德勒（Alfred D. Chandler）在他的经典著作《看得见的手》（*The Visible Hand*）中阐述了这一观点[3]：历史学家从不考证史实。从此以后，这一小则叙事几乎出现在每一部关于烟草或香烟的历史中，不论对其是批评还是褒扬的态度。[4] 这则不实之词从商业杂志流传到流行杂志和网站首页，从商学院流传到高中，甚至目前已被纳入美国大学的历史预修课

---

[1] Joseph A. Schumpeter, *Capitalism, Socialism, and Democracy* (London: Harper & Brothers, 1942), 82–83.

[2] Patrick G. Porter, "Origins of the American Tobacco Company," *Business History Review* 43, no. 1 (Spring 1969): 59.

[3] 以这种方式描述杜克的最具影响力的历史学家是小艾尔弗雷德·D.钱德勒，他在 "The Beginnings of 'Big Business' in American Industry," *Business History Review* 33, no. 1 (Spring 1959): 8 一文中首次提出这种说法；随后，他又在其开创性著作 *The Visible Hand: The Managerial Revolution in American Business* (Cambridge: Belknap Press, 1977, 382–383) 中提及。钱德勒在1977年的作品中的说法错误百出。他声称，1885年，杜克第一个"建立了由他们自己雇用的员工和经理运营的销售分部"（第382页），但金特在1870年，也就是15年前，就为艾伦公司（他和艾伦是合伙人）管理其销售分部了。钱德勒声称，其他四家制造商被迫融入杜克的业务系统，而金特的做法也一样，或许更甚。钱德勒将开展海外销售归功于杜克的推销员理查德·B.赖特，赖特从1882年开始开拓海外市场，可这比金特开始海外销售至少晚了5年。钱德勒在他1959年的文章中没有提到金特的名字，在《看得见的手》中只提到了一次，而且只是为了指出金特通过接管嚼烟和吸入型烟草的公司来反对美国烟草公司的扩张（第387页）。钱德勒的研究基于这些文献：Robert F. Durden, *The Dukes of Durham, 1865–1929* (Durham: Duke University Press, 1975); Richard B. Tennant, *The American Cigarette Industry: A Study in Economic Analysis and Public Policy* (New Haven: Yale University Press, 1950); and Maurice Corina, *Trust in Tobacco: The Anglo-American Struggle for Power* (New York: St. Martins Press, 1975), 这些文献全都缩小了金特生意的规模。

[4] 例如，可参见 Cox, *The Global Cigarette*; Richard Kluger, *Ashes to Ashes: America's Hundred-Year Cigarette War, the Public Health, and the Unabashed Triumph of Philip Morris* (New York: Vintage Books, 1996); Dolores E. Janiewski, *Sisterhood Denied: Race, Gender, and Class in a New South Community* (Philadelphia: Temple University Press, 1985), 69–70; Pamela Laird, *Advertising Progress: American Business and the Rise of Consumer Marketing* (Baltimore: Johns Hopkins University Press, 2001), 194; Allan M. Brandt, *The Cigarette Century: The Rise, Fall, and Deadly Persistence of the Product that Defined America* (New York: Basic Books, 2007); Robert N. Proctor, *Golden Holocaust: Origins of the Cigarette Catastrophe and the Case for Abolition* (Berkeley: University of California Press, 2011).

中。[1] 换句话说，杜克发明卷烟机的叙事塑造了人们对资本主义如何运作的普遍看法。

问题是，这个叙事实际上是错误的。杜克在香烟和机器方面并没有特别的创新。事实上，杜克的一些创新甚至在他的家族公司开始生产香烟之前就已经出现了。卷烟机确实举足轻重，但所有的主要生产商都可以使用这些机器。关键在于对海外市场中的机器控制。通过合并，主要的香烟制造商加强了对邦萨克机械公司的钳制，该公司威胁只将海外专利授予一家美国公司，或者也可能是一家"外国"公司。历史学家错误地认为杜克在早期香烟市场占据了主导地位，因而忽略了一个更为微妙的叙事，即权力——包括公司——是如何在全球资本主义扩张中运作的。杜克最终获得的巨大权力并非来自技术创新，而是来自美国烟草公司成立后，他能够争夺到公司管理和财务这两方面控制权的能力。尽管如此，杜克的创新神话太过有说服力，半个多世纪以来竟然都没有人重新评估这个早期行业。

在全球范围内，对亮叶烟草香烟做出最重大创新的两位企业家是路易斯·金特和郑伯昭。金特是开发亮叶烟草香烟批量生产技术的第一人，也是将其打造成美国特色产品并推向海外市场的第一人。在此基础上，他将销售扩展到美国、欧洲、澳大利亚和新西兰，并进军亚洲市场。郑伯昭从第一天开始就与英美烟草公司中国分公司合作，是皇后牌香烟的品牌推广和市场营销中最重要的一位企业家。他给皇后牌香烟起了一个非常重要的本土化名字——"大英牌"。郑伯昭还亲手打造并牢牢控制

---

1 David Freddoso, "James Duke Smoked'Em Out to Dominate Tobacco Arena," *Investor's Business Daily*, January 4, 2016, http://www.investors.com/news/management/leaders-and-success/james-duke-hit-it-big-in-tobacco/; William Kremer, "James Buchanan Duke: Father of the Modern Cigarette," *BBC World Service*, November 13, 2012, http://www.bbc.com/news/magazine-20042217/; Harry McKown, "January 1890: Creation of the American Tobacco Company," *North Carolina Miscellany*, January 1, 2009, http://blogs.lib.unc.edu/ncm/index.php/2009/01/01/this_month_jan_1890/; Phil Edwards, "What Everyone Gets Wrong About the History of Cigarettes," *Vox*, April 6, 2015, https://www.vox.com/2015/3/18/8243707/cigarette-rolling-machines/.

着销售系统，使该品牌红遍中国大江南北。金特和郑伯昭都实现了他们的创新愿景，不是因为他们是新来者、暴发户或地头蛇，而是因为他们独特的商业和个人履历。金特之前做进口商以及与男性合作的经历对其洞察力的培养至关重要；而郑伯昭则利用了自己在广东经商时积累的外贸方面的经验和人脉。[1]

然而，要理解创新的过程，除了看到杰出的个人做出的贡献之外，还需要看到其他企业家、文化媒介、重大地缘政治事件，以及商品本身的社会流动。埃及、希腊和犹太商人对金特和美国烟草公司产生了深远的影响，因此必须予以考虑。此外，一系列文化媒介，包括伦敦俱乐部会员、中国的名妓、非洲裔美国爵士音乐家和中国的反帝国主义革命者都塑造了亮叶烟草的香烟市场和香烟本身。具体的地缘政治事件，如英国占领埃及和反对美国《排华法案》的抗议事件也在香烟及其品牌上留下了永久的印记。甚至香烟本身也并非白纸一张。由于香烟的品牌可塑性强，一旦与其他事物产生了关联，就很难再摆脱它们的影子。因此，本书的论述并不是简单地用金特或郑伯昭代替杜克，而是用一种新的方式来研究创新。

反思扩张

李·帕克曾说他的工作是"让每一个中国男人和女人的嘴里都叼上香烟"，这个措辞与现代性的母题如出一辙。他把自己描绘成一个主动出击、把现代商品带到被动的中国的西方代理人；中国消费者似乎只需要张开嘴，就能得到香烟。现代性神话是一种叙事方式，具有以下几个

---

[1] 金特几乎没有得到任何批评性的学术关注。对郑伯昭研究最深入的是 Cochran, *Encountering Chinese Networks*，也可参见 Howard Cox, "Learning to Do Business in China: The Evolution of BAT's Cigarette Distribution Network, 1902–1941," *Business History* 39, no. 3 (1997)。

核心特征：它以技术为催化力量；它以发达的工业、资本主义形式和商品自西向东传播为特征；它假设在西方和其他国家的发展之间有一个时间差；它把行动和能力归于西方，把被动接受归于东方。[1] 美国历史学家就是这样讲述香烟的历史的。他们强调了卷烟机技术的作用，称赞杜克在美国成功开辟了一个行业，拓展了全国的市场，并将其推广到世界各地。[2] 我们太将这个现代性的母题视为理所当然的了，这个叙事听起来像是常识，但其实是严重失实的。然而这个叙事被反复提起，只因为帕克的回忆录契合了西方资本主义扩张的叙事，即使他个人的智识和经历在几个关键点上与之相矛盾。

有一件事情帕克肯定知道却没有提及，那就是当他前往中国时，土耳其烟草香烟是美国的主流香烟。其实，香烟行业是双向流动的：土耳其烟草香烟一举成名、由东向西流动，而亮叶烟草则由西向东流动。这在当时的美国是常识。在金特和杜克的整个烟草生涯中，他们一直试图撼动土耳其烟草香烟在美国的主导地位。[3]

帕克也并没有透露他在英美烟草公司的全部经历。这种前后不一的情况出现在20世纪70年代的一次采访中，当时采访他的中国历史学家希望知道英美烟草公司是如何打开中国香烟市场的。他们问了帕克，但帕克不知道。"这个问题总是让我很尴尬，"他说，"中国人知道哪里有

---

[1] Zvi Ben-DorBenite, "Modernity: The Sphinx and the Historian," *American Historical Review* 116, no. 3 (June 2011): 638–652; Carol Gluck, "The End of Elsewhere: Writing Modernity Now," *American Historical Review* 116, no. 3 (June 2011): 676–687; Rebecca E. Karl, *Staging the World: Chinese Nationalism at the Turn of the Twentieth Century* (Durham: Duke University Press, 2002), 4–17; Dipesh Chakrabarty, *Provincializing Europe: Postcolonial Thought and Historical Difference* (Princeton: Princeton University Press, 2000); Johannes Fabian, *Time and the Other: How Anthropology Makes its Object* (New York: Columbia University Press, 1983); Ruskola, Legal Orientalism.
[2] 对于杜克扩张的神话，美国历史学家的看法如出一辙，但英国经济历史学家莱斯利·汉纳认为，杜克的垄断阻碍了欧洲工业的发展。Hannah, "The Whig Fable of American Tobacco, 1895–1913," *Journal of Economic History* 66, no. 1 (March 2006): 42–73.
[3] Relli Shechter, *Smoking, Culture, and Economy in the Middle East: The Egyptian Tobacco Market, 1850–2000* (London: I. B. Tauris, 2006); Mary C. Neuburger, *Balkan Smoke: Tobacco and the Making of Modern Bulgaria* (Ithaca: Cornell University Press, 2013).

市场，也知道如何销售。我只是做做表面功夫。"[1] 据他的说法，英美烟草公司的中国雇员似乎是行事主动的代理人，而帕克则被动地"做做表面功夫"。应当指出的是，同样地，中国消费者也绝非被动。对于英美香烟，他们的态度是抵制而不是青睐，1905年他们就组织过这样一场运动，1925年又组织了一场。[2] 由此可见，这些现代性的神话似乎要让人们对大量有趣的事实充耳不闻、视而不见。

然而，我们不可能完全摒弃现代性的理念，正是因为现代性不仅塑造了帕克及其同行对自己行为的思考方式，还塑造了他们的行动方式。他们在脑海中清晰地区分了现代和原始，他们接受了通商口岸开放的帝国特权，自视为现代性的额外福利，包括雇用中国佣工和性工作者。他们对中国的原始性的假设，塑造了他们与中国人的所有关系，并成为英美烟草公司外国企业文化的基础。与中国的"原始"相比，他们习惯于把自己看成是"现代的"，无论是在信件、回忆录或采访中，这些身处亮叶关系网中的人从未提及过他们的祖国其实也正处在烟草业的"现代化"发展历程之中，即使他们对此心知肚明。

英美烟草公司中的外国员工还认为，香烟完全有能力将中国人改造得更加现代化。他们将香烟包装和营销成西方的现代商品，为香烟融入中国文化提供了一条通路。无论是美国还是中国，香烟都与另一种与西

---

1 Lee Parker interview June 1980 by Burton Beers, edited transcript.Eastern Carolina University. 也可参见未编辑的文字资料：Lee Parker interview June 1980 by Burton Beers, Kessler Papers, Southern Historical Collections, Manuscripts Department, University of North Carolina, Chapel Hill.
2 Cochran, *Big Business in China*; Karl Gerth, *China Made: Consumer Culture and the Creation of the Nation* (Cambridge: Harvard University Press, 2003); Jane Leung Larson, "Articulating China's First Mass Movement: Kang Youwei, Liang Qichao, the Baohuanghui, and the 1905 Anti-American Boycott," *Twentieth-Century China* 33, no. 1 (November 2007): 4–26.

方和现代性有关的全球流通商品紧密相连：爵士乐。[1]中国人仍旧利用现代性这一概念，努力在文化、经济和政治运动方面进行实践，并因此改变了这一概念。作为对全球经济和文化变革的有力构想，现代性的概念无时无刻不在影响着这个叙事。

新的卷烟机技术、得到赋权的公司和美国企业帝国的崛起的确是重大的进步，但对企业家的崇拜和对现代性母题的迷信妨碍了对这种力量本质的重新评估。亮叶关系网作为跨国企业帝国的组成部分是一种新叙事的关键。为了揭示这一点，我们需要更多地了解帕克和他的同行，而不是仅仅依托他们有意透露的信息。

亮叶关系网的起源

亮叶关系网中的白人男性很爱说他们"懂烟草"。这话意味深长。他们想说的是，他们在北卡罗来纳州或弗吉尼亚州种植亮叶烟草的地区长大，熟悉亮叶烟草的种植和烘烤的要求。他们想说的是，他们懂得如何为烟草分级，如何拍卖出售，以及如何将其制成烟斗烟、咀嚼烟或香烟。他们还想说的是，他们与了解香烟的其他人有着共同的文化背景，尽管观点或看法并非完全一致。他们明白，有很多非洲裔美国人也很懂烟草，因为他们擅长销售农产品，但那些白人男性也明白，在日益扩大的亮叶烟草业中，白领工作是留给白人的，这种排他性也成了亮叶烟草文化的一部分。

亮叶关系网是一个由了解烟草的白人组成的企业关系网，黑人被排

1　Andrew F. Jones, *Yellow Music: Media Culture and Colonial Modernity in the Chinese Jazz Age* (Durham: Duke University Press, 2001); Andrew David Field, *Shanghai's Dancing World: Cabaret Culture and Urban Politics, 1919–1954* (Hong Kong: Chinese University Press, 2010); Frederick J. Schenker, "Empire of Syncopation: Music, Race, and Labor in Colonial Asia's Jazz Age" (dissertation, University of Wisconsin, 2016); Ronald Radano and Tejumola Olaniyan, *Audible Empire: Music, Global Politics, Critique* (Durham: Duke University Press, 2016).

除在外，其中的渊源与种族斗争有关。这个关系网雇用员工，但也寻求扩张：不管在美国拓展业务时，还是在全球进行扩张时，英美烟草公司都为人力、知识、种子、烟草、香烟等提供了传播渠道。不论在公司化之前还是之后，亮叶关系网都在扩张。亮叶是在南北战争中断南方经济之前，作为一种利润尤其丰厚的新兴农产品登上舞台的。亮叶在战后的复兴说明其种植业和制造业是在重建时期发展起来的。[1] 随后，这个行业在美国种族隔离制度开始蔓延的背景下重组和合并。亮叶关系网也渐渐发展为一种能够将种族等级制度，注入资本主义扩张带来的新的社会和经济结构之中的方法。

从内战后的非洲裔美国人的视角来看，亮叶为他们跻身上层社会提供了巨大的机会。关于亮叶烟草本身，有三件事事关它的发展。首先，在南北战争爆发前夜，在北卡罗来纳州和弗吉尼亚州的边境只有三个县种植了亮叶：弗吉尼亚州的哈利法克斯（Halifax）和皮特西尔韦尼亚（Pittsylvania），以及北卡罗来纳州的卡斯韦尔（Caswell）。其次，它被制成烟斗烟时利润非常可观，因为这种烟产生的烟雾比较柔和，而且呈现出诱人的金黄色。由于它生长的土壤并不适合其他作物生长，导致大规模种植预示着土地价格急剧上涨，未来利润不可限量。最后，亮叶不易种植。若想种植合适的烟叶，仅有种子还不够，还需要沙质的土壤以及精心的培育，之后还需要使用一种特殊的方法进行热烤，这个过程非常讲究技巧，所以有些人把它称为一种艺术。非洲裔美国人有充分的理由相信，内战后亮叶的迅速传播将使他们受益，因为在奴隶制下，他们

---

[1] Swanson, *A Golden Weed*, 147–181; Pete R. Daniel, *Breaking the Land: The Transformation of Cotton, Tobacco, and Rice Cultures Since 1880* (Champaign-Urbana: University of Illinois Press, 1985), 23–38; Eric Foner, *Reconstruction: America's Unfinished Revolution, 1863–1877* (New York: Harper and Row, 1988), 124–176.

承包了所有技术活和粗活。[1] 他们比任何人都了解亮叶烟草。

相反，白人控制了刚刚萌芽的战后工业，确保制造业、种子开发、烟叶分级和销售以及咨询等新的白领岗位只属于白人。这是一个以土地掠夺和劳工制度斗争为开端的漫长而血腥的过程。暴力事件发生的时间具有季节性，每每都发生在亮叶烘烤过程中最需要黑人劳工的时段。还有很多大事件与亮叶产业有关。1870年，三K党在卡斯韦尔县暗杀了共和党参议员、亮叶烟草采购员约翰·斯蒂芬斯（John Stephens），黑人为争取自种烟草的出售权而展开激烈斗争。1883年，弗吉尼亚州丹维尔市的一场暴乱镇压了一个跨种族的政治联盟，该联盟威胁要在亮叶烟草产业中留住黑人劳工，以巩固自己的权力。最后，和美国南方各州一样，当地黑人和底层白人陷入了一种分成制，这意味着很少有人能赚到足够的钱来购买哪怕一小块土地。[2]

早些年的时候，只要有一点资源就足够起家了。想想詹姆斯·杜克、R. J. 雷诺（R. J. Reynolds）和其他烟草大亨的白领晋升通道：他们家族的企业是在南北战争之后起步的，当时的小型农场只需很少的资本。他们刚培育出亮叶，便就地制造自己的嚼烟和斗烟，再用马和货车在南方销售产品。一些人抓住这个机会很快建立了更大的生产设施，并从当地的农民和佃农那里购买烟草。到19世纪80年代，数百家中小型制造商像格子一样分布在这条亮叶产业带上，它们全部为白人所有，亮叶的利润也在继续上涨。[3] 这个行业被白人垄断并非理所当然，也非事出偶然。

---

[1] Swanson, *A Golden Weed*; Tilley, *The Bright-Tobacco Industry*. 伯莱烟（Burley tobacco）对美国上南方（upper south）地区也很重要。它的历史与20世纪20年代美国新兴的亮叶烟草历史相吻合。如想了解伯莱烟叶扩张的相关研究，可参见 Nicole D. Breazeale, "Kicking the Tobacco Habit: Small Farmers, Local Markets, and the Consequences of Global Production Standards in Misiones, Argentina" (dissertation, University of Wisconsin Madison, 2010).

[2] Swanson, *A Golden Weed*, 148–149, 170–178, 208–213; 也可参见 Jane Dailey, *Before Jim Crow: The Politics of Race in Post-Emancipation Virginia* (Chapel Hill: University of North Carolina Press, 2000).

[3] Tilley, *The Bright-Tobacco Industry*, 489–564; Robert F. Durden, *The Dukes of Durham, 1865–1929* (Durham: Duke University Press, 1987), 3–25; Nannie M. Tilley, *The R. J. Reynolds Tobacco Company* (Chapel Hill: University of North Carolina Press, 1985), 1–35; Thomas, *Pioneer Merchant in the Orient*, 3–10.

在19世纪80年代，美国南方的报纸等媒体上涌现了大量关于早期黑人的报道，称他们不懂技术，在没有监督的情况下不值得被信任，也缺乏管理所需的判断力。换句话说，这番论述否认了当地人公认的事实——黑人在亮叶方面技术高超，并且从人种意义上否定他们可以胜任那些白领职位。举例来说，1866年，《皮特西尔韦尼亚论坛报》(*Pittsylvania Tribune*) 发表了一篇文章，叙事的主人公是在亮叶烤制技术方面知名的早期推广者，来自卡斯韦尔县的爱碧莎·斯莱德（Abisha Slade）和他的兄弟们。然而，这个叙事将笔锋对准了他们的一个奴隶——史蒂芬，据说他在弗吉尼亚州丹维尔的烟草拍卖会上接受了采访。已经上了年纪的史蒂芬在采访中声称，是他发明了烤制的方法，但他并不是在用热空气流慢慢烘烤的时候发现的，而是有一天他在工作时睡着了，火熄灭了，他只好将火煽旺，这才发现了烤制的奥秘。他又表达了对民主党的敬意及对奴隶制时代简单岁月的怀念，他说道："我多希望今天他（爱碧莎）还活着啊，而我仍旧是他的奴隶。"[1] 南方的报纸充斥着这样捏造的故事，这些故事掩盖了黑人在烟草方面技术娴熟的事实，与此同时还将黑人塑造成头脑简单的形象，反衬出白人是多么现代、时髦且精通技术。如此一来，这些故事将发源自地方冲突的种族隔离与国际流传的文明与野蛮的帝国主义论调联系在了一起。

亮叶关系网和企业帝国主义

美国烟草公司在公司化之后，强势地接管了亮叶嚼烟和烟斗烟草公司，并且将亮叶产业的白领们转变为亮叶关系网的骨干。作为种族隔离制度的产物和表现形式，亮叶关系网在公司扩张的过程中提供了模仿种

---

[1] Swanson, *A Golden Weed*, 47–48, 112. 也可参见 Barbara Hahn, *Making Tobacco Bright: Creating an American Commodity, 1617–1937* (Baltimore: Johns Hopkins University Press, 2011), 13–14.

族隔离的等级制度的环境。[1] 随后的二十年中，美国烟草公司在国内持续扩张，以前的工厂主和管理人员都进入新兴公司任职，有的人在纽约总部，还有的人在其迅速扩张的海外产业中。

美国烟草公司依托它在英联邦的基础市场，先在澳大利亚和加拿大收购了公司，后来随着美国日益壮大，美国烟草公司的野心也逐渐膨胀，尤其紧盯东亚和东南亚的市场。[2] 1887年，美国得到了夏威夷的珍珠港、萨摩亚的帕果帕果港口（Pago Pago in Samoa）的控制权。在1898年的战争中，美国占领了菲律宾、波多黎各和关岛，并暂时控制了古巴。同一年，美国强占了夏威夷。[3] 这家公司是美国增长其帝国主义势力的一

---

[1] 许多历史学家研究了种族隔离在美国资本主义发展中的中心地位，以及在美国成为帝国的过程中所扮演的角色。尤其可参见 William P. Jones, *The Tribe of Black Ulysses: African American Lumber Workers in the Jim Crow South* (Urbana: University of Illinois Press, 2005); N. D. B. Connolly, *A World More Concrete: Real Estate and the Remaking of Jim Crow South Florida* (Chicago: University of Chicago Press, 2014); Jacqueline Dowd Hall, "The Long Civil Rights Movement and the Political Uses of the Past," *Journal of American History* 91, no. 4 (March 2005): 1233–1263; Robert Korstad, *Civil Rights Unionism: Tobacco Workers and the Struggle for Democracy in the Mid-Twentieth-Century South* (Chapel Hill: University of North Carolina Press, 2003); Edward Ayers, *The Promise of the New South: Life After Reconstruction* (New York: Oxford University Press, 1992); Paul A. Kramer, *The Blood of Government: Race, Empire, the United States, and the Philippines* (Chapel Hill: University of North Carolina Press, 2006); Robert Vitalis, *America's Kingdom: Mythmaking on the Saudi Oil Frontier* (Brooklyn: Verso, 2009); David Roediger and Elizabeth D. Esch, *The Production of Difference: Race and the Management of Labor in U.S. History* (New York: Oxford University Press, 2012); Elizabeth D. Esch, *The Color Line and the Assembly Line: Managing Race in the Ford Empire* (Berkeley: University of California Press, 2018).

[2] Mira Wilkins, *The Emergence of Multinational Enterprise: American Business Abroad from the Colonial Era to 1914* (Cambridge: Harvard University Press, 1970), 91–92. 如想了解美国公司与拉美企业的关系，尤其可参见 Jason M. Colby, *The Business of Empire: United Fruit, Race, and US Expansion in Central America* (Ithaca: Cornell University Press, 2011); John Soluri, *Banana Cultures: Agriculture, Consumption, and Environmental Change in Honduras and the United States* (Austin: University of Texas Press, 2006); Greg Grandin, *Fordlandia: The Rise and Fall of Henry Ford's Forgotten Jungle City* (New York: Picador, 2009); Gilbert M. Joseph, Catherine C. LeGrand, and Ricardo D. Salvatore, *Close Encounters of Empire: Writing the Cultural History of U.S.–Latin American Relations* (Durham: Duke University Press, 1998); Julie Greene, *The Canal Builders: Making America's Empire at the Panama Canal* (New York: Penguin, 2009)。

[3] Kramer, *The Blood of Government*; Julian Go, *Patterns of Empire: The British and American Empires, 1688 to the Present* (New York: Cambridge University Press, 2011); Alfred W. McCoy and Francisco A. Scarano, *Colonial Crucible: Empire in the Making of the Modern American State* (Madison: University of Wisconsin Press, 2009); William Appleman Williams, *The Tragedy of American Diplomacy* (Cleveland: World Publishing Co., 1959).

个关键机构；反过来，像美国烟草公司这样的公司也能从战争和强势外交政策所产生的特权中获益。美国占领菲律宾的时候，美国烟草公司派詹姆斯·A.托马斯（James A. Thomas）去马尼拉向美军销售烟草。[1] 1899年，美国烟草公司控股了日本京都的村井兄弟烟草公司（Murai Brothers Tobacco Company of Kyoto），之后它成为美国烟草公司的一大生产中心，用来扩大亮叶香烟在东亚港口的销售额。[2]

1902年，美国烟草公司以一种新的方式继续扩张。过去的十年间，它在海外并购现成的烟草公司，将其作为开发新市场的基础。美国烟草公司和帝国烟草公司合并成英美烟草公司，此举使得世界上最大的两家亮叶巨头并为一家，专门从事海外扩张任务。这次合并还让公司得以利用大英帝国的势力和大量基础设施资源。杜克在接受一家英国烟草行业杂志的采访时，对英美烟草公司的成立不吝称赞："英格兰和美国应该在大公司里携手合作而不是彼此竞争，不论从哪个角度看，这难道不是一件大事吗？和我一起，我们将征服全世界。"[3] 英美烟草公司和英美的政府都没有建立专门的联系，但其本身却是拥护帝国主义的。

这一时期，企业和帝国主义之间的联系并不新鲜，但这种关系正在转变。股份公司兴起于16世纪，这些受帝国特许的股份公司就像企业的左膀右臂。英国东印度公司、荷兰东印度公司、哈德逊湾公司和很多其他的公司都被用于在殖民地前哨攫取资源和开拓市场。作为早期的殖民方式，这些公司中有不少都同时具备经济功能和政治功能。英国政府只在1857年收回了英国东印度公司的许可证并对印度实行君主统治，

1　James A. Thomas, *Trailing Trade a Million Miles* (Durham: Duke University Press, 1931), 38.
2　Robert F. Durden, "Tar Heel Tobacconist in Tokyo, 1899–1904," *North Carolina Historical Review* 53, no. 4 (October 1976): 347–363; Cox, *The Global Cigarette*, 39–43.
3　*Tobacco (London)*, 22 (262) (1902), 475, 引用自 Cox, *The Global Cigarette*, 77。

那一年正是该公司暴政引发起义的一年。[1] 由于种种原因，这些公司还可能或已经被给予很多土地方面的特许权，包括建设学校、教堂、公共服务和其他项目。然而，这个帝国企业三百年的历史并未终结，因为它为"私人"的商业公司和帝国当局之间发展新的关系奠定了基础。像英美烟草公司或者美国烟草公司这样的跨国公司并不是被某一个政府明确特许为殖民机构，而是在与多个帝国主义机构产生联系的过程中，取得了这种资格，并产生了不平等的经济权力和政治权力。[2]

英美烟草公司在中国的大规模扩张是亮叶公司新的启程。英美烟草公司的前身已经向中国卖了十几年的香烟，但是1905年建立工厂的决议对公司来说无疑是一个重要的起点。只要英美烟草公司收购的村井兄弟烟草公司能负责生产英美烟草公司在东亚出口的产品，公司只需通过中国的佣金代理人就能管理中国的销售情况。然而，1904年，日本将村井兄弟烟草公司收归国有。英美烟草公司失去了在日本的前哨，于是将目光投向中国。这次英美烟草公司不像在其他地区那样可以接管当地业已成功的烟草公司，于是没过多久公司就决定在中国建立一个全面生产中心，覆盖从亮叶种植到制作、包装香烟的整个流程。公司派了几十个外国经理，而不是少数几个。最终，共有数百位外国代表踏上旅途。

在中国，英美烟草公司称它受益于半个世纪以来的帝国战争及英、

---

1 Jane Burbank and Frederick Cooper, *Empires in World History: Power and the Politics of Difference* (Princeton: Princeton University Press, 2010); Philip J. Stern, "History and Historiography of the English East India Company: Past, Present, and Future!," *History Compass* 7, no. 4 (July 2009): 1146–1180; Philip J. Stern, "The Ideology of the Imperial Corporation: 'Informal' Empire Revisited" in "Chartering Capitalism: Organizing Markets, States, and Publics," ed. Emily Erikson, special issue, *Political Power and Social Theory* 29 (2015): 15–43. 英国东印度公司从18世纪开始与中国广州进行频繁的贸易。这种贸易将中国商品输送到英国、英联邦国家和美国。当贸易逆差扩大时，东印度公司坚持让中国进口印度种植的鸦片。中国的拒绝导致英国发动鸦片战争，以扩大其帝国势力对中国经济的影响。

2 Mrinalini Sinha, *Specters of Mother India: The Global Restructuring of an Empire* (Durham: Duke University Press, 2006), 17–19. 辛哈在研究方法上启发了我，尤其是她关于"帝国社会形态"的启发式观点，即"帝国主义在将不同社会融入同一个'全球连接'的体系中，所扮演的历史角色"，以及她研究该体系特殊性的方式。也可参见 Catherine Lutz, "Empire Is in the Details," *American Ethnologist* 33, no. 4 (November 2006): 593–611。

德、美、法、日五国的外交施压。鸦片战争以签订一系列条约而告终，中国被迫开放多个通商口岸，并给予英国公司许多特权。欧美国家以及后来的日本，都索要同样的特权。[1] 重要的是，这些特权里包括治外法权，即外国人在租界中只受他们自己的警察系统和司法系统监管，而不受中国官方机构管辖。治外法权否认了中国政府在他们自己土地上的司法权，而这被欧洲国家认为是理所当然的。1895 年，日本在中日甲午战争中打败了中国并且为外国公司赢得了几项新权利，包括拥有地产的权利和在通商口岸投资办厂的权利。[2] 在世纪之交，由于建厂的权利获得了保证，像英美烟草公司这样的外国公司便把业务扩展到了上海。

到 1918 年，超过 7000 家外国公司将他们的总部设在上海，而为了迎合外国人，上海逐渐形成了精致的帝国主义休闲文化。[3] 英美烟草公司的外籍员工很享受这些为他们量身定做的特权和服务，这里既有大量廉价的佣人，又有繁华的娱乐场所，包括上等的俱乐部、餐馆、赛马场和卡巴莱。上海的租界和商业区被称作外滩，并以极快的速度发展，而欧式办公楼和房屋的修建迫使大量中国人去往"中国城"。[4] 对英美烟草公司的外国代表而言，种族隔离的经历让他们对上海的环境立刻感到既独特又熟悉。像李·帕克后来回忆的那样，"对美国年轻人来说这里太棒了，因为在治外法权时期，我们住在一个小社区内，你可能会说这是

---

[1] 1844 年，美国外交官顾盛（Caleb Cushing）来到中国，签订了《望厦条约》，条约满足甚至扩大了英国的贸易和治外法权。当时，美国和英国在政治上把中国排除在络德睦（Teemu Ruskola）所说的"欧美民族大家庭"（Euro-American Family of Nations）之外。Ruskola, *Legal Orientalism*, 10–112, 126–131, 138–139. 也可参见 Louise Conrad Young, "Rethinking Empire: Lessons from Imperial and Post-Imperial Japan," in *The Oxford Handbook of the Ends of Empire*, ed. Martin Thomas and Andrew Thompson (Oxford: Oxford University Press, 2017).

[2] Ruskola, *Legal Orientalism*; Cochran, *Big Business in China*; Michael H. Hunt, *The Making of a Special Relationship: The United States and China to 1914* (New York: Columbia University Press, 1983).

[3] Jones, *Yellow Music*, 65.

[4] Jones, *Yellow Music*; Field, *Shanghai's Dancing World*; Hanchao Lu, *Beyond the Neon Lights: Everyday Shanghai in the Early Twentieth Century* (Berkeley: University of California Press, 1999); Leo Ou-Fan Lee, *Shanghai Modern: The Flowering of a New Urban Culture in China, 1930–1945* (Cambridge: Harvard University Press, 1999); Sherman Cochran, ed., *Inventing Nanjing Road: Commercial Culture in Shanghai, 1900–1945* (Ithaca: Cornell East Asia Program, 1999).

种族隔离"[1]。

很明显，种族隔离、公司和帝国主义正在形成一种新的关系，但是中美两国之间的局势会如何发展却绝不是预设好的。公司帝国的权力很大，但也不能为所欲为。商品的价值需要依靠土地与成千上万人的劳动、支持和思考才能创造。许许多多的人共同构成了公司的骨骼，留下了自己的印记，但同时也有一些人却伺机破坏和拉拢。员工和消费者将香烟和品牌用在了意想不到的地方。郑伯昭渐渐从英美烟草公司取得了足够的权利，可以在一些大事上做主，迫使英美烟草公司里的外国人适应中国民族资本主义的运作方式，而这种民族资本主义正是在他们的诱导之下才形成的。换句话说，形形色色的烟草公司是一个个庞大而混乱的组织，而且总是处在变化之中。

我们的叙事始于19世纪70年代，那时弗吉尼亚州里士满的路易斯·金特第一次用亮叶烟草制作香烟，另一边，埃及香烟产业正蓬勃发展。金特在香烟制造和国际市场营销方面的诸多创新塑造了烟草行业和香烟产品。

---

[1] Lee Parker, interview by Burton Beers, June 1980, Kessler Papers, Southern Historical Collections, Manuscripts Department, University of North Carolina, Chapel Hill.

第一章　帝国时代的亮叶香烟

路易斯·金特来自弗吉尼亚州里士满（Richmond），他在将弗吉尼亚州和北卡罗来纳州当地生产的亮叶烟草与外国的新鲜玩意儿——香烟结合时，发现了南方其他烟草制造商都没有注意到的商机。金特将名为"里士满宝石"（Richmond Gem）的香烟带去伦敦，在伦敦西区的绅士俱乐部里大获成功。从此，里士满宝石成为艾伦烟草公司（Allen Tobacco Company）的摇钱树，该公司通过法国、比利时、澳大利亚、印度、中国等地的佣金代理商将杜拜克（Dubec）、里士满宝石、里士满直切（Richmond Straight Cut）、欧朋泡芙（Opera Puff）和小美人（Little Beauties）等品牌销往世界各地。没过多久，公司更名为艾伦和金特烟草公司（Allen & Ginter Tobacco Company）。在金特用亮叶香烟大获成功并家喻户晓之后，南边邻近的杜克家族公司（W. Duke and Sons）[1]才冒险加入他们的行列。1889年，金特、詹姆斯·B.杜克和其他三个制造商合并为美国烟草公司。对于这项新事业，金特比杜克投入了更多的时间和精力，展现了更多的投资头脑，对国外市场做了更广泛的销售布局，但是金特自那之后就几乎被人淡忘了。而实际上，这个美国香烟业的商

---

[1] 杜克家族：华盛顿·杜克（Washington Duke）是杜克家族烟草公司的创始人，人称"老杜克"。他的小儿子詹姆斯·布坎南·杜克（James Buchanan Duke）发展壮大了家族企业，并创办了美国烟草公司，家族实力空前雄厚。杜克家族曾几次慷慨赞助原美国三一学院，后在校长威廉·福尔的提议下，将大学更名为"杜克大学"。——译者注

业创新故事应当始于金特,而非杜克。

要想讲好亮叶香烟如何开创全球事业的故事,就需要将杜克拉下神坛,但是重点不仅仅是将金特推至杜克空出来的位子上,而在于金特的企业家精神展现了商品世界中的创新路径。[1] 金特作为开创者有两个清晰的职责:其一是产品开发,也就是将亮叶烟草和香烟结合起来;其二是市场营销,这体现在他决定一有机会就要将香烟推向全世界,并将香烟作为一种新鲜事物推向市场。这些是成功不可或缺的条件,而金特的远见来自他独一无二的经历。但当第一批亮叶香烟到达伦敦仓库的时候,对人们并没有什么吸引力,没有掀起任何波澜,至少对伦敦人来说是这样。那时,他们在等待特定环境或特定群体的社交活动,因为只有在这样的环境下才能凸显商品的生命力:品牌的认同感和引起的共鸣。追溯这一过程将带我们走进亮叶香烟名声大噪的那些公共场合,还会让我们认识其他的创新者,如米提亚德·梅拉克里诺(Miltiades Melachrinos)、内斯特·贾纳克里斯(Nestor Gianaclis)和郑伯昭,还有那些起到文化媒介的角色,如伦敦俱乐部会员和上海的名妓。英国入侵埃及、美国《排华法案》及性学的兴起对香烟市场产生了难以估量的影响,亮叶香烟的早期事业面临诸多挑战。换句话说,要想了解亮叶香烟的兴起,我们必须跟随它们回到当时的世界。

不论在金特还是杜克的职业生涯中,都有一件事不能回避,那就是埃及香烟产业的新生力量。亮叶香烟不得不与土耳其和埃及的香烟竞争数十年。从19世纪80年代到20世纪10年代,在这将近40年的时间里,大部分美国人认为香烟发源地或者最正宗的地区是奥斯曼帝国。埃及的

---

[1] 我将对商业、创新和商品流通的关注与一系列文化研究方法结合起来,用于研究"事物",包括品牌,例如 Arjun Appadurai, ed., *The Social Life of Things: Commodities in Cultural Perspective* (New York: Cambridge University Press, 1986) 3–63; Bill Brown, "Thing Theory," *Critical Inquiry* 28, no. 1 (Autumn 2001): 1–22; Bill Brown, "Reification, Reanimation, and the American Uncanny," *Critical Inquiry* 32, no. 2 (Winter 2005); Modern Girl Around the World Research Group, *The Modern Girl Around the World: Consumption, Modernity, and Globalization* (Durham: Duke University Press, 2008); Sara Ahmed, "Affective Economies," *Social Text* 22, no. 2 (Summer 2004): 117–139.

生产商不仅将香烟出口到英国、美国和许多其他国家，而且在美国等地建立了分工厂。数十年间，埃及香烟业在英国和美国香烟的口味方面起到了引领的作用，并且在全球贸易中遥遥领先。实际上，仅从20世纪初开始，（英、美香烟）与埃及生产商的竞争才日渐激烈。"土耳其"烟草以最佳香烟原料著称，并且它们的制作成本也是最高的。[1] 想象一下苏丹抽什么样的烟呢？很可能不是亮叶香烟，委婉地说，亮叶没有土耳其香烟的威望。

美国的生产商直到第一次世界大战后才让其香烟摆脱"进口货"的名声。他们成功地在美国本土打造并推广了百分之百用亮叶烟草制成的香烟品牌，比如小美人牌和品海牌（Pinhead），但是为了更有竞争力，他们还制作全部或者部分使用东方进口烟草的香烟。美国生产商效仿埃及香烟的品牌设计和销售技巧，并收购了几家埃及公司，销售像都伯格（Dubec）、法蒂玛（Fatima）、慕拉德（Murad）这样的品牌来和涅斯托尔（Nestor）、埃及神（Egyptian Deities）、鳄鱼（Crocodile）竞争。他们改善了获取昂贵东方烟草的途径。[2] 亮叶烟草既便宜，也容易获取，对美国公司来说是巨大的优势；因此，只要能保持盈利，他们很可能将更多的国内产品转换成纯亮叶烟草制成的香烟，这样的猜想不无道理。

然而，在中国，香烟被认为是西洋货。即使菲律宾、日本、俄国、印度和埃及等国都向中国出售香烟，香烟还是以"英国品牌""美国品牌"或简单来讲，以"西方品牌"而闻名。在那里，不像在美国，英美的烟草生产商几乎只出售百分之百亮叶烟草的香烟，使得这种香烟成了行业的价值标准。英美的烟草公司用东方名字在美国出售香烟的同时，在中国出售的品牌却是"品海""海盗"（Pirate）和"皇后"这样的名字；皇后牌还有一个中国名字叫"大英"，意思是英国。

---

1 Relli Shechter, *Smoking, Culture and Economy in the Middle East: The Egyptian Tobacco Market, 1850–2000* (London: I. B. Tauris, 2006), 54–56.

2 Mary C. Neuburger, *Balkan Smoke: Tobacco and the Making of Modern Bulgaria* (Ithaca: Cornell University Press, 2013), 55–58.

这些全球流动的烟草和香烟形成了一种奇怪的相互作用：香烟作为"东方货"进入美国，但却作为"西方货"进入中国。美国人把香烟视作埃及产品并且对"土耳其"烟草情有独钟，但中国人则认为香烟来自英、美或者说"西方"，并钟爱亮叶烟草。香烟在美国和中国市场上出现几十年后，大众才开始养成吸烟习惯，这种双向的认知在几十年里反映在了香烟上面。在 20 世纪 10 年代末和 20 年代，香烟确实流行一时，美国第一个大获成功的香烟品牌是骆驼牌，它由土耳其烟草、亮叶烟草和伯莱烟草（burley tabaccos）混合而成，在中国，皇后牌（亦称大英香烟）则完全是由亮叶烟草制成。香烟、品牌形象和烟草在东西方间的双向流动，与全球化和现代性从西方流向东方的资本主义叙事相矛盾，也与西方公司制定世界其他地方的消费偏好和品味规范这个论述相矛盾。换句话说，香烟这种最典型的现代商品，并不符合我们一直固守的全球化和现代性的模式。

事实上，要想了解 19 世纪的所有香烟，关键要意识到这些香烟的生产国并不只是代表客观的地理信息，它还说明人们——尤其是欧美人——正在学习从民族、种族及其核心精神的角度来看待这个世界。这是一个民族主义和帝国主义兴起的年代，西方的思想家急着将世界按照文明的不同阶段来绘制一套民族等级制度。商品的全球性流动对这些观念的普及起到了重要的作用。特别是，作为一种新的跨国流通的商品，香烟在国家和种族间累积和传递价值。人们普遍认为，某个民族的核心精神会存在于他们生产的物品和他们的商品品位之中；一个人能通过抽埃及的香烟来了解埃及。[1] 重点在于，相比于字面上的产品生产地，种族才是不可忽视的要素。举个例子，对土生土长的纽约人和伦敦人来说，

---

1 Kristin L. Hoganson, *Consumers' Imperium: The Global Production of American Domesticity, 1865–1920* (Chapel Hill: University of North Carolina Press, 2007); Mona Domosh, *American Commodities in an Age of Empire* (New York: Routledge 2006); Rob Wilson and Christopher Leigh Connery, eds., *The Worlding Project: Doing Cultural Studies in the Era of Globalization* (Berkeley: North Atlantic Books, 2007).

外来的香烟生产商在他们的城市生产着"外国"香烟,不论他们在这座城市生活了多久,也不管他们的公民身份如何,他们依然就像是来自法国或埃及的生产商。这样一来,香烟就是全世界生产的了;也就是说,它们帮助人们对遥远的土地或地区形成了并不精确的想象。反过来,对企业帝国的想象和各种事件的发生,也在不断地塑造香烟的品牌故事和市场。对亮叶香烟而言,这个全球性的叙事始于南北战争后的美国南部。

发展亮叶香烟

1872 年,路易斯·金特走到了人生的转折点。在纽约待了 7 年之后,他回到了里士满,成为约翰·F. 艾伦烟草公司(John F. Allen Tobacco Company)的合伙人,这家公司是嚼烟和斗烟的制造商,也生产少量的雪茄。在纽约时,金特已经在艾伦公司做了两年的头牌推销员;成为合伙人后,他掌管公司的销售和营销,而艾伦负责管理制造加工。金特把年轻的约翰·波普(John Pope)也带了过来,波普曾与他在艾伦公司的纽约仓库里共事,如今在里士满的工厂找到了新职位。两年后,金特作为合伙人站稳了脚跟,他说服艾伦增加了香烟生产线。[1] 这一年,金特 51 岁,他开始了最重要的工作。10 年之内,他的香烟将会被送达世界的各个角落,他将会成为美国南方最有钱的人之一。波普成为金特的商业合伙人和生活伙伴,在艾伦退休后接替他在公司的位置,并与金特一起生活了 20 多年。[2]

金特的人生经历使他眼光独到地捕捉到了亮叶香烟的商机,并发现了海外的潜在市场。在 19 世纪 50 年代的里士满,金特当然听说过弗吉

---

[1] Nannie M. Tilley, *The Bright-Tobacco Industry, 1860–1929* (Chapel Hill: University of North Carolina Press, 1948); "The Beginning of a Trust," *Colliers* 34, no. 20 (August 10, 1907):15. F.S. 金尼烟草公司和纽约的贝德罗西安兄弟曾在一些香烟中混合小剂量的亮叶烟草。

[2] Brian Burns, *Lewis Ginter: Richmond's Gilded Age Icon* (Charleston: History Press, 2011), 103.

尼亚州和北卡罗来纳州山区的三个县出产的新型烟草利润巨大。尽管南北战争中断了亮叶的销售市场和配套基础设施的发展，这一行业在后来依然发展迅猛。在贫困的上南地区[1]，亮叶是当地流行的为数不多的能赚钱的玩意儿。在1869年，哈利法克斯（Halifax）县的一名种植者就曾鼓励周围土质相似地区的种植者也种植"弗吉尼亚州和北卡罗来纳州这一地区特有的优质烟草……至少在目前，这为我们提供了唯一的彩虹般的希望。"[2] 尽管里士满不在亮叶种植带上，但坐火车几个小时就能到。

金特的职业生涯始于进口业务，而非烟草。这让他以异于常人的角度观察亮叶生产带。金特生于纽约，在17岁那年随比他大几岁的裁缝约翰·C.谢弗（John C. Shafer）搬去了里士满。21岁那年，金特先是在五金商店工作，后来短暂经营过一家玩具店，之后他在缅因街上开了一家专门经营进口和"新奇商品"的家居店。新奇商品是指装饰性的商品或者花哨的物品，包括家用器皿、艺术品、精美的纺织品和配饰。后来，金特又开了第二家店，逐渐成为内陆腹地和南方商店的进口商品批发商。[3] 为了给这家店供货，金特每年都会去欧洲城市旅行，了解商品、潮流、市场，同时感受欧洲文化。他的进口生意主要是爱尔兰的亚麻布和萨克森（Saxony）羊毛及其他一些产品，因此他常常特地去伦敦进货。[4]

金特的进口业务建立在里士满与周边烟草种植区以及大西洋贸易之间的独特关联上。不过，在19世纪40年代，里士满还是个小城，装载烟草的蒸汽船就是从这里的港口开往美国东海岸和欧洲市场的。早在弗

---

1 指美国南部偏北的地区。一般包括弗吉尼亚州、田纳西州、阿肯色州和北卡罗来纳州。——译者注

2 引用自 Tilley, *The Bright-Tobacco Industry*, 124.

3 "Lewis Ginter: Death of This Public-Spirited Citizen," *Richmond Times*, October 3, 1897, 1–3; Burns, *Lewis Ginter*, 16–38.

4 "City's Greatest Loss," *Richmond State*, October 3, 1897, 1, 3; "Lewis Ginter," *Richmond Times*, October 3, 1897, 2.

吉尼亚州还是殖民地的时候,烟草便是当地的基础产业[1]。弗吉尼亚烟草因其出色的质量和温和的味道而享誉全球一百多年。在烟草输出到其他地方时,其他商品也纷纷涌入烟草的产地。金特的进口批发生意也跟随这次潮流,将欧洲和大西洋市场与里士满的商店,以及服务于周遭乡村地区的小镇商店联系起来。[2]此外,有的镇子还向里士满的货栈提供新型暴利商品亮叶烟草。金特的商业眼光得益于里士满的独特地位,它既是一座烟草小城,又是一个连接城市及其周边地区与北方和欧洲的大西洋港口。

南北战争带来的巨大破坏,迫使金特不得不前往纽约,最终投身于烟草生意。战争中断了里士满的航运,从而切断了当地与北方和海外市场的联系。金特关掉了店铺,作为供应商加入了南部同盟的军队。[3]战后,里士满的基础设施损毁严重,并且资金短缺。金特再次回到纽约,开了一家银行,可惜没经营多久。银行倒闭之后,金特战前积攒的仅剩的那部分积蓄也消耗殆尽了。他又回到里士满,劝说他的老朋友艾伦与自己合伙开烟草厂。[4]因为金特已经身无分文,这家厂子归艾伦所有,以艾伦命名。金特以公司销售员的身份返回纽约。[5]

接着,金特的命运开始逆转,他在纽约销售嚼烟和斗烟,那些年香烟还是刚刚出现的新鲜货。内战结束后,由东方"土耳其"烟草制成的法国、俄国和希腊香烟占据了这小小的香烟进口市场。如果香烟市场狭

---

[1] 在 17 世纪,作为英属殖民地的弗吉尼亚州开始种植烟草。——编者注

[2] Burns, *Lewis Ginter*, 34–35. The wholesale store was a partnership with John F. Alvey and was called Ginter and Alvey Fancy Dry Goods. See Ann Smart Martin, *Buying into the World of Goods: Early Consumers in Backcountry Virginia* (Baltimore: Johns Hopkins University Press, 2008), for a discussion of the spread of global products through antebellum rural Virginia.

[3] Burns, *Lewis Ginter*, 55–56. 作为民主党支持者,金特为白人至上主义报纸《里士满时报》提供资金,该报的编辑因攻击跨种族修正运动(interracial Readjuster movement)而闻名。来自里兹韦尔的杜克和詹姆斯·A.托马斯则是共和党支持者。

[4] "Lewis Ginter," *Richmond Times*, October 3, 1897, 1–3.

[5] Peter J. Rachleff, *Black Labor in the South: Richmond, Virginia, 1865–1890* (Philadelphia: Temple University Press, 1984), 204, 206. 根据 1870 年的调查,艾伦烟草公司只列出了 11 名雇员;到了 1880 年,艾伦和金特烟草公司雇用了 300 名员工,包括 200 名女性员工、40 名男性员工和 60 名童工。

小且被进口货占据的话，美国本土货的市场就会更小，并由移民所控制。[1] 像贝德罗西安兄弟（Bedrossian Brothers）和尼古拉斯·康德鲁斯（Nicholas Coundouris）这样的希腊制造商，可能在纽约率先生产当地的产品，出售给外来移民和本地人。[2] 金尼兄弟烟草公司（Kinney Brothers Tobacco Company）则在1869年才开始制作香烟，他们可能是城里最早开店的本地制造商。[3]

美国后来在世界市场中有着举足轻重的地位，但在香烟生产领域却是后来者，这可能有点奇怪，真实原因在于，内战中断美国贸易之时正是香烟大量流通之时。纸卷烟的发展需要纸的工业化生产，这一重大成就直到19世纪30年代才实现。[4] 法国在早期的香烟生产中是领头羊，因为法国政府建立了烟草垄断机制，由社会承担投资这个未经试验的产品的风险。截止到19世纪50年代，法国烟草已广泛流通于欧洲和中东，这些年里法国香烟的卷烟纸一直闻名于世。但很快，奥斯曼帝国在香烟消费方面赶超了法国，希腊、俄国等其他国家的生产商也加入进来。[5] 在19世纪50年代，纽约市可能只进口了很少数量的香烟，如果不是美国内战扰乱了跨大西洋贸易，60年代初美国的香烟进口量肯定会增加。[6] 战后，香烟再次流入美国，美国的国内生产商也参与了竞争。然而，市面上绝大多数被标识和推广的香烟都是外国货，其中土耳其香烟最受

---

1 进口产品、外国公司的分支机构和移民生产者继续增加。由德国移民兄弟经营的埃克迈耶公司（Eckmeyer and Co.）于1875年开业；兄弟俩进口了俄罗斯圣彼得堡著名的拉弗勒姆公司（LaFerme）的品牌香烟，并制造了俄罗斯风味和埃及风味的香烟。总部位于俄罗斯圣彼得堡的莫诺普尔欧洲模范烟草工厂（The Monopol European Model Tobacco Works Factory）于1882年在美国开设了分厂，并很快在百老汇上城区增加了一个销售空间。*Illustrated New York: The Metropolis of Today, 1888* (New York: International Publishing Company, 1888), 112, 127.

2 根据税收收入，该行业在这十年里没有增长。Tilley, *The Bright-Tobacco Industry*, 507; *United States Tobacco Journal*, May 1, 1877. 贝德罗希安兄弟公司（Bedrossian Brothers Company）于1867年开始生产。参见"The Beginning of a Trust," *Colliers* 34, no. 20 (August 10, 1907): 15.

3 Tilley, *The Bright-Tobacco Industry*, 508.

4 19世纪90年代以前，"香烟"（cigarette）一词既指纸烟，也指小雪茄，即用烟叶而不是纸包裹的烟草。

5 Shechter, *Smoking, Culture, and Economy*, 28.

6 Tilley, *The Bright-Tobacco Industry*, 506.

称赞。

尽管香烟远非什么紧俏的商品，但金特从事香烟销售的工作和他进口外国新奇商品的经历给他带来了优势，让他能比别的南方生产商更敏锐地感知到香烟的发展前景。金特一点也不符合熊彼特理想中的创新者形象——他不是一个对现有实践缺乏经验却能从中获得启发、擅闯禁地的人。相反，他利用自己的丰富经验，设想了一种新组合：在香烟中使用斗烟烟草和嚼烟烟草，从中可以明显感受到土耳其烟草的口味和文化特征。事实上，金特的创新与熊彼特理论中较少被引用的那部分相吻合——熊彼特将创新精确地定义为进行新的组合，比如将新的原材料加入原有的商品中。[1] 金特既是北方人又是南方人，既是进口商又是烟草销售员，这都给他在产品改进上有所创新提供了优势。

事后想来，亮叶香烟的出现似乎顺理成章，但有几个原因能解释为什么这对亮叶带上的烟草制造商来说是不易理解的。首先，在北卡罗来纳州和弗吉尼亚州几乎没有人抽任何种类的香烟。弗吉尼亚州卡罗来纳县的塞缪尔·斯库勒（Samuel Schooler）注意到了香烟，但他认为吸香烟会使人在当地格格不入。1868年，他在给妻子的信中写道："他知道他不属于这里，而且他还抽烟，这在这一带是闻所未闻的。"[2] 事实上，有的人甚至从未听说过香烟。詹姆斯·A. 托马斯从小种植和制造吸用型烟草或嚼用型烟草，之后他以推广香烟为职业，成为英美烟草公司中国分公司的负责人，但在1876年之前，他对香烟一无所知，当时还是十几岁少年的他参加了费城百年博览会（Centennial Exposition in Philadelphia）。"尽管我当时十分拮据，"他回忆道，"但我最后还是攒够了去费城的钱……我在那里第一次见到香烟，它是由埃及人在博览会上

---

1 Joseph A. Schumpeter, *The Theory of Economic Development: An Inquiry into Profits, Capital, Credit, Interest, and the Business Cycle*, trans. Redvers Opie ([1934]; New Brunswick: Transaction Books, 1983), 78, 91–92; Joseph A. Schumpeter, *Capitalism, Socialism, and Democracy* ([1942]; London: Unwin University Books, 1965), 81–86.
2 引用自 Tilley, *The Bright-Tobacco Industry*, 507.

现场制作的。"[1] 可见，托马斯第一次吸外国烟不是在美国南方的日常生活中，而是在世界博览会的一次展览上。

与香烟在他们生活中的重要性相比，南方的烟草商知道，实际上那里的每位男性都会嚼烟，不论是否成年，而且大部分男人都会抽烟斗。而且，这些市场并不限于南方。美国内战之后，嚼烟依旧是美国最受欢迎的烟草产品。《纽约时报》抱怨说："全世界的人都知道，我们国家的人咀嚼烟草，经常咳痰，并在说到美国人或者画关于美国人的漫画时拿这个大做文章。"[2] 斗烟在19世纪末越来越受欢迎，这对亮叶来说是个好消息，因为亮叶烟草可以制成上好的斗烟。成百上千的南方企业家决定投身亮叶嚼烟和斗烟的生产，而忽略了卷烟，这是完全有道理的。

其次，土耳其烟草香烟深刻固化了人们对香烟的认知，而亮叶香烟给人一种非常不同的味道和吸烟体验，这可能会让消费者失望，甚至会令他们不悦。东方的烟草有一种刺鼻的气味，而且劲儿很大，还有很强的酸性。由于烟味刺鼻，人们抽土耳其烟草香烟就像抽雪茄一样，将烟含在嘴里，而不是深深吸入肺部，因为嘴里的敏感组织可以吸收尼古丁。相比之下，亮叶香烟的味道非常清淡——清淡到有些人甚至认为它们无味。此外，亮叶独特的烤制过程提高了叶子的pH值，让烟气没有那么强的酸性，因此更容易让烟气通过喉咙，吸入肺部。[3] 事实上，亮叶改变了人们吸烟的姿势，包括深吸气和延迟呼气。味道清淡和易于吸入都可能成为香烟的卖点，而且事实也确实如此，但它需要市场营销来改变老烟民对香烟的看法，并吸引新烟民适应亮叶。

为应对这次挑战，金特采用了两种方式。首先，他调整了艾伦已有的烟草产品，从杜贝克香烟（这种香烟由进口的土耳其烟草制成）以及几个完全由亮叶烟草制成的品牌着手。第二年，金特带着杜贝克香烟

---

[1] James A. Thomas, *A Pioneer Tobacco Merchant in the Orient* (Durham: Duke University Press, 1928), 7.
[2] *New York Times*, July 15, 1878, 4.
[3] Robert N. Proctor, *Golden Holocaust: Origins of the Cigarette Catastrophe and the Case for Abolition* (Berkeley: University of California Press, 2012), 34–35, 231.

去参加费城百年博览会，并与詹姆斯·A. 托马斯一同留意到的埃及香烟竞争。同样参加博览会的还有 F.S. 金尼烟草公司（F.S. Kinney Tobacco Company），他们的香烟由亮叶、土耳其烟草和新奥尔良烟草混合制成。[1]（托马斯后来不记得这两位国内生产商了。）金特几乎立刻就开始寻找国际市场，尤其把目光落在他最熟悉的欧洲城市伦敦和巴黎，在那里，他把亮叶香烟作为外国的新奇商品来推销。

在那时，金特的创新从产品研发转到了市场营销。他专注于国外市场的决定得到了回报，伦敦成为第一个让亮叶香烟广受大众欢迎的地方。和产品研发一样，金特运用他独特的商业头脑和个人经验在伦敦的市场探索推广的可能性，后来他成功用亮叶香烟取代了伦敦绅士俱乐部这类文雅场合里的斗烟和雪茄。

英国香烟

金特和他在伦敦的代理商约翰·M. 理查兹（John M. Richards）在市场营销上面临一个熟悉的挑战：伦敦和纽约一样，抽烟者主要是外来移民。本地人抽的是斗烟和雪茄。理查兹注意到，"不管哪种香烟，吸的人都很有限；在外国人经常光顾的一些商店里[即移民社区]，你才可以买到一包'卡普罗'（Caporal，法国烟丝）或'拉费尔姆'（La Ferme，俄国烟丝），还有埃及和土耳其的几种品牌。"所有这些品牌都由东方（土耳其）烟草制成。理查兹又说："那时的英国人不喜欢香烟。"[2] 巴黎有相当数量的烟民，所以有人可能会认为金特会在那里赚到第一桶金，但说服吸食东方烟草的老烟民改吸亮叶很难。尽管金特在伦敦基本

---

1 Tilley, *The Bright-Tobacco Industry*, 508.
2 John Morgan Richards, *With John Bull and Jonathan: Reminiscences of Sixty years of an American's Life in England and in the United States*, 2nd ed. (London: T. Werner Laurie, 1905), 66–67. 理查兹还提到，当他抵达（伦敦）时，"这个国家连一根美国香烟都不出售。"

上遇到了和在美国同样的问题，但他将亮叶香烟当作外国的新奇玩意儿来推销，进而在伦敦发现了他的第一大市场。

金特从先前的经历中获得了很多优势，使得他对伦敦的市场情况有所了解。作为进口商，他从 19 岁那年就开始去欧洲旅行。金特的一位朋友曾估算金特一生中跨越过 30 次大西洋，并且指出金特曾"说他对伦敦就像对里士满一样熟"[1]。当然，金特在伦敦的时候参加了一些社交活动，对这座城市的文化有了一些认识。在金特的进口生意中，他也十分熟知欧美货物的特色。尽管如此，我们也不应该夸大金特的个人能力。事实上，理查兹明确指出，早年给里士满宝石牌香烟大范围打广告实际上没有什么反响。[2] 直到伦敦的俱乐部会员成为文化的媒介，里士满宝石牌香烟的销量才暴涨，是这些会员在他们的社交场所推广了香烟，并且赋予香烟以特色与魅力。

不过，金特和理查兹在伦敦遇到的第一大困难反而让里士满宝石牌香烟有了重大突破。理查兹试图将他的产品投放到伦敦各地的烟草零售店，但事实上，只有那些伦敦东区的工人阶级才会接受艾伦公司的香烟；伦敦西区的剧院、俱乐部和商业区的零售商都将其拒于门外。之后金特和理查兹采取了两项措施：首先，他们帮药剂师购买了烟草交易资格证，然后把艾伦公司的香烟摆在药店的柜台上。其次，据理查兹所说，艾伦公司在皮卡迪利广场（Piccadilly at Circus）开了自己的烟草店——奥·维吉尼香烟烟草商店（Ole Virginny Cigarette and Tobacco Stores），这一点颇为重要。理查兹解释道："我们将陈列窗装饰得颇为诱人，很快这个品牌就流行了起来。随后这款香烟就潜入了宾馆、俱乐部还有酒吧。"[3] 这家店位于伦敦西区的中心地带，很受欢迎。事实证明，这家店成为这

---

1 "Major Ginter Dead," *Richmond Dispatch*, October 3, 1897, 2.

2 Richards, *With John Bull and Jonathan*, 68.

3 Richards, *With John Bull and Jonathan*, 68; John Bain, Jr., with Carl Werner, *Cigarettes in Fact and Fancy* (Boston: H. M. Caldwell Co., 1906), 59; Mackenzie, *Sublime Tobacco*, 277. 艾伦和金特公司在伦敦的一份报纸上为奥·维吉尼烟草店做广告，并承诺消费者可在皮卡迪利大街 217 号申领样品。*Funny Folks*, December 8, 1877, 184.

些香烟到达伦敦精英男士手中的通道。

奥·维吉尼香烟烟草商店的地理位置至关重要，因为它离伦敦西区的绅士俱乐部很近。就像纽约的百老汇和时代广场一样，伦敦西区是一个充满活力、多元化的空间，到处都是餐厅、剧院、音乐厅、高端商店和绅士俱乐部。到1882年，里士满商会夸耀道："伦敦俱乐部里大批的香烟都是里士满制造的。"[1] 伦敦西区的俱乐部成员并非购买里士满宝石牌香烟的唯一群体，这个牌子的香烟伦敦东区也有售，但西区的人吸香烟却十分闻名。也就是说，香烟成为俱乐部会员公众形象的组成部分。伦敦俱乐部赋予香烟一种独有的特征，就连俱乐部以外的人都知道。换句话说，这些俱乐部成为亮叶香烟第一个亮相的公共场合。[2]

单从数量上看，绅士俱乐部就是巨大烟草消费者市场的代表，其既有能力打造一个新品牌，也有能力毁掉一个新品牌。金特推销亮叶香烟的时候，伦敦有将近两百个俱乐部，全都在伦敦西区，会员数量从几十个到几千个不等。在今天的美国，"绅士俱乐部"（gentlemen's club）一词是脱衣舞俱乐部的委婉表达，但英国的绅士俱乐部是名流云集、受人推崇的场所，会员都是政治家、商人、专业人士以及有闲人士。英国的绅士俱乐部历史悠久，它从18世纪的咖啡馆发展而来，19世纪70年代到第一次世界大战期间达到鼎盛。那些最好的俱乐部有着大量的候补会员，有的最长竟然要等16年才能获准加入，故而也催生了一批不那么排外的新俱乐部。金特在皮卡迪利广场开的烟草店位于俱乐部的核心区域：密度最高的精英俱乐部在皮卡迪利大街、蓓尔美尔街和圣詹姆斯街一字排开，每个街区都有几座大型宫殿般的俱乐部大楼。[3]

具有怀旧意味的店名"奥·维吉尼"给亮叶香烟增添了几分异国

1　引用自 Burns, Lewis Ginter, 103.
2　Elspeth H. Brown, "The Commodification of Aesthetic Feeling: Race, Sexuality, and the 1920s Stage Model," *Feminist Studies* 40, no. 1 (2014): 65–97; Ahmed, "Affective Economies."
3　Amy Milne-Smith, "A Flight to Domesticity? Making a Home in the Gentlemen's Clubs of London, 1880–1914," *Journal of British Studies* 45, no. 4 (October 2006): 799–802.

情调，让人回想起弗吉尼亚还是英国殖民地的日子，也唤起了人们对大英帝国的想象。19世纪末，大西洋两岸的白人都在阅读小说，书中否定了奴隶制的暴力，反而浪漫化地将弗吉尼亚的烟草种植园描写成一个令人心满意足的奴隶劳动之地，美化了白人的殖民行径。[1]香烟的异国特质，给英国人的吸烟体验带来了一种异域风情。《泰晤士报》(the London Times)上一则里士满宝石牌香烟的广告写道："从皇家宫殿到扩张的俱乐部，再到郊区别墅中随处可见的葡萄架和无花果树下，除了微风，能闻到的就是奥·维吉尼烟草的芳香。"[2]弗吉尼亚的烟草气味仿佛从英国殖民时代吹来，将中产阶级、精英阶层和贵族阶层的男士聚集在一起，共享奢华体验。

奥·维吉尼香烟烟草商店也向伦敦提供罕见的外国玩意儿。公司一般运用店铺或者广告介绍亮叶烟草的产地及其优良品质。与如今香烟广告很少描述烟草的品种不同，当时的艾伦公司详细介绍了亮叶的生长土壤和烤制方法的重要性。比如有这样一则广告："烟草生长在亮灰色的土壤（弗吉尼亚州和北卡罗来纳州一小块地方的特有土质）中，用特殊的方法烤制，大大地降低了尼古丁的含量，因此即使吸食也不用担心烧心、头晕或舌头起疱。"里士满"靠近[这些]地区使……[公司]在遴选烟叶时有近水楼台之便……这是其他地方的制造商所办不到的。"[3]里士满宝石牌香烟的烟草等级较高、不易获得，对英国俱乐部的成员来说算是新鲜玩意儿。

里士满宝石牌香烟给俱乐部同伴带来了新奇和时尚，渐渐取代了社交场合中必备的斗烟和雪茄。在俱乐部中，男士共进食物、互相交谈、打台球、放松休闲、饮酒和抽烟，女人并不允许参与其中。俱乐部对抽

---

[1] David W. Blight, *Race and Reunion: The Civil War in American Memory* (Cambridge: Belknap Press of Harvard University Press, 2001).

[2] Advertisement, *London Times*, April 16, 1878, 12; advertisement, *Funny Folks*, December 29, 1877, 212.

[3] 引用自 *London Times*, April 16, 1878, 12. 亮叶烟草的尼古丁含量较其他烟草更低，但由于更容易吸入肺部，导致尼古丁吸收率较高。

烟的时间和地点有严格的限制，比如鼓励男士在餐后进入豪华的吸烟室。当然，固定的时间和地点只会提高烟草在俱乐部文化与群体中的重要性。为别人递斗烟和雪茄烟盒变成俱乐部成员维系关系的敲门砖。这样的关系意义重大：这些男性对俱乐部抱有浓厚的情感，同时还能在那里找到归属感。[1] 也许与伦敦东区的烟草零售商相比，伦敦西区的零售商没有那么愿意销售金特的香烟，仅仅是因为他们不愿与推销新产品的外国人分享利益。

香烟进入俱乐部后，精英们兴致勃勃地将其用到社交活动之中。俱乐部文化倡导的是贵族式的悠然闲适，而不推崇中产阶级的勤工和节俭，尽管俱乐部的中产阶级越来越多。例如，俱乐部明文规定禁止谈论生意。俱乐部为男士们提供的是享受：受人尊敬的厨师为其烹制盛宴，男士们则可以不受妻子打扰、安静读报或回信，特别是，他们在吸烟室里讨论政治、艺术、运动和女人。在19世纪末的大都市里，不管是单身还是已婚，去俱乐部都是男性的特权，男士有了更多的活动空间，以及随之而来的更多特权，包括在一定范围内的性特权。[2]

香烟并没有完全取代俱乐部里的斗烟和雪茄，当时艾伦公司甚至还无法生产那么多的香烟。但很多人已经接受了香烟，这足够让金特的生意稳定下来，也让香烟获得了良好的声誉。早在1881年，伦敦的《烟草评论》(*Tobacco Review*)就将香烟与俱乐部文化的许多常见元素联系起来，例如"香烟为奢华的生活锦上添花，都市漫游者、政治家、美食家和艺术家都沉醉其中"[3]。奥斯卡·王尔德是阿尔比马尔俱乐部

---

[1] Milne-Smith, "A Flight to Domesticity?"; and Amy Milne-Smith, "Club Talk: Gossip, Masculinity, and the Importance of Oral Communities in late Nineteenth-Century London," *Gender and History* 21, no. 1 (April 2009): 86–106.

[2] Milne-Smith, "A Flight to Domesticity?"; Judith R. Walkowitz, *Nights Out: Life in Cosmopolitan London* (New Haven: Yale University Press, 2012); Alan Sinfield, *Wilde Century: Effeminacy, Oscar Wilde, and the Queer Moment* (New York: Columbia University Press, 1994).

[3] 引用自 Matthew Hilton, *Smoking in British Popular Culture, 1800–2000* (Manchester: Manchester University Press, 2000), 53.

(Ablemarle Club)中的一员，他以拥抱并代表俱乐部文化而闻名，比如拒绝传统工作伦理观念。在他的作品《不可儿戏》中，有一个角色叫布拉克内尔夫人，当她听说杰克吸烟时，挖苦地说："很高兴听你这么说。一个人总该有个职业。伦敦游手好闲的人实在太多了。"[1] 到了1880年，金特在伦敦市场的成功表现使他成为公司的正式合伙人，公司也相应更名为艾伦和金特（Allen & Ginter）公司。[2]

因为与各类人打交道，见多识广，金特能摸到这种精英文化的门路。毫无疑问，金特出差时去过俱乐部。此外，他在港口城市里士满的朋友们也参与了跨国商品、思想和文化价值观的交流。在那里，金特位居男性社交圈的中心，这个圈子的成员都过着相似的国际化生活，彼此之间多有交集。其中有一位叫约翰·C.谢弗，他开了一家裁缝店，提供里士满制造的"巴黎和欧洲时装"；威廉·P.帕尔默博士（Dr. William P. Palmer）是一位热爱文学的医生；约翰·R.汤普森（John R.Thompson）是《南方文学信使》（Southern Literary Messenger）的编辑。[3]（美国内战期间，汤普森回到了伦敦并出版了在全球发行的南方同盟宣传刊物。）根据里士满州政府的说法，金特"对艺术拥有少见的良好品位和敏锐眼光"，这使他成为这个团体的中心人物，"有文学品位的人都喜欢与他为伴"。[4] 金特定期为他的男性精英朋友圈举办晚宴；晚饭后，他们会去吸烟室悠闲地交谈。金特和他的圈子在里士满培育了一种国际化的文化，这种文化虽然肯定与伦敦俱乐部的文化不同，但与之非常类似。与大部分乡村烟草企业家不同，金特在这种背景下为香烟的营销做足了准备。

里士满宝石牌香烟在早期大获成功后，金特和理查兹继续趁热打铁打广告，迎合了俱乐部那种对谁都反叛和不服的风气。举例来说，他

---

[1] 引用自Hilton, *Smoking in British Popular Culture*, 56.
[2] "American Goods in England," *New Brunswick Daily Times* (New Jersey), March 11, 1879, 3; advertisement, *New York Times*, May 28, 1880, 12.
[3] Burns, *Lewis Ginter*, 15–21, 22–26.
[4] "City's Greatest Loss," *Richmond State*, October 3, 1897, 3.

们使用一张在英国很有名的约瑟夫·杜克鲁埃（Joseph Ducreux）自画像来制作"巨幅海报"。[1] 杜克鲁埃是一位法国画家，以打破肖像画的常规风格而闻名。在《装扮成嘲弄者的艺术家自画像》（Self portrait of the Artist in the Guise of a Mocker）中，杜克鲁埃侧着身体，食指直指观众，脸上露出洋洋得意的笑容。金特找到一名画家以这幅自画像为基础进行创作。画家去掉了原画中直指观众的手并让原画中得意微笑的那张嘴叼上了一根烟。这种改动对于这张风格反叛的经典之作十分不敬，配文简单地写着"抽里士满宝石牌香烟"。一夜之间，理查兹在全伦敦张贴了数百张海报。该广告用它那极具表现力的讽刺和叛逆风格，吸引了金特的目标受众——那些反对资产阶级保守态度的俱乐部成员。[2] 这次的企划大获成功，让该形象成为里士满宝石牌香烟，甚至更普遍来说，公司的品牌形象，英国和美国都取得了这个形象的版权。

　　金特的香烟卡片系列"世界冠军"（World's Champions）增加了俱乐部里同性之间的社交对话，这些对话常围绕运动展开（图1.1）。为了让软烟盒更加坚固，金特在里面放入了商业名片，他可是第一个这样做的人；以棒球为主题的香烟卡片是最早的棒球卡片，现已成为稀有藏品。颇具特色的是，在"世界冠军"系列中，不仅有棒球选手、摔跤选手、拳击手，还有那些被俱乐部成员挂在嘴边的，从事精英类运动的选手，比如台球选手、来福枪射击手。后来，香烟卡片因其有伤风化的女性照片而闻名。华盛顿·杜克会向他的儿子抱怨，美国烟草公司使用"内含色情图片的香烟""影响恶劣"，而且"与我的宗教信仰不符"。[3] 然而，金特开创性的卡片展示了男性运动员的强健身体，图片中有些人物赤裸上身，供男性观看。在熟悉男性体育文化（一种以体操和其他运动为基础的健身潮流）和唯美主义运动的同时代英国人眼中，男性的裸体是具

1　"Lewis Ginter," *Richmond Times*, October 3, 1897, 2.
2　Richards, *With John Bull and Jonathan*, 66–68; "Lewis Ginter," *Richmond Times*, October 3, 1897, 1–3; "Major Ginter Dead," *Richmond Dispatch*, October 3, 1897, 1.
3　Washington Duke to James B. Duke, October 17, 1894, Benjamin N. Duke Papers, Duke University.

有美感的而非色情的。牛津大学的沃尔特·佩特（Walter Pater）是奥斯卡·王尔德（Oscar Wilde）的导师，也是最提倡唯美主义运动的文艺评论家，由于从学术的角度他很崇拜古希腊雕塑，因此对男性身体大加赞赏。[1] 金特的体育卡片因其艺术品质而闻名，宣传了这种理想的男性身材，也反过来影响了俱乐部的精英男性文化。

金特的里士满宝石牌香烟"已经垄断了在英国销售的美国香烟市场约两年，"理查兹说，"在那两年的最后，这种香烟的需求量变得非常大"，以至于美国和英国的制造商都为英国市场生产亮叶香烟。[2] 当时很可能是金尼烟草公司向英国出口亮叶香烟，那时杜克公司还没开始制造香烟。此外，1878年，英国威尔斯烟草公司（W. D. and H .O. Wills）开始生产三城堡牌（Three Castles）香烟，它完全由亮叶烟草制成，很快，其他英国公司紧随其后。由于这种香烟很受欢迎，纯亮叶烟草香烟在英国和英联邦有了名气，被称为"英国香烟"或"英式香烟"。[3]

金特将香烟打造成新奇异国商品的计划大获成功，这激励他继续专注于海外市场。《里士满时报》称"英国代理商发出很多需求订单，金特少校决心开展对外贸易"[4]。为公司已然工作了十多年的理查兹，将手伸向了英联邦，尤其是澳大利亚。由此，金特在美国的销售重点锁定了一个与英国类似的群体，即北方城市见多识广的精英男性。与伦敦相比，美国的男性俱乐部规模很小，但大多数俱乐部与伦敦有直接联系，因此很容易受到英国风格的影响。在美国，金特的广告声称里士满宝石牌香烟在伦敦广受欢迎，这很有效。[5] 到19世纪80年代中叶，艾伦和金特公司在纽约和伦敦都设有分工厂，国内外有19个销售员，并在澳大利亚、

---

1 H. G. Cocks, "Secrets, Crimes, and Diseases, 1800–1914," in *A Gay History of Britain: Love and Sex Between Men Since the Middle Ages*, ed. Matt Cook et al. (Oxford/Westport, CT: Greenwood World Publishing, 2007), 139.

2 Richards, *With John Bull and Jonathan*. 68.

3 Bain, *Cigarettes in Fact and Fancy*, 28.

4 "Lewis Ginter," *Richmond Times*, October 3, 1897, 2.

5 Advertisement, *New York Times*, June 8, 1878, 5.

图1.1 艾伦和金特公司的"世界冠军"香烟卡片展示了男性身体的魅力。美国国会图书馆（Library Congress）免费提供

法国、德国、瑞士、比利时等地建立了出口仓库，甚至扬言他们在印度和南非也有成熟的市场，能把香烟送到"世界各个角落"的委托代理商那里。[1]

然而，帝国的发展打乱了金特的计划，与此同时，亮叶香烟还面临着与埃及香烟的激烈竞争。1882年，英国占领埃及；蒸汽船、铁路和电报通讯很快相互配合，高效地将埃及的棉花、香烟以及官方报道和报纸报道、明信片和照片输往英国。[2] 很快，这种痴迷于埃及一切事物的行为有了一个专有名词："埃及热"（Egyptomania）。作为一个正在崛起的帝国主义强国，美国人像英国人一样，热情接受了"埃及热"。事实证明，在英美两国缔造帝国梦的过程中，埃及香烟起到了流行道具的作用。英国很快超过印度，成为埃及香烟的第二大进口国，仅次于德国。[3] 埃及香烟使英美香烟市场重新洗牌，并决定了金特、杜克和美国烟草公司数十年来的产品开发和营销方式。

埃及香烟

埃及香烟占据新的英美市场仅仅是行业在19世纪80年代如此繁荣的原因之一。自19世纪60年代以来，埃及的工业一直平稳发展，那时南北战争中断了美国南方棉在国际市场中的销售，埃及棉迅速填补了这一巨大的空白，同时，埃及经济迅猛发展，为香烟这一新产业创造了

---

[1] James P. Wood, *The Industries of Richmond: Her Trade, Commerce, Manufactures and Representative Establishments* (Richmond: Metropolitan Publishing Company, 1886), 59–60, https://archive.org/stream/industriesofrich00wood#page/n1/mode/2up; Tilley, *The Bright-Tobacco Industry*, 509; "The Cigarette Manufacture," *Frank Leslie's Illustrated Magazine*, February 10, 1883, 419–422. See also "City News," *Richmond Times*, October 23, 1888. "Lewis Ginter," *Richmond Times*, October 3, 1897, 2, 文中记载金特把香烟销售到了德国汉堡、比利时布鲁塞尔、印度、南非和澳大利亚。

[2] Timothy Mitchell, *Colonising Egypt* (New York: Cambridge University Press, 1988).

[3] Shechter, *Smoking, Culture, and Economy*, 58.

可能。1883年，奥斯曼帝国建立了国营烟草垄断的机制，迫使约300家希腊所属的工厂面临关停。为了及时为英国市场供货，许多经营者迁至埃及。[1] 首次实现全球流通的香烟是埃及香烟：埃及制造商生产的香烟数量比新来的美国亮叶香烟多多了，顾客数量也能多出数千名。

埃及商人在香烟包装和广告上绘制了金字塔、方尖碑、狮身人面像、伊斯兰穹顶、尼罗河岸典型的性感女人和三桅小帆船（古埃及的划艇）等标志性图像，这种推广香烟品牌的方式迎合了英美东方学学者的想象。名义上，埃及是奥斯曼帝国的一部分，但不受制于国有烟草的垄断，埃及还可以通过苏丹及其妻妾的号召力，要求继承土耳其烟草的遗产。[2] 正如一位评论员说的："埃及香烟……不过是在埃及制造的土耳其香烟。"[3] 尽管如此，埃及香烟在质量和神秘性方面的声誉仍呈指数级上升，埃及烟草行业在英国和美国等世界许多地方成为标杆。

对于埃及香烟的崛起，金特则是用一则挑衅的广告直接对英国帝国主义发表意见。1884年，苏丹爆发了反对英国殖民的起义，英国决定从苏丹撤军，后来苏丹被埃及接管。英国政府派查尔里·乔治·戈登（General Charles George Gordon）少将协助在埃士兵和官员的撤离。戈登不同意这个计划，所以他组织这些士兵去打击叛乱者，不过非但没能成功反而受困。同年10月初，英国又派遣加内特·沃尔斯利司令（Garnet Wolseley）随加拿大和英国的军队远征尼罗河来营救戈登和他的军队。[4] 10月18日，《伦敦新闻画报》（*Illustrated London News*）发布了一则香烟广告（图1.2），画面中沃尔斯利前来支援，戈登却愉快地抽着里士满直切香烟，头戴毡帽，边打发他走边说："你还是走吧，沃尔斯利，我很享

1　Shechter, *Smoking, Culture, and Economy*, 32.
2　Shechter, *Smoking, Culture, and Economy*, 54. 谢克特认为，埃及的生产者不仅在模仿英国的东方主义，而且在利用那些被广泛认可的代表中东的意象时，也在创造一套复杂的流行民族主义符号。
3　Bain, *Cigarettes in Fact and Fancy*, 23–24.
4　John Boileau, "Voyageurs on the Nile," *Legion Magazine*, January 1, 2004, https://legionmagazine.com/en/2004/01/voyageurs-on-the-nile/.

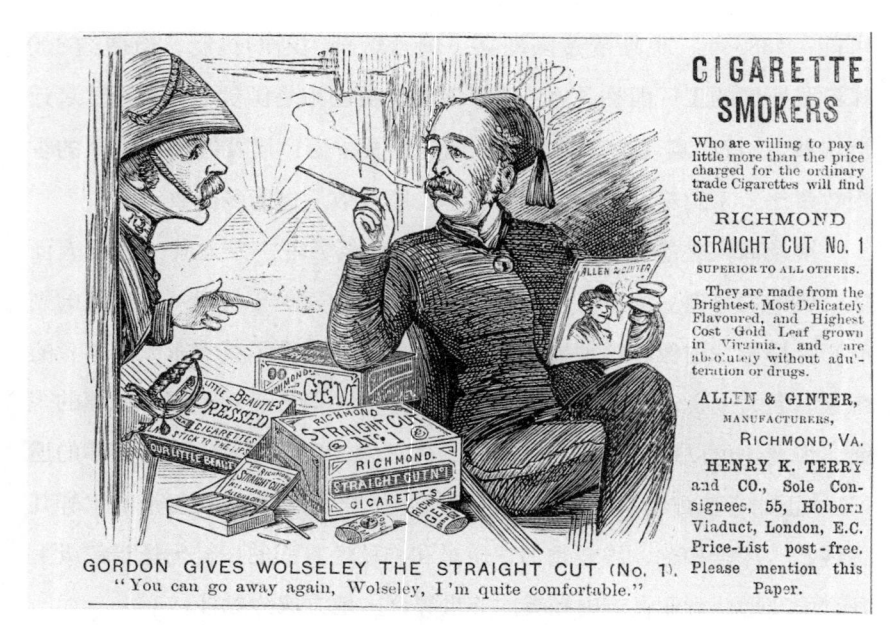

图 1.2 艾伦和金特公司广告,出自 1884 年 10 月 18 日《伦敦新闻画报》

受。"(图 1.2)。[1] 这个玩笑的背景是金字塔,精准地将亮叶香烟嵌入了时下要闻,以及曾给埃及香烟带来优势的企业形象之中。

另一则艾伦和金特公司的广告《向全国介绍艾伦和金特公司的香烟和烟草》(*Introducing to the Nations Allen & Ginter's choice Cigarettes & Tobaccos*)(图 1.3)引用了约瑟夫·杜克鲁埃的自画像,展示了老烟民的形象。在这位老烟民的主持下,世界各国领导人围坐在堆满了金特公司最知名香烟品牌的桌子旁,试抽香烟。除了这位老烟民,其他人很像真正的国家领导人,伦敦俱乐部的成员们可以兴致勃勃地将这些人物一一对应。[2]

其中,苏丹的形象很明显透露出这则广告比喻的是帝国主义:与其

---

[1] Advertisement, *Illustrated London News*, October 18, 1884, 382.
[2] Advertisement, *Illustrated London News*, December 1, 1884, 26. 王储腓特烈即后来的皇帝腓特烈三世;威尔士亲王即后来的国王爱德华七世。感谢王昊晨确认这些数字。

图 1.3 艾伦和金特公司的广告，1884 年 12 月 1 日发表于《伦敦新闻画报》。图中人物依次是（左起顺时针方向）：英国首相威廉·格莱斯顿（William Gladstone）、俄国沙皇亚历山大三世（Alexander III）、美国总裁切斯特·A. 阿瑟（Chester A.Arthur）、老烟民、德国总理奥托·冯·俾斯麦（Otto von Bismarck）、意大利国王翁贝托一世（King Umberto I）、普鲁士王储弗雷德里克（Frederick）、威尔士亲王（the Prince of Wales）和苏丹

他领导人不同，苏丹的形象与现实中差别很大，更像是一种普遍的刻板印象——援引苏丹，却不承认其实际领导人与西方统治者拥有平等的地位。画面中就连苏丹自己也欣然收下了艾伦和金特公司的亮叶香烟。自此，这则广告取代了埃及烟草业在英国首屈一指的地位，给人展现的印象是艾伦和金特公司的香烟才是全球领袖和品位创造者。

金特在美国打造的营销故事中复刻了这一策略，但这次不是广告，而是一则新闻。据说，当国会议员 A. M. 休伊特（A. M. Hewitt）在土耳其因公出差时，接到了与"伟大的东方香烟行家"苏丹共进晚餐的邀请。"当有人将一盒'里士满直切香烟一号'递给休伊特的时候，他大吃一惊。

'为什么,'他说,'这不合常理,毕竟,我原以为国王陛下会抽他那驰名内外的国产牌子。这是出于对我的恭维吗?''我更喜欢里士满直切香烟。'苏丹回答说。'它们是我的最爱。'"[1]这个故事篡改了苏丹是香烟方面的权威的事实,同时刻画了一种西方占据产业主导地位的形象。我们可以说,金特是在试图用一种帝国想象来对抗另一种想象。

尽管纯亮叶香烟在英国市场受到来自埃及香烟的冲击,但数十年间,它一直是受到英国市场认可的"英国香烟";然而在美国,它们却没能成为受到本国消费者认可的"美国香烟"。埃及香烟逐渐改变了英国香烟市场的格局,但艾伦和金特公司和威尔斯公司继续销售亮叶香烟,而当时刚开始经营香烟出口业务的杜克却无法在那里站稳脚跟。在美国,埃及烟草业对亮叶香烟的影响可能更为深远。被称为"弗吉尼亚香烟"的美国香烟并没有外国品牌的光环。事实上,直到20世纪20年代R.J.雷诺的骆驼牌香烟取得空前的销量时,"美国香烟"才成型。美国香烟变成骆驼牌那种混合了土耳其、亮叶和伯莱烟草的独特香烟,很快被其他公司效仿。

只有承认埃及烟草业在美国长期存在,才能弄明白为什么雷诺将这个品牌命名为"骆驼牌",并在其中加入了昂贵的土耳其烟草。追溯起来,早在19世纪70年代,内斯特·贾纳克里斯就将产品直接出口到美国,他很可能是首位开启这项出口业务的埃及生产商。在19世纪80年代的繁荣之前,他在开罗已有完善的出口业务链,繁荣期来临之时他更是打算好好利用一番。此外,奥斯曼帝国的国有垄断烟草公司取代了索蒂里奥斯·阿纳吉罗斯(Sotirios Anargyros)的生意,于是在1883年,他从希腊移民去了纽约。阿纳吉罗斯开始进口埃及生产的香烟品牌"埃及神明"(Egyptian Deities),以及自制的几个品牌,如赫尔墨(Helmar)、穆拉德(Murad)和莫卧儿(Mogul)等也取得了成功,其中莫卧儿香

---

[1] "Lewis Ginter," *Richmond Times*, October 3, 1897, 2; 在十年前,同一则故事的缩略版也曾刊登在其他报刊上,"Richmond Virginia," *Harper's Weekly*, January 15, 1887, 42.

烟上的标语是"就像在开罗一样"[1]。十年之内,在纽约制作"埃及"香烟的希腊公司至少有10家,他们在波士顿、费城、芝加哥、密尔沃基等其他城市也有自己的工厂。像法蒂玛、莫卧儿、拉美西斯二世(Ramesis II)、康泰克斯(Contax)和斯克纳兹(Skinazi)这样的品牌"在美国都有售卖,他们的生产商是希腊人,品牌名是埃及的,烟草则来自马其顿(Macedonia)、伊兹密尔(Smyrna)、阿基里翁(Aginion)和萨姆松(Samsun)"。这些从外企的分公司或移民公司进口或生产的埃及香烟充斥着市场,且广受欢迎,在纽约尤其如此,其他大城市紧随其后。[2]

埃及香烟在美国的部分地区很快大受欢迎,因为它不仅仅作为一件独立的商品流通,而且是融入了赞美帝国主义及东方异国情调的公众场合的一部分。在国际展览会、游乐场、餐厅和精英阶层的私密吸烟室里,人们都目睹也参与了埃及热的潮流。展会中可以互动体验的商铺使埃及香烟成为一种更全面的感官体验的一部分,如1893年世界哥伦布博览会[3]的开罗街。这里由埃及企业家建设管理,有清真寺、咖啡馆、骆驼、耍蛇人和舞女。[4]消费者被埃及的景观、声音和气味所包围,与此同时,毛毯和丝绸供人随意触摸,埃及香烟和食物待人品尝。开罗街大受欢迎,一位企业家甚至还在科尼岛(Coney Island)[5]仿建了开罗街,一开就是十年。在科尼岛开罗街的咖啡店铺前驻足,再抽一根印着"就像在开罗一样"广告标语的莫卧儿牌香烟,何乐而不为呢?

富裕的都市人往往会用外国货把吸烟室和会客室装饰成当时流行的东方风格,因此看上去私密的空间也成为埃及香烟的公共场合的一部分。像万提娜斯(Vantines)这样在纽约百老汇有仓库的进口公司,向美国

---

1 Shechter, *Smoking, Culture, and Economy*, 58.
2 Manos Haritatos and Penelope Giakoumakis, *A History of the Greek Cigarette* (Athens: ELIA The Hellenic Literary and Historical Archive, 1997), 172; Shechter, *Smoking, Culture, and Economy*, 58–59.
3 世界哥伦布博览会(World's Columbian Exposition),1893年5月1日—10月30日为纪念哥伦布发现美洲大陆400周年,在芝加哥市举行的国际博览会。——编者注
4 Hoganson, *Consumers' Imperium* 114, 177.
5 科尼岛(Coney Island),位于美国纽约布鲁克林区的岛屿。——编者注

的零售商和消费者供应埃及的毛毯、家具、衣服和家居用品。专供男士使用的吸烟室明显让这个空间得以物尽其用。东方的毛毯、卧式沙发、窗帘和其他纺织品为人们享受豪华的休闲时光创造了条件。男士们在饭后和客人一同前往吸烟室，增进情谊，享受吸烟的乐趣。女人们也会把客厅或"舒适角"装修成东方的风格，并借助色彩华丽的枕头、毛毯和悬挂的壁毯来装饰自己的闺房。在这里，东方的长沙发椅适合斜靠，而不是体面的女士所期望的维多利亚式的正坐姿势。[1]

吸烟室和"舒适角"可能会让人联想到英国人的绅士风格，也会让人想起奥斯曼贵族享受富裕和性特权的皇权式生活。英帝国的思想中认为奥斯曼人是性放纵的，以此来凸显英国文化是理性且性节制的；这样一个系统无意中使自身的性渴望在对他者的幻想中滋长。英国的帝国主义者和奥斯曼帝国的男性精英们都幻想出一种享有特权的男性形象，这可以在美国的吸烟室变成现实，并借助抽埃及香烟来将其仪式化。

尽管在19世纪80年代卷烟机已经问世，1890年美国烟草公司（在国内）也已经实现了垄断，埃及和外来的香烟生产商在20世纪依然坚持扩张，并试图主导美国人的口味。[2] 可能出于避开美国高关税的考虑，内斯特·贾纳克里斯在波士顿开了一家分工厂，不久后他将其搬去了纽约。他经常给他的"内斯特"品牌打广告，口号是"正宗埃及烟"。埃及的另一个资深的生产商梅拉克里诺（Melachrino）在1904年迁去了纽约并开始在当地生产香烟。[3] 一位评论员曾写道，在19世纪末20世纪初，除了"像苏比博格（Surbrug）、希纳西（Schinasi）、海迪彻（the Khedivial）、蒙诺普（Monopo）和阿纳吉罗斯（Anargyros）这样的大型土耳其制香烟厂"以外，"纽约东区的俄罗斯人、匈牙利人、叙利亚人、

---

[1] Hoganson, *Consumers' Imperium*, 26. 霍甘森注意到东方主义者非常热衷于和"摩尔人、土耳其人、中国人、日本人，或这些民族"有关的事物。

[2] Richard B. Tennant, *The American Cigarette Industry: A Study in Economic Analysis and Public Policy* (New Haven: Yale University Press, 1950), 44–45.

[3] Haritatos and Giakoumakis, *A History of the Greek Cigarette*, 147.

希腊人和亚美尼亚人也在建造小工厂，制造自己口味的香烟。"在1906年，这位评论员列举出"有一百多家小工厂制造俄罗斯香烟。老板和经营者有俄罗斯人、罗马尼亚人、斯拉沃尼亚人和匈牙利人，其中大多数是犹太人"。这些移民生产商"将土耳其、叙利亚、希腊、黑塞哥维那和波斯的烟草混合在一起，当然里面还有弗吉尼亚和北卡罗来纳的"[1]。在1895年，美国烟草公司牢牢控制了（美国）90%的市场，到1904年，这个比例降到了75%。[2]

埃及和外来的生产商之所以能够和美国本土的强势垄断公司展开竞争，部分是因为他们采用了一个不同的分销体系。美国烟草公司利用其垄断权，要求之前独立的烟草分销商与公司签订独家协议，从而对他们实行新的控制，对此本土的竞争者强烈抗议。一时之间，竞争对手连上架自己的产品都不被允许了。然而，大一些的埃及生产商只需在大城市开店即可，就像金特在伦敦做的那样，还会利用产品新颖独特的特点加以宣传。据报道，外来生产商在纽约市下东区的销量能占到其对美总出口量的一半，在纽约和其他城市的移民社区能销售（总出口量的）三分之一，而小贩们会在新地界用老办法将剩下的六分之一销往"大都会的商店和营业处"。[3]

美国烟草公司企图用广告来打败埃及烟草的计划失败了。1899年，美国烟草公司买下 S. 阿纳吉罗斯烟草公司（S. Anargyros Tobacco Company）并尝试在东方控制烟草来源。[4] 1900—1910年，美国成长最快的香烟品牌是土耳其-亮叶香烟，它有着埃及公司和美国烟草公司联

1　Bain, *Cigarettes in Fact and Fancy*, 63–64.

2　Leslie Hannah, "The Whig Fable of American Tobacco, 1895–1913," *Journal of Economic History* 66, no. 1 (March 2006): 50.

3　Bain, *Cigarettes in Fact and Fancy*, 64. 也可参见 Haritatos and Giakoumakis, *A History of the Greek Cigarette*, 174.

4　The ATC in 1902 and BAT in 1908 tried to gain control of the tobacco supply in Egypt. Shechter, *Smoking, Culture, and Economy* 85. 也可参见 Neuburger, *Balkan Smoke*; *New York Times*, January 25, 1903, 4.

图 1.4 美国烟草公司在 1899 年买下阿纳吉罗斯品牌,并在 1910 年发布了这个广告,延续了其一直以来的东方主题风格。摘自《斯坦福烟草广告影响研究》(Stanford Research Into the Impact of Tobacco Advertising, tobacco.stanford.edu)

图 1.5 埃及生产商在美国建厂以逃避高关税。《纽约时报》（*New York Times*），1906 年 2 月 14 日

合制成的埃及品牌风格。[1] 1904 年，纽约的一家精英俱乐部举办了一场宴会，约翰·D. 洛克菲勒（John D. Rockefeller）出席，宴会的每个座位上都有一根雪茄和一支"土耳其香烟"。[2] 一位评论员在 1906 年说道，土耳其烟草香烟"正在很大程度上取代了弗吉尼亚香烟，特别是在大城市和避暑胜地。在几乎所有的正式晚宴和晚餐派对上，土耳其香烟都和咖啡一同出现"。[3]

---

1 *Report of the Commissioner of Corporations on the Tobacco Industry*, Part III (Washington, DC: Government Printing Office, 1915), 325–328.
2 *New York Times*, December 1, 1904, 2.
3 Bain, *Cigarettes in Fact and Fancy*, 24.

英国和美国的"酷儿"香烟

埃及香烟热在美国兴起，加之奥斯卡·王尔德的同性恋丑闻让大家对绅士俱乐部的同性社交风气产生了怀疑，英美人更加认为香烟有女性化的特质，而这是对英美市场的另一个打击，并对香烟的角色有着长期的影响。长期以来，帝国主义文明的论调就将北方白人种族刻画成更有男子气概的形象，而认为南欧、中东和亚洲男人柔弱得像女人。人们将吸烟与这种世界观联系起来。金特在伦敦出售第一批香烟的那一年，一本在伦敦西区出版的书《烟民指南：智者和友人》(The Smoker's Guide, Philosopher and Friend) 解释了这种联系。"北方人感官粗糙迟钝，所以喜欢味道浓烈的烟草。南方人在意感官享受，更加柔弱，更喜欢温和且带有芳香的烟草——'土耳其'（烟），可那种烟草只不过叫烟草罢了，徒有其名。"《烟民指南》是一本轻松有趣的书，可能是供绅士俱乐部吸烟室里的人阅读使用的。换句话说，这本书的目标受众和金特的市场群体是一致的。这本书的作者洋洋洒洒地写了很多关于斗烟和烟民的内容，但却断言道："说实话，抽香烟的人没有男子气概。"[1] 因此，金特能成功进入这片市场，可能因为他提供了一种很"北方人"和"盎格鲁人"（气质）的，更具有男子气概的香烟。

英国对殖民地男性的性别歧视在 19 世纪 80 年代突然加剧，尤其是对中东和印度的男性，他们通常被认为是香烟烟民。定居在伦敦移民社区的孟加拉人在受教育和担任公务员的时候，成为新一批被歧视为没有男子气概的对象，因为他们威胁到了在印度为殖民统治辩护的原始主义的观念。埃及热甚至更具有威胁性。人们总是认为妻妾成群的苏丹阳刚勇猛，这是一种严重的刻板印象。而奥斯曼帝国的男性社交文化却因为

---

[1] Andrew Steinmetz, *The Smoker's Guide, Philosopher and Friend: What to Smoke, What to Smoke With, and the Whole 'What's What' of Tobacco* (London: Hardwicke and Bogue, 1876), 48, 62.

阴柔之风和同性恋而受到越来越多的审视。[1]这种关于女性气质的帝国主义论调反而强化了以英国男人为标准家庭之主的一种资产阶级国家形象。19世纪80年代末，伦敦杂志《烟草》写道："对我们而言，吸香烟显得娘娘腔，不适合英国民众。"[2]既然埃及香烟能让男人们展现苏丹的勇猛，它是否还有其他的影响呢？

19世纪90年代，性学（sexology）的兴起与资产阶级的帝国主义思想结合在一起，引发了一场围绕奥斯卡·王尔德和绅士俱乐部的精英男性文化的性恐慌，而这种文化有助于艾伦和金特公司的亮叶香烟的品牌推广。1895年，奥斯卡·王尔德因与年轻男子的恋情而被判犯有"严重猥亵罪"。如果金特在1897年去世之前就知道了这件事，他显然有理由感到震惊。即使俱乐部并没有明确卷入其中，这类事件在其他地方也有发生，但俱乐部的同性社交文化确实为包括亲密关系在内的多种形式的同性恋情提供了土壤。在19世纪90年代之前，男性之间的唯美主义和亲密关系在俱乐部文化中是很常见的，英美人对此非但没有批判之意，反而认为这是颇有男子气概的。金特在里士满的经历就是一个很好的例子：从来没有人质疑过他的审美或者他与约翰·波普之间的关系。事实上，他的讣告颂扬的这些品质很快就会成为证明他离经叛道的证据。《里士满快讯》（*Richmond Dispatch*）回忆道："他一有能力赚钱的时候，马上就去工作了，良好的天分和对艺术与生俱来的品位促使他在卖精美物品和艺术纺织品的商店找到工作。"[3]金特的豪宅里有藏书丰富的图书馆、

1　Mrinalini Sinha, *Colonial Masculinity: The "Manly Englishman" and the "Effeminate Bengali" in the Late Nineteenth Century* (New York: Manchester University Press, 1995); Heather Streets-Salter, *Martial Races: The Military, Race, and Masculinity in British Imperial Culture, 1857–1914* (New York: Manchester University Press, 2004); James Eli Adams, *Dandies and Desert Saints: Styles of Victorian Masculinity* (Ithaca: Cornell University Press, 1995); Jeffrey Dyer, "Desert Saints or Lions Without Teeth? British Portrayals of Bedouin Masculinity in the Nineteenth-Century Arabian Peninsula," *Arab Studies Journal* 17, no. 1 (Spring 2009): 85–97.

2　引用自 Howard Cox, *The Global Cigarette: Origins and Evolution of British American Tobacco, 1880–1945* (Oxford: Oxford University Press, 2000), 47.

3　"Major Ginter Dead," *Richmond Dispatch*, October 3, 1897, 1.

奢华的吸烟室和宽敞的客厅。《里士满时报》(Richmond Time) 热情洋溢地说："他在刚成年时就喜欢精美的书桌。"此外，"他家里的挂毯和小摆件随处可见。他在周游世界的时候，在国外买了数百件精美珍贵的纪念品，这些都显示出他对美好事物的热爱和审美品位。"金特对美的感知与日俱增，而他经常提到的自己对顽固的清教徒及其后代的厌恶也越来越深。[1] 就像在英国的俱乐部一样，金特的俱乐部是一个崇尚享乐的精英俱乐部，看重的是美感，而不是像中产阶级那样看重工作和节俭。

金特和波普一起生活了大概 25 年，直到波普离世才分开。1883 年艾伦退休，波普成为公司的合伙人。金特和波普被看作生活伴侣。《里士满快讯》赞扬二人感情深厚，写道："波普先生从未结婚，但一直和金特少校低调地生活在一起，波普对金特有着热烈的感情。"[2] 在 1894 年，《纽约时报》的社会版提到金特和波普与里士满的其他主要家族在温泉度假胜地度假，并指出："路易斯·金特少校和里士满的约翰·波普在弗吉尼亚拥有一处别墅。"[3]《里士满时报》证实了金特喜欢男人的性取向，指出："金特少校从未结婚。他对女性温柔体贴，有时殷勤，不过他从来没有刻意找她们作伴。"[4] 金特对波普的亲密关系和尽心尽力是众人皆知的，也是完全值得尊敬的。如果他听说了王尔德的审判，或者听到王尔德为年长男人和年轻男人之间的亲密关系进行辩护，他一定会为不得不做出这样的辩护感到震惊。

王尔德也认为，他和男性的关系应该被认为是英国精英男性文化的崇高部分，只要他遵循礼节，精英男士在性方面的特权会保护他的私人性关系。[5] 他对 19 世纪 80 年代行为规范的解读并无问题，但到了 19 世纪 90 年代，对伦敦商业区中"违背常理"的性行为审查日渐严格，而

---

[1] "Lewis Ginter," *Richmond Times*, October 3, 1897, 2.
[2] "Mr. John Pope Dead," *Richmond Dispatch*, April 9, 1896, 1.
[3] 引用自 Burns, *Lewis Ginter*, 128.
[4] "Lewis Ginter," *Richmond Times*, October 3, 1897, 3.
[5] 在伦敦西区，男性可以到越来越多的指定的半公开场所寻找男性性伴侣。参见 Walkowitz, *Nights Out*; Cocks, "Secrets, Crimes and Diseases, 1800–1914," 117, 170.

且性学家理论的兴起也让人们更加关注精英男性的活动。[1] 关于王尔德的流言蜚语以及他深感惊讶的态度，都表明社会对性身份（同性恋和异性恋）的理解正在向二元的方向转变，这也将成为 20 世纪的特征。

如果这种同性社交的精英男性文化开始携带同性恋或其阵营的标志，尤其是对美学的关注，那只是因为这是人们第一次从公共领域了解到另一种男性特质，即同性对同性也会有欲望；众多专家对其进行研究并认为这是一种离经叛道的行为。《里士满时报》甚至将金特身上的这些特征视为特殊的天赋，反映出一种美学上的尊崇之风，然而没过多久，这些特征似乎成为性变态和反常的行为，也确实定义了"反常性"（Queerness）的含义。换句话说，亮叶香烟第一个应用的公共场合也成为同性恋的第一个公共场合，而与这两者相关的男子气概准则被重新定义并被污名为"娘娘腔"。[2] 当精英男性文化受到质疑时，艾伦和金特公司很后悔将亮叶香烟品牌与这种文化联系在一起。

在英美地区，与香烟相关的性别污名化和性取向污名化日渐加剧，这或许可以解释为什么许多美国男性迟迟不愿接纳香烟，这其中甚至包括从事香烟生意的美国男性！在一场由詹姆斯·B. 杜克主持的美国烟草公司的早期股东大会上，《纽约时报》报道称："不管是股东本人还是代理人，（股东中）没有一个人抽自己品牌的香烟。会议室里烟雾缭绕，但都是雪茄的烟雾，人们按照男人的方式抽雪茄（一抽起来就没完没了），好像绅士们已经为这种烟草产品上瘾了。"[3] 杜克一生都按男人的方式抽雪茄。"小心点，我的兄弟，"六十多岁的杜克给他的一位朋友写道，"对任何人来说，一天 24 支雪茄都太多了，会要了你的命的。"[4] 杜克卖

1　Sinfield, *The Wilde Century*, 67–75. 也可参见 Hilton, *Smoking in British Popular Culture*, 53–56.

2　马修·希尔顿基于 20 世纪的二分法，称弗雷德里克·古斯塔夫斯·本纳比吸烟的形象为"女性化"的，因此他无法理解为何还有人赞颂本纳比具有勇猛的军人作风。我避免使用"疲软"和"女性化"这样的词来描述，因为这些词在历史上是变化的；直接使用这些词会阻碍分析。参见 Hilton, *Smoking in British Popular Culture*, 54–55.

3　*New York Times*, January 28, 1892, 1.

4　W. B. Taylor to J. B. Duke, August 23, 1922. JB Duke Papers, Duke University.

了 30 年的香烟，即便如此，他连一根都没抽过。

中国的西式香烟

纯亮叶香烟以一种在美国和英国都没做到的方式在中国建立起了标准。即使纯亮叶香烟从未在美国大范围流行，在中国它却既是"美国香烟"又是"英国香烟"，更以"西方香烟"闻名于世。到 20 世纪初，为了与西方香烟展开竞争，中国的制烟公司大多生产亮叶香烟，并且通过起英语名字来给自己的产品增加一股"洋味儿"。在 20 世纪 20 年代，由纯亮叶制成的皇后牌香烟销量大涨。中国就像世界上其他的地方一样，可以买到各类香烟，但亮叶品种的香烟却能引领时尚潮流，这对英美烟草公司来说是巨大的优势。从外国势力在中国很有影响力的时候到毛泽东时代，亮叶烟草香烟一直占据着市场优势地位。直到 20 世纪 80 年代中国重新开放对外贸易的时候，亮叶香烟的优势地位才受到巨大挑战。

19 世纪末的中国有许多种香烟，亮叶香烟只是其中一种。19 世纪 50 年代，香烟进入纽约市场，很可能之后不久，香烟便零零星星地进入中国的沿海市场。但是香烟后来也像在美国一样，开始以更加稳健的趋势传入中国。在 19 世纪 70 年代，香烟经过英美人在菲律宾北部吕宋岛（Luzon Island）开的商行，流通到了中国南部，尤其是麦士蒂索人[1]（Mestizo）和海外的中国公司 [如铜鼓牌（Bronze Drum）] 用吕宋烟草制成的香烟。[2] 1885 年，艾伦和金特公司和老晋隆洋行（Mustard and Co.）在上海的委托代理商就其亮叶香烟品牌"小美人"签署了一份合同。

---

1 麦士蒂索人（Mestizo），曾于西班牙帝国与葡萄牙帝国使用，指的是欧洲人与美洲原住民祖先混血而成的拉丁民族。它也用于部分亚太地区，但指的是欧洲人与其他当地祖先所生的混血儿。——编者注

2 Carol Benedict, *Golden-Silk Smoke: A History of Tobacco in China, 1550–2010* (Berkeley: University of California Press, 2011), 134; 方宪堂，《上海近代民族卷烟工业》（上海：上海社会科学院出版社，1989），第 6 页。

中国历史学者方宪堂认为这是"外国香烟正式传入我国"。[1]

在19世纪80年代末,杜克也有可能向中国出口过香烟。1882年6月,W. 杜克家族烟草公司派出推销员理查德·H. 赖特(Richard H. Wright)进行为期19个月的巡回宣传,将公司生产的吸用和嚼烟烟草(当时还没有香烟)布局在主要的出口中心。赖特前往欧洲、南非、印度、东印度群岛、澳大利亚和新西兰与代理商建立联系。杜克从1881年开始小规模生产香烟;到1885年,产量已然可观,足以将之列入产品目录。[2] 不久之后,杜克的品海牌香烟出现在许多国家,其中可能有中国。1890年,在金特和杜克加入美国烟草公司时,新公司继续遵守与老晋隆有限公司的合同,品海牌香烟肯定也传到了中国(图1.6)。

到了19世纪90年代,在中国这片土地上,越来越多的人从事香烟生意,生产的香烟也更多了。日本的村井兄弟烟草公司经营孔雀牌香烟,埃及的大烟草生产商M. 梅拉克里诺公司(M. Melachrino and Co.)在上海有一个货仓。[3] 俄罗斯出口商和中国的小生产商也加入了这场竞争。[4] 几位美国、日本、俄罗斯和埃及的企业家或商人(在中国)创办了小型工厂,包括美商茂生洋行(American Trading Company,归老晋隆有限公司所有)、村井兄弟烟草公司、俄罗斯的老巴夺公司(A. Lapato and Sons,位于哈尔滨)和泰培公司(也被称为Egyptian Cigarette Manufacturing Company,埃及香烟生产公司)。[5] 中国企业家也开办了

---

1 方宪堂:《上海近代民族卷烟工业》,第6页。方宪堂指出,小美人品牌是在1885年推出的,不过他误将艾伦和金特的品牌当成了杜克的品牌。

2 Robert Franklin Durden, *The Dukes of Durham, 1865–1929* (Durham: Duke University Press, 1975), 19, 29.

3 参考孔雀牌香烟广告,《申报》,1896年,5月25日,梅拉克里诺的广告来自1895年的 *Tobacco* (London) 杂志,引用自 Cox, *The Global Cigarette*, plate 5.

4 方宪堂:《上海近代民族卷烟工业》,第6页。

5 茂生洋行于1892年开业,在三年前这种经营模式还尚未合法化;1893年,商业烟草公司(the Mercantile Tobacco Company)开业;1897年,美国烟草公司开业;1898年,泰培香烟厂开业;1897年,村井兄弟烟草厂开业。参见方宪堂,《上海近代民族卷烟工业》,第10页;"泰培公司鬼头牌香烟"广告,《申报》,1900年11月8日;"泰培公司兰花牌香烟"广告,《申报》,1900年11月29日。

工厂，包括短暂存在的宜昌茂大卷叶烟制造所和上海范庆记手工卷烟作坊。[1]英国威尔斯公司通过英国的一个委托机构雷克斯公司（Rex and Co.）出口亮叶香烟。美国烟草公司的委托代理公司老晋隆洋行与中国经销商邬挺生合作，而威尔斯的代理公司则与郑伯昭签约。当美国烟草公司和帝国烟草公司（包括威尔斯）联合创办英美烟草公司时，向中国出口的亮叶香烟的几家主要企业自此合并为一家公司。英美烟草公司继续与老晋隆公司合作，没有选择雷克斯公司，不过公司仍与郑伯昭有业务往来。

美国公司和英国公司在中国开展业务的方式和在其他地区一样，然而他们的亮叶香烟在1900年后的（中国市场）占主导地位还有很多其他原因。1902年后，相比其他公司，英美烟草公司向上海投入了更多资源，包括派遣外籍员工和投入广告。到1907年，泰培公司迁往印度，据报道是因为它在国内无法同英美烟草公司竞争。[2]其他中国公司也陷入困境，部分是因为英美烟草公司的外国代表以商标侵权为由将其告上法庭。由于香烟在中国是令人感到新鲜的西洋货，中国公司总是仿制外国的包装，包括使用外语和西方风格的图片。这与美国生产商仿制埃及品牌的名字和包装图案没有太大区别。然而，如果中国公司明显在仿制某个知名西方品牌，C. E. 菲斯克（CE Fiske）就会在公共租界的外国法庭告他们商标侵权，而涉案的中国生产商总是败诉。[3]在企业帝国主义大行其道之下，外国公司对外国法庭的利用充分展示了它们所享有的种种优势。

这些举措当然起到了帮助亮叶香烟站稳脚跟的作用，但没能让亮叶成为标杆。在香烟被界定为西洋货之后，英美烟草公司才迈出成为中国主要香烟生产商的关键一步。英美烟草公司的亮叶香烟之所以在中国市

---

1 Benedict, *Golden-Silk Smoke*, 135.
2 方宪堂：《上海近代民族卷烟工业》，第10页。
3 美国烟草公司、威尔斯公司和英美烟公司都采用了这个做法。例如，可参见 *North China Herald*, February 21, 1900, 338; May 23, 1900, 944; April 24, 1901, 818; September 27, 1907, 762–765。

图1.6 1905年英美烟公司上海烟草供应商。品海香烟和阿特拉斯香烟的广告仍然使用的是西方形象。杜克大学档案馆（Duke University Archives）

场中成为标杆,是因为它在两大重要公共场合中流通:一个是有高级妓女的社交场合,另一个是 1905 年的抵制美货运动。讽刺的是,对中国香烟进行阐释的不仅有帝国主义,还有反帝国主义。

具体来说像郑伯昭这样的广东商人,成为中国香烟特色和魅力形成过程中最重要的创新者。在最初的几十年,很少有中国人吸烟,那时人们也很难见到香烟。香烟公司几乎只在通商口岸分销香烟,很大一部分市场是外国公司和军人,由此可以看出香烟的外国属性。在这一点上,香烟刚进入上海时的情况与香烟刚进入纽约和伦敦有相似之处,即当地的外国居民是第一批烟民。与风靡的香烟形成鲜明对比的是,在中国随处可见的是斗烟。当地种植的斗烟烟草有很多等级,其中最便宜的比外国香烟便宜很多。大多数开始吸香烟的中国人都生活在通商口岸,有更多的闲钱,而且和西方商人打交道。

零星的证据表明,在最先抽烟的那一批人之中,就有大名鼎鼎的广东商人行会的成员。长老会传教士弗雷德·波特·史密斯(Fred Porter Smith)回忆道,在 19 世纪 70 年代曾看到广东人从菲律宾进口香烟。天津居民张涛回忆说,1884 年曾见到在天津做生意的广东商人吸香烟。[1] 这段描述正是郑伯昭贸易公司的真实写照。据报道,这家公司在菲律宾有一家雪茄工厂(可能也生产香烟)。

从事香烟生意的广东商人毫无疑问也会把烟卖给省会广州的名妓,这从生意上讲完全讲得通。高级妓女之所以能成为推销西方香烟的重要文化中间人,正是因为她们在通商口岸与来自各个国家的各色商人打交道。早在 17 世纪,斗烟就是交际过程中的一部分;在 19 世纪与 20 世纪之交的广州和上海,香烟在交际场合取代了斗烟。此外,广州的名妓是头几批使用西方产品的人。许多上海名妓来自广州,还有一些人经常

1　Benedict, *Golden-Silk Smoke*, 134.

从广州名妓那里了解西方的风尚。[1]

到世纪之交，上海已成为深受帝国主义影响的独特之地，这正是因为数以百计的来自西欧、美国和日本的外国企业将其中国总部设在上海，而且成千上万的外籍员工居住在法国租界和公共租界，享受着广泛的特权。在商业区（外滩）和外国租界的西方建筑比中式建筑还多。南京路的商店出售最新款式的中外商品。外国人在上海留下了十分深刻的印记，正如历史学家安东篱（Antonia Finnane）所说："不管是外国人还是中国人，都觉得上海是一座外国城市。对中国人来说，这里是'十里洋场'。"[2]的确，上海拥有一些西方工业留下的历史遗迹以及国际化的人群，因此有些类似世界都会。[3]在这种情况下，上海的名妓扮演的角色是非常公开的。她们的住所位于公共租界，她们也通过与香烟等西方物质文化的联系，在中国人中塑造了自己的公众形象。[4]

这些名妓及妓院本身对香烟在中国的早期发展非常重要，因为她们在中国商业文化中扮演着重要的角色——尤其是在商务宴会这一不可或缺的商业环节中。雄心壮志的中国商人通常会举办提供饮食娱乐的宴会，邀请颇有声望的贵客，来取悦上级、拓展业务和标榜自己的地位。宴会蕴含的期望是双向的：如果一个人受邀赴宴，那么最终他也必须回报这份优待。因此，宴会对于中国商业关系网的形成和商业交易的运行起着至关重要的作用。

对高级妓女而言，举办这种宴会是她们的主要服务和收入来源之一。一位中国商人联系了一个妓院的女老板，告诉她客人的数量和他的报价范围，这位女老板则负责场地、食物、饮料和娱乐等一切事项。如果房屋比较宽敞，通常带有单独的宴会厅；如果房屋较小，则会让餐馆提供

1　Catherine Yeh, *Shanghai Love: Courtesans, Intellectuals, and Entertainment Culture, 1850–1910* (Seattle: University of Washington Press, 2006), 32–37, 91, 94.

2　Antonia Finnane, *Changing Clothes in China: Fashion, History, Nation* (New York: Columbia University Press, 2008), 101.

3　Timothy Mitchell makes this point about Cairo in *Colonising Egypt*, 161–164.

4　Yeh, *Shanghai Love*, 32, 91, 94.

餐饮服务。这种宴会并不涉及性服务。高级妓女此时展现的是美貌和才艺——她们经常为客人唱歌跳舞,展现魅力、伴人左右、营造暧昧气氛。[1] 长柄斗烟或水烟早已是宴会必不可少的部分,在高级妓女拿起香烟时,她们在中国文化中赋予了香烟一个重要的公众角色。

外国人和中国男人做生意时也会参加这样的宴会。事实上,有香烟公司代表参加的商务宴会可能是高级妓女第一次接触香烟的场合,因为烟草公司代表不论去什么社交场合都会带上他们的商品。詹姆斯·哈钦森(James Hutchinson)是 20 世纪初来自北卡罗来纳州的一名英美烟草公司员工,他解释说:"中国男人从不在家里接待他们的朋友。他们会互相邀请对方参加宴会,而且每次都有歌女陪伴。每位客人后面都会坐一位女子,充当陪伴和娱乐的角色。"[2] 李·帕克曾在梧州参加过一个中国烟商举办的宴会,他指出:"每个人后面都坐着一位穿着鲜艳丝绸衣服的歌女。她们从小受到的训练就是取悦男人。她们时而莞尔一笑,时而哈哈大笑,点着香烟,嗑着瓜子,叽叽喳喳,笑语盈盈。"女孩们有时独唱,有时合唱,还会为客人跳舞。"一切都是那么优雅、迷人、赏心悦目。"[3] 帕克回忆道。

高级妓女是许多西方产品的重要中间人,包括家具、装饰品、时装和香烟。名妓胡宝玉在她的住所打造了一个完整的西式房间,屋内所有家具均为进口,她在那里接待中国和外国的客户。这些高级妓女可以在南京路及其附近的各种商店里买到西方风格的灯具、家具和小摆设。一些商店还提供广州制造的西式家具。如果高级妓女与某位中国客户的关系变得更加密切,她会邀请他到自己的住处,还可能与他分享一支斗烟或香烟。[4] 这些高级妓女也是时尚的引领者。她们的名字为人所知,她

---

1 Gail Hershatter, *Dangerous Pleasures: Prostitution and Modernity in Twentieth-Century Shanghai* (Berkeley: University of California Press, 1997).
2 James Lafayette Hutchinson, *China Hand* (Boston: Lothrop, Lee and Shepard Co., 1936), 98.
3 Lee Parker and Ruth Dorval Jones, *China and the Golden Weed* (Ahoskie, NC: Herald Publishing Co., 1976), 122–123.
4 Benedict, *Golden-Silk Smoke*, 134.

们的行为被小报报道，人人都知道她们"敢于尝新，甚至不知廉耻"。在一定程度上打破传统观念是这些女性长期以来享有的特权，她们不受儒家礼教中女性的限制；相反，在迅速变化的上海，她们的风格以"好奇、迷人、富于异国情调"而有了新的内涵。[1]

如果我们把香烟和沙发联系在一起，香烟的作用就更明显了。名妓用的沙发是西式的，但它们看起来非常像美国顾客眼中放在"舒适角"或吸烟室中的"东方式"沙发。传统家具表现了"距离、秩序和等级"的意味，而人们在沙发上可以有更新、更亲密的姿态。[2]一些名妓购买在广州制造的专门外销西方的藤椅。同样一款沙发，既可以是纽约百老汇进口店里的"东方式"商品，也可以是南京路的"西方式"商品。同样，香烟在美国和英国是"东方"的，但在中国却是"西方"的。

有些名妓在大街上也会吸香烟或者抽雪茄，通常是在马车里，但走路时也会抽烟，她们由此充当了文化中间人的角色。《申报》对这种做法颇有微词："吾尝见有西装妓女坐马车手纸烟，沿途喷吸不已。"[3]在19世纪晚期，对妓女来说，在公共场合露面本身是一件新鲜事，她们开始参加公共娱乐活动，还会在傍晚乘马车游览上海，这些行为更是恶化了她们的名声。[4]报纸批评妓女吸香烟的焦点并不是吸烟本身，因为男人女人抽斗烟早已是司空见惯的事情，焦点在于这些妓女在公共场合，也就是在代表儒家礼教的四合院与掩蔽女性的妓院之外抽烟。一些名妓偶尔也会穿着专业裁缝为她们量身定做的西方商务套装在公共场合吸烟。在此过程中，她们上演了一场狂欢式的性别颠倒和文化转位，挑衅般地

1　Yeh, *Shanghai Love*, 26, 31, 32. 清代女性性工作者分几个阶层；这些名妓是最顶层的。当她们与精英客户建立性关系时，这些客户必须遵守大量的仪式和规则，并支付可观的费用，如此才能让名妓的老板接受他们。这些老板几乎从不接受外国人作为客户。外国人在中国找性工作者并不难，但这些性工作者属于另一个阶层。

2　Yeh, *Shanghai Love*, 50.

3　《申报》，1912年6月12日。

4　Yeh, *Shanghai Love*, 68.

穿上西方男性商业强权的服装，还抽香烟。[1]名妓通过所有这些场合赋予西方香烟以中国人的影响和威望，同时强调了香烟的西方身份。

然而，香烟作为西洋货又拥有了新身份，比起名妓对香烟的使用，1905年的反美华工禁约运动作用更大，它特别针对的是英美烟草公司香烟。和在英国一样，帝国主义引发的事件也带来了意想不到的问题。反美华工禁约运动是全球华人对美国移民政策的抗议。美国在1875年和1882年通过了《排华法案》，这是第一部也是唯一一部明确以种族为由拒绝特定群体入境的联邦法律。1898年至1904年，由于担心中国人会通过刚刚受到美国"保护"的菲律宾进入美国，所以对进入美国的中国人进行驱逐和骚扰的事件有所增加。1904年，《排华法案》和与中国签订的相应条约即将续签，而中国政府对是否续约犹豫不决，这更激发了中国已经在酝酿的反对排华政策的激进活动。

整个1905年夏天，对美国商品的抵制遍及10个省份，向美国移民最多的广东和上海的抵制活动尤其激烈。英美烟草公司感觉到了这种打击。哈瓦那、旧金山、西雅图、温哥华、马尼拉、槟榔屿、曼谷、西贡、横滨、长崎和神户等地的华人团体都支持抵制。这些团体向美国政府施压，并向抵制者提供资金支持。在中国，这一抵制活动跨越了阶层界限，据说引发了反帝国主义的民族商品运动，这一运动推广了中国制造的商品。1906年春，上海和广州的抵制活动持续了一段时间。[2]抗议者通过数百张海报向消费者表明，英美烟草公司的香烟都是美国商品。反对美

---

[1] 人力车夫作为早期吸烟的人群，也有人对其进行评论。与高级妓女不同，人力车夫在中国的收入和地位都很低。《申报》，1911年5月12日。

[2] Michael H. Hunt, *The Making of a Special Relationship: The United States and China to 1914* (New York: Columbia University Press, 1983), 237–242; Sherman Cochran, *Big Business in China: Sino-Foreign Rivalry in the Cigarette Industry, 1890–1930* (Cambridge: Harvard University Press, 1980), 45–52; Erika Lee, *At America's Gates: Chinese Immigration During the Exclusion Era, 1882–1943* (Chapel Hill: University of North Carolina Press, 2003); Karl Gerth, *China Made: Consumer Culture and the Creation of the Nation* (Cambridge: Harvard University Asia Center, Harvard University Press, 2003), 127–128; Jane Leung Larson, "Articulating China's First Mass Movement: Kang Youwei, Liang Qichao, the Baohuanghui, and the 1905 Anti-American Boycott," *Twentieth-Century China* 33, no. 1 (November 2007): 4–26.

国香烟的运动有一部分通过情歌在广州传播，歌词被修改为与美国香烟"分手"的含义。其中一首名为《吊烟仔》的歌曲将男性吸烟者和香烟定位为疏远的恋人。

> ……估话地久天长有乜变迁。谁料天道无常，人事唅变。就有呢趟拒约慨风潮，到处遍传。
>
> 因系美国待我华侨，似得牛马咁贱……烟呀，你有个美子招牌人共见，就要把你共单车一概弃捐。

这类流行歌曲同时在贫穷区和高级妓女的有钱主顾中迅速流行起来。[1] 抗议者在阐释香烟的角色方面起到了助推作用，尽管他们倡议的是不要吸烟。

郑伯昭为英美烟草公司提供了如何应对抵制事件的建议，并劝告英美烟草公司否认其产品是美国产品，而将其作为英国产品进行宣传（事实上，它当然两者都是）。因此，郑伯昭给皇后牌香烟起了一个中文名字"大英"，意思是"大不列颠"。该公司发布了一款新的香烟包装，上面既有英文品牌"皇后牌"，也有中文品牌"大英牌"，并在广告中称其为英国香烟。[2] 这是英美烟草公司为满足中国消费者而进行的最早的品牌变革之一。最终，抵制活动结束了，公司继续发展壮大。然而，英美烟草公司的短期解决方案将会产生长期的影响，因为皇后牌（大英牌）香烟在20世纪前10年风靡一时，在20世纪20年代甚至更加流行，这加强了香烟的外国身份，特别是西方身份。西方香烟在中国确实参与了中国与西方列强的斗争。英美烟草公司的策略在五卅运动中会再次变成梦魇，当时英国商品尤其成为众矢之的（见第五章）。

1　引用自 Cochran, *Big Business in China*, 47–48.
2　程仁杰:《英美烟公司买办郑伯昭》，载《中华文史资料文库（第14卷）》（北京：中国文史出版社，1996），第741–751页。

就像东方主义（Orientalism）向西方人展现的是一个奇幻、广袤、多变的东方一样，中国名妓眼中的西方也不仅仅是关于某些国家或地缘政治联盟的简单信息。尤其是在上海，中国人认识到了西方人神秘的一面，不仅因为西方的香烟和沙发参与到他们的生活中，还因为外滩和公共租界本身就是一种想象中的外国世界的盛大显现。此外，并非所有的外国人都来自西欧或美国。日本在20世纪初也在上海有重要地位，特别是日本拥有大量纺织厂，在20世纪20年代日本对中国的军事入侵和占领行动之后，日本甚至拥有更多的在华工厂。对于上海人来说，来自西方的商品可能在创造东西方二元结构中发挥了作用，但中国的东方和西方与美国和西欧消费者眼中的东方和西方并不相同。

结　论

在美国、英国和中国，早期的香烟成为构建东西方概念的核心。虽然香烟不尽相同的国际生涯和双向流动的史实，已经推翻了认为西方具有进步性且在现代化进程中具有主导性的观念。然而，直到今天，美国烟草业的历史叙述仍旧是那套关于西方技术和营销如何成功将香烟从西方传播到东方的故事。

虽然机器制造的香烟一直是烟业历史关注的焦点，但手卷香烟揭示了另一个大相径庭也更加丰满的故事。在金特和杜克在美国和英国的职业生涯中，埃及烟草业引领香烟品位的能力给他们带来了挑战。此外，在19世纪80年代中期，当杜克的香烟生意刚刚起步时，金特建立了一个非常广泛的对外出口业务。历史学家没有研究香烟早期的公共场景，对其不甚关心。既是因为人们都在关注机器制造的香烟，也是因为对金特早期的香烟市场至关重要的男性精英文化已然失去了它在19世纪70年代和80年代所赢得的威望，它疑似变得女性化，并带有同性恋的污名。

早期的手卷香烟也经历了类似的衰落：在机器制造的香烟赢得真正忠实的消费者群体之前，手卷香烟被视为精英阶层的异类。结果，香烟早期但至关重要的这段历史几乎完全被忽略了。

在金特的亮叶烟草成为美国烟草公司和英美烟草公司的基础，并具备很大的全球影响力的同时，烟草业实现了机械化和资源整合。金特把南方种族资本主义的基础——亮叶烟草经济，与香烟联系在一起。香烟是一种国际产品，在多种帝国背景下流通并获得了共鸣。当"西方"亮叶香烟在中国流通时，它获得了在其本土都没能做到的决定香烟声誉的能力。

正如金特在早期香烟史上所起的重要作用，杜克确实最终取代金特，并控制了美国烟草公司。然而，杜克的胜利不是由于颠覆性的创新，而是由于他能够将自己的命运与商业公司推崇更多赋权的时代洪流结合起来。第二章讲述了香烟和资本主义历史中这一戏剧性时刻的新故事。

第二章 公司的"赋魅"

本章的故事从詹姆斯·B. 杜克在香烟行业未曾料到的权力崛起开始讲起。杜克这次命运的转变至关重要，却很少被提及。1889 年 12 月 19 日，杜克的家族企业加入了一家名为美国烟草公司的新公司。该公司由路易斯·金特执掌，并由弗吉尼亚州授权许可经营，总部设立在里士满。这家新兴公司将五家最重要的美国本土香烟制造商经营的公司联系在一起——这五家公司分别是艾伦和金特烟草公司、W. 杜克家族烟草公司、F. S. 金尼烟草公司（F. S. Kinney）、W. S. 金博尔有限公司（W. S. Kimball）和古德温烟草公司（Goodwin）。公司的注册资本为 100 万美元，并可以随意扩大其资本。该公司起初并未完全合并这五家公司，与此相反，这五家公司的所有者拥有这家新公司的股份。[1] 不过，这家公司的创始人都是来自里士满的烟草商。由于人们觉得这些本土香烟制造商将联合起来垄断市场，这家公司一经建立便得到了公众的关注。

在一系列戏剧性的事件后，弗吉尼亚州的立法机构爆发争议，仅在一周后便撤销了许可。这五家制造商的计划成了泡影。他们迅速向另一

---

1 "Virginia Affairs," *Baltimore Sun*, December 21, 1889; George Arents testimony, transcript, Chancery of New Jersey: John P. Stockton and American Tobacco Company, 18–19, James Buchanan Duke Papers, David M. Rubenstein Rare Book & Manuscript Library, Duke University (hereafter Duke Papers). 第一个获得特许成立的美国烟草公司拥有 5 家现存烟草公司的股票，而这是企业原本不具备的能力。劳伦斯·弗里德曼指出，立法机构确实授予了特权以实现这种做法。参见 Lawrence M. Friedman, *A History of American Law*, 3rd ed. (New York: Touchstone Publishers, 2001), 395。

个州寻求公司经营的许可。他们将视线投向了新泽西州，这里是美国鼓励公司赋权这一趋势中的急先锋。他们于1890年1月获得了公司的许可。值得注意的是，这一次，公司的总部设立在纽瓦克市，并由杜克代替金特掌舵。这次，这家新公司合并了其他的五家公司，原先的五家公司不复存在，只作为新公司的分支工厂而存在。新泽西州的许可与被撤销的弗吉尼亚州的许可有着相似之处：公司的前任所有者（即艾伦和金特烟草公司与W.杜克家族烟草公司）获得了同等份额的股份，也获得了同样数量的董事会成员资格。[1]

杜克早先也获得过成功，但这次的转折点预示着他即将成为全球资本家。他当时必定忙得团团转。出于偶然，杜克在33岁这个相对年轻的年纪，坐上了这个全新的香烟垄断企业的头把交椅。此外，美国烟草公司那时刚刚获得了美国历史上最为宽松的公司许可。当时新泽西州刚刚改革的公司法赋予了公司新的权利，却对垄断行为几乎没有限制。

然而，杜克当即面临着来自公司内外对其权力的挑战。新泽西州的法律引起了广泛的争议，且人们尚未对资本主义应走的道路达成共识。针对美国烟草公司而组织起来的反垄断运动日益壮大，它们从多个法律层面对美国烟草公司发起挑战。即使是在美国烟草公司内部，杜克的领导地位也因金特对公司的经营有其他想法而受到巨大挑战。即便如此，到19世纪末，杜克还是获得了胜利，并享有前所未有的权力。而杜克是如何做到如此彻底地解决了那些反对意见的呢？

这个问题的答案并不像许多人说的那样，在于杜克对卷烟机的创新，而在于杜克能够让自己与公司赋权极具戏剧性的过程结合起来。美国烟草公司成立时，杜克还未能完全支配香烟贸易，他也不是公司板上钉钉的领导者。杜克权力崛起的重要节点始于美国烟草公司在新泽西的成立，它正处在公司转型的前沿。对于美国烟草公司来说，新泽西州公司法和

---

1 George Arents testimony, transcript, Chancery of New Jersey: John P. Stockton and American Tobacco Company, 19, Duke Papers.

第十四修正案的结合几乎是如虎添翼。由于美国烟草公司大获成功，公司人格以一种新的充满活力的形式出现，这种形式甚至可以说是被施加了魔法一般，让公司从各州的传统监管职能中挣脱出来。此外，由于股票市场的重要性不断增加，以及公司赋权创造出的更多形式的财产，进一步促进了公司赋权。杜克并非靠创新起家，而是搭了这家新兴公司的顺风车。

美国烟草公司充满戏剧性的赋权也与美国帝国主义力量的膨胀相吻合，为一种新型企业帝国主义的发展创造了条件。截止到19世纪70年代和80年代，美国已经对太平洋地区实施了一系列的入侵，并声称对夏威夷、萨摩亚和朝鲜的港口拥有主权。在1898年的美西战争中，美国将菲律宾占为殖民地，并宣告美国在亚洲已是帝国主义大国的地位。美国的军事和外交力量为其在太平洋地区创造了机遇，但将资源从帝国的殖民地前哨转移进美国口袋的唯一方式是在这些地区设立机构。新赋权的跨国公司便将是这样一种机构，只是公司作为"个人"企业的身份掩饰了这一职能。[1] 值得注意的是，在杜克领导下的美国烟草公司和英美烟草公司同样位列其中，并且还处于领先位置。

由于美国和英国的制度都将个人视作法律主体，公司人格本身并不新奇：长期以来，公司都将一大批商业代理人和利益集团融合为一个单一的法律实体。然而，在19世纪末，商业公司成功地摆脱了被政府长期控制的束缚，作为"个人"实体的身份获得了保护。与此同时，许多

---

[1] Philip J. Stern, "The Ideology of the Imperial Corporation: 'Informal' Empire Revisited," in "Chartering Capitalism: Organizing Markets, States and Publics," ed. Emily Erikson, special issue, *Political Power and Social Theory* 29 (2015): 15–43; Ann Laura Stoler, "On Degrees of Imperial Sovereignty," *Public Culture* 18, no. 1 (Winter 2006): 125–146.

自然人也在努力争取这种身份，然而却徒劳无果。[1]品牌不再是所有权和销售的象征性元素，而成为股票评估的指标，展现其过去的剩余价值和未来的利润潜力。[2]

把商业公司的变化说成是魔法或是被施了魔法，似乎显得有些滑稽，但我对此却是相当认真的。我们长期依赖的现代思想和资本主义思想，让我们很难认识到我们的经济体系同样也是一种信仰体系。西方人长期以来一直认为现代世界是祛魅的；也就是说，他们认为工业和后工业社会是依照科学而非宗教的宇宙论来运作的。马克斯·韦伯（Max Weber）在其《新教伦理与资本主义精神》（*Protestantism and the Spirit of Capitalism*）中提炼了这一观点，广为人知。韦伯意图解释为什么一些国家在经济上似乎比其他国家更为发达。在企业赋权的时代，他认为北美和欧洲国家的文化特别有利于资本主义的发展，而东方国家则不然。他认为，在西方，人类社会是祛魅的，具体来说便是迷信减少了，而科学理性占据了生活的大多数方面。韦伯认为，人们对灵魂救赎的渴望并未真正消失，但新教徒将这种渴望升华为一种对工作的强烈意愿，因此，他们特别热衷于工作。阐述东方的时候，韦伯最喜欢拿中国举例，认为

---

1 Morton J. Horwitz, "*Santa Clara* Revisited: The Development of Corporate Theory," *West Virginia Law Review* 88, no. 2 (1985–1986): 173–224; Gregory A. Mark, "The Personification of the Business Corporation in American Law," *University of Chicago Law Review* 54, no. 4 (Autumn 1987): 1441–1483; David Millon, "Theories of the Corporation," *Duke Law Journal* 1990, no. 2 (April 1990): 201–262; Lawrence M. Friedman, "The Law of Corporations," in Friedman, *A History of American Law*, 3rd ed. (New York: Touchstone, 2001); William G. Roy, *Socializing Capital: The Rise of the Large Industrial Corporation in America* (Princeton: Princeton University Press, 1997); Teemu Ruskola, *Legal Orientalism: China, the United States, and Modern Law* (Cambridge: Harvard University Press, 2013); Ruth H. Bloch and Naomi Lamoreaux, "Corporations and the Fourteenth Amendment," in Naomi R. Lamoreaux and William J. Novak, eds., *Corporations and American Democracy* (Cambridge: Harvard University Press, 2017), 286–325.

2 Martin J. Sklar, *The Corporate Reconstruction of American Capitalism, 1890–1916: The Market, the Law, and Politics* (New York: Cambridge University Press, 1988), 49–50.

东方人的巫术观念和麻木不仁的礼仪伦理[1]阻碍了这种意愿的发展。[2]根据这种观点，公司不存在魔法的成分：它的基础是理性的投资、管理和账目登记。

韦伯对于公司叙事的讲述产生了深远持久的影响。小艾尔弗雷德·钱德勒和罗伯特·H.威布（Robert H. Wiebe）这些20世纪重要的历史学家赞扬了在现代商业会计辅助下实现的公司理性管理和结算。[3]自从后殖民主义研究兴起以来，历史学家们严厉批判了韦伯对于东方的观点，但也保留了许多他对于"西方"的相关设想。[4]很少有人考虑到，西方国家仍然会有赋魅的情况，以及在"科学"或"经济学常识"的旗帜下出现的新形式的赋魅。[5]但是，在公司赋权的过程中发生了神奇的转变，从1889年美国烟草公司的成立，到经过多次挑战后形成的新的公司形式，直到1905年开始英美烟草公司中国分公司的扩张，这种转变达到

---

[1] 此处原文为"supersition and senseless proceduralism"，根据马克斯·韦伯的理论翻译为"巫术观念和麻木不仁的礼仪伦理"（参见马克斯·韦伯《儒教与道教》）。——编者注

[2] Max Weber, *The Protestant Ethic and the Spirit of Capitalism*, trans. Talcott Parsons ([1904–5] Boston: Unwin Hyman, 1930); Max Weber, *General Economic History*, trans. Frank H. Knight ([1927]; repr., Mineola, NY: Dover Publications, 2003); Andrew Zimmerman, *Alabama in Africa: Booker T. Washington, the German Empire, and the Globalization of the New South* (Princeton: Princeton University Press, 2010), 73, 213; Ruskola, *Legal Orientalism*, 43–47, 63, 83; Arjun Appadurai, "The Spirit of Calculation," *Cambridge Journal of Anthropology* 30: 1 (Spring 2012): 8–9; Bill Maurer, "Repressed Futures: Financial Derivatives'Theological Unconscious," *Economy and Society* 31, no. 1 (February 2002): 15–36.

[3] Alfred D. Chandler, Jr., *The Visible Hand: The Managerial Revolution in American Business* (Cambridge: Belknap Press, 1977); Robert H. Wiebe, *The Search for Order, 1877–1920* (New York: Hill and Wang, 1967).

[4] Edward W. Said, *Orientalism* (New York: Pantheon Books, 1978). My perspective here draws on Dipesh Chakrabarty, *Provincializing Europe: Postcolonial Thought and Historical Difference* (Princeton: Princeton University Press, 2000); Johannes Fabian, *Time and the Other: How Anthropology Makes Its Object* (New York: Columbia University Press, 1983); Gayatri Chakravorty Spivak, "Can the Subaltern Speak?," in Marxism and the Interpretation of Culture, ed. C. Nelson and L. Grossberg (Basingstoke: Macmillan Education, 1988): 271–313; Mrinalini Sinha, *Specters of Mother India: The Global Restructuring of an Empire* (Durham: Duke University Press, 2006).

[5] Important exceptions are Bruno Latour, *We Have Never Been Modern*, trans. Catherine Porter (Cambridge: Harvard University Press, 1993); Appadurai, "The Spirit of Calculation," 3–17; Mary Poovey, *Genres of the Credit Economy: Mediating Value in Eighteenthand Nineteenth-Century Britain* (Chicago: University of Chicago Press, 2008).

顶峰。这些转变都开创了英美烟草公司和香烟的新时代。

忘记金特

路易斯·金特决定与詹姆斯·B.杜克联手寻求公司的许可经营时，已经65岁了，据说他是美国南方最富有的人。人们可能觉得他已经准备好退休，但他还有自己想处理的事情。由于卷烟机在市场上大量出现，香烟行业迅速发生了变化。在此之前的几年里，五大制造商越来越多地转向机器生产，W.杜克家族烟草公司已经成为金特在美国最大的竞争对手。由于金特的公司是建立在手卷香烟的基础上，于是他采取措施以适应新的环境，并获得了来自国内外的大量投资。

金特对他的商业伙伴兼人生伴侣约翰·波普（John Pope）寄予厚望，他培养波普作为他事业的接班人。波普与杜克都出生于1856年，他们年龄相仿，波普为公司注入了更像是年轻人的活力和雄心。正如杜克了解他父亲的公司一样，波普对艾伦和金特烟草公司各方面的业务都了如指掌。波普十几岁就开始在工厂工作，1883年艾伦退休后，他成为这家工厂的正式合伙人。[1] 他负责管理工厂，并与金特走遍了公司广大的销售区域。

此外，金特和波普建立了一种并非常规的家庭关系，并且是符合法律规定的。金特在法律上收养波普，从而指定波普作为继承人，并确保金特的遗嘱在其死后不会受到质疑。[2] 富有且无子女的男性为了安排自己的遗产继承而收养更年轻的成年男子，这在历史上并非首例；其中一些（但并非所有）明显是人生伴侣，但都通过收养的手段，为他们的关

---

1 Brian Burns, *Lewis Ginter: Richmond's Gilded Age Icon* (Charleston, SC: History Press, 2011), 103.

2 Burns, *Lewis Ginter*, 90.

系寻求了法律保护。[1]

  金特曾对美国烟草公司在弗吉尼亚州的许可经营积极进行谈判,并认为这对于其企业和家乡里士满的未来是建设性的一步。而当弗吉尼亚州的立法机构撤销许可时,他和波普公开表示失望。金特抱怨称,报社对他们的许可"争论不休",并"刊登了许多荒谬的东西",最终导致了严重的错误。波普对《里士满时讯报》说:"我们已经做了让我们业务得以继续的准备工作,并保留我们在里士满的身份。"[2] 这个打击一直让金特耿耿于怀。7 年后,金特的讣告中写道:"在金特少校去世前不久,他遗憾地提到立法机关这一不明智的做法给里士满和弗吉尼亚州造成了损失……他说,如果该法案没有被撤销,里士满和弗吉尼亚州每年将会收到 20 万美元的税款。结果却是把里士满本应得到的利益拱手相让。"[3] 虽然金特遵从新泽西州的许可,但他从未完全接受其条款或杜克的领导。

  金特和波普的这些经历都与美国烟草公司的成文历史不符,美国烟草公司认为杜克通过控制卷烟机、降价、大做广告以及使竞争对手不得已与其谈判来谋求收购。如此一来,弗吉尼亚州的许可经营以及金特的作用被人们所忽视。杜克作为一名具有破坏性的创新者的神话在第二次世界大战后充分传播,当时约瑟夫·熊彼特有影响力的理论可以用来解释美国烟草公司的叙事。[4] 熊彼特认为,创新者往往是成熟领域里的新手,

---

1 例如,贝亚德·鲁斯廷收养了比他小 37 岁的合作伙伴沃尔特·奈格尔,其目的是"巩固奈格尔作为继承人和最近亲属的要求"。参见 John D'Emilio, *Lost Prophet: The Life and Times of Bayard Rustin* (New York: The Free Press, 2003),507. For other examples, see Kao Beck, "How Marriage Inequality Prompts Gay Partners to Adopt One Another," *Atlantic*, November 27,2013.http://www.theatlantic.com/national/archive/2013/11/how-marriage-inequality-prompts-gay-partners-to-adopt-one-another/281546/.

2 "The Cigarette Deal," *Richmond Dispatch*, January 5, 1890, 8; "Allen and Ginter Sell," *Richmond Dispatch*, January 4, 1890, 1.

3 "Lewis Ginter," *Richmond Times*, October 3, 1897, 2.

4 Joseph A. Schumpeter, *Capitalism, Socialism, and Democracy* (New York: Harper and Row, 1942). 杜克的故事并非一直是这样的讲述方式,对此也不存在这样紧密的共识。例如,"The Beginnings of a Trust," *Colliers*, August 10, 1907, 15–16, 论述了杜克对卷烟机优势的"快速把握",但是 Earl Mayo, "The Tobacco War," *Leslie's Magazine*, March 1903, 517–26, 虽然讲述了杜克的职业生涯,却没有提到卷烟机。

如果不考虑杜克曾在其父亲的企业中训练过，年轻的杜克似乎符合这个理论。创新者能用新技术创造出价格更便宜而品质也稍次的产品；具体在香烟行业中，便是机器取代手工来生产香烟。这样一来，创新者打得那些反应较慢的竞争对手措手不及，因为他们没有意识到创新者已经以低价占领并扩展了现有市场。因此，这种对原有商业规范的破坏，使创新者能够以其新的成功模式重组行业，使创新者拥有了战胜竞争对手的实力，而这些竞争对手别无选择，要么追随创新者的脚步，要么失败。

我们不难理解为什么学者将熊彼特的理论应用于杜克的故事。熊彼特本人曾建议，学者应该探究可以预先"以脑中明确的假设进行筛选和安排"的企业家创新案例。[1] 20世纪60年代初，两位商学院教授依此将熊彼特的理论应用到几位企业家身上，其中便包括杜克。[2] 几年后，一篇学术文章详细阐述了杜克作为一名具有破坏性的创新者的故事。[3] 商业史之父小艾尔弗雷德·钱德勒在其代表作《看得见的手》中引用了这篇文章。[4] 杜克的故事得到人们的认可并被人们视为典范。[5]

---

[1] Joseph A. Schumpeter, "Economic Theory and Entrepreneurial History," in *Change and the Entrepreneur: Postulates and the Patterns of Entrepreneurial History*, Research Center in Entrepreneurial History (Cambridge: Harvard University Press, 1949), 75–83; Joseph A. Schumpeter, "The Creative Response in Economic History," *Journal of Economic History* 7, no. 2 (November 1947): 149.

[2] Alvin J. Silk and Louis William Stern, "The Changing Nature of Innovation in Marketing: A Study of Selected Business Leaders, 1852–1958," *Business History Review* 37, no. 3 (Autumn 1963): 182–199.

[3] Patrick G. Porter, "Origins of the American Tobacco Company," *Business History Review* 43, no. 1 (Spring 1969): 59–76.

[4] Chandler, *The Visible Hand*, 382–391. Chandler's overemphasis on Duke predated Porter's article. Alfred D. Chandler, Jr., "The Beginnings of 'Big Business' in American Industry," *Business History Review* 33, no. 1 (Spring 1959): 8–9.

[5] Milton Alexander and Edward M. Mazze, eds., *Sales Management: Theory and Practice* (New York: Pitman Publishing, 1965), 32–34; Robert Sobel, *The Entrepreneurs: An American Adventure* (New York: Houghton Mifflin Harcourt, 1986); Maury Klein, *The Change Makers: From Carnegie to Gates: How Great Entrepreneurs Transformed Ideas into Industries* (New York: Times Books, 2003); E. Wayne Nafziger, *Economic Development* (Cambridge: Cambridge University Press, 2012), 383. 许多历史学家都重复讲述这个神话，却没有提到熊彼特，包括Allan M. Brandt, *The Cigarette Century: The Rise, Fall, and Deadly Persistence of the Product that Defined America* (New York: Basic Books, 2007); Robert N. Proctor, *The Golden Holocaust: Origins of the Cigarette Catastrophe and the Case for Abolition* (Berkeley: University of California Press, 2011).

熊彼特理论的美中不足之处在于，人们普遍忽视了一个造成困扰的事实——美国烟草公司的第一份公司许可经营是来自1889年的弗吉尼亚州。如果杜克用他发明的卷烟机颠覆了手卷烟行业，如果他获得的利润使他能够发动价格战并在行业中占据上风，如果他的先见之明让他的竞争对手不得已坐到谈判桌旁并按照他的条件进行合并的话，那为什么美国烟草公司的第一份公司许可经营是在弗吉尼亚州获得的呢？为什么任命金特作为董事长并且公司中的高层人员都是弗吉尼亚人？显然，金特在1889年的失败并不像熊彼特解释的那样。如果（对于杜克而言）金特仍是一个强有力的竞争对手，那么卷烟机的作用究竟是什么？而且，如果弗吉尼亚州五大制造商的合并并非受到杜克胁迫，而有选择的成分，那为何金特会选择加入杜克的公司？

卷烟机对这个故事很重要，但关键的斗争是谁将获得在海外市场使用邦萨克卷烟机的独家专利。为了说明弗吉尼亚州的经营许可有何意义，有三点需要阐明。首先，（当时市场上）有多种卷烟机投入使用，而并不只有邦萨克卷烟机。其次，杜克在邦萨克卷烟机上的优势远没有人们想象的那么明显。第三，邦萨克卷烟机公司自身的海外扩张，威胁到了所有美国制造商在国际上的发展，因此它们有充分理由联手提高自身影响力。推动此次美国历史上里程碑式合并的是争霸全球的雄心，而非所谓的杜克在竞争中占主导地位。

重新审视卷烟机

邦萨克卷烟机很快在全球范围内引起了轰动，但它的起源可以从弗吉尼亚州的一个故事说起。在1876年或1877年，金特宣布举办一场比赛，谁能造出功能最为齐全的卷烟机，谁就将获得7.5万美元的奖金。[1] 这是一笔巨款——大约相当于 2017 年的 173 万美元。[2] 17 岁的詹姆斯·邦萨克来自弗吉尼亚州罗阿诺克,他听说比赛后便开始在烘烤房里捣鼓起来。邦萨克明白此次竞争激烈:其他发明家正在为他们的卷烟机申请专利,并将它们推向市场。1879 年,古德温烟草公司(Goodwin. and Co.,)的所有者查尔斯和威廉·埃默里(Charles and William Emery)为埃默里卷烟机申请了专利,并将这台卷烟机安装在了他们的工厂里。这是美国大生产商中第一家使用卷烟机的公司。[3] 埃默里卷烟机完全由古德温公司所有和管控,其他任何生产商都无权使用。与此同时,邦萨克正马不停蹄地研发他的卷烟机。谁又知道还有多少来自弗吉尼亚州和北卡罗来纳州的男孩在烘烤房里研究发明,希望能改变他们的命运呢?

1880 年,年轻的邦萨克向金特展示了一台卷烟机。尽管金特看到了这台机器的优点,并在他的工厂里安装了一台,但他并未向邦萨克颁发 7.5 万美元的奖金,因为这台机器仍然有太多的故障,无法投入正式生产。按照行业期刊《烟草》(*Tobacco*)的说法,"在 1886 年之前,(邦萨克卷烟机)的失败大于成功"[4]。如果金特将奖项授予邦萨克,他就会获得该机器的独家使用协议,其他美国制造商也就不得不投资其他卷烟机。

然而,值得注意的是,由于金特在其工厂内安装了一台邦萨克卷烟机,邦萨克便也不能向其他任何一家美国制造商签署独家协议。某种程度上,邦萨克机器公司成立的目的是将机器推向市场,在美国国内

1　Nannie Tilley, *The Bright-Tobacco Industry, 1860–1929* (Chapel Hill: University of North Carolina Press, 1948), 569–570.

2　通过 measuringworth.com 测算对等值。

3　Richard B. Tennant, *The American Cigarette Industry: A Study in Economic Analysis and Public Policy* (New Haven: Yale University Press, 1950), 18; *Report of the Commissioner of Corporations on the Tobacco Industry Part I* (Washington DC, 1909–1915), 67; B. W. E. Alford,*W. D. and H. O. Wills and the Development of the U.K. Tobacco Industry, 1786–1965* (London: Methuen and Co., Ltd., 1973), 140.

4　Tilley, *The Bright-Tobacco Industry*, 570–573; 引用自第 573 页.

以许可权使用费为基础签订合约，在国外则是签署独家合约。1884年，杜克在位于达勒姆（Durham）的自家工厂试验性地安装了邦萨克卷烟机，并于1885年开始在他的大部分生产中投入使用这种卷烟机。金尼烟草公司为艾里逊（Allison）卷烟机申请了专利；金尼和金博尔都在他们的工厂使用这种机器。其他进入早期市场的卷烟机还包括埃弗里特（Everitt）卷烟机和考曼（Cowman）卷烟机。[1] 到1886年，尽管五大制造商仍继续着重于手卷香烟，但他们都在自己的部分工厂里安装了邦萨克、艾里逊或埃默里卷烟机。[2] 最终，邦萨克卷烟机被证实最为高效的卷烟机，金尼加入了杜克和艾伦和金特烟草公司，与邦萨克签约。直到1887年，杜克及艾伦和金特烟草公司才开始将他们在纽约的工厂转变为机器生产。[3]

了解手卷行业的转型是理解向机器生产转型的前提。通常来说，人们认为手工香烟是原始的，而机器生产则是现代的，这种观点歪曲了美国、欧洲和埃及手卷行业的发展。事实上，在瞬息万变的香烟生产行业中存在着三种劳动制度：两种手卷制度——传统技术工匠手卷、普通熟练工人手卷，以及机器生产。传统技术工匠确实减少了，尤其是在由土生土长的男性经营的工厂里。直到20世纪，这三种形式的劳动制度对美国和全球烟草行业仍具有重要意义。

美国第一批香烟制造商雇用外来移民的传统技术工匠来制作手卷香

---

[1] *Report of the Commissioner of Corporations on the Tobacco Industry Part I*, 66；埃弗里特和考曼都于1882年获得专利，那时杜克还没有使用任何机器。Tennant, *The American Cigarette Industry*, 147; Alford, W. D. and H. O. Wills, 141; The Cowman Manufacturing Company, US Patent 262177A, filed/issued August 1, 1882, www.google.com/patents/US262177/. 学者莱斯利·汉纳曾严厉质疑过杜克德不配位，不过他主要关注的是杜克的后期及其与欧洲工业的关系。汉纳称卷烟机是"同时实现多种功能的发明"的典范，出自"The Whig Fable of American Tobacco, 1895–1913," *Journal of Economic History 66*, no. 1 (March 2006): 64.

[2] Tilley, *The Bright-Tobacco Industry*, 573.

[3] Robert F. Durden, *The Dukes of Durham, 1865–1929* ([1975]; Durham: Duke University Press, 1987), 32; James B. Duke testimony, *US v. American Tobacco Company* (1908), copy in Duke Papers; "Girls on a Strike," *New York Times*, June 6, 1888, 6; Tilley, *The Bright-Tobacco Industry*, 574.

烟。大多数是俄罗斯犹太人，他们很快便加入了工会，基本都是雪茄生产者工会。金博尔公司、金尼烟草公司和古德温公司都采用这种模式经营，同时欧洲和土耳其的大多数制造商也是如此。然而，在19世纪70年代，雇用者研发了一种适用于普通熟练工人的手卷模式，将香烟的制作过程分为多个步骤，并使用模具而非纯手工技能来保证香烟的形状，这极大地降低了劳动力成本。在美国和法国,这种模式雇用的是"女孩"，而不是熟练的男性传统技术工匠。事实上，"女孩"已经成为一个有技能的新劳动力群体。她们是年龄在8岁到20多岁的未婚女性，不过实际上有时也包括年龄较大或已婚的女性。[1] 制造香烟的一些技艺被保留了下来，但生产过程变得更像一条流水线：标准化、细分化并且受到高度监督。金特于1875年在里士满开始生产香烟时，在美国开创了这种模式的先河。[2]

金特之所以雇用女孩，很可能是受规模更大的雪茄行业的启发，当时的雪茄业已经开始雇用纽约的欧洲移民女孩和加利福尼亚的华人男性来取代传统技术工匠。在雪茄机被发明前的几十年里，这种去技能化的过程推动了"5美分雪茄"的兴起和雪茄销量的飙升。雪茄（生产）公司将制作过程进行了细分和标准化，卷出完美的雪茄形状不再是一项技术活。随着对技术要求的降低，雪茄公司扩大了经营规模，以利用规模经济的优势。金特也紧随其后，很快就在里士满的工厂里雇用了1000名女孩。在加利福尼亚，传统雪茄工匠对这一改变进行了反击，并采取了激烈的反华策略。这直接影响了《排华法案》的发展，以及美国劳工联合会的战略和结构。传统雪茄工匠保持了对高档雪茄的控制，但失去

1　如想了解有关"低技能手卷能力"的内容，可参见 *New York Times*, August 16, 1875, 2;B. W. C. Roberts and Richard F. Knapp, "Paving the Way for the Tobacco Trust: From Hand Rolling to Mechanized Production by W. Duke, Sons and Company," *North Carolina Historical Review* 69, no. 3（July 1992): 260.
2　James P. Wood, *The Industries of Richmond: Her Trade, Commerce, Manufactures and Representative Establishments* (Richmond: Metropolitan Publishing Company, 1886), 59–60.

了增长迅速的低价雪茄行业。[1]

金特很少遇到劳资冲突，可能是因为他从一开始便雇用女孩制造香烟；相比之下，其竞争对手在试图从男性传统技术工匠向女性普通熟练工人转变时遭到了反抗。金尼香烟厂于 1869 年在纽约成立，最初雇用俄罗斯犹太人；到了 19 世纪 70 年代末，这些传统技术工匠与新雇用的 12 至 20 岁的爱尔兰女孩一起工作。1883 年，该公司的 300 名年轻女性手工香烟工人和 150 名经验丰富的男性手工香烟工人举行罢工，抗议报酬的下降。男性手工香烟工人成立了工会；他们在第一次罢工会议上接纳了 9 名女孩加入他们的工会。与此同时，公司宣布"不打算再雇用任何男性从事香烟制造。香烟制造基本上成为女性的工作，公司建议男性寻找其他报酬更高的工作"。当时并没有关于罢工结果的记录，但两年后，曾受雇于金尼公司的海曼·格罗斯曼（Hyman Grossman）在纽约一家酒店的房间里开枪自杀，据说是因为他"失业了，并感到没有希望"。[2]

杜克（图 2.1）于 1881 年开始在达勒姆小规模生产手卷香烟，那时金特雇用女工已经 6 年了，但杜克困扰于劳动力短缺。[3] 1880 年达勒姆的人口为 2041 人。而与之相比，里士满的人口数为 63600 人，纽约为 1912000 人。北卡罗来纳州没有足够的移民为美国北方工业化提供动力。而美国南方农业领域低廉的工资压低了工业领域的工资，也使得人们不愿移民到像达勒姆这样的农业中心。[4] 里士满作为一个工业和港口城市，

---

[1] Patricia A. Cooper, *Once a Cigar Maker: Men, Women, and Work Culture in American Cigar Factories, 1900–1919* (Urbana: University of Illinois Press, 1987), 12–15, 18, 25–29; *Richmond Times*, October 23, 1888, 1.

[2] "Cigarette-Rollers on Strike," *New York Times*, May 3, 1883, 8; "City and Suburban News," *New York Times*, November 26, 1885, 8.

[3] Tilley, *The Bright-Tobacco Industry*, 557. 那一年，杜克只生产了 900 万支香烟，还不足以引起规模较大的竞争对手的注意。

[4] Durham's population: http://www.historync.org/NCCityPopulations1800s.htm; Richmond's population: (2004), "Historical Census Browser," accessed December 29, 2015, University of Virginia, Geospatial and Statistical Data Center,: http://mapserver.lib.virginia.edu/; and New York City's population: http://www.demographia.com/db-nyc2000.htm. Gavin Wright, *Old South, New South: Revolutions in the Southern Economy Since the Civil War* (New York: Basic Books, 1986), 7–10.

图 2.1 詹姆斯·B. 杜克，杜克大学鲁宾斯坦图书馆（Rubenstein Library, Duke University）提供

在美国南北战争前便已经发展到相当大的规模；而南北战争后，随着工业和贸易的复苏，再次回弹到相当大的规模。1884 年，为了满足对于劳动力的需求，杜克在纽约开设了一家工厂，雇用了 250 名移民女孩和"几个男性"从事普通熟练工人手工卷烟的工作，并雇用了 125 名从纽约搬到达勒姆的犹太传统技术工匠。[1]

这些犹太工匠立即反抗杜克工厂的暴虐制度，并在当地成立了一个

---

1 "Working Girls Badly Frightened," *New York Times*, December 27, 1884, 2. 手工香烟工人大卫·西格尔和 J. M. 西格尔兄弟分别于 1880 年和 1881 年在布莱克威尔烟草公司和杜克家族烟草公司管理达勒姆香烟部门。两人之前都为纽约的公司工作，并为达勒姆招募了以前的同事。到 1885 年，兄弟俩成立了自己的达勒姆香烟公司。Hiram V. Paul, *History of the Town of Durham, NC* (Raleigh: Edwards, Broughton and Company, 1884), 117–188.

新的美国雪茄生产者进步工会。经过一年多的抗争后，他们回到了纽约。[1]詹姆斯·B.杜克的父亲华盛顿·杜克回忆道："除了雇用125名波兰犹太人到达勒姆的工厂工作，我们从未遇到过任何麻烦。他们给我们增添了无尽的麻烦。我们想办法脱身了，现在我们只雇用我们自己国家的人。"[2]的确，杜克家族企业在达勒姆的报纸上刊登招聘500名"女孩"和"男孩"来制造香烟的广告，但这仍然无法满足他们的劳动力需求。例如，金尼和金特雇用的女孩最低年龄为12岁，而杜克家族企业却雇用了年仅8岁的劳拉·考克斯（Laura Cox）做香烟工人。除了在当地搜罗年幼的工人，杜克家族的企业还不得不再次从纽约雇用传统技术工匠，而这次雇用的对象则是当时被古德温烟草公司的工厂解雇的工人们。考克斯后来回忆称："大多数员工都是来自北方的犹太人。"[3]然而，如先前一样，这些被古德温解雇的工人坚持不到一年便回到了纽约。[4]

  杜克之所以将达勒姆的工厂转向机器生产与这些持续存在的劳工问题密不可分。他在达勒姆的工厂里安装了卷烟机，而在他纽约的工厂里，他继续依靠普通熟练工人来手卷香烟。1886年，卷烟机开始发挥作用，机器生产的香烟销量迅速上升。W.杜克家族烟草公司很快就成为金特在美国最大的竞争对手，尽管该公司在海外贸易方面不能和金特的公司

---

1 "C.M.P.U. No. 27, Durham, N.C., Chartered!" *Progress* 3, no. 2 (September 26, 1884): 1; "Correspondence," *Progress* 3, no. 6 (January 24, 1885): 3; *Progress* 3, no. 10 (May 29, 1885): 3; Tilley, *The Bright-Tobacco Industry*, 519.

2 引用自 Tilley, *The Bright-Tobacco Industry*, 519.

3 "Working in a Tobacco Factory: Interview with Laura Cox in the Durham *Morning Herald*, January 17, 1926," *Learn NC*, www.learnnc.org/lp/pages/4701, accessed December 14, 2010.

4 *New York Times*, October 28, 1886.

相提并论。[1]

即使所有制造商都将注意力放在极具竞争力的卷烟机的改进上,由普通熟练工人生产的手工香烟在一段时间内仍然是行业的主流。与报道相反,包括金特在内的其他烟草企业家的行为与杜克大同小异。直到美国烟草公司成立之前,或许在更长的时间里,杜克和金特都保留着手卷香烟的生产。然而,埃及香烟业直到20世纪仍保持着普通熟练工人的制度,并在欧洲和美国的烟草公司中很有竞争力。手卷香烟在埃及之所以可行,可能与廉价的劳动力成本有关,也与埃及香烟业在高档手卷香烟有制定标准的话语权有关。

也有人将杜克的成功归功于他通过谈判降低了需向邦萨克支付的许可权使用费,但这完全是站不住脚的。杜克确实与邦萨克机械公司签订了一份秘密合同,商定了24美分每千支香烟的价格,而不是正常标准下的30美分或33美分,并保证W. 杜克家族烟草公司将永久享受比其他任何竞争对手低25%的价格。邦萨克机械公司同意这些看似优越的条件是因为杜克同意在达勒姆的工厂安装大量机器(这一点杜克也确实履行了),并使用这些机器生产高价品牌,而不仅仅是廉价香烟(直到行业内其他人都只用机器生产廉价烟,他才也这样做)。但事实上,这并不是条件最优越的合同。洛内·杰克烟草公司(Lone Jack Tobacco Company)在使用邦萨克卷烟机时,私下支付更少的费用:每千支只需支付15美分。[2] 纸包不住火,不同的许可权使用费泄露了出去,争吵辩

---

1 历史学家夸大杜克优势的一个出处是 *Report of the Commissioner of Corporations on the Tobacco Industry Part II* (Washington DC, 1909–15), 95–97. 在研究了1889年的国内销售记录以及由5家公司合并的美国烟草公司的资产后,委员会指出,1889年,杜克家族烟草公司销售了8.34亿支香烟,而艾伦和金特公司销售了5.17亿支。委员会还指出,金特只在有形资产中投入了8.7%的资本,其余都是商誉,而杜克则在有形资产中投入了14.1%,商誉(的投资)也相应少一些。委员会对此感到困惑。为什么金特在销售额更低的情况下享有这么多的商誉?为什么他和杜克在公司中拥有相同的股份?委员会的结论是,这些商人不知道自己在做什么,该行业还不发达,无法产生显著的品牌价值。然而,委员会没有考虑,甚至没有承认海外市场的存在,而金特在那里有更广泛的业务。Tennant, *The American Cigarette Industry*, 24, 中反复出现误导性的统计数据和错误的解释。

2 Durden, *Dukes of Durham*, 32, 36.

论随之而来。邦萨克机械公司签署了一系列不可能兑现的合同——例如，承诺杜克拥有比其他任何人都低的价格，同时也承诺金特的公司绝不用支付比任何竞争对手更高的价格。[1]某些制度也因此提上日程，早在1887年，制造商们就开始与邦萨克商讨联合协议。

邦萨克在海外的合作方式与国内截然不同，这也是杜克创业神话的一个疑点。美国制造商无法阻止邦萨克机械公司向某个国家的海外制造商提供卷烟机独家协议，这给他们带来了另一系列巨大的风险。正如所见，香烟市场早已走向国际化。邦萨克机械公司认识到了这一点，并从一开始就在国际上销售其卷烟机。例如，当詹姆斯·邦萨克为这种机器在美国申请他的第一个专利的时候，他还同时在加拿大、英国、德国、法国、比利时、奥地利、匈牙利、西班牙、意大利和俄罗斯申请了专利。[2]

伦敦的威尔斯烟草公司（W. D. and H. O. Wills Tobacco Company）是一家在诸多伦敦绅士俱乐部间保持活跃的贸易往来的亮叶香烟制造商。这家公司在1883年与邦萨克机械公司签署了第一份独家协议。在杜克首次于达勒姆安装卷烟机的一年多之前，威尔斯就在英国获得了使用邦萨克卷烟机的独家权利。[3]值得注意的是，尽管面临威尔斯的竞争，金特享有盛誉的手卷香烟市场仍旧还在。1884年，金特在该市占有最大的市场份额。[4]相比之下，杜克用机器制造的出口产品无法与威尔斯竞争。杜克声称，他"从英国收到的对机器制造的香烟的反对意见比任何其他国家都多……（并且）没能成功地为我们的商品开辟市场"[5]。随着卷烟机以及机器生产的香烟变得越来越重要，威尔斯的独家合同也必

---

1 *Richmond Dispatch*, March 16, 1890, 3.

2 William Henry Harrison Cowles, "James Albert Bonsack," 49 H. R. 2950, House and Senate Reports, Reports on Public Bill (March 5, 1886); downloadable from ProQuest Congressional.

3 H. D. 威尔斯和 H. O. 威尔斯在1884年1月安装了邦萨克卷烟机，比杜克早了一年多。参见 Alford, *W. D. and H. O. Wills*, 148, 154–155.

4 *Tobacco* (London) 4, no. 38 (1884), 18, cited in Howard Cox, *The Global Cigarette: Origins and Evolution of the British Tobacco Company* (London: Oxford University Press, 2000), 21.

5 引用自詹姆斯·B. 杜克与 D. B. 斯特劳斯的对话, March 27, 1889, James B. Duke Papers, Duke University。

然会阻碍金特的业务发展。金特在伦敦建立了一家生产手卷香烟的分厂。但没有一家美国制造商能够在伦敦使用邦萨克卷烟机生产香烟。

对于美国制造商而言，更大的威胁是邦萨克机械公司聘请了理查德·H. 赖特（Richard H. Wright）作为其唯一的代理商，授权他在几个亚洲国家、南非和埃及销售其卷烟机的权利。[1] 赖特很有可能与其他制造商签订了独家协议，终止杜克或金特公司在这些国家的生产。威尔斯烟草公司在这方面尤其面临威胁，因为他们也正在扩大国际业务。忧虑的金特和杜克非正式地联合起来，向邦萨克机械公司施压，使澳大利亚不在赖特的管控之下；那时的澳大利亚已经是杜克和金特十分关键的市场。[2] 两家公司联合起来的合同给邦萨克带来了足够的利润，杜克和金特赢得了澳大利亚的市场，但他们仍有理由担心他们在世界其他地区能否使用卷烟机。

杜克的担忧并非无缘无故：赖特是强有力的竞争对手。5年以来，赖特一直是 W. 杜克家族烟草公司的合伙人，在该公司担任销售要职，还在 1882 年踏上过国际销售之旅。然而，在 1885 年，杜克和赖特因一场激烈的争吵而决裂，并多次陷入诉讼纠纷。愤怒之下，赖特加入了弗吉尼亚州林奇堡的洛内·杰克烟草公司，该公司与同城的邦萨克卷烟机公司有关联。在洛内·杰克烟草公司的高层人员中，至少有一个人也是邦萨克机械公司的高层，而邦萨克正是在洛内·杰克烟草公司的工厂里进行的机器改进试验。这些关联解释了为什么邦萨克机械公司暗中向洛内·杰克提供了比杜克更好的价格。[3] 杜克发现他这种"背信弃义"的行为时非常愤怒。对杜克而言，赖特简直是执掌邦萨克卷烟机全球使用权的最佳人选。

杜克曾向邦萨克机械公司的总裁 D. B. 斯特劳斯（D. B. Strouse）怒

1　Durden, *Dukes of Durham*, 41.

2　Durden, *Dukes of Durham*, 42.

3　Durden, *Dukes of Durham*, 28–36, 50.

斥赖特的新职位，他说："现在世界是我们产品的市场，我们不打算坐视不管，允许你或其他任何人切断我们的任何贸易渠道，在没有工厂的地方建立工厂，安上你的卷烟机，然后你可以反过来对我们说，'你只能在美国生产你的产品；这个国家和那个国家都是别人的地盘。'"[1] 杜克并不反对在古巴销售邦萨克卷烟机，那里的制造商用一种完全不同的烟草来制造香烟。他坚称："但在出售或需要清淡口味（即亮叶）香烟的地方，美国制造在世界上是处于领先地位的。"[2] 杜克敦促邦萨克机械公司制定一项该公司能保证履行的政策，他写道："我认为你们现在是时候向我们阐述一下邦萨克卷烟机未来在国外的销售政策了。"[3]

通过创建美国烟草公司，美国本土主要香烟制造商有能力就邦萨克机器的使用权谈判出一份条件优越、双方共赢的合同，同时有享有埃默里和艾里逊卷烟机的使用权，并提高他们购买其他具有竞争力的卷烟机的能力。邦萨克机械公司作为各个谈判的重要参与方，表示只要他们的总销售额超过国内市场的50%，便同意"只向这些大型工厂供应卷烟机"。[4] 更重要的是，制造商们联合之后让美国烟草公司在与邦萨克就海外市场谈判时拥有了更大的话语权。一段时间后，赖特于1889年开启了第一场邦萨克的海外销售之旅，而这一年，美国烟草公司在弗吉尼亚州获得了第一份公司许可。[5]

杜克本人曾说，在组建联盟方面，他不认为自己比金特更有权力。邦萨克机械公司的董事长斯特劳斯在3月份给杜克写了一封关于"组织一个统一的烟草公司"的信。杜克对于斯特劳斯的措辞感到震惊，他回复说："我完全愿意在任何时候与制造商会面，讨论任何有利于我们共同利益的问题，但如果你的意思是通过统一的烟草公司，开设另一家工

1　James B. Duke to D. B. Strouse, March 20, 1889, Duke Papers.
2　James B. Duke to D. B. Strouse, March 27, 1889, Duke Papers.
3　James B. Duke to D. B. Strouse, March 20, 1889, Duke Papers.
4　D. B. Strouse to James B. Duke, July 8, 1887, Duke Papers.
5　Durden, *Dukes of Durham*, 41; *Report of the Commissioner of Corporations on the Tobacco Industry Part I*, 4, 发现成立美国烟草公司的一个动机是为了掌控邦萨克卷烟机和其他卷烟机器。

厂或成立商业信托,并希望我们在其中入股,那么我反对任何类似的做法,因为我们希望百分百控制我们各自的业务,而这在托拉斯中是不可能实现的。如果您有任何其他提议需要讨论,我很乐意参与。"[1] 杜克在这封信中反对这种合并,尽管几个月后,弗吉尼亚州的美国烟草公司便真的以这种方式合并了。虽然他担心失去权力,但他一定认为他也只能这样了。

事实上,金特比杜克更有理由对弗吉尼亚州的许可感到高兴,尤其是因为它的总部在里士满,而金特是公司的董事长。1889年12月,该许可确保制造商拥有共同的目标,并促成美国烟草公司与邦萨克机械公司签订了独家合同。同时,制造商们仍负责管理各自的公司,这些公司仍旧是完整的。美国烟草公司将代表这五家公司进行采购,有权"在其他国家购买、生产并建立仓库和代理机构"[2]。公司创始人包括金特、约翰·波普、米尔顿·凯斯(Milton Cayce)和托马斯·F. 杰夫里斯(Thomas F. Jeffress),他们都与艾伦和金特烟草公司,以及里士满的另一家制造商詹姆斯·M. 博伊德(James M. Boyd)有联系。[3] 金特负责指导国内,尤其是国外的市场扩张,其他企业家主要是担任董事会成员。

正如前文所提到的,这个许可(最终)没有获得通过;许可通过的第二天,由于弗吉尼亚州的立法者们震惊于美国烟草公司的垄断可能对烟叶价格造成的影响,他们(其中许多人也是烟农)便回到国会大厦(再次讨论这个议题)。他们声称已经阅读了他们所投票的(全部)内容,但是由于该机构的官僚性质,他们可能仅仅只是看了一眼合并法案。然而此刻,"人们担心,这可能是本国最富有的烟草制造商控制烟叶(leaf tobacco)市场的巨大联合组织"。弗吉尼亚州和北卡罗来纳州的农民和

1　D. B. Strouse to James B. Duke, March 23, 1889; James B. Duke to D. B. Strouse, March 27, 1889, Duke Papers.

2　"Virginia Affairs," *Baltimore Sun*, December 20, 1889, supplement 2.

3　*Baltimore Sun*, December 21, 1889; *Raleigh News and Observer*, December 25, 1889, 16.

烟叶商人也都加入了呼吁废除该许可的行列。[1] 12月21日，就在许可获得批准后的两天，来自阿波马托克斯（Appomattox）的议员亨利·D.弗勒德（Henry D. Flood）提出了一项撤销许可的法案，很快人们便发现他能够通过组织投票来通过这个法案。[2] 烟草行业的人们成功地阻止了这项公司许可。

烟草公司的所有者们迅速转向新泽西州，以非常不同的条件获得了公司许可。美国烟草公司的注册资本为2500万美元，公司成立后的第一个举动便是收购五家烟草公司。正如《里士满时讯报》十分惊恐地报道："艾伦和金特烟草公司已经不复存在了。"[3] 在这次合并中，这五家公司成为统一的实体，而不是作为相互联系但独立的法律实体，这一点很快会产生重大的法律和实际后果。[4] 作为董事长，杜克将他在纽约的住所搬到了新泽西州的萨默维尔（Somerville），以满足居住要求。来自艾伦和金特香烟公司的约翰·波普担任第一任副董事长；原来五家公司的所有者都在董事会内任职。[5]

资本机构的困境

新泽西州的许可表明，一个看似很小的突发事件可能会产生很大的变化，因为新泽西州处于公司赋权的前沿。通过在该州合并公司，美国烟草公司摆脱了通常会制约公司行为的法规。在整个19世纪80年代，

---

1 "Virginia Affairs: Excitement over the Incorporation of the American Tobacco Company," *Baltimore Sun*, December 21, 1889, 9; *Raleigh News and Observer*, December 25, 1889, 16; Tilley, *The Bright-Tobacco Industry*, 269–270.
2 "Allen and Ginter Sell," *Richmond Dispatch*, January 4, 1890, 1; *Baltimore Sun*, December 21, 1889, 9; *New York Times*, February 1, 1890, 2.
3 "The Transfer Made," *Richmond Dispatch*, March 18, 1890, 1.
4 Arents testimony, 12, 19–24, Duke Papers.
5 Arents testimony, 37, 43–49, Duke Papers.

新泽西州从根本上放宽了一般公司法，公司的代表律师直接参与1889年新公司法的起草。[1] 在铁路公司法胜利的鼓舞下，新泽西州公司法的基本前提是商业公司几乎可以做任何他们想做的事。[2] 当然，许可的确允许人们做一些事情，可以说人们几乎有权去做任何事，而一场随之而来的斗争也刚刚开始。在获得许可之后，美国烟草公司在其商业组织和实践中展现了其新的权利，而许多人却在寻找抵抗这种新权力合并的办法。

对于新公司的反对之声再怎么夸张也不为过：对于新公司的形式和权力，各方意见不一，甚至美国烟草公司董事会内部的一些成员也是如此。首先是金特，他公开表示他不认为该公司是合法的。农民、烟叶商人、分销商、制造商、零售商、州级的监管机构和投资者也对美国烟草公司的成立表示反对。而上南方的人尤其愤怒。《里兹韦尔评论》写道："毫无疑问，这个没有灵魂的垄断企业不仅想控制整个世界的烟草贸易，甚至想控制整个地球。"[3] 这些还算是能够拿上台面的话，其他有一些都只能在私下里说。一位来自温斯顿-塞勒姆的吸食烟草制造商朋友写信给杜克："我听说你被农民、仓库管理员、烟叶商人和制造商他们骂。我们也因为没骂托拉斯，而被骂了。"[4] 整个商界都被激怒了。

除了来自北卡罗来纳州和弗吉尼亚州的激愤之外，全国范围内对美国烟草公司的反对情绪都很高涨，并迅速将该公司告上了法庭。该公司在新泽西州、纽约州、北卡罗来纳州、弗吉尼亚州、佐治亚州和伊利诺伊州都面临着诉讼；法院最终裁定美国烟草公司为"非法"公司，并禁止在法院所在州开展业务。包括北卡罗来纳州、弗吉尼亚州和佐治亚州

---

[1] Horwitz, "*Santa Clara* Revisited," 194; Christopher Grandy, *New Jersey and the Fiscal Origins of Modern Corporation Law* (New York: Garland Publishing, 1993), 13–15, 40–53.

[2] Horwitz, "*Santa Clara* Revisited," 187; 也可参见 Thomas R. Navin and Marian V. Sears, "The Rise of a Market for Industrial Securities, 1887–1902," *Business History Review* 26, no. 2 (June 1955): 115–116.

[3] "Will Another Trust Be Formed?," *Reidsville Review*, March 25, 1891. 高关税增强了合并的动力。参见 A. Dunlavy, "Why Did American Business Get So Big?," *Audacity*, Spring 1994, 42–49.

[4] W. B. Taylor to James B. Duke, August 23, 1922, Duke Papers.

在内的一些州的立法机构通过了新的反垄断法,以便对美国烟草公司提起更有力的诉讼。[1]

反对美国烟草公司垄断的人在道德上并不反对吸烟。然而,杜克的第一任传记作者声称"一些意见不同的人"写了一些"耸人听闻的描述",荒谬地暗示"躲在烘烤房后面偷偷抽烟的男孩是在拿自己的生命开玩笑"。[2] 的确,当时有一些改革者认为烟草和酒精都是极具破坏性的毒品,但当华盛顿州在1893年宣布香烟销售违法时,"赞成该法案的议员中,有九成的人根本不在乎改造吸烟成瘾的人,他们更急于击垮烟草托拉斯"。[3] 同样,艾奥瓦州食品批发商拒绝经营美国烟草公司的产品,因为该公司对分销商实行垄断控制,而不是因为他们认为吸烟不道德。[4]

在全国范围内,反垄断情绪发展成一场关于经济正确方向的讨论。反垄断思想深深植根于美国文化,并在对铁路行业的争议中得到了发展。大多数人认为竞争对于经济的健康发展是必要的;许多人担心垄断会让破坏性和腐败的经济行为持续下去。铁路公司似乎就是一个例子。他们似乎是"特权和优待的化身",因为他们获得的经营许可赋予了他们很大的自由,但却没有受到监管。[5] 与此同时,铁路公司还会对合作方区别对待,给大型承包商提供更好的条件,造成破坏很多行业竞争的恶果,比如破坏牛肉行业。他们带头利用法院设定联邦保护措施,以对抗各州的征税和监管。弗吉尼亚的烟草种植者反对美国烟草公司的成立,因为

---

1 "Blow to a Great Trust," *New York Times*, November 19, 1895, 1; "Indicted Under the Trust Law," *New York Times*, May 6, 1890, 1; "Trusts Attacked in Virginia," *New York Times*, February 1, 1892, 1; "Fighting the Tobacco Trust," *New York Times*, March 17, 1893, 10; "American Tobacco Company," *New York Times*, May 16, 1897, 1; "Tobacco Trust Attacked," *New York Times*, November 17, 1893, 2. 佐治亚州通过了一项反垄断法,使美国烟草公司在该州签订的合同无效。"Georgia after Trusts," *Wall Street Journal*, January 8, 1897, 1.

2 John Wilbur Jenkins, *James B. Duke, Master Builder* (New York: George H. Doran Co., 1927), 96–97.

3 "Fighting the Tobacco Trust," *New York Times*, March 17, 1893, 10.

4 "Iowa Wholesale Grocers Refuse to Handle ATC Products," *Wall Street Journal*, April 10, 1897, 1.

5 Richard White, *Railroaded: The Transcontinentals and the Making of Modern America* (New York: W. W. Norton & Co., 2011), 111.

他们担心该公司会操控烟草的价格，但他们更担忧的是差别对待——向某些合作方支付或收取更高的费用，以便控制业务和进一步垄断。这类争论之所以这么有热度，是因为许多人认为"民主国家的经济体系本身就是民主的"[1]。

那些反对美国烟草公司的人有时会用"小人物对抗大垄断"这样的夸张措辞来表达他们的斗争，但他们也承认，反垄断并不一定是为了维护种族平等或工人的权利。相反，这些在经济上被赋予权利的人希望改变交易手段，而不是改变生产方式——公司将会如何被赋权、被监管，以及商业活动如何继续。[2] 例如，弗吉尼亚州的农民和立法机构里烟叶商人对美国烟草公司控制烟草价格和通过拍卖系统扰乱烟草交易的手段感到不满。这些人不是在小块土地上种植烟草的自耕农（虽说美国烟草公司也伤害过他们的利益，并且他们也曾组织起来过），而是那些在内战前用奴隶劳动力种植和烘烤烟草的种植园主，他们现在与黑人和白人的佃农签约。他们对于烟草生产者的利润极少这点没有异议，并且认为佃农的劳动条件是无关紧要的。长期以来，他们从奴隶制或压迫性的工资劳动制度中获利，也习惯于思考有财产的白人之间的经济公平问题。

当美国烟草公司的垄断从香烟行业扩展到嚼烟和斗烟行业时，美国烟草公司证实了人们最担心的事情。在此之前，香烟业并没有对亮叶烟草经济造成太大的改变，但美国烟草公司彻底改变了亮叶烟草经济。美国烟草公司收购了数百家嚼烟和斗烟公司，并解雇了成千上万名员工。从 1890 年停止生产嚼烟开始，到 1902 年，美国烟草公司控制了 71% 的市场；到 1910 年，公司控制了 85% 的市场，并收购了大约 250 家公司。[3]

1　White, *Railroaded*, 513.

2　Jeffrey Sklansky, "William Leggett and the Melodrama of the Market," in *Capitalism Takes Command: The Social Transformation of Nineteenth-Century America*, ed. Michael Zakim and Gary J. Kornblith (Chicago: University of Chicago Press, 2012), 199–222.

3　*Report of the Commissioner of Corporations on the Tobacco Industry* (Washington, DC, 1909–15), III, 49; *Report of the Commissioner of Corporations on the Tobacco Industry* (Washington, DC, 1909–15), I, xxxi.

这样一来，美国烟草公司将南方的烟草业从以合作关系为基础的经济形式转变为公司垄断。幸存下来的公司集结力量，与杜克直接竞争。例如，利格特和迈尔斯烟草公司(Liggett and Myers)开始生产香烟就是以此"作为一种报复"。[1]

然而，即使在美国烟草公司内部，也并非一帆风顺。金特公开反对新泽西州的公司许可，并用带有偏见性的词语称呼它——托拉斯。[2]在美国烟草公司成立的同一年，美国国会通过了《谢尔曼反托拉斯法》。标准石油公司是最著名的托拉斯：它的受托人持有所有原始公司的表决权股股票。评论家声称，新泽西州的公司法为托拉斯创造了另一个途径。来自金尼公司的威廉·巴特勒（William Butler），现任美国烟草公司董事，曾公开为该公司辩护称："美国烟草公司不是一家托拉斯，而是一家正规获批的公司。"[3]但是，金特的侄子——美国烟草公司的财务主管乔治·阿伦特（George Arents）说："尽管金特反对成立托拉斯公司，但他并不反对成立一家合法的烟草公司。他一直是该公司的主要支持者之一。"[4]即使是烟草公司的高管也对什么是合法的商业形式存在分歧。

关于嚼烟的斗争在公司内部引发了更多的反对之声。一向喜欢夸张的杜克后来用一种罕见的轻描淡写的口吻回忆道："进入嚼烟业务的想法是我本人提的，其他一些董事似乎不太赞同。"[5]金特和其他董事认为，嚼烟和斗烟转移了人们对香烟的注意力；确实如此，将公司获得的利润用于收购嚼烟公司的做法反而抑制了国内香烟市场。[6]另一方面，埃及和移民的竞争对手也逼近美国烟草公司。尽管在最初的几年里，美国烟

---

1 *Report of the Commissioner of Corporations on the Tobacco Industry I*, 326. 也可参见"To Fight the Tobacco Trust," *New York Times*, September 23, 1898, 1.

2 金特在1889年的美国烟草公司谈判中反对信托的形式。Brief for defendants and points in support of demurer / [by Richard V. Lindabury, W. W. Fuller, Joseph H. Choate], Newark, N.J., 1896, downloadable from *The Making of Modern Law* (Gale, Cengage Learning); George Arents, testimony, 18, Duke Papers.

3 "Mr. Butler's Charges Denied," *New York Times*, November 27, 1893, 3.

4 "Secretary Arents' Denial," *Richmond Dispatch*, February 20, 1895, 1.

5 James B. Duke, testimony, circuit court Mss, 1908, Duke Papers; Durden, *Dukes of Durham*, 63.

6 莱斯利·汉纳对此进行了详尽的辩论。参见"The Whig Fable of American Tobacco," 47–54.

草公司发放 10% 到 12% 的股息，但 1896 年 2 月却没有发放任何股息。[1] 对于金特和其他人来说，将垄断的方向转向嚼烟是一个危险的举动，危及了烟草公司已经建立起来的业务。

金特和他的董事会盟友至少做过一次重大尝试，试图改变美国烟草公司的方向，但无济于事。然而不久之后，所有美国烟草公司内部的反对声音都瓦解了。[2] 其中部分原因可能是约翰·波普于 1896 年 4 月 8 日因食道感染脓肿意外去世，年仅 39 岁。而就在他去世的两周之前，《华尔街日报》（*Wall Street Journal*）刚刚刊登了大量有关美国烟草公司内部纠纷的报道。波普在前一年就生病了，报纸上提到他得了急性"喉炎"，但似乎开始痊愈了。金特在私人生活和事业上都受到了毁灭性的打击，因为他失去了自己的人生伴侣，失去了自己的权力和劳动成果的继承人，也失去了遏制杜克的希望。波普一直是公司的"大人物之一"，在公司成立的前 5 年里一直担任第一副董事长的职位。他既有经验，也有带领公司进入新时代所需的年轻活力。金特伤心欲绝地将波普埋葬在他原本为自己准备的坟墓里。[3]

失去波普后，金特的健康状况急转直下。1897 年春天，他退出了美国烟草公司，并辞去了董事会的职务；仅六个月后，他便死于糖尿病相关的并发症。[4]《里士满时讯报》在金特的讣告中写道："金特少校的

1　Jenkins, *James B. Duke*, 95–96.
2　1896 年，金特和他的盟友试图改变董事会的构成，但没有成功；他们似乎还在与圣路易斯嚼烟制造商利格特和迈尔斯以及德拉蒙德进行独立谈判，这两家公司是反对美国烟草公司收购的主要公司。杜克的传记作者在没有证明材料的情况下声称，金特说服奥利弗·佩恩买下美国烟草公司的股票，但佩恩在会议上投票支持杜克，而不是金特。虽然这有可能是事实，但佩恩似乎直到金特去世后才成为大股东。金特当时很可能在与其他金融家合作，可能是摩尔、施利或者德克多沃和亨利·艾伦公司等，1896 年 3 月，在金特对杜克采用最激烈的竞争手段时，确实买进了股票。1896 年 4 月，波普的去世可能破坏了这些计划。*Wall Street Journal*, January 18, 1896, 1; "Tobacco," *Wall Street Journal*, March 11, 1896, 1; *Wall Street Journal*, March 17, 1896; *Wall Street Journal*, March 20, 1896; Jenkins, *James B. Duke*, 100–102.
3　引用自 *Milwaukee Journal*, February 21, 1896; "John Pope," *Virginia Magazine of History and Biography* 4, no. 3（January 1897), 320–321; Burns, *Lewis Ginter*, 180–183.
4　*Wall Street Journal*, May 1, 1897, 2. 也可参见 *New York Times*, May 2, 1897. 其他的公司创始人也被淘汰了。金尼已经退出董事会，而金博尔已经于 1895 年去世。

病可以说是在他的门生、商业伙伴和朋友约翰·波普先生去世后才开始的……毫无疑问，金特少校是在精神和肉体都受到打击后离世的。"[1] 金特和波普的死扫除了杜克在内部执掌大权的重大阻碍。

然而，外部的反对力量凝聚成了具有强大攻击性的组织，担任领导角色的企业家原来都是雪茄和香烟工人。他们成立了一家新公司——美国香烟烟草公司（National Cigarette and Tobacco Company）。他们只是为了与美国烟草公司竞争，并对其垄断行为提起诉讼。当然，这些商人并未忘记杜克在达勒姆工厂给予工匠的不合理待遇，这常常引发权力斗争。例如，当工会代表前往杜克在纽约的办公室准备讨论薪酬问题时，杜克已经去了达勒姆，并亲自将手工工人的薪酬再削减60%。[2] 然而，这些人已不再是工匠了。美国香烟烟草公司总经理伯恩哈德·巴伦（Bernhard Baron）曾经为金尼工作，但最近在巴尔的摩开了一家雪茄厂；他后来在伦敦成立了卡雷拉斯烟草公司（Carreras Tobacco Company），颇为成功，是国际知名香烟黑猫（Black Cat）牌的制造商。[3]

当时，美国香烟烟草公司并没有固守过去的手工工艺，而是对工业资本主义如何发展提出主张，并打算把美国烟草公司拖入斗争。巴伦的第一项举措是在美国香烟烟草公司的工厂安装他自己的发明——巴伦卷烟机，据说它比邦萨克卷烟机还要好用。美国烟草公司立即发起了专利侵权诉讼，以保护其对邦萨克机器许多专利组件的独家使用权。美国烟草公司在法庭上败诉了，这结束了该公司对这款最佳卷烟机的短暂垄断。[4] 美国烟草公司的反对者们都在庆祝这一伟大胜利。

1　"Lewis Ginter," *Richmond Times*, October 3, 1897, 1.
2　*Progress*, 3, no. 10 (May 29, 1885): 3.
3　A. E. Watkin, "Baron, Bernhard (1850–1929)," rev. Christine Clark, in *Oxford Dictionary of National Biography*, ed. H. C. G. Matthew and Brian Harrison (Oxford: Oxford University Press, 2004), http//www.oforddnb.com/view/article/30614; Christine Clark, "Baron, Bernhard," in *Dictionary of Business Biography: A Biographical Dictionary of Business Leaders Active in Britain in the Period 1860–1980*, ed. David J. Jeremy, ed. (London: Butterworths, 1984), 177–180; Report of the Commission of Corporations on Tobacco, part 2, 117, 指出美国香烟烟草公司的品牌没有商誉，这表明这些品牌还没有在市场上立足。
4　"Can Use the Cigarette Machines," *New York Times*, May 2, 1894, 8.

在新泽西和纽约提起的两起相互关联的诉讼是美国香烟烟草公司对美国烟草公司发起的最大挑战。这两起诉讼都检验了新泽西州公司法的有效性。这些诉讼代表着美国香烟烟草公司、经销商以及纽约州和新泽西州总检察长之间的联盟。美国烟草公司聘请了实力雄厚的律师，准备在多个方面为自己辩护。

公司的"赋魅"

特别是新泽西州和纽约州总检察长提出的相关联的案件，有可能危及美国烟草公司的公司许可或在这些州经营的资格，并阻碍美国烟草公司的发展。新泽西州的案件被提交到衡平法院[1]，要求禁止该公司使用其许可；如果成功，这一案件将基本上停止美国烟草公司的运营。纽约州的案件虽不能对公司许可造成影响，但该州有着非常严格的反垄断法。并且，在纽约州，案件一旦被带到刑事法庭，便可以取消美国烟草公司在纽约经营的资格。由于纽约是美国国内最大的香烟市场，也是美国烟草公司大部分工厂的所在地，因此失去纽约将会使美国烟草公司陷入瘫痪。美国烟草公司将这些案件视为严重的威胁，从他们给公司的首席律师富勒（W. W. Fuller）开出高达5万美元的年薪就可以看出。这个数字在今天大约相当于130万美元。[2] 奇怪的是，以前关于杜克的那些记录中却完全忽略了这些内容。

这两个事件的发生都起因于经销商或批发商的不满，他们认为美国烟草公司利用垄断破坏了竞争。传统上来说，批发商是独立的承包商。他们从烟草公司购买产品，然后卖给零售商，并从中获利。美国烟草公

1　衡平法院（equity court），起源于英国，随衡平法的出现而逐渐形成，以弥补普通法的不足。——编者注

2　参见 http://www.measuringworth.com; "To Get Salary of $50,000 a Year," *New York Times*, February 12, 1895, 6.

司希望在这一过程中掌握更大的控制权，因此它要求批发商不得买卖来自其竞争对手的烟草产品，以美国烟草公司设定的价格销售产品，并从公司领取销售佣金。正如美国香烟烟草公司董事长弗兰克·麦考伊（Frank McCoy）所说："美国烟草公司对批发商说，'你们可以购买我们的货物，但我们以什么价格卖给你，你就得以什么价格卖给消费者。6个月后，如果你表现良好，我们就返给你 35% 作为报酬……如果你表现得不好，那么你什么也得不到。'"[1] 实际上，个体批发商成为美国烟草公司的附庸，几乎没有能力改变合作条件。

该协议还为那些无法将产品分销出去的竞争对手设置了明显的障碍。其中一个受牵连的竞争对手对麦考伊表示："我们进入这个行业是为了留下来，没有任何托拉斯和非法的经营方式可以把我们赶出去。"[2] 1895年，美国香烟烟草公司代表 133 个批发商与新英格兰杂货批发商签订了一份分销合同，这意味着美国烟草公司对分销的垄断首次被打破。[3] 美国香烟烟草公司的海军上将牌香烟最终将得到广泛的分销。美国烟草公司拒绝向同时销售美国香烟烟草公司和美国烟草公司品牌产品的 23 家商户付款，以此来表明自己的态度。[4] 美国烟草公司公开的商业行为成为政府机构的备案材料，律师们为此展开行动。

虽然眼前的问题是分销问题，但在新泽西州革命性的公司法出台后，纽约州和新泽西州的事件更重要的是仲裁各州对公司进行监管的能力。各州在历史上拥有通过授权颁发公司许可来监管公司的合法权利。通常来说，公司许可规定了一家公司能做什么和不能做什么。如果一家公司进行的商业活动超出了其许可所授予的范围，州政府可以指控其"越

---

[1] "Mr. Butler's Charges Denied," *New York Times*, November 27, 1893, 3.

[2] "Mr. Butler's Charges Denied," *New York Times*, November 27, 1893, 3.

[3] *Wall Street Journal*, June 18, 1895, 1.

[4] Brief for defendants and points in support of demurer /[by Richard V. Lindabury, W.W. Fuller, Joseph H. Choate]Newark, N.J., 1896, downloadable from *The Making of Modern Law* (Gale, Cengage Learning). 也可参见 *New York Times*, December 28, 1892, 10; "Tobacco Trust Rights," *New York Times*, November 18, 1896, 1.

权",也就是超越法律允许的范围。19世纪的改革通过各州的公司法,规定了通常可授予公司的权利,使这一过程更加正规化和官僚化。随着新泽西州法律的出台,"越权"的概念变得没有意义,或者说几乎没有意义,因为这些法律对公司行为几乎没有限制。由于美国烟草公司是最早根据新泽西州法律成立的大公司之一,这些事件考验了公司增强的权力并且检验了各州对这种权力进行监管的能力。

新泽西州总检察长斯托克顿(Attorney General Stockton)向衡平法院提起诉讼,指控美国烟草公司从事损害贸易和商业的活动,并要求限制美国烟草公司"利用上述公司的法人组织……来遏制香烟生产和销售中的竞争。"[1] 新泽西州律师本杰明·F. 爱因斯坦(Benjamin F. Einstein)认为,既然各州(对)公司的许可经营(负责)是为了公共利益,那么各州有权限制那些造成公众伤害的公司。爱因斯坦说,美国烟草公司的商业活动损害了该州的贸易和商业。[2] 通过向衡平法院提起诉讼,斯托克顿表示,新泽西州保留对损害该州贸易的公司进行监管的权利;如果诉讼成功,美国烟草公司的公司经营许可将被撤销。由此可见,除了审判美国烟草公司外,该案还考验了新泽西州的公司法。如果州政府胜诉,就能够确立公司对公共利益负有责任的角色,并促使立法机关推进修改备受争议的公司法。

在纽约州,州检察长汉考克(Attorney General Hancock)除了有强有力的反垄断法这个武器外,还有更大的司法权。1892年,纽约立法机关通过了一项反垄断法案,规定密谋扼杀竞争为非法行为。纽约向美国烟草公司发放了经营许可,授权该公司在该州开展业务。汉考克对"外来"公司,即那些在另一个州注册的公司,宣示他的权威。他宣称:

> 我毫不怀疑(纽约州法院)对外来公司有足够的管辖权来阻止

---

1 "Tobacco Trust Attacked," *New York Times*, November 17, 1893, 2.
2 *New York Times*, December 13, 1896, 7; March 13, 1897, 14; November 18, 1896, 1.

其进行非法交易……如果没有……就会将整个州置于不幸的境地，使其无权保护州内的公民免受外来公司活动的影响，如果这些活动在州内原本是不允许的话。[1]

汉考克指控美国烟草公司犯有密谋罪。如果诉讼成功，该案可在刑事法庭进行审理。

美国烟草公司的律师在新泽西的案件中提出抗辩[2]，在该案件中使用了公司人格的概念，大胆挑战了公司应对公共利益负有责任的概念。他们公开宣称，美国烟草公司拥有其许可所赋予它的合法垄断地位，并坚持认为，法律应对公司和商业活动中的个人一视同仁。律师们坚持认为，美国烟草公司可以根据自身的意愿选择寄售或出售，抑或是不寄售或不出售其香烟，即使这样做会造成伤害。他们认为美国烟草公司"是一家私人制造公司，对公众或其任何部分不负有责任。美国烟草公司对其财产的支配权与个人对其财产的支配权是一样的，并拥有同样的权利对自己的财产做任何事情……总之，它在法律面前是完全正当的，就像它是一个从事同样业务的个人一样"[3]。根据美国烟草公司律师的说法，该公司是一家私有公司，而非公共机构。

美国烟草公司的律师们还质疑了这个判例案的有效性，认为监管公司的唯一方法是通过越权原则，而且这个案件根本不应该提交给衡平法院。除了刑法规定的个人可以被起诉外，他们否认在许可的规定以外有任何适用于他们的州法律。美国烟草公司的律师一再强调，该公司必须被视为一个单独的个体，等同为一个人，享有与之同样的权利并受到保护。美国烟草公司的律师还认为，不应该有专门适用于公司的法规；公司应该享有与个体相同的财产权和其他权利。

---

1 "Blow to a Great Trust," *New York Times*, November 19, 1895, 3.
2 抗辩权指提出正式的法律异议，虽然承认对方提出的事实属实，但不意味着原告能在诉讼中获胜。http://legal-dictionary.thefreedictionary.com/demurrer.
3 关于被告的摘要信息及抗辩要点参见第 57、58、100 页；引用自第 57 页。

这场胜利令人瞠目结舌，新泽西州副大法官里德（Vice Chancellor Reed）接受了美国烟草公司的抗辩——事实上美国烟草公司的律师本可以将他的决定写成书面文件，他的判定与美国烟草公司的观点简直如出一辙——赞同诉状本不应该被提到这里来的说法。副大法官给任何想合法挑战新泽西州公司权力的人制造了一个难题。他们只能提出越权诉讼，指控公司已经超越了其许可经营范围，但 1889 年的法律意味着许可不再过多地限制公司活动。发起越权诉讼显然是徒劳的，但根据这位副大法官的说法，不存在其他挑战公司权力的途径。副大法官里德还宣布，公司本质上是一个私有的个体。在接受将公司等同于个体的说法时，他说："一家贸易或制造公司，在其许可被法律程序废止之前，可以出售或寄售其货物，选择其销售代理，并对其销售对象和销售条款施加条件。"[1] 换句话说，在聚集财富方面，公司具有不会受到额外法律约束的特质：它在法律上应当被当作订立合同的个体来对待。

在纽约州，美国烟草公司的律师提出了非常类似的抗辩，但这次法官驳回了他们的抗辩，并命令美国烟草公司高层人员在刑事法庭接受审理。在回应有关密谋的具体指控时，美国烟草公司的律师巧妙地辩称，由于美国烟草公司是一个单一的法人，因此不可能犯有密谋罪。他们声称，按照定义，两个或两个以上的法人才能密谋。他们还援引了第十四修正案的正当法律程序条款，主张美国烟草公司高层人员应免予刑事指控。菲茨杰拉德法官（Judge Fitzgerald）对这两种说法都不认同："裁定公司管理人员和代理人在公司行为的名义下所做的一切行为免除个人刑事责任，在许多情况下实际上相当于把法律当作一纸空文。"[2] 菲茨杰拉德法官明确地捍卫了各州监管企业的权利。

1897 年，美国烟草公司高层人员面临陪审团的审判。如果罪名成立，

1　"Tobacco Trust Victory," *New York Times*, March 13, 1897, 14.
2　"Tobacco Men to Be Tried," *New York Times*, January 23, 1897, 4; *New York Times*, November 18, 1896, 13.

美国烟草公司将在纽约州受到限制，高层人员将面临罚款和监禁。审判持续了五个月，但陪审团未能达到定罪所需的一致意见。[1] 地方检察官奥尔考特（District Attorney Olcott）当即要求重审，他说："当陪审团10人赞成定罪，2人赞成无罪时，人们……应该在对案件审理记忆犹新时，及时作出裁决。"[2] 然而，在夏季休庭期间，美国烟草公司放弃了对分销商的政策。法庭案件改变了个人垄断政策，却未能显著限制美国烟草公司，没有对新泽西州的公司法进行修订，也没有对公司赋权进行制约。

除了使美国烟草公司能够为所欲为之外，对企业法人的赋权还产生了更为不寻常，甚至最终更别有意味的影响，那就是使公司成为一个"自主的、有创造力的、能够自我指导的经济实体"。问题并不在于公司在不是（自然）人的情况下被视为法人。由于个人是英美普通法的基础，公司长期以来被视为实体或个人，但也被视为是需要特别监管的实体。[3] 然而，在这个时代，公司在大众认知中，从一个公共实体变成了一个私有实体。各州曾通过经营许可对法人进行管理，这是理所当然的，法人就像一个被绳子牢牢控制住的木偶，而美国烟草公司却切断了绳子，甚至要求（所在）州对其提供保护。

有人说，公司人格是一种"社会虚构体"（social fiction），允许以个人为基础的法律结构来处理集体（活动），这种说法是具有误导性的；相反，它是一个法律事实，因为法律是一个封闭的规则和程序系统。[4] 公司的权力和法律规定下的个人地位并不是虚构的，尽管它明显具有非人类的性质。这样一来，公司的新权力不仅在象征或隐喻上与人相似，而且在字面上和功能上也是如此。当一个隐喻和象征变得具有能动性和

---

1 "Tobacco Jurors Disagree," *New York Times*, June 30, 1897, 12.
2 "Narrow Escape of the Combine," *Weekly News and Courier* (Charleston, SC), July 7, 1897, 13.
3 Mark, "The Personification of the Business Corporation in American Law," 1443, 1472.
4 Teemu Ruskola, "Ted Turner's Clitoridectomy, Etc.: Gendering and Queering the Corporate Person," Berkshire Conference on Women's History, Toronto, May 23, 2014.

物质效用时，它就获得了一种精神力量。大多数宗教都含有这种转变的因素。但在这里，我们可以看到，这种转变超越了宗教，是美国经济生活的核心所在。韦伯关于科学使西方祛魅的论点使这种精神权力变得更加隐蔽。因此，说公司被赋魅，就等于承认这种转变是其权力的一部分。

美国烟草公司获得这一权力的秘诀在于它对第十四修正案的使用。[1] 第十四修正案不顾先前南部邦联的反对授予非洲裔美国人公民权，并扩大了法律对法人的保护范围，包括对私有财产和正当程序的保护。这些年来，美国烟草公司并不是唯一一家利用第十四修正案为自己辩护的公司——铁路公司已经开创了先例。但美国烟草公司可能是自新泽西州更自由的公司法通过以来，第一家利用第十四修正案为自己辩护的公司。[2] 当公司律师通过利用联邦对于公民个人的保护，成功为公司的新权力向各州进行辩护时，他们使公司充满活力，使其具有创造性和自我导向能力——不亚于"典型的经济人"。[3] 事实上，由于公司将无数人和商业行为抽象为一个单一的"实体"，它能够比任何人，尤其是比那些因为种族、性别或国籍而似乎在市场中缺乏公民所需要的理性行为和独立行为的人，更接近于实现纯粹的经济动机的法律抽象概念。

美国烟草公司成功获得了第十四修正案所提供的保护，而与此同时，

---

[1] 鲁斯·H. 布洛赫和内奥米·拉莫雷在《公司和第十四修正案》中恰如其分地驳斥了关于公司人格的错误观念，参见 Naomi R. Lamoreaux and William J. Novak, eds., *Corporations and American Democracy*, 286–325。最高法院直到20世纪30—40年代才将第十四条修正案中的"自由权"授予公司。作者承认，公司自《第十四条修正案》通过以来就主张里面的权利，虽然在最高法院没有取得成功，但其他时候是成立的。美国烟草公司的案例适用于新泽西州的公司法及其有效性；他们所关注的问题是企业是公有的还是私有的。其他规范公司的机制也出现了，包括反垄断法，最高法院在1911年解散了美国烟草公司。然而，美国烟草公司此前已经运转了21年。

[2] Michael A. Ross, "Justice Miller's Reconstruction: The Slaughter-House Cases, Health Codes, and Civil Rights in New Orleans, 1861–1873," *Journal of Southern History* 64, no. 4 (November 1998): 649–676; Horwitz, "Santa Clara Revisited," 173–224.

[3] Mark, "The Personification of the Business Corporation in American Law," 1482–1483.

非洲裔美国人、女性和中国人正在为争取合法的人格而进行着激烈斗争。这些人在法律上被排除在公民保护之外，他们希望从中寻求补救。美国是建立在个人作为法律单位的事实早已深深浸入其文化和政治生活中；美国在解放黑人奴隶后，个人签订合同的权利成为区分奴隶制和自由的唯一显著因素。签订薪酬和婚姻契约的权利，特别是建立在（尊重）"个人所有权、同意和交换的原则"之上，并界定了自由的标准。[1] 有识之士努力将签订合同的权利扩大到所有女性和有色人种，即确认他们作为正式法人的身份。然而，总体而言，新的地方、州和联邦法律遏制了女性和有色人种在第十四修正案颁布之后取得的成果。

例如，法律规定，已婚妇女在自己的就业和创业活动中仍然处于一种特殊的中间地位。此外，即使她们是名义上的公民，但她们并没有投票权。她们与家庭这种私人领域的联系，与公司作为私有企业所拥有的权利并不一致。黑人的公民权因第十四修正案而大大加强，但许多州立即采取行动对这些权利进行限制。[2] 美国南方种族隔离制度将黑人排除在特定的工作类别和教育之外，成为资本主义的基础；腐败的法律和暴力限制了选举权。虽然各州为公司权利划定界限的尝试基本失败，但他们为非洲裔美国人权利划定界限的尝试基本成功，并在 1898 年普莱西诉弗格森案（*Plessy v. Ferguson*）中得到最高法院的正式认可，使得种族隔离合法化。直到 1964 年美国《民权法案》的通过，非洲裔美国人和女性才在经济领域的工作中完全获得法人地位。[3]

---

[1] Amy Dru Stanley, *From Bondage to Contract: Wage Labor, Marriage, and the Market in the Age of Slave Emancipation* (Cambridge: Cambridge University Press, 1998), x, x–xii, 55–56.
[2] Barbara Young Welke, *Law and the Borders of Belonging in the Long Nineteenth Century United States* (New York: Cambridge University Press, 2010), 3–4, 22, 141–143, 146.
[3] Welke, *Law and the Borders of Belonging*, 119–140; David S. Cecelski and Timothy B. Tyson, eds., *Democracy Betrayed: The Wilmington Race Riot of 1898 and Its Legacy* (Chapel Hill: University of North Carolina Press, 1998); Glenda Elizabeth Gilmore, *Gender and Jim Crow: Women and the Politics of White Supremacy in North Carolina, 1896–1920* (Chapel Hill: University of North Carolina Press, 1996); Nancy MacLean, *Freedom Is Not Enough: The Opening of the American Workplace* (Cambridge: Harvard University Press, 2006).

同样，在公司加强其作为享有权利的法人地位的时代，美国华人对人格的要求被《排华法案》所削弱。最高法院在 1886 年的益和诉霍普金斯案（*Yick Wo v. Hopkins*）中裁定，包括中国人在内的非公民居民有权享受第十四修正案的保护。[1] 然而，1882 年，《排华法案》首次明确地以种族为由对移民实施来自联邦的限制。主张排华的人并未把华人描述成可以签订合同的法人，而是把他们描述成无差别的"一大群人"，他们愿意做任何工作，生活在脏乱的环境中。"苦力"这一种族形象与"典型经济人"截然相反，越来越多的公司被赋予了"典型经济人"的地位。[2] 公司对于"个人"法律人格的要求在不断增强，而与此同时，非洲裔美国人、中国人和妇女对人格的要求却一再被削弱。

财产的神秘化

在这些年里，美国烟草公司还通过参与股票市场对财产的重新定义而获得了金融权力。美国烟草公司成为首批在纽约证券交易所发行股票的工业制造公司之一。这种资产形态，尤其是旗下众多品牌的参与，说明在新的资产定义下，公司资产完成了物质性和短暂性之间的另一种转变。[3]

在香烟业合并之前，财产意味着"有形事物的所有权、处置权和交换价值"。随着合并运动的开展，无形资产也被纳入财产范畴，并受到保护。当一家公司接管另一家公司或与另一家公司合并时，被收购公司

1　Welke, *Law and the Borders of Belonging*, 103; Nayan Shah, *Contagious Divides: Epidemics and Race in San Francisco's Chinatown* (Berkeley: University of California Press, 2001), 65–66.

2　Ruskola, *Legal Orientalism*, 141–148; Shah, *Contagious Divides*, 166; Moon-Ho Jung, *Coolies and Cane: Race, Labor, and Sugar in the Age of Emancipation* (Baltimore: Johns Hopkins University Press, 2006), 4–5, 12, 85.

3　Navin and Sears, "The Rise of a Market for Industrial Securities," 106–110; Sklar, *The Corporate Reconstruction of American Capitalism*, 85.

的前所有者通常会得到新公司未来收益的证券或股权，以换取所有建筑物、设备和用品这些有形财产，以及专利、商标和品牌。将无形资产视为财产提高了股票价值，因为"合并后带来的威望、商誉和通过合并而增强的市场力量，提高了新公司的预期盈利能力"[1]。

对财产的重新定义对于美国烟草公司的垄断来说是一个重大的转变，因为它拥有数百个，甚至数千个品牌。南北战争后烟草业的普遍看法是，如果一家公司希望扩展到一个新的市场，将会打造一个新品牌，通过混合不同的烟草，配以不同的香料或甜味剂，或增加新的等级，制定新的价格，突出其特色。像北卡罗来纳州的里兹韦尔这样的小镇，有8到10家烟草公司，每家公司生产4到20个品牌的嚼烟和斗烟。一家温斯顿（Winston）制造商能生产40个品牌。[2] 美国烟草公司接管了大约250家美国公司，从而使品牌成为其资产的重要组成部分。

一个品牌在股票市场上的价值是基于该品牌已建立的客户群的估值，从其声誉或迄今为止在其事业中积累的商誉以及销售情况来考量。因此，这些指标很可能在未来得以维持。品牌最初是让消费者能够区分类似商品并重复购买的商标名称和符号。商誉的概念始于消费者通过品牌的可信度来评价品牌的这一观念（烟草是否新鲜？是否与广告相符？质量是否始终如一？）。除了一致性和可靠性等因素外，这个观念还参考了品牌的知名度。因此，一个非常成功的品牌，不仅有一个讨人喜欢的名称和符号，还积累了一种文化价值——基于公司声誉和知名度的商誉。一个品牌先前的宗旨和价值在股票市场的背景下已经从根本上被符号化了，因为股票市场对公司财产价值的计算是以商誉为基础的对公司品牌的估值。

于是，品牌从其销售过程中的商业、象征性角色解脱出来，在股票

---

1 引用自 Sklar, *The Corporate Reconstruction of American Capitalism*, 49, 50.
2 Susan Strasser, *Satisfaction Guaranteed: The Making of the American Mass Market* (New York: Pantheon Books, 1989), 43–44, 47; Tilley, *The Bright-Tobacco Industry*, 522–523.

市场中发挥了完全不同的功能——成为未来销售潜力的指标。一部分是过去销售的剩余价值，一部分是未来销售的利润潜力，股票市场上的品牌拥有一种奇怪的属性。它被赋予了一个数值，看起来稳定且客观，但实际上它是由符号和（消费者）观念组成的，极不稳定。经济上的物质性和精神性之间的易变性并不新鲜，我们可以说它和金钱本身一样古老，但它在股票市场上有一个新的决定性的地位，是公司赋权的基础，尤其是对于美国烟草公司的例子来说。

美国烟草公司高度重视其品牌。该公司于1890年成立时，向前所有者发行股票来交换对方的财产。一项调查发现，"大约需要价值500万美元的股票来换取（前所有者公司的）流动资产，需要价值1999万美元的股票换取其商誉"[1]。这个数字十分惊人：商誉几乎占到公司账面价值的80%。批评声此起彼伏，他们认为股票被注水，无形价值被任意分配。到1908年时，美国烟草公司用18年的时间收购了许多公司和数百个品牌，商誉占美国烟草公司全部资产的55%。美国公司管理局认为，品牌价值被高估了8500万美元，但有关这些的估算调查也同样受到批评。[2] 在1911年最高法院解散美国烟草公司时，其资产总额为2.27亿美元，其中4500万美元被分至该公司的众多商标。[3] 品牌这种财产确实具有神奇的属性。

到1898年，美国烟草公司被授权为一种新的法人，拥有一种新的属性，开始了一种更具侵略性和帝国式的全球扩张模式。那时，该公司已经克服了内部和外部的障碍，似乎势不可当。公司的资金十分充裕，部分原因是董事们在股票市场上的一些不正当行为，这些行为也让他们

1　*Milwaukee Journal*, February 24, 1897, 7.

2　*Report of the Commissioner of Corporations on the Tobacco Industry Part II*, 6–7, 87–97, 216, 282; Tennant, *The American Cigarette Industry*, 36–37.

3　Strasser, *Satisfaction Guaranteed*, 47.

自己中饱私囊。[1] 杜克是唯一一个留在董事会的元老烟草企业家，其余的都是被利润吸引而来的金融家。

企业帝国主义

美国烟草公司在与英美帝国主义在亚洲的动态关系中发展了新的公司扩张手段。长期以来，美国一直希望成为太平洋地区的主导力量。1844 年，凯莱布·顾盛（Caleb Cushing）来到中国进行条约谈判，要求美国在诸多方面享有和英国从鸦片战争（1842 年）中获得的同等权利，其中包括通商口岸的治外法权。1854 年，美国以同中国的条约作为标准，率领远征军"开放"日本的对外贸易。美国在日本也建立了几个通商口岸，并于 19 世纪末在暹罗（现泰国）、萨摩亚、朝鲜和汤加建立了治外法权。[2] 19 世纪末，美国在太平洋地区一再强调自己的地位，并控制了夏威夷和萨摩亚群岛的重要港口。在 1898 年的战争中，美国赢得了前西班牙殖民地菲律宾，以及古巴和波多黎各，并长期军事占领菲律宾。[3] 这样一来，美国向其他帝国主义国家表明了它是太平洋地区的一股重要力量。美国公司便也立即开始在扩张的海外市场中寻求更多机遇。在美

1　金融家在 19 世纪 90 年代获得了美国烟草公司董事会的控制权，将权力和利润集中在他们手中，并为海外扩张筹集资金。托马斯·F. 瑞安、P. A. B. 维德纳、A. N. 布雷迪和烟草商威廉·巴特尔成立了联合烟草公司，收购了杜克的几个竞争对手公司，并以很高的价格出售给杜克，包括董事会的金融家席位。1901 年，杜克和金融家创建了统一烟草公司，并向美国烟草公司和大陆集团的股东提议，用他们的股票换取保证投资回报的债券。大陆集团的股东从未获得过股息，因此股东退还了他们的股票。然而，金融家们有内部消息，一项数额可观的烟草税即将被取消，这样一来收入也会激增。这一举措让这仅仅 6 个人控制了大量的股票，并将取消税收后的收益留给自己，还为海外扩张提供了 4000 万美元现金。*Report of the Commissioner of Corporations on the Tobacco Industry*, part I, 73–74, 114–125; Tennant, *The American Cigarette Industry*, 35; Howard Cox, *The Global Cigarette: Origins and Evolution of British American Tobacco 1880–1945* (New York: Oxford University Press, 2000), 65–66; "American Tobacco Litigation," *New York Times*, April 22, 1896, 12.

2　Ruskola, *Legal Orientalism*, 125–139.

3　Paul A. Kramer, *The Blood of Government: Race, Empire, the United States, and the Philippines* (Chapel Hill: University of North Carolina Press, 2006).

国烟草公司成立之前，金特、杜克和其他香烟制造商在国际上的贸易都十分活跃，但和其他公司一样，美国烟草公司采用了新的策略来扩大其全球影响力。金特和杜克主要通过世界各地的佣金代理商进行销售。在市场广阔的地方，他们会建立一个协调分销的仓库。少数情况下，金特会开设分厂。美国烟草公司成立后，烟草企业家继续使用佣金代理商，但他们开始强行收购现有的和正常运转的外国香烟制造商。美国烟草公司收购了德国、澳大利亚、新西兰、加拿大、日本等国家的公司，从而规避了高额关税，并以很少的人力开支进入当地市场，同时占据生产和分销中心，以方便进一步出口。[1]

在1898年的战争之后，美国烟草公司在太平洋地区的第一个重大举措便是于1899年实现了对日本京都村井兄弟烟草公司的控股。美国烟草公司将村井公司的业务转变为亮叶香烟生产，并指派来自北卡罗来纳州达勒姆的爱德华·J. 帕里什（Edward J. Parrish）担任副董事长，而村井吉兵卫（Murai Kichibei）则仍担任董事长的职位。帕里什还对在东京开设村井分厂的工作进行监督。甚至在此之前，日本政府对美国烟草公司也并非特别满意，因为日本当时正试图摆脱外国帝国主义的影响。1895年，日本在中日甲午战争中获得了胜利，在东亚建立了自己的帝国力量。1898年，日本终于摆脱了不平等条约，实施了据说是专门针对美国烟草公司的高额关税政策。通过收购村井兄弟烟草公司，美国烟草公司规避关税，将香烟运往中国、印度和东南亚的口岸。[2]美国烟草公司收购村井兄弟烟草公司一事，也成为当时外国公司在日本的最大投资，并迅速引起了反对。日本政治领导人将杜克描述为"企图垄断整个世界的资本家"；1904年，日本将该公司收归国有，要求杜克在东亚另

1　Mira Wilkins, *The Emergence of Multinational Enterprise: American Business Abroad from the Colonial Era to 1914* (Cambridge: Harvard University Press, 1970), 91–92.
2　Robert F. Durden, "Tar Heel Tobacconist in Tokyo, 1899–1904," *North Carolina Historical Review* 53, no. 4 (October 1976): 347–349; Cox, *The Global Cigarette*, 40, 73; Letter of Appointment, April 24, 1900, Edward J. Parrish Papers, Duke University.

寻一个生产中心。[1]

与此同时，美国烟草公司采取了大胆的行动，成立了英美烟草公司，创造了一种新的国际合作方式。美国烟草公司正如在其他地方一样开始进入英国，收购了当地的利物浦奥格登有限公司（Ogden），并利用它在英国国内市场进行竞争。在这种情况下，11家英国公司合并成他们自己的垄断企业——帝国烟草公司（Imperial Tobacco Company），以对抗杜克的降价。1902年，这两家垄断企业达成了一项具有历史意义的协议：他们同意互不涉足对方的国内市场，并联合成立了英美烟草公司，这是世界上最早的跨国公司之一。其唯一且明确的目的便是寻求海外扩张。美国烟草公司与许多外国公司建立过合资企业，但英美烟草公司是第一家目标不在国内市场，而是协助海外扩张的合资企业。美国烟草公司利用了大英帝国的力量和影响力，而杜克已然成为世界上最具影响力的烟草企业家。杜克决心让英美烟草公司"征服世界其他地方"，由此可以看出他是从帝国主义的角度来看待这种扩张的。[2]

英美烟草公司作为两个国家的香烟公司之间的一种新型合作，其结构与在中国和太平洋其他地区发展起来的跨国帝国主义相呼应。跨国帝国主义的根基在于建立治外法权结构和签订具有特权的条约。每当在一个国家赢得一项新的特权后，其他英-欧国家（Anglo-European nations）以及1895年后的日本都会要求获得同样的权利。这种带有高度种族化的形式是基于一种信念，即"欧美'国家大家庭'已经发展了文明的法律结构，而亚洲国家则需要实施外国的法律"。[3] 在1900年联合镇压义和团时，帝国的跨国合作在军事上得到了体现。英国、俄罗斯、德国、意大利、日本和美国的军队参与了镇压义和团；美国从马尼拉派

---

1 引用自 Durden, "Tar Heel Tobacconist in Tokyo, 1899–1904," 358; Sherman Cochran, *Big Business in China: Sino-Foreign Rivalry in the Cigarette Industry, 1890–1930* (Cambridge: Harvard University Press, 1980), 40–41.

2 引用自 Cox, *The Global Cigarette*, 77.

3 Ruskola, *Legal Orientalism*, 5–6.

遣军队，显示了其附近殖民地为其带来的利益。[1]跨国帝国主义也体现在通商口岸公共租界的建筑上。尽管这种帝国形态是由多个国家组成的，也由此发展出了独特的治理和管控形式，但它并不能被描述为私有的、纯经济目的的或"非正式的"形态。[2]

英美烟草公司在中国发展了一项业务，将大英帝国的政策与亮叶烟草关系网结合起来。与杜克之前的扩张不同的是，中国并没有一个高产的香烟厂可以接管英美烟草公司的业务。在此之前，美国烟草公司或英美烟草公司从未在欧洲和美国以外的地方从头开始培养管理人员和工厂工人。此外，中国广阔的农业用地为就地种植一些亮叶烟草或类似的烟草提供了可能。英美烟草公司驻东京和上海的东亚经理权衡了各种选择，并提出了风险建议，杜克同意了这种战略转变。

杜克派遣来自北卡罗来纳州里兹韦尔的詹姆斯·A. 托马斯（James A. Thomas）负责实施运作。托马斯先前在印度经营英美烟草公司的业务。在为英美烟草公司中国分公司培养员工时，他采用了大英帝国的合同条款：和年龄在 20 到 24 岁之间的单身男性签订了 4 年的合同，之后他们会获得一间职工宿舍。与此同时，托马斯找来的这些人大多来自于他自己的家乡——北卡罗来纳州和弗吉尼亚的亮叶生产带。英美烟草公司中国分公司将成为一家展现更宏大的帝国扩张史的机构。

---

1 Trevor K. Plante, "US Marines in the Boxer Rebellion," *Prologue Magazine* 31, no. 4 (Winter 1999), National Archives and Records Administration Website, https://www.archives.gov/publications/prologue/1999/winter/boxer-rebellion-1.html/.

2 在众多批判"非正式企业"一词的学者中，有 Ann Laura Stoler, "On Degrees of Imperial Sovereignty," *Public Culture* 18, no. 1 (Winter 2006): 125–146; Ruskola, *Legal Orientalism*; Philip J. Stern, "The Ideology of the Imperial Corporation: 'Informal' Empire Revisited," in "Chartering Capitalism: Organizing Markets, States and Publics," ed. Emily Erikson, special issue, *Political Power and Social Theory* 29 (2015): 15–43.

结　论

到 1905 年，杜克、美国烟草公司和英美烟草公司已十分强大，这是毋庸置疑的。然而，美国烟草公司的崛起并非杜克在卷烟机方面杰出的企业家创新的结果。相反，美国烟草公司借助公司赋权的浪潮从中受益，其中包括美国公司在法律和社会方面的转型，以及公司在亚洲崛起的帝国主义中可能扮演的新角色。随着公司的每一次胜利，杜克的财富也得到了惊人的提升。

长期以来，公司都是法人的身份，但这些年来他们得到了个体的地位，因此，相比公司雇用的许多人而言，公司更容易被接受为自然人。随着法律范畴影响日常生活中的社会价值观，公司和高管之间人格的界限变得模糊，杜克这样的企业家积累了一些这种权力。过度运用熊彼特创造性毁灭理论的一个危险是，它将我们的注意力过多地集中在企业家身上，将他们与公司本身混为一谈，并掩盖了公司权力的本质。此外，当公司权力被认为是个人非凡才华的结果时，也会显著夸大公司权力可能发挥的作用，并且让人更加难以意识到，即使公司权力正在与日俱增，它仍然是偶然的、有争议的和偏颇的。

这个故事呼吁我们重新思考公共和个人的概念是如何组织资源并掩盖某些人际和机构关系的。我们可以思考一下，金特的企业家视角与他不循规蹈矩的私人生活是密不可分的。他与男性的关系，尤其是与波普的关系，不仅仅是私事，还影响了他的营销创新和他对公司领导权继承结构的想象。若想对商业历史做深入的解释，需要理解金特生活的每个部分，包括亲密关系、欲望和性取向，而不仅仅是不实且孤立的经济学概念。与此同时，商业公司从公共机构转变为私有机构，这一转变并不仅仅反映了公司与州和联邦权力的关系，还反映了这种关系被重新构建的手段。其结果包括监管的减少和商业公司在帝国主义中角色的模糊化。熊彼特关于企业家创造性毁灭的理论将真相从变革的叙事中剥离出来，取而代之的是一套将公司人格化的理论原型，影响人们理性地从伦理角度讨论公司在美国生活中应有的角色。

在美国烟草公司的例子中，熊彼特理论的导向作用尤其值得注意，因为美国烟草公司的故事在历史上并不是无人问津。作为美国最强大和最具影响力的公司之一，它吸引了无数杰出历史学家的注意。考虑到美国烟草公司历史的发展轨迹，人们会认为所有相关的事实和资料早已被挖掘、详细记录和讨论过了。然而，关于金特在美国烟草公司中所扮演的角色、弗吉尼亚州对美国烟草公司的经营许可、美国香烟烟草公司的作用，以及新泽西州和纽约州的法庭案件，以前都未被纳入到叙事中。熊彼特的理论如此令人信服，企业家和公司权力的结合如此令追随者和评论家满意，以至于50多年来都没有人对这个故事做进一步的研究。

随着英美烟草公司的成立，杜克确实获得了惊人的权力。然而，他仍然不能决定在中国实地发生的事情，因为他从未去过中国。这家公司有成百上千的英美员工以及成千上万的中国员工，他们日复一日地工作，打造了该公司从无到有的业务。由于英美烟草公司决定将香烟生产转移到中国，这意味着他们将自己的未来押在了更大的帝国影响力上。然而，这家跨国公司仍然与弗吉尼亚州和北卡罗来纳州紧密相连，因为它的财富主要建立在这些地区特有的亮叶烟草的农业资源之上。下一章我们将讨论关于亮叶烟草的需求，以及英美烟草公司中国分公司的帝国商业文化是如何与之一起发展的。

第三章　亮叶烟草关系网

当英美烟草公司决定在中国从事烟草农业和香烟生产后,美国上南区和中国之间的人员、植物原材料、各类物品便开始流动,包括思想方面的交流。已然在美国发展起来的亮叶烟草关系网现已跨越太平洋,这让经验丰富的管理人员、亮叶烟草、亮叶烟草种子和卷烟机全都抵达上海港。随着交通运输量越来越大,交通工具的种类也越来越多,人们越来越多地看到坐办公室的白领、时髦的西装、家信、唱片集、露水情人、为美国南方人定制的菜谱,甚至还能看到史蜜斯火腿[1]。与这些人、植物原材料和各类物品一起来到中国的,还有来自美国文化的各种知识,如亮叶种植和烘烤、香烟制造和劳工管理知识,以及如何制作布伦瑞克炖菜[2],如何管理佣人、保持卫生和秩序的专业知识。亮叶烟草关系网的构成不断变化,不仅很活跃还有复制能力,是企业扩张的主要机制。

亮叶烟草关系网最早发展于19世纪90年代,当时美国烟草公司兼并了数百家北卡罗来纳州和弗吉尼亚州的亮叶烟草咀嚼类和吸食类烟草公司。白人所有权阶层突然发现自己的企业,几乎无一例外,都归美国烟草公司所有。美国烟草公司的老板称之为一场"战争",即"嚼

---

[1] 史蜜斯火腿(Smithfield ham),根据该公司在中国市场使用的名称,将"Smithfield"译为"史蜜斯"。史蜜斯食品公司(Smithfield Foods)1936年成立于美国弗吉尼亚州,世界知名猪肉供应商。——编者注

[2] 布伦瑞克炖菜(Brunswick stew),美国南方传统菜肴。——编者注

烟战争"（plug war），有一段时间，对美国烟草公司和杜克的感到强烈不满也让他们团结到了一起。败给杜克的公司鼓励那些与贪婪的敌人对抗的公司坚持到底。然而，这些公司原来的所有者在意识到自己彻底失败后，便与他们的"敌人"混到了一起。随着亮叶烟草经济围绕美国烟草公司垄断进行重组，（曾经的）所有权阶层开始为美国烟草公司工作，成为一个由白人男性组成的白领企业关系网，他们都在当地有广泛的业务关系，又对行业十分了解。

亮叶烟草关系网决定了该行业的扩张方向，首先是在北卡罗来纳州，然后是其他地方。扩张依赖于建造工厂和建立新的市场，但最重要的是它需要更多的亮叶烟草。正如我们所看到的，南北战争后，亮叶烟草农业带从它的发源地——位于北卡罗来纳州和弗吉尼亚边境的3个山区县城——向南扩展到北卡罗来纳州的包括温斯顿-塞勒姆、里兹韦尔和达勒姆在内的地区。19世纪90年代和20世纪初，亮叶烟草传播到北卡罗来纳州东部的潮汐水域，并继续向南传播到南卡罗来纳和佐治亚州，到中国，最终更远。[1] 亮叶烟草关系网就这样组织了数十年的农业和企业扩张，为美国烟草公司和英美烟草公司的白人农场男孩和前所有权阶层的后代提供了成为新白领的工作机会。这个关系网的阶层基础是有流动性的——许多穷困的白人男孩得到了这个关系网中有权势的人的支持——但必须是白人才行。

虽说，是美国南方人把亮叶烟草带到中国这种说法没错，但说是亮

---

[1] Drew A. Swanson, *A Golden Weed: Tobacco and Environment in the Piedmont South* (New Haven: Yale University Press, 2014); Barbara Hahn, *Making Tobacco Bright: Creating an American Commodity, 1617–1937* (Baltimore: Johns Hopkins University Press, 2011); Howard Cox, *The Global Cigarette: Origins and Evolutions of British American Tobacco, 1880–1945* (Oxford: Oxford University Press, 2000), 202; Mary C. Neuburger, *Balkan Smoke: Tobacco and the Making of Modern Bulgaria* (Ithaca: Cornell University Press, 2013), 222; Steven C. Rupert, *A Most Promising Weed: A History of Tobacco Farming and Labor in Colonial Zimbabwe, 1890–1945* (Athens: Ohio University Press, 1998), 3–25; Nannie May Tilley, *The Bright-Tobacco Industry 1860–1929* (Chapel Hill: University of North Carolina Press, 1948), 385–386. 亮叶烟草甚至会传播到澳大利亚、印度、巴西、津巴布韦、加拿大和保加利亚等地。其中，津巴布韦的欧洲移民早就在当地开始种植亮叶烟草；澳大利亚、英国和德国当地也早就开始种植亮叶烟草。

叶烟草把美国南方人带到中国，可能更能抓住事实的本质。[1] 由于亮叶烟草有一定的生物、环境和技术要求，关于亮叶烟草的知识只在上南部随着烟草类型的发展而更新。随着对亮叶烟草需求的增长，这种知识变得特别有价值。尽管非洲裔美国人精通亮叶烟草，但他们没有在英美烟草公司中国分公司获得任何职位；这个现象提示我们亮叶烟草关系网的企业结构和文化是带有种族特征的。

亮叶烟草关系网是美国南方种族隔离的产物，它在美国和中国的使命之一是一边管理企业扩张，一边制造种族歧视和层级制度。当然，南方白人不能简单地把美国南方式的种族隔离制度照搬到中国这样一个截然不同的地方，但他们必须利用所知来建立新的体系，以此与商人、农民、佣工这些形形色色的中国人合作。因此，亮叶烟草关系网传播了在种族隔离的美国南方形成的种族管理知识，以及那些可能表面看起来种族特征并不明显的相关知识，如关于债务、卫生设施的理念，甚至还有如何做玉米面包。[2]

中国的亮叶烟草关系网是一个特别有趣的混合体：它是美国南方种族隔离制度的产物和代理人；它是美国烟草公司和英美烟草公司的一个活跃的分支；它还体现了帝国主义在中国的特权。此外，它的权力并不抽象。虽然亮叶烟草关系网产生于种族隔离、企业赋权和帝国特权，但是它在英美烟草公司的外国人和中国人之间的日常接触中同样发挥了作

---

[1] 我对亮叶烟草关系网的人为和非人为因素的理解来源于如下资料：Civilization, Exemption, and the Geopolitics of Mobility in the History of Chinese Exclusion, 1868–1910," *Journal of the Gilded Age and Progressive Era* 14 (2015): 317; Aihwa Ong and Stephen J. Collier, eds., *Global Assemblages: Technology, Politics, and Ethics as Anthropological Problems* (Malden, MA: Wiley-Blackwell, 2005); Bruno Latour, *Reassembling the Social: An Introduction to Actor Network-Theory* (Oxford: Oxford University Press, 2005), 11–12; Bill Brown, "Thing Theory," *Critical Inquiry* 28, no. 1 (Autumn 2001): 1–22; Swanson, *A Golden Weed*. For a critique of the idea of exporting Jim Crow, 参见 Paul A. Kramer, *The Blood of Government: Race, Empire, the United States, and the Philippines* (Chapel Hill: University of North Carolina Press, 2006), 21.
[2] Elizabeth D. Esch, *The Color Line and the Assembly Line: Managing Race in the Ford Empire* (Berkeley: University of California Press, 2018); David R. Roediger and Elizabeth D. Esch, *The Production of Difference: Race and the Management of Labor in US History* (New York: Oxford University Press, 2012).

用，包括共同开发亮叶烟草项目、经营外企，以及在公司活动中进行消遣娱乐等。

本章探讨的是亮叶烟草关系网扩展到中国的过程——包括在中国组织亮叶烟草农业项目，并为美国南方白人提供更多机会，以及围绕南方白人身份发展英美烟草公司的外国企业文化。作为将英美烟草公司中国分公司在中国落地的人，来自北卡罗来纳州的亨利·格雷戈里（Henry Gregory）和哈蒂·格雷戈里（Hattie Gregory）是这一章的主角。亨利·格雷戈里负责农业部门，带领中国和美国南方员工建立了一套亮叶生产系统。与收益分成[1]制完全不同，这是一套类似以产生债务为基础的系统。哈蒂·格雷戈里将两人的家安在了上海法租界，来自南方的年轻员工每周都去那里参加活动，享受美国南方的美食和款待，在全球资本主义的新背景下加强了地区间的纽带。格雷戈里家的环境就像南方中产阶级的一样，他们每天与佣人的相处影射了种族等级制度，他们在烟草地里与农民打交道时也是一样。[2] 换句话说，亨利和哈蒂在各自的场景中制造并管理着种族等级制度。通过这些劳动，公司形成了一个具有创造性、生产性和帝国主义性质的组织。

---

1 收益分成制（sharecropping system），南北战争后取代种植园制度成为南方的主要农业生产方式。土地所有者允许租户使用土地，并以这片土地的一部分农作物作为土地租金。——编者注
2 Grace Elizabeth Hale, *Making Whiteness: The Culture of Segregation in the South, 1890– 1940* (New York: Pantheon, 1998), 85–119; Micki McElya, *Clinging to Mammy: The Faithful Slave in Twentieth-Century America* (Cambridge: Harvard University Press, 2007), 38–73; Jane Hunter, *The Gospel of Gentility: American Women Missionaries in Turn-of-the-Century China* (New Haven: Yale University Press, 1984), 128–173; Amy Kaplan, "Manifest Domesticity," *American Literature* 70, no. 3 (September, 1998): 581–606; Ann Laura Stoler, *Carnal Knowledge and Imperial Power: Race and the Intimate in Colonial Rule* (Berkeley: University of California Press, 2002).

美国的亮叶烟草关系网

1905 年，R. 亨利·格雷戈里和詹姆斯·A. 托马斯乘火车离开北卡罗来纳州前往旧金山，然后在那里登上前往中国的汽船。这两名美国南方人即将带领英美烟草公司实现重大转变——从一个销售仓库转变为覆盖从种植到成品的全流程的香烟分公司。托马斯负责这个项目，他的首要任务是将一个仅有外壳的工厂打造成一个能正常运转的工厂。格雷戈里的任务是发展公司的亮叶烟草农业项目，尽管当时没人知道这是否可行。中国种植了大量的烟草，但没有亮叶烟草品种。如果格雷戈里成功地在中国培育出了亮叶烟草，那么也有可能成功创建一个完整的香烟生产系统。如果他失败了，那么公司将会一直在高昂的原材料运输成本的重压下挣扎；因此，这导致该公司几乎难以向囊中羞涩的普通中国消费者销售香烟。当这两个人在旧金山登上轮船时，并不知道他们在中国的工作最终会决定他们的职业生涯。从事后来看，托马斯领导英美烟草公司中国分公司长达 11 年，这段时间是中国分公司转型最剧烈的时期，之后他成为英美烟草公司伦敦董事会成员（图 3.1）；格雷戈里执掌英美烟草公司中国分公司的农业部门整整 30 年，是任期最长的外国高管。

托马斯和格雷戈里乘船前往中国的经历是亮叶烟草关系网扩张中的一个例证。托马斯亲身经历了美国烟草公司接管北卡罗来纳州嚼烟和斗烟公司的过程，他曾短期担任里兹韦尔 A. H. 马特里烟草公司（AH Motley Tobacco Company）的合伙人。托马斯能达到这样的地位本身就令人惊讶，因为据他的表兄弟说，他家"穷得像教堂里的老鼠"。[1] 托马斯出生于 1862 年，10 岁之前是在罗金厄姆县（Rockingham County）的农场度过的。他的父亲和祖父在美国南北战争后改种亮叶烟草。像其他许多人一样，这家人自制嚼烟和吸烟烟草，然后在南方各州出售。然而，在托马斯只有 10 岁时，家里的生意失败了，一家人搬到了附近的

1　John Gary Anderson, *Autobiography* (Rock Hill, SC; Lakeland, FL: privately printed, 1936), 106.

图 3.1 一册于 1923 年出版的纪念册中詹姆斯·A. 托马斯的照片。哈佛燕京图书馆（Harvard Yenching Library）免费提供

里兹韦尔。托马斯辍了学，找了一份"每天 25 美分的（烟草）仓库工作，这……给了我一个机会……了解烟草"[1]。托马斯的未来不是特别光明，但在他十来岁的时候，他的运气来了，A. H. 马特里烟草公司的老板马特里给了他一份工作，随后更是对他青睐有加，将他和自己的儿子一同培养成公司的领导角色。

A. H. 马特里是里兹韦尔最成功的嚼烟和斗烟公司之一，成功将其

---

[1] James A. Thomas, *A Pioneer Tobacco Merchant in the Orient* (Durham: Duke University Press, 1928), 5–6; Anderson, *Autobiography*, 106.

销量不断增长的产品销往较远的市场,并打算进一步扩张。马特里将托马斯和他的儿子送到纽约州波基普西(Poughkeepsie)市的伊士曼商学院(Eastman Business College),接受为期4周的课程。正是通过这个课,两个小伙子学会了如何记账、如何写一封专业信函,以及其他一些专业技能。托马斯成了马特里公司的首席推销员,他先是走遍了美国南部各州,然后是西海岸,最后去了澳大利亚、新西兰和塔斯马尼亚岛(Tasmania)。托马斯用自己的积蓄入伙,成了公司的合伙人。然而,在1896年,美国烟草公司接管了A. H. 马特里烟草公司,托马斯做老板的短暂时光和他出色的推销员工作倏然消失。[1]

托马斯竭力抵抗为美国烟草公司工作。我们之所以知道这一点,是因为他后来在圣路易斯的利格特和迈尔斯烟草公司找到了一份工作,这家公司最初是一家伯莱嚼烟和斗烟制造商,也是当时剩余反对美国烟草公司中最大的一家。事实上,利格特和迈尔斯公司进入香烟生产领域完全是为了与美国烟草公司展开竞争。几十家像马特里或更小的公司仍然坚持反对美国烟草公司,但主要是因为当时杜克还无暇对付他们。如果说还有哪家能与美国烟草公司抗衡,那就是利格特和迈尔斯公司,因为该公司的产品已经占领了强大的国内外市场。[2]

利格特和迈尔斯公司派托马斯去"夏威夷群岛、日本、中国、菲律宾、婆罗洲(Borneo)、海峡殖民地(Straits Settlement)、爪哇、苏门答腊、暹罗(Siam)、印度、缅甸和锡兰(Ceylon)"做销售,拓展了他的经验。然而在1898年,金融家接管了利格特和迈尔斯公司,并将其移交给了美国烟草公司,托马斯再次失去了工作。最后,托马斯还是在美国烟草公司找了个职位;就他所做的这类工作而言,这其实是他唯一的选择了。

---

1 "An Outline of the Business of Messrs. A. Motley & Co.," *Reidsville Review*, February 27, 1889, 6; *Reidsville Review*, June 29, 1884, 4; *Reidsville Review*, March 4, 1891, 3; Thomas, *A Pioneer Tobacco Merchant*, 7–10.

2 *Report of the Commissioner of Corporations on the Tobacco Industry I*, 326. See also "To Fight the Tobacco Trust," *New York Times*, September 23, 1898, 1.

美国烟草公司将他派往菲律宾和新加坡；英美烟草公司成立后，他担任英美烟草公司印度分公司的负责人。他在感染疟疾后辞去了在加尔各答的工作。他在北卡罗来纳州疗养之后，公司派他去创办英美烟草公司中国分公司。[1] 托马斯亲身经历了由美国烟草公司造成的这些坎坷和挫折，但最终成为美国烟草公司和英美烟草公司的亮叶烟草关系网的一员。

R. 亨利·格雷戈里比托马斯小14岁，他凭借在亮叶烟草向北卡罗来纳州东扩中的功劳进入了亮叶烟草关系网。格雷戈里出生在格兰维尔县（Granville County）的一个亮叶烟草农场，这是亮叶烟草扩张的第一个区域。格雷戈里13岁时，母亲就去世了。没有母亲的劳作和操持，农场变得无法正常运转，所以格雷戈里的父亲把孩子们分头送到附近不同的亲戚那里生活。格雷戈里辍了学，搬到了北卡罗来纳州的沃伦顿（Warrenton），在当地一家杂货店工作。在那里，格雷戈里遇到了乔治·艾伦，他是詹姆斯·B. 杜克的同事，杜克将他（艾伦）招到自己手下，并帮助他在与英美烟草公司关联的公司找到了一份更好的工作，也就是达勒姆烟草复烤厂，那里的工人为机器生产准备烘烤的烟草。[2]

从那以后，格雷戈里在新近种植亮叶烟草的地区，也就是北卡罗来纳州的沿海地区换的工作一个比一个好。19世纪90年代，沿海地区的农民开始种植亮叶烟草，新的烟草工厂和仓库如雨后春笋般出现，以适应日益增长的贸易。格雷戈里接受了洛基山（Rocky Mount）烟叶厂的一份管理工作，然后又去了金斯顿的一家出口工厂，这两家工厂都位于新亮叶烟草带的边界。格雷戈里正式成为人数不多的烟草行业的白领。他结了婚，安顿了下来。1904年，年纪尚轻的他再次遭遇悲剧，他的妻子死于肺结核。第二年，29岁的格雷戈里拜访了在美国烟草公司纽

---

1 Thomas, *A Pioneer Tobacco Merchant*, 23–24.
2 North Carolina Council: Jane Gregory Marrow Oral History Interview, June 1, 1980, East Carolina Manuscripts Collection, J. Y. Joyner Library, East Carolina University (hereafter cited as East Carolina Manuscripts Collection); Jane Gregory Marrow Oral History Interview, January 26, 1976, East Carolina Manuscripts Collection.

约总部工作的乔治·艾伦,并表示自己已经做好了改变的准备。艾伦给他提供了在中国创建亮叶烟草农业项目的工作。[1] 格雷戈里和托马斯两人出发去中国时,托马斯已经走遍了世界,而对于格雷戈里来说,这是他第一次离开家乡。

在中国建立亮叶烟草关系网

托马斯和格雷戈里于 1905 年 6 月 2 日抵达上海,但格雷戈里立即开工的计划被挫败了。[2] 格雷戈里写信给家人说:"我第一次来到这里的时候,刚刚发生过骚乱,人们非常兴奋。"当时,反美华工禁约运动正如火如荼地进行着,英美烟草公司的香烟是主要目标。[3] 如果格雷戈里曾以为他可以简单地将农业生产加工强加给顺从的中国人,那么在他目睹如此激烈的抗议之后肯定会产生动摇。上海商人发起了这场运动,并将他们销售的英美烟草公司香烟在街头付之一炬。[4] 正如第一章所解释的那样,这场运动抗议的是美国 1882 年的《排华法案》及其相应的与中国有关的协议,后来该法案还延长了有效期。反美货物运动使格雷戈里首次到农村调查烟草的行程推迟了将近一年。[5]

格雷戈里有两种在中国开发亮叶烟草资源的策略,两种策略都源自他以前在亮叶烟草栽培方面的经验。第一种策略是找到一种已经在中国

---

[1] North Carolina Council: Jane Gregory Marrow Oral History Interview, June 1, 1980, East Carolina Manuscripts Collection; Jane Gregory Marrow Oral History Interview, January 26, 1976, East Carolina Manuscripts Collection; Thomas, *A Pioneer Tobacco Merchant*, 308–309.

[2] R. H. Gregory, diary, Richard Henry Gregory Papers, Duke University Library (hereafter cited as Richard Henry Gregory Papers).

[3] R. H. Gregory to Kate Arrington, January 12, 1906, Richard Henry Gregory Papers.

[4] Sherman Cochran, *Big Business in China: Sino-Foreign Rivalry in the Cigarette Industry, 1890–1930* (Cambridge: Harvard University Press, 1980), 46.

[5] Thomas, *A Pioneer Tobacco Merchant*, 46; R. H. Gregory, diary, June 1906, Richard Henry Gregory Papers.

图 3.2 R. 亨利·格雷戈里检视中国烟草，1906 年。杜克大学鲁宾斯坦图书馆免费提供

种植的轻质烟草，用托马斯的话说，这种烟草可以"改良"成亮叶烟草。也就是说，英美烟草公司的员工将与中国有经验的烟草农民合作，修改他们的种植方法，并教给他们亮叶烟草的烘烤方法。另一种策略是将北卡罗来纳州的种子在类似上南方的土壤上种植。[1] 这样做的一个挑战是，他们不能只是简单地将种子分给中国农民，然后回过头来等着收获亮叶烟草，因为烟草种子对土壤和气候条件非常敏感。例如，在北卡罗来纳州山麓地区能种出亮叶烟草的种子，在威斯康星州（Wisconsin）的土壤中却可能长出厚重的雪茄烟草。即使在同一个农场，不同的土壤对烟草的影响也不同。[2] 为了得到合适的草叶，种子、土壤、栽培方法、烘烤技术和气候都是格雷戈里和他的工作人员必须处理的变量。

格雷戈里最终在 1906 年 6 月动身前往四川省，希望找到已经种植了能为中国庞大烟草业所用的轻型烟草的农民。格雷戈里向他在美国的

---

1 Thomas, *A Pioneer Tobacco Merchant*, 43; R. H. Gregory, diary, June 1906.
2 Swanson, *A Golden Weed*, 50–51.

图 3.3 北卡罗来纳州的工人正在晾晒烟草，杂项主题图像集（Subjects Image Collection）P0003。北卡罗来纳州大学教堂山分校威尔逊图书馆（Wilson Library, University of North Carolina at Chapel Hill），北卡罗来纳州典藏摄影档案馆（North Carolina Collection Photographic Archives）免费提供

朋友凯特·阿灵顿（Kate Arrington）描述了这次旅行："我将从这里跨越 2000 英里[1]，抵达靠近西藏线的内陆城市重庆……由于我必须从宜昌乘船，所以需要两到三个月的时间。"[2] 格雷戈里在旅途中观察了中国农民的烟草田，寻找与北卡罗来纳州的种植条件或烟草的相似之处。他绘制了他看到的烟草种类、农民生产的数量和价格（图 3.2 和图 3.3）。以江西为例，他记录道："这片区域的烟草分两个等级，淡色的跟黄冈地区的一样……另一类是重质粗烟草。对我们没什么用。"[3] 格雷戈里还推

---

[1] 1 英里等于 1609.344 米。——编者注
[2] R. H. Gregory to Kate Arrington, January 12, 1906, Richard Henry Gregory Papers.
[3] R. H. Gregory, diary, June 1906, Richard Henry Gregory Papers.

测了亮叶烟草的手工栽培和烘烤方法可能会影响他（在中国）发现的烟草。他指出，在沙市："人们沿着这条运河种植烟草，这是一种颜色丰富的成熟烟草，颜色为 R 级……这种烟草如果经过适当的栽培和烘烤会非常好。"[1] 格雷戈里一到东州就兴奋起来，他发现"有些烟草田看起来像和我在家里看到的一样好。烟草种植间隔约两英尺[2]，上有顶下有根，如果能顺利成熟和适当烤制的话，将会成为非常好的烟草"。格雷戈里买了两船这种烟草，想用亮叶烟草法来烘烤。[3]

烘烤后的效果让格雷戈里看到了希望，于是他继续计划将当地的某些烟草培育成类似亮叶烟草的品种。"经过一些调查，"托马斯在他的传记中回忆道，"我发现本地烟草的质量可以提高到我们在中国销售的香烟等级。接下来，我从北卡罗来纳州请来了一些非常熟悉烟草种植的人。让他们教中国农民如何种植。"[4] 几年之后，格雷戈里和他在北卡罗来纳州的员工以及中国的烟农们从中国的轻型烟草中获得了质量可以接受的类似亮叶的烟草。[5]

格雷戈里同时采取了第二种策略，这一策略与烟草专家在北卡罗来纳州扩展亮叶烟草区的方法几乎相同：通过进行田间试验并从中精心挑选最成功的种子，他为这些从北卡罗来纳州进口的种子找到与之相匹配的特定土壤和气候条件，进行田间试验，并有意选择最适合的种子。[6] 这种方法让格雷戈里开始寻找像北卡罗来纳州那样的土壤，而不是烟草。

1　R. H. Gregory, diary, June 16, 1906, Richard Henry Gregory Papers.

2　1 英尺等于 30.48 厘米。——编者注

3　南方的农民只在烟草成熟时采摘亮叶烟叶，而不是一次性收割整株。R. H. Gregory diary, August 7, 1906, Richard Henry Gregory Papers.

4　Thomas, *A Pioneer Tobacco Merchant*, 43. 高家龙（Sherman Cochran）认为中国的烟农不需要学习新技术来种植亮叶烟草。Sherman Cochran, Big Business in China: Sino-Foreign Rivalry in the Cigarette Industry, 1890–1930 (Cambridge: Harvard University Press, 1980), 26–27.

5　根据陈翰笙 1937 年对山东、安徽和河南的中国亮叶烟草种植的研究，英美烟公司继续用中国种子进行试验。陈翰笙：《帝国主义工业资本与中国农民——中国烟农生活研究》（上海：别发洋行，1939），第 6 页。

6　Swanson, *A Golden Weed*, 52.

托马斯解释说:"(我们引进烟草的)中国地区的土地很像北卡罗来纳州某些地区的土地。"[1](图3.4和图3.5)。这种方法不仅需要研发合适的种子,还需要雇用那些在适合种植英美烟草公司烟草的土壤上耕作的农民,无论这些农民以前是否种植过烟草。这些农民也需要亮叶栽培和烘烤方法方面的指导。最终,格雷戈里的工作人员发现,他们用进口种子做的实验比用最好的中国烟草种子做的实验得到的烟草更大、更重。托马斯回忆道:"在7年之内,我们就在中国培育出了优良的遗传烟草种子。"[2] 英美烟草公司逐步停止在四川省的工作,转而把重点放在山东、安徽和河南等土壤适宜的地区。格雷戈里已经成功了。

在1912年,英美烟草公司进入了一个新的发展阶段,这是基于格雷戈里的一项可行的亮叶烟草计划。格雷戈里继续进行种子开发,开始建设亮叶烟草生产所需的广泛基础设施,并雇用中国农民。托马斯在工厂生产和销售方面大举扩张,并加大了从美国招聘初级员工的力度。1912年之后,公司规模不断扩大,产能和复杂度也不断提高。

同样是在1912年,托马斯和格雷戈里带着英美烟草公司两位最高级别的中国商人邬挺生和郑伯昭作为他们的客人去了美国。邬挺生和郑伯昭在英美烟草公司工作的时间都比托马斯和格雷戈里长,他们分别在英美烟草公司成立之前就开始与美国烟草公司和威尔斯公司建立了合作。托马斯和格雷戈里带邬挺生和郑伯昭参观了英美烟草公司的纽约总部,还带他们考察了北卡罗来纳州和弗吉尼亚州亮叶烟草地区,为更高层次的销售合作做准备,在这样的合作中邬挺生和郑伯昭将有更大的决策权(在第五章中将深入讨论)。[3]

返回中国之旅也有很大的意义,因为格雷戈里在北卡罗来纳州与哈蒂·阿灵顿结婚,他的新婚妻子与他们四人一同来到了上海。没有什么

---

[1] Thomas, *A Pioneer Tobacco Merchant*, 45.

[2] Thomas, *A Pioneer Tobacco Merchant*, 44.

[3] Sherman Cochran, *Encountering Chinese Networks: Western, Japanese and Chinese Corporations in China, 1880–1937* (Berkeley: University of California Press, 2000), 53.

图 3.4 R. 亨利·格雷戈里站在一片亮叶烟草地里。杜克大学鲁本斯坦图书馆免费提供

图 3.5 北卡罗来纳州威尔逊附近一片亮叶烟草地里的农民。商业博物馆（Commercial Museum，费城，宾夕法尼亚州），北卡罗来纳摄影集（P0072）。北卡罗来纳州大学教堂山分校威尔逊图书馆，北卡罗来纳州收藏摄影档案馆免费提供

行动能比这更有力地证明格雷戈里对他在英美烟草公司中国分公司的未来充满信心。后来哈蒂在上海生活了23年，生了两个孩子（其中一个死于白喉），也将格雷戈里家经营成英美烟草公司海外商业文化的重要交流场所。是亮叶烟草关系网让格雷戈里能将北卡罗来纳州的家安在中国。

研发出中国亮叶种植系统

回到中国后，格雷戈里和他的员工开始创建亮叶烟草基础设施，并雇用中国农民加入一套切实可行的亮叶烟草生产系统。英美烟草公司需要实验站、烟叶厂和烟叶采购站，不仅要建在湖北省汉口市（格雷戈里的农业总部所在地），还要建在方便山东、安徽和河南的农民到达的地方。英美烟草公司还需要了解中国农民的物质生活和社会生活以及他们最重视的生活事项，并提出生产亮叶烟草的激励措施。

英美烟草公司农业部门的美国南方员工尽可能地将他们在种族隔离的南方形成的亮叶烟草知识应用到他们的新环境中。这些员工共同的文化背景当然使英美烟草公司的外国人群体相处融洽。例如，在给英美烟草公司伦敦总部写信时，格雷戈里与董事A. G. 杰夫里斯（A. G. Jeffress）有了接触。杰夫里斯是弗吉尼亚州里士满本地人，曾为艾伦和金特香烟公司工作。格雷戈里解释说，他的工作人员曾教中国农民如何建造烟草烘烤房。他写道，这些烘烤房"就像我们在家里建造的烘烤房一样，只是它们是用泥砖而不是原木建造的"。他还向杰夫里斯保证："我相信中国人学烘烤会比国内普通农民学得更快。"这与西方人普遍的看法相反，他们认为中国人受教育程度低，缺乏技术能力。[1]

---

[1] R. H. Gregory to A. G. Jeffress, November 12, 1915, James Augustus Thomas Papers, David M. Rubenstein Rare Book & Manuscript Library, Duke University (hereafter cited as James A. Thomas Papers).

尽管外籍员工之间没有太多问题，但格雷戈里和他的外籍员工不得不与中国商人、农民、地方官员和社会名流打交道，以使合资企业取得成功。中国高层员工是不可或缺的合作伙伴，他们能在外籍员工的设想和当地具体情况之间协调。在山东省，陈子芳（Chen Zifang）承担的就是这样的角色，而安徽是王仰之，在河南只知道是一位姓欧的买办。[1] 英美烟草公司为其外籍员工提供普通话基础辅导，但没有一名外籍员工能用流利的方言与当地农民、名流或官员进行谈判。他们也不具备能驾驭这种商业互动所必需的文化能力。事实上，外籍员工在衣食住行和所有的商务交流方面完全依赖中国翻译和佣人。此外，外籍员工依赖于像陈、王、欧这样的商人和其他级别较低的中国雇员来了解当地的社会结构，以便外籍员工和中国雇员一起预想出中国农村的亮叶基础设施和社会结构。

英美烟草公司的中外员工建立的亮叶烟草系统是一种全新的耕作方式，既不实行分成制（sharecropping），也不像中国农民生产其他作物的方式。英美烟草公司的外国和中国代理人在现有农业体系中增加了一部分债务，形成了类似于美国南方烟草分成制中的投资模式和依附关系，只是细节有所不同。英美烟草公司瞄准的农民都很贫穷（当时中国农民大抵都如此），但美国的债务租赁体系起不了作用。一些中国农民是佃户，但许多拥有自己土地的人在经济上并不比佃户富裕，因为他们的土地面积很小。有一小部分农民自己拥有足够的土地，足以维持生计，还有一小部分地主将自己的部分土地租给佃户。[2] 这种制度提供的社会流动性很小，绝大多数农民仍然非常容易受到干旱或其他导致低产量的因素的影响。英美烟草公司并没有改变这一基本制度，而是通过现金的诱惑和

---

[1] 陈翰笙：《帝国主义工业资本与中国农民》。也可参见 Hsu Yung-sui [Xu Yongsui], "Tobacco Marketing in Eastern Shantung," *Institute of Pacific Relations* 74, U-4-5 (1935–1937): 171–175；张伽陀：《鲁东种烟区三个月的观感》，《东方杂志》第 33 卷，第 6 号（1936 年 3 月），第 109–113 页。本文中陈子芳的名也可能是慈方（音译），王仰之的名也可能是宴慈（音译）。

[2] 陈翰笙：《帝国主义工业资本与中国农民》，第 7–9 页；Hsu, "Tobacco Marketing in Eastern Shantung," 172.

种植亮叶烟草所需物品的贷款，在现有结构内创造了一个具有新的依附关系和附加利润的子系统。

中国农民对现金的需求吸引他们购买亮叶烟草，但种植这种作物的高成本造成了他们对贷款的依赖。中国大部分农村地区的农民都越来越需要现金，原因是税收不断增加，以及诸如纺织纱线、烹饪和取暖用油等商品的供应也在增加。非亮叶烟草作物的价格较低，通常以物物交换或分期付款的方式支付部分货款。[1] 陈、王、欧三人以一次性现金支付收成，并（起初）承诺不管收成的质量如何，都要全部拿走。虽然亮叶烟草带来了较高的现金价格，但由于需要购买种子、肥料、烟筒和用于烘烤的煤炭，它的生产成本是高粱的 5 倍、大豆的 26 倍，农民有时会因为这些作物的成本更低而选择它们。[2] 1915 年，格雷戈里估计，坊子[3]的农民每磅烟草要花 0.75 美分买煤。农民们还争先恐后地建造烟草烘烤房。到 1915 年，坊子的农民已经建造了 568 个烘烤房，"一旦有烘烤房的人完成了烘烤，就会有其他农民将烘烤房占满"。没有烘烤房的农民用空气烘烤他们的美国种子烟草，以较低的价格出售。所有的中国农民都希望在接下来的一年里把烟草烘烤好。[4]

陈、王和欧三人建立了一个制度，中国雇员和当地有财产的人以很高的利率贷款化肥和煤炭，减少了农民的利润，使亮叶烟草成为特权阶层的一个新收入来源。[5] 这一举措产生了当地投资，促进了亮叶烟草经济的成功。起初，该公司为雇用的农民提供种子和肥料，借给他们温度计和烟筒用于烘烤，并提供指导，但很快就形成了一套债务体系。在山东，陈氏的后继人田俊川在淡季趁价格低的时候买了饼肥和煤，在旺

1　Hsu, "Tobacco Marketing in Eastern Shantung," 171, 172, 174.

2　陈翰笙：《帝国主义工业资本与中国农民》，第 7–9 页；Hsu, "Tobacco Marketing in Eastern Shantung," 172.

3　坊子，山东省潍坊市辖区。——编者注

4　R. H. Gregory to A. G. Jeffress, November 12, 1915, James A. Thomas Papers.

5　陈翰笙：《帝国主义工业资本与中国农民》，第 11 页；Hsu, "Tobacco Marketing in Eastern Shantung," 172.

季的时候按当时的利率贷款给农民,并收取利息。当地的地主和富人也直接或通过他们的石油或煤炭公司向农民发放化肥或煤炭贷款。在安徽,王甚至开了一家化肥生产公司,从贷款系统中获利。然而,王并没有直接贷款给农民,而是贷款给当地的财主和官员。[1] 在这两种变化中,英美烟草公司的员工直接从他们设计的制度中获利,同时也让当地有影响力的人从亮叶中获利;两者都从小农户那里吸走了利润,而小农户无论收成多少,都必须支付固定成本(fixed costs)。

在美国南部,这些物品的贷款会写进分成耕种的合同里,农民由此陷入债务形成恶性循环,他们受制于土地租金和物资的成本,利润几乎所剩无几,甚至为了延期支付债务而被迫签下一年的新合同。美国南方的地主最初反对分成,因为这要求他们放弃直接监督自己土地上的农民。然而,在1873年,北卡罗来纳州和弗吉尼亚州出台的新的作物利息法保证第一份作物归地主所有,而不是归农民,使风险越来越下沉,而上层的利益却越来越稳定。[2] 于是,就像美国南方的佃农分成制度一样,中国形成了一种亮叶烟草制度,当地的地主阶级不断从中获利,而经济阶梯上的风险则向下转移,几乎全部由贫穷的农民承担。[3]

在中国,若想支持亮叶烟草农业需要大量的新基础设施。英美烟草公司的亮叶烟草项目要求建立烟叶厂和烟叶采购站。烟叶厂,有时被称为复烤厂,是进一步为烟草储存、运输和制造做准备的地方。格雷戈里发现,在种植地建复烤厂很有必要,因为"很多(烟草)太软或太干不能装进大桶里",无法运往汉口工厂。起初,格雷戈里在英美烟草公司大院里的6个烘烤房里重新烘干烟草,然后在仓库里重新分类。格雷戈

---

[1] 陈翰笙:《帝国主义工业资本与中国农民》,第5-11页。
[2] 在实行收益分成制之前,地主们推行的是一种延期薪酬制度(delayed-wage system),这是另一种基于债务的制度。Swanson, *A Golden Weed*, 162–163, 170–179, 181. See also Pete R. Daniel, *Breaking the Land: The Transformation of Cotton, Tobacco, and Rice Cultures Since 1880* (Champaign Urbana: University of Illinois Press, 1985), 23–38; Eric Foner, *Reconstruction: America's Unfinished Revolution, 1863–1877* (New York: Harper and Row, 1988), 124–176.
[3] Hsu, "Tobacco Marketing in Eastern Shantung," 175.

里估计，直接在现场重新烘干每大桶烟草能为公司节省 2.5 美元，"能使我们的烟草保存得更好"。他申请了 2000 美元，在坊子创办了一个合适的复烤厂，承认这"完全是一个实验"。[1] 这些新财产是非法的，因为外国公司只有权在通商口岸建厂，而这些工厂都在城市中心。当地高层雇员是这些房产的官方买家，但真正的所有权是公开的秘密。[2]

复烤厂的规模越来越大，到 20 世纪 30 年代中期，安徽门台子的烟叶厂雇用了 500 名工人和 60 名中外员工。烟草采购站通常位于烟叶厂附近，两者都是季节性运作的。英美烟草公司在山东创建了 7 个采购站；据估计，该公司在山东廿里堡的大型工厂中雇用了 1600 名中国工人并采购设施。[3] 河南和安徽有另外的复烤站（redrying stations）和采购站。尽管英美烟草公司明面上表示不会向军阀行贿，但该公司在山东二十里堡建立了根基，每月付钱给当地民兵领袖，用来支持他的私人军队和经营他的煤矿。[4]

尽管在中国农村地区引入亮叶烟草的做法，是基于分成制中的债务逻辑，但英美烟草公司的员工无法直接复制美国南方的烟草文化。例如，土地租赁是分成制的基础，但土地租赁并不是英美烟草公司中国分公司制度的基础，英美烟草公司与小地主或佃户的合作条件基本相同。同样，中国农民的债务需要用现金支付，而不能用农作物抵押。债务是英美烟草公司的农产品之一，因为债务使许多其他公司都能参与在该地区引进亮叶，同时获得收益。然而，债务就像在美国南部一样也是一种控制劳动力的策略，目的是既保证有大量的农民干活，又不让他们获得多少

---

[1] R. H. Gregory to A. G. Jeffress, November 12, 1915, James A. Thomas Papers, Duke University.

[2] 宏安地产公司是由九名中国商人成立的，目的是帮英美烟公司做收购。虽然他们与英美烟公司的关系尽人皆知，但为了注册一家中国公司，他们与位高权重的官员进行了谈判。参见 Cochran, *Big Business in China*, 141；程仁杰：《英美烟公司买办郑伯昭》，收录于《中华文史资料文库（第 14 卷）》（北京：中国文史出版社，1996），第 741–751 页。

[3] 张伽陀：《鲁东种烟区三个月的观感》，第 109 页。

[4] 陈翰笙：《帝国主义工业资本与中国农民》，第 24–27 页。关于一个中国资本家如何在海湾处拦截山东军阀的讨论，参见 Brett Sheehan, *Industrial Eden: A Chinese Capitalist Vision* (Cambridge: Harvard University Press, 2015), 39–44.

好处。

亮叶烟草项目对英美烟草公司的好处是显而易见的。据高家龙估计，1919年以后，英美烟草公司为中国产的亮叶烟草每磅[1]平均支付0.08美元，为进口亮叶每磅支付0.44美元，这还不包括进口亮叶的运输成本或腐烂所造成的损失。[2]正如英美烟草公司一位来自伦敦的英美烟草公司董事写给托马斯的信中所示："这种（中国产的亮叶烟草）非常便宜，将成为我们在中国的救星。"[3]到1915年，中国农民生产的烟草已经占到了英美烟草公司大型香烟厂所用烟草的10%；格雷戈里希望在接下来的一年里，仅在坊子就能把亮叶烟草产量扩大3到5倍。[4]到1918年，该公司在中国的工厂使用的中国产亮叶烟草超过了进口烟草。到20世纪30年代中期，大约有200万中国农民在三个烟草大省山东、安徽和河南种植亮叶烟草。[5]

英美烟公司中国分公司外国员工的美国南方人身份

农业项目的发展巩固了美国南方人在英美烟草公司中国分公司外国员工中的优势地位。托马斯后来回忆道：

> 公司早期的大部分远东地区代表都是从北卡罗来纳州和弗吉尼亚州雇用来的。这方面没有规定，但由于公司在国内的大部分员工都来自这两个州，所以他们知道上哪儿去找助手，这些人从小就种植、

---

[1] 1磅等于0.4535924千克。——编者注
[2] Cochran, *Big Business in China*, 144.
[3] C.W. Pettitt to James A. Thomas, March 14, 1921, James A. Thomas Papers.
[4] R. H. Gregory to A. G. Jeffress, cc. James A. Thomas and Thomas Cobbs, December 7, 1915, James A. Thomas Papers.
[5] Cochran, *Big Business in China*, 145, 199.

烘烤和制造烟草，所以烟草对他们来说是非常自然的事情。[1]

那些了解亮叶烟草的人指导烟草的种植和烘烤，他们和对烟草了如指掌的采购员一样重要。英美烟草公司在中国的主要竞争对手南洋兄弟烟草公司缺乏能分辨哪种烟草是亮叶、哪种是略微带有苦味的轻型烟草的人。"此皆不识烟叶之上当也"，南洋兄弟的领导之一简照南曾如此说道。[2] 采购员还必须能够给亮叶划分等级，以便给它定价。到1915年，仅坊子地区就生产了12到15个等级的烟草，所有这些烟草在英美烟草公司的采购站都有不同的价格。[3]

曾在英美烟草公司山东农业部门工作的张伽陀也说美国南方人占多数，不过他强调之所以这样也因为他们拥有控制劳动力的丰富经验。"那些看烟估价的洋人十九来自美国南部。凡颐中公司[4]新的洋干部一到中国，首先总是被派到山东收买烟草。所以老在颐中公司干的洋人很少不是从廿里堡烟草部出身的。这些美国南部人都是些烟草业世家子弟，不是资本家出身，就是大地主或富农出身。他们有的是世袭几百年，在美国南部广大种棉区及种烟草区内管理奴隶劳动的经验。"在中国，张所说的"富农"相当于是一些既出租一些土地，同时也自己务农的小土地所有者；"地主"则是只出租土地给别人耕种的人。张使用"奴隶"这个词很不合时宜，因为奴隶制已经被废除60余年了，但这确实表明，美国亮叶烟草经济是以种族为标准而割裂开的。[5]

英美烟草公司对招聘人员的阶层和种族构成进行了严格控制，他们只口头介绍开放职位和申请过程，并通过已是亮叶关系网成员的白领雇员审查申请人。1915年，格雷戈里要求来自弗吉尼亚州的英美烟草公

1　Thomas, *A Pioneer Tobacco Merchant*, 85—86.
2　引用自 Cochran, *Big Business in China*, 75.
3　R. H. Gregory to A. G. Jeffress, November 11, 1915, James A. Thomas Papers, .
4　颐中公司，即颐中烟草公司，原英美草烟公司设在汉口、天津、青岛等地的卷烟制造厂均称颐中烟草公司。——编者注
5　张伽陀：《鲁东种烟区三个月的观感》，第111页。

司主管杰夫里斯再招一些人：

>我们还需要 8 到 10 名懂烘烤的人。因为这些人一年只待两个月就够了……托马斯先生和科布斯先生……认为……销售部门也可以雇用这些人，然后每年到烘烤季的时候，再让他们过来做事……我们想，J. W. 古德森（J. W. Goodson）先生和你们的一些烟草采购员可以推荐一些他们自己认识的人，既能成为很好的推销员，又可以在烘烤季节帮忙。[1]

通过寻找与烟草采购员有私人关系的男性，格雷戈里建立了一个口口相传的关系网，将机会限制在特定的阶层和种族圈子里。

1916 年，李·帕克就是这样得到的工作机会。他来到北卡罗来纳州威尔逊市的烟草市场，故意接近英美烟草公司旗下出口烟草公司的烟草采购员柯林先生。帕克从朋友那里听说柯林可以为英美烟草公司招人。事实也确实如此，柯林当场向帕克提供了一份工作。同样，詹姆斯·哈钦森（James Hutchinson）通过与达勒姆美国烟草公司工厂的负责人汤姆斯交谈，获得了英美烟草公司中国分公司的职位。在这之前，三一学院（今杜克大学）的一位院长告诉刚毕业的哈钦森，这是一条求职之路。三一学院与亮叶烟草业有密切的联系，正是因为詹姆斯·B. 杜克的父亲华盛顿·杜克为学院的创立提供了资金。事实上，哈钦森称三一学院为"烟草学院"。和帕克一样，哈钦森当场得到了工作机会，10 天后他便动身去了中国。[2]

虽然英美烟草公司的农业部门需要一些有亮叶烟草栽培和烘烤技术的人，但对于大多数初级工作来说，并不要求具备某些特定的知识。

---

[1] R. H. Gregory to A. G. Jeffress, cc. James A. Thomas and Thomas Cobbs, December 7, 1915, James A. Thomas Papers.

[2] James Lafayette Hutchinson, *China Hand* (Boston: Lothrop, Lee and Shepard Co., 1936), 4–5. 哈钦森的工资为每周 25 美元，另有相关报销、津贴等费用。

例如，帕克和哈钦森从未在农业部门工作过；相反，两人一年到头都在做销售工作。事实上，申请者并没有被问及他们以前的工作经验。柯林对帕克的面试大概只用了"30秒到2分钟"，并没有要求他证明自己在亮叶烟草方面有何经验。不过，在出发前，帕克需要提供一份品格证明，可以来自"我的牧师（或）银行工作人员或某位杰出公民……向他说明……我是品行不端还是为人正直。"[1] 在上海接受入职面试时，英美烟草公司的一名经理问帕克是否知道如何种植烟草。"当然，我知道如何（种植）烟草，但我爸爸说我并不清楚怎么种，所以……我会说：'不，先生。'"谁都没有怀疑。帕克便被分配到销售部门去了。当被问及了解亮叶烟草知识对英美烟草公司的重要性时，帕克说："我不认为（了解烟草）有什么用。我真的不认为……了解烟草并没有什么意义。"[2] 农业似乎与哈钦森毫不相关：在长达418页的回忆录里，他讲述了他在英美烟草公司中国分公司的岁月，然而其中从未提及农业部门。许多美国南方新员工并没有参与到亮叶项目中来；其他在农业部门工作的人也没有任何经验，但可以很快上手。

英美烟草公司中美国南方人的人数优势为公司的商业文化奠定了基础。这些南方人经常结伴去中国，托马斯和格雷戈里就是如此，而且他们到中国后很容易与其他美国南方人建立联系。大多数是年轻人——英美烟草公司喜欢雇用年龄在20至25岁之间的单身男子。此外，他们中的大多数人来自农村或小城镇，都是第一次离开家乡。欧文·史密斯（Irwin Smith）回忆说，他和他的旅伴"四人都是最菜的菜鸟"。为了乘船，他们需乘火车去西雅图，而这段旅程已经"比我们以往任何一次旅行都有趣"。史密斯解释了亮叶烟草关系网带给人的亲近感："这些出门在外的人，即使你不认识他们的家人，也知道他们来自哪里。"[3] 在这个

---

[1] Lee Parker, interview by Burton Beers, June 1980, Kessler Papers, Southern Historical Collection, Manuscripts Department, Wilson Library, University of North Carolina at Chapel Hill.

[2] Lee Parker Interview, Kessler Papers.

[3] Irwin S. Smith Oral History Interview, July 28, 1982, East Carolina Manuscript Collection.

关系网中，人们借由通信、互送礼物和问候这种双向互动彰显自我。托马斯回忆道："在（一名英美烟草公司员工）度假回到中国时，他的老乡们会聚集在一起听他说说家里有什么新闻。这些男孩总是从中国带些东西给家里的人，也从家里带些东西给在中国的人。这为在中国的这些美国人营造了集体的气氛。"[1] 英美烟草公司的商业文化建立在由美国南方人形成的不断更新迭代的关系网之上。

亮叶烟草关系网帮助美国新员工应对在英美烟草公司中国分公司遇到的两种大相径庭的文化：各种阶层中国人代表的文化，以及大多数比他们自身拥有更高的阶层背景的英国人代表的文化。从美国南方来的新员工每天都要与中国商人、翻译和佣人打交道。然而，也许更令人不安的是他们的英国同事，这些人大多受过精英教育，操着一口纯正的英式口音。上海是一个人口众多的多元化城市。来自美国南方的这些员工能否和中英同事相处融洽、能否适应通商口岸的新环境，对公司的整体成功来说至关重要。

对于来自美国的新员工来说，最初中国人看起来神秘而陌生，甚至让他们许多人心生恐惧。这些人从小就听马可·波罗的中国故事，了解傅满洲的故事，恐惧"黄祸"，他们还知道："就在几年前，一支自称义和团的中国军队曾想屠杀所有的外国人。"[2] 刚到上海的那几个星期，詹姆斯·哈钦森只在礼查饭店（Astor House Hotel）周围的几个街区徘徊，该酒店坐落于被外国势力占领的外滩区域。他解释说："中国人长着一双眯眯眼，看着不好接近，他们那些神神秘秘的故事我还记忆犹新，我不太敢和他们深交。"[3] 然而，新员工在英美烟草公司总部遇到了大量的中国员工，他们必须立即学会与他们的英语翻译交流。新员工长期住在礼查饭店，不仅可以享受外国饮食，还可以与其他外国人交往。

---

1 Thomas, *A Pioneer Tobacco Merchant*, 86.
2 Hutchinson, *China Hand*, 4. 参加 Tina Chen, *Double Agency: Acts of Impersonation in Asian American Literature and Culture* (Stanford: Stanford University Press, 2005), 35–59.
3 Hutchinson, *China Hand*, 14.

然而，美国新员工也面临其他外国人提出的挑战，因为上海的通商口岸盛行的是精英和国际化的文化，且风俗习惯是他们所不熟悉的英国殖民风格。同样，英美烟草公司是一家大型跨国公司，有着复杂的层级制度和程序，其中一些带有大英帝国的印记。例如，与英美烟草公司的合同是根据在大英帝国的英国代理人的政策制定的，即新员工必须未婚，年龄不超过 25 岁，并愿意签署为期 4 年的承诺书，之后他们可以有 4 个月的探亲假。[1] 英国员工和美国员工之间也未必能立即找到共同语言。最直接的是，美国员工意识到，他们的英国同行总体而言来自更高的阶层背景，接受的正规教育也比他们多。

几乎所有的南方人都在努力适应英国人的生活方式，无论是在通商口岸还是在公司，或者两者兼而有之。格雷戈里抵达上海后不久就写信回家："不错，上海可谓是东方的巴黎，挺适合人居住的。我最不认同的地方是，这里的一切都是英式的，都那么死板。你知道我非常崇尚礼节。我当然喜欢说些让这些'自信'的英国女士震惊的事情。你知道他们总是极力让自己显得很得体，而我永远也做不到，就算做得到，我也不会那样做。"[2] 同样，李·帕克和两名弗吉尼亚人刚到上海时，英美烟草公司高管邀请他们到"老板家"共进晚餐，而他们完全没意识到这真的是一场非常正式的晚宴。"我们以为他只是想搞笑。我们还哈哈大笑呢。"但那位高管来接他们的时候，因为他们没穿正装所以不肯带他们参加。帕克说："最后我们孤独地在酒店的餐厅吃了晚饭。"帕克随后从罗利服装店（Clothier of Raleigh）的 C. R. 布尼（C. R. Boone）那里订购了正装。"在这个我认为比较落后的国家，有人向我提出这个要求让我

---

[1] Contract, James N. Joyner Papers, East Carolina Manuscript Collection. 也可参见 oral history interviews with Gordon Cheatham, Robert Bostick, and James C. Richardson, East Carolina Manuscript Collection. 在工作满四年后，可以结婚。如想了解 19 世纪德里如何限制烟草公司工人的婚姻自由，可参见 Stoler, *Carnal Knowledge and Imperial Power*, 29。

[2] R. H. Gregory to Kate Arrington, January 12, 12, 1906, Richard Henry Gregory Papers.

觉得很奇怪。"帕克说。[1] 帕克对着装的妥协标志着他以不太情愿的方式加入了这个帝国主义跨国公司。

哈钦森曾在一个场合目睹,一些年轻的新员工更愿意自己解决与英国人的冲突。一位名叫巴特利特的北卡罗来纳州人在乔治国王生日那天来到礼查饭店的酒吧。哈钦森说,巴特利特"听到身后有人欢呼'上帝保佑国王!'他转过身来,发现三个穿着正装的英国人正脚后跟靠在一起站着,举着酒杯。他也举起自己的酒杯,扯着嗓子喊道:"也保佑 Q,J 和 A[2]!"然后两伙人就打起来了。这场混战被警察驱散了,巴特利特在监狱里过了一夜。[3]

因此,英美烟草公司中国分公司的成功依赖于创造一种有序的企业文化,这种文化能够管理这些巨大的差异,并使员工在其中茁壮成长。亨利和哈蒂·格雷戈里的家,在形成和发展英美烟草公司中美国南方商业文化这条支线上发挥了特别重要的作用。格雷戈里一家每周都举办活动,欢迎来自美国南方的员工,即便刚刚入职的员工都可以参加,营造了一种他们颇为熟悉的南方文化氛围,就连英国客人也都需要适应。然而,哪怕是级别最高的中国员工也不会被邀请参加这些活动。此外,格雷戈里一家却是通过中国佣人的劳动提供这种企业功能。与其说格雷戈里之家是一个隔绝中国的场所,不如说是一个精心构建和控制的地方,以区别对待中国人。

---

1 Lee Parker and Ruth Dorval Jones, *China and the Golden Weed* (Ahoskie, NC: Herald Publishing Company, 1976), 13–15, 29.
2 这里是美国人开的玩笑,英国人口中的"King"指的是乔治国王,而美国人的"King"指的是扑克牌中的"K",因此他打趣道,也希望上帝保佑扑克牌中的 Q(Queen),J(Jack)和 A(Ace)。——译者注
3 Hutchinson, *China Hand*, 12.

在中国组建的美国南方家庭

  1912 年，刚结婚不久的哈蒂·格雷戈里离开北卡罗来纳州的罗利，来到上海。她知道，作为高管的妻子，在中国组建和经营自己的小家庭就是她的事情了。她还知道，这个家既是包括以后生育的孩子在内的家人的避风港，也是展示公司形象的一扇窗。哈蒂年纪尚轻，与那些原本可以教她做家务的女性亲属相隔千里。比如布置和装饰家里、安排日常饮食、缝纫、照顾孩子，以及安排社交活动，她能否安排得当将会影响到她的新婚丈夫，不管对个人和还是公众都会有影响。此外，不管做哪件事，她都需要监督中国佣人。哈蒂需要努力打造一个有显著美国南方特征的家庭，但如今她所拥有的条件截然不同，其中许多条件是她无法控制的。

  哈蒂在通商口岸雇用佣人的这套规则与美国南方种族隔离制度下的规则完全不同。哈蒂的原生家庭只有一个叫艾拉的非洲裔佣人。在通商口岸的外国家庭通常雇用 4 到 7 名佣人。正如 C. 斯图尔特·卡尔（C. Stuart Carr）所说："我们并不需要很辛苦。每个人都有很多佣人……两个男仆，一个厨师和一个园丁。想要什么样的佣人他们都有。汇率特别合适。你想要什么就有什么。在这生活真是太惬意了。"

  给卡尔带来轻松的事，却给哈蒂带来了苦恼。哈蒂说："有时我觉得佣人太多了，一个男仆，一个厨师，一个苦力工，两个阿妈（通常是照顾孩子的女仆），还有一个园丁和一个洗衣工，但缺了他们也不行。"[1] 通商口岸的佣人制度融合了英国殖民时期的习惯，例如，"阿妈"一词就来自英国殖民时期的印度，还夹杂着中国传统的富裕家庭的用工习

---

[1] C. Stuart Carr Oral History Interview, September 15, 1980, East Carolina Manuscript Collection; Hattie Gregory to Kate Arrington, September 7, 1913, Hattie A. Gregory Papers, East Carolina Manuscript Collection, J. Y. Joyner Library, East Carolina University (hereafter Hattie A. Gregory Papers).

俗。[1] 在语言交流、理解文化和以物易物方面，外国人完全依赖中国佣人运用他们的能力来获取食品和完成其他数不清的重要任务，这意味着哈蒂既不能不用佣人，也不能彻底改变这个体系的运作方式。正如亨利在中国的第一次体验是目睹反美华工禁约运动的"暴动"一样，哈蒂的努力也立即遭到了抵制。哈蒂的女儿简回忆道：

> 妈妈来到中国时，这里的佣人已经跟随爸爸很久了，形成了一套做事的习惯。而妈妈来了之后开始做出改变。不久，管家去见我爸爸。管家说"一切都好"，我"喜欢这里的一切"，但是"我受不了太太"。于是他辞职了。接着还有些佣人也离开了。

哈蒂又雇用了一名新员工，据她的女儿说："妈妈先要让他们明白她是这家的女主人。"[2] 就像美国南方的白人家庭一样，哈蒂的家成为权力斗争、劳工管理和贯彻等级制度的场所。

事实上，哈蒂和亨利·格雷戈里都在中国从事亮叶烟草文化的培育工作，有些类似且相互关联，亨利的施展场所是田间，而哈蒂是在家里。在美国南方，亮叶烟草文化的范围并不仅限于田间或仓库，还包括农民家庭和白领职工家庭。同样地，田间劳力的等级制度与家庭中的用工情形也有相似之处，这使得两个场所在引入和维护美国南方种族隔离制度方面变得非常重要。非洲裔美国人没有土地所有权，做农工的工资又很低，于是黑人女性不得不在白人家庭中做佣人。黑人女性的工资很低，就连许多白人香烟工人和纺织工人都能雇得起。因此，白人家庭成为日常滋生种族问题和区别对待黑人白人的关键场所。同样，在上海，帝国

---

[1] Fae Ceridwen Dussart, "'That Unit of Civilisation' and 'the Talent Peculiar to Women': British Employers and Their Servants in the Nineteenth-Century Indian Empire," *Identities: Global Studies in Culture and Power* 22, no. 6 (2015): 706–721.

[2] North Carolina Council: Jane Gregory Marrow Oral History Interview, June 1, 1980, East Carolina Manuscript Collection.

通商口岸家庭也成为区别对待和管理外国人和中国人的重要场所。[1]

哈蒂在中国有更多的佣人,所以比起在美国,她可以在家务上得到更多的协助,有些事情不管是哪个非洲裔黑人佣人都不会做的。在北卡罗来纳州,白人女性得和她们的佣人一起干活,才能完成社交活动的准备工作。在上海,哈蒂需要为她的桥牌俱乐部做筹备工作时:"我只需要告诉男佣,摆一张能坐 12 人的餐桌……告诉厨师有多少人要来,需要他做什么菜……这和我们在美国时是不是有很大的不同?"[2] 此外,哈蒂刚到上海时,中国能为她提供的佣人服务给她的感觉是有趣。哈蒂写信给家里的人说:"如果你们看到我坐在旅馆里读书或者写字时,旁边站着男佣和阿妈等着听我的盼咐,你们一定会笑的……我只有吃饭和睡觉的时候没有人伺候,而且有时甚至吃饭的时候,男佣人还站在桌子旁边候着。"[3] 在美国奴隶制时期可以在富裕家庭看到这种景象,但这在新南部[4]是闻所未闻的。

美国南方对个人服务是有所限制的,因为自解放奴隶以来的几十年里,非洲裔美国人已然重塑了家政服务。黑人家庭的就业选择之一是在白人家庭提供必要的家政服务,但基本不允许男性从事这些工作。黑人女性会从事这样的工作,但她们拒绝做带有奴役意味的工作,如果雇主要求太多,她们就会辞职。黑人女佣接受采购食物、做饭和打扫卫生的活计,但不愿为白人成年人提供过于私人的服务。她们愿意简单地照顾儿童,但拒绝"住家";不管她们白天工作多长时间,晚上都要回自己家,与家人团聚。黑人女佣群体这种想让自己的工作得到尊重的想法,成为一种有效的、非正式的维权行动。白人想对抗这些限制,将"粗鲁"、不合作的佣人与和气、顺从的理想形象对比,但由于黑人女工全

---

[1] Stoler, *Carnal Knowledge and Imperial Power*, 23; Hunter, *The Gospel of Gentility*, 166–167. 亨特讨论了传教士在中国维系的"国中之国",指出有人直接将他们的工作比作对南方种植园工人的管教。

[2] Hattie Gregory to Kate Arrington, April 14, 1913, Hattie A. Gregory Papers.

[3] Hattie Gregory to Kate Arrington, December 23, 1912, Hattie A. Gregory Papers.

[4] 新南部(New South),一般指美国南北战争结束后的南方。——编者注

都宁愿辞职也不愿服从,白人也别无选择,只能接受新的标准。[1]

哈蒂激动地发现,她在要求佣人照看孩子这件事上几乎没有什么限制。"我的阿妈非常好,"她写道,"我可以让她为孩子做几乎所有的事情,这让我特别满意。"[2]阿妈睡在婴儿卧室的行军床上,这样晚上孩子醒来时她也能照顾他。她每天会喂孩子4瓶奶,哈蒂每天给孩子吃4次母乳。随着孩子越来越大,阿妈的工作量只会越来越大。也确实如此,哈蒂又雇了一个"洗衣阿妈",因为"阿妈日夜照看孩子,所以没工夫洗衣服,也不能做任何我想让她做的事"。虽然黑人女佣坚持要在晚上回自己家,但哈蒂解释说:"两个(阿妈)都不傻,她们是不辞辛苦,我让她们做什么她们就做什么。"[3]哈蒂于是说:"在佣人的问题上,我们特别令人羡慕。我们为佣人付的钱比家里大多数人想象的要高得多,但我们通常得到了服务。"[4]对于美国南方人来说,中国佣人所做的正是雇主无法让黑人女佣做的事情。尽管中国佣人愿意做黑人女佣拒绝做的事情,但哈蒂发现在其他方面她的权力受到了极大的限制,尤其凡事都要受制于管家。与美国的家政服务相比,中国的管家角色更接近其在英国体系中的定位。他监督其他佣人,管理家庭用品,还通过获得佣金、易货和典当来积累自己的收益。例如,在管家为家庭购买食物和用品时,收多少佣金由他说了算。哈蒂记录道:

> (佣人们)会好好照顾主人的财产,但从中获取一些也是完全合法的。这是由主人的收入、生活方式等决定的。例如,我们自己不会锁储藏室,钥匙是由管家保管的。我的银器由他保管,每晚也是

---

[1] Elizabeth Clark-Lewis, *Living In, Living Out: African American Domestics in Washington DC, 1910–1940* (Washington, DC: Smithsonian Institution Press, 1994); Tera W. Hunter, *To' Joy My Freedom: Southern Black Women's Lives and Labors after the Civil War* (Cambridge: Harvard University Press, 1997).

[2] Hattie Gregory to Mamma, September 7, 1913, Hattie A. Gregory Papers.

[3] Hattie Gregory to Mamma, September 7, 1913, Hattie A. Gregory Papers.

[4] Hattie Gregory to Mamma, September 4, 1918, Hattie A. Gregory Papers.

他把它们锁起来。他们很喜欢有活动，知道要办晚宴或大型茶会会很高兴。最重要的就是这意味着我们需要购买更多的物品，他们可以从中获得佣金。[1]

管家还会在举办特殊活动的时候与其他家庭交换家居用品，甚至为了现金将物品暂时押在典当行。克莱德·戈尔（Clyde Gore）回忆说："你知道这些事儿都在发生，这很正常。大家都这么干。不管管家找你要多少钱，你都得给他。"[2] 与美国南方的黑人女佣相比，中国管家在家庭财产上有更大的经济权。

此外，这一时期的美国黑人佣人很多拒绝住家，主张维护自己与家人在一起的权利，而中国管家则主张自己有权将全家搬到雇主的住处，而且雇主通常也需要一同雇用管家的妻子。哈蒂·格雷戈里解释说："于是我们雇用管家妻子做二号阿妈，负责洗衣、熨烫、修补和其他杂活……我并不想再雇这样一个阿妈，我们周围已经有这么多中国佣人了……（但）管家妻子总归是会住在这儿……所以不管怎么说，反正雇她也不会再增加一个人，只是承认她的身份。"[3] 因此，这些身在中国的美国雇主无法完全控制中国佣人的居住状况，最后往往不得不雇了比自己计划中更多的佣人。当时，对上海佣人的监管是一项在种族化劳力管理体系中进行的日常实验，和北卡罗来纳州的体系一样，雇主和雇员都不能（对彼此）发号施令。

在哈蒂位于通商口岸的家中，就像在北卡罗来纳州的白人家中一样，种族隔离并不意味着家里只有白人；相反，它意味着以特定的方式安排

---

[1] Hattie Gregory to Kate Arrington, December 17, 1914, Hattie A. Gregory Papers.

[2] Clyde Gore Oral History Interview, April 28, 1977, East Carolina Manuscript Collection.

[3] Hattie Gregory to Mamma, September 4, 1918, Hattie A. Gregory Papers.

私密空间,以创造种族等级。[1] 哈蒂的女儿简后来说,她最早的记忆是她的阿妈,而不是她的母亲。男佣也让人无法忽视:

> 虽然我是女孩,但我身边有 5 到 7 个男佣人:两个司机、厨师、管家、园丁,还有运煤、除灰和做类似脏活累活的苦力工。除了阿妈以外,唯一的女佣人就是洗衣服的妇人。所以我家总是有男佣人进进出出的。阿妈一天 24 小时和我待在一起。[2]

像美国南方的白人孩子一样,简和她的弟弟约翰先打交道的就是佣人们。[3] 约翰 3 岁的时候回北卡罗来纳州的家住了一年,在这期间他非常想念他的阿妈。哈蒂写信给她妹妹说:"今天早上我听约翰和阿妈说,他在美国有一个银行,里面有很多钱,如果她哪天愿意和他一起去姥姥家,他就给她一些钱。"[4] 约翰在这个家庭的种族秩序下,体验着非常个性化的种族权力,也在体会着与佣人关系的局限。

哈蒂在中国操办的这套与中国佣人的劳动关系,类似于她在家里与非洲裔美国人的劳动关系,而反过来她也开始相信,中国佣人实际上与非洲裔美国人也相似,特别是他们也会在日常接触中间接反抗她的权威。她给家里写信说:

> 中国佣人是比黑人佣人更好,但在许多方面也挺像的。就算是做最简单的事情,也得站在边上盯着他们,直到他们把你的想法记

---

1 Amy Kaplan, *The Anarchy of Empire in the Making of US Culture* (Cambridge: Harvard University Press, 2002), 25–26. 也可参见 Laura Wexler, *Tender Violence: Domestic Visions in an Age of U.S. Imperialism* (Chapel Hill: University of North Carolina Press, 2000); Ann Laura Stoler, ed., *Haunted by Empire: Geographies of Intimacy in North American History* (Durham: Duke University Press, 2006).

2 North Carolina Council: Jane Gregory Marrow Oral History Interview, June 1, 1980, East Carolina Manuscript Collection.

3 Hale, *Making Whiteness*, 244–250; Jennifer Lynn Ritterhouse, *Growing Up Jim Crow: How Black and White Southern Children Learned Race* (Chapel Hill: University of North Carolina Press, 2006).

4 Hattie Gregory to Kate Arrington, January 24, 1918, Hattie A. Gregory Papers.

在脑子里。就像对待黑人一样，让他们知道这里谁说了算。[1]

同样，哈蒂的女儿简多年后回忆道：

> 母亲曾告诉我，与中国佣人打交道和与黑人佣人打交道有相似之处。她认为美国南方人有时比美国其他地方的人更能处理好这种关系。南方人习惯于和家里家外的佣人打交道。[2]

其他外国人可能认为资产阶级家庭是一个没有市场（经济）的私人空间，但哈蒂已经习惯了家既是一个亲密关怀的地方，又是一个存在有偿劳动的地方，她有意加强自己的种族管理者角色。

和亨利一样，哈蒂在中国用种族隔离的一些原则来维持秩序，具体来说，亨利选择的是债务，而她选择的是卫生。在哈蒂看来，非洲裔美国人和中国人都是不懂现代卫生的原始人。她又一次歧视性地将中国佣人与非洲裔美国人相比：

> 中国人没有我们所理解的卫生观念。例如，一条毛巾，只要上面没有污渍，就算是干净的，可以一直使用，不管有多少人用过它，也不管已经用了多久。不过所有的佣人都洗澡。他们像黑人一样，身上也有一种特有的气味，但是会淡一半。所以不是那么令人讨厌。[3]

美国南方种族隔离制度通常意味着隔离：黑人使用的是分隔开的饮水机，被禁止在白人专用的午饭柜台用餐，但事实上，种族隔离是通过

---

1 Hattie Gregory to Kate Arrington, February 13, 1913, Hattie A. Gregory Papers.
2 North Carolina Council: Jane Gregory Marrow Oral History Interview, June 1, 1980, East Carolina Manuscript Collection.
3 Hattie Gregory to Kate Arrington, December 17, 1914, Hattie A. Gregory Papers.

现代卫生设施的理念来运作的。[1] 关键不是完全隔离，而是通过特殊形式的卫生设施来管理种族。

种族隔离的目的是使空间井然有序，将干净的白人空间与所谓天生野蛮和肮脏的黑人身体分开。在白人家庭工作的黑人女性并没有融入这个空间。在白人的密切监督下，黑人佣人做饭、打扫、洗衣和照看孩子，而正是这些非常隐私的工作才让这个家变得更加卫生。黑人佣人也会去白人学校、商店和教堂里，但都是去做佣人。例如，一个黑人女工可以清洁白人的公共卫生间，但她自己不能使用。南方人认为，黑人的身体与他们有很大的差异，连他们的气味都与白人不同。[2] 白人尤其注意那些非劳力黑人的体液可能与白人接触的地方：游泳池、饮水机、餐馆、卫生间、候诊室、医院。通过卫生设施，种族隔离"对白人来说，成了复杂、现代、有管理的种族关系的标志"[3]。哈蒂把这种逻辑运用到她在中国的日常家庭管理中。

哈蒂对中国佣人和黑人佣人的比较，说明她认为中国人是介于黑人和白人之间的人，这种观点在美国也存在。"中国人看起来很像黑白混血，"她在给表姐的信中写道，"其实，我和他们在一起的时候，我的脑子一直都是这么想的，哪怕和霍克斯·波特太太在一起也是一样。"[4] 弗朗西斯·李斯特·霍克斯·波特（Francis Lister Hawks Pott）是当时上海非常重要的一位美国人。他是一名圣公会传教士，担任上海圣约翰大学校长超过30年。他娶了一位名叫黄素娥的中国女子，生育了两个

---

[1] John Duffy, *The Sanitarians: A History of American Public Health* (Urbana: University of Illinois Press, 1990); Ruth Rogaski, *Hygienic Modernity: Meanings of Health and Disease in Treaty-Port China* (Berkeley: University of California Press, 2004).

[2] Mark M. Smith, *How Race Is Made: Slavery, Segregation, and the Senses* (Chapel Hill: University of North Carolina Press, 2006).

[3] 引用自 Edward L. Ayers, *Southern Crossing: A History of the American South, 1877–1906* (New York: Oxford University Press, 1995), 100; Hale, *Making Whiteness*, 87; 也可参见 Jacquelyn Dowd Hall, "The Long Civil Rights Movement and the Political Uses of the Past," *Journal of American History* 91, no. 4 (March 2005): 1233–1263.

[4] Hattie Gregory to Kate Arrington, December 17, 1914, Hattie A. Gregory Papers.

孩子。[1]霍克斯·波特太太的阶层地位比哈蒂高，但哈蒂的种族秩序观念使她无法在中国阶层多样性面前处理好这种矛盾。

英美烟草公司的美国南方公司文化

哈蒂在家中按种族分化进行"专制管理"（imperial management），也有商业上的意义，因为格雷戈里的家是英美烟草公司每周社交活动的场所。在她的家人和公司的社交活动中，哈蒂提供的都是美国南方的饮食。格雷戈里的家成为英美烟草公司商业文化的支柱，也是南方年轻员工在全球公司获得身份认同的地方。哈蒂对菜单的选择和对厨师的监督为英美烟草公司注入了南方白人的性格，并将美国种族隔离式的层级制度转化为公司的商业文化。

从一开始，托马斯就为英美烟草公司的社交活动定下了基调，他每周一次或多次邀请其他高管到他家共进晚餐，并每周为一大群外籍员工举办周日早餐会。他还定期为更广泛的人群——上海外国人社区的朋友和伙伴举办聚会，包括英美烟草公司的所有外籍员工。[2]格雷戈里一家也定期举办活动，并在托马斯从英美烟草公司辞职后，继承了他的周日早餐会传统。欧文·史密斯回忆道："你知道你可以相信亨利·格雷戈里先生。他总是为年轻人着想。如果你在上海……他总是邀请你在星期天早上 11 点左右到他家吃早餐。"[3]

这些举办聚会的美国南方人暗暗较量谁提供的食物最正宗。[4]托马

---

1 Donald E. MacInnis, "Francis Lister Hawks Pott," Biographical Dictionary of Chinese Christianity, http://www.bdcconline.net/en/stories/p/pott-francis-lister-hawks.php/.

2 Hattie Gregory to Kate Arrington, December 17, 1914, Hattie A. Gregory Papers.

3 Irwin Smith Oral History Interview, July 28, 1982, East Carolina Manuscript Collection.

4 Gregory J. Seigworth and Melissa Gregg, "An Inventory of Shimmers," and Ben Highmore, "Bitter after Taste: Affect, Food, and Social Aesthetics," in *The Affect Theory Reader*, ed. Gregory J. Seigworth and Melissa Gregg (Durham: Duke University Press, 2010), 1–25, 118–137.

斯对此作出了评论，他说："在中国的时候，一想到北卡罗来纳州，我就想念平时我在家里吃惯了的那些食物，为了玉米面包、盐鲱鱼和黑眼豌豆我愿倾尽所有。后来我会从家里带来这些吃的。"事实上，托马斯向上海运送了各种各样的美国南方食品，包括足够一顿盛大的圣诞节晚宴使用的史蜜斯菲尔德火腿。格雷戈里夫妇还将包括黑眼豌豆在内的美国南方食品运往上海。当然，这些食物都不是他们亲自烹饪的。托马斯、格雷戈里和其他许多人训练他们的中国厨师做美国南方菜，上海以外的地区也是如此。哈蒂·格雷戈里来到汉口，很高兴看到厨师"非常适应"，享受着"美味的食物"，厨师做的和吃的都是典型的美国南方菜肴。她解释说："男孩子们总是把教厨师做的菜归功于自己。来自弗吉尼亚的赖特先生教厨师如何切鸡和炸鸡。卡温顿先生教厨师做布伦瑞克炖菜，还有惠特克先生教的是奶酪通心粉。我很喜欢去那里。"[1]作为一种展示美国南方人身份的方式，家乡的食物在中国具有了更大的意义，使地区身份在全球企业中产生了新的共鸣。

哈蒂·格雷戈里很快意识到，在她这样的高管家庭中，教中国厨师烹饪南方菜肴将是她的主要任务之一。格雷戈里给家里的表姐凯特写信询问食谱：

> 顺便说一句，请给我写一些北卡罗来纳州和南方家常小吃的简单做法吧，华夫饼、煎饼、两种鸡蛋面包、玉米粉和面粉松饼、糖蜜布丁、焖鸡等，任何你想到的咱们家里有的都可以……也可以告诉我玉米布丁、玉米蛋糕、奶酪和通心粉这些，罐装蔬菜做成的菜和味道温和的都可以。

---

[1] Thomas, *A Pioneer Tobacco Merchant*, 78–79; James A. Thomas to E. S. Bowling, October 26, 1915, James A. Thomas Papers; Hattie Gregory to Kate Arrington, February 13, 1913; Hattie Gregory to Kate Arrington, December 23, 1912, Hattie A. Gregory Papers.

哈蒂不知道如何教她的厨师做饭,因为她自己从来没有做过这些菜:在北卡罗来纳州时,家里主要是艾拉做饭。因此,她叮嘱凯特一定要写得详细一些:"我大致知道应该怎么做,而且我觉得试几次之后我应该能行,但如果是教中国厨师一道全新的菜肴的话,最好能给他们可靠详细的说明。"[1] 哈蒂对她的中国厨师的监管,让人想起了她在北卡罗来纳州时与用人之间的类似关系。可以说,哈蒂教她的厨师用黑人女佣的风格做菜。

在上海,大多数为地位较高的外国人工作的中国厨师都知道如何做英国菜,也都能做中国菜,而如果还能做一手美国南方菜,则非常加分。哈蒂经常报告别人家晚餐的菜单,沉醉于自己取得的胜利。她向家里写信说,她成功地教会了厨师做松脆饼干:"除了我家,别人谁家都没有。"她还举行了"炖菜"宴,也就是布伦瑞克炖菜晚餐,这是北卡罗来纳州的传统。她写信给家里,"我们的布伦瑞克炖菜非常成功……卡温顿先生走了出来,教厨师怎么做。我跟过去在一旁看了看,所以现在我肯定我也能做那么好,也能让别人做出来。"[2] 因此,南方食物在营造英美烟草公司管理层的家庭生活中发挥了独特的作用,并具有重要的公共功能,包括巩固美国南方文化在英美烟草公司里的主导地位,尽管起初是英国殖民主义为公司文化定下基调,而且中国员工又远远多于外籍员工。

日常饮食在格雷戈里的上海家庭和英美烟草公司中国分公司的商业文化中强化了种族差异,而在美国南方肯定没有这种情况。哈蒂这些美国南方人渴望的南方食物本身就结合了黑人和白人两者的烹饪传统。在奴隶制期间及其之后,一代又一代的黑人女性为自己和白人家庭烹饪,创造了美国南方的美食。当时,美国南方的饮食由黑人和白人共享,这正是种族化和受压迫的家庭劳动的产物。然而,在中国时,格雷戈里夫

---

[1] Hattie Gregory to Kate Arrington, February 13, 1913, Hattie A. Gregory Papers.

[2] Hattie Gregory to Kate Arrington, April 14, 1913; Hattie Gregory to Kate Arrington, May 19, 1913, Hattie A. Gregory Papers.

妇明确拒绝将中餐纳入他们的饮食，尽管他们的厨师厨艺高超。他们的女儿简回忆说，家里从来不吃中国菜，总是吃北卡罗来纳州菜。这家人也从不光顾中国的餐馆。"我不记得在中国餐馆吃过饭，从来没有。"她说。[1] 拒绝中餐而坚持吃美国南方食物是保持种族界限和拒绝接纳中国文化的一种方式。

此外，每周在格雷戈里家举行的社交活动邀请谁和不邀请谁，充分展示了英美烟草公司中国分公司的所有权及其归属。中国高层员工很少能获准进入格雷戈里家，但就连刚从美国南方来的新人都能每周收到邀请。事实上，目前没有证据表明曾有中国员工参加过周日的早餐会。就这样，哈蒂家就像一个筛子，把中国人从家庭和公司的主要社交活动中筛掉，即使他们身边伺候他们吃穿用度的都是中国佣人。因此很明显，家作为公司的活动场所非常重要。20世纪的家庭环境仍旧是较为私人和单纯的空间，英美烟草公司在格雷戈里家中的活动将南方员工定位为家人，而中国员工则定位为外人。

英美烟草公司的中国商业文化

当然，英美烟草公司中国分公司还有另一种商业文化，那就是孤立的、偶尔与外国人有交集的中国商业文化。分公司的中国商人有时会在适当的时候邀请外国人参加他们的社交活动；事实上，在那些场合，他们往往把外国人当作贵宾。然而，大多数中方举办的活动都没有外国人参加，部分原因是中国员工的人数远远超过外国代表。该公司绝大多数日常业务交易发生在中国人之间，看不到外国人参与其中。此外，分公司的中国商业文化形成了一套与美国南方商业文化不同的关系，这种中

---

1 North Carolina Council: Jane Gregory Marrow Oral History Interview, June 1, 1980, East Carolina Manuscript Collection.

国商业文化包含多种活动。例如，中国的每一笔生意，都从抽烟喝茶开始。在中国商人希望举办一场社交活动来建立中国男性之间的商业联系时，他们就会举办宴会，类似于英美烟草公司上海高管家中的聚会。

在中国，举办宴会是建立和保持业务联系的主要社交形式。中国商人举办宴会可能有很多原因：可以用来结交新的商业伙伴、欢迎新员工，或欢迎到访的业内精英。宴会通常只有男性参加，地点可以是餐馆、名妓的住所或其他公共大厅，供应各式菜肴和大量饮品，不时地能听到人们干杯和敬酒的声音。如第一章所述，高级妓女的服务之一就是策划宴会。举办宴会可以展示出主办者的地位和慷慨，同时与他人建立互惠关系，这是中国商业文化运作的关键流程。商人们在做生意时施人情也欠人情，对别人表达敬意也接受别人的敬意，由此壮大自己的商业关系网。"关系"这个词在英语中没有直接对应的词，它指的是一个人通过给别人好处而获得了一些信誉，而这种信誉之后也需要一些回报。这个过程与层级制度相辅相成——其实关系是公司内部层级制度的一部分。例如，有公司高层代表出席的大型宴会可以曝光和提升某个人在公司中的地位。英美烟草公司的大部分业务都是通过这些关系网进行的，外国人虽然知道它们的存在却并不能看得很明白。[1]

中国分公司的员工举办的一些宴会确实会邀请外籍员工，这些活动都是最常见的公司社交活动，中外员工一起参加。弗兰克·卡纳迪（Frank Canaday）回忆说，在中国任职初期，"（一天）晚上，……我第一次参加了……中国的男性宴会，我在那里见到了全中国与我有生意往来的人"[2]。英美烟草公司的初级员工主要在与中国员工团队出差推广某个品牌时才会参加宴会。通常，位于附近的中国经销商会为来访的团队

---

[1] Mayfair Mei-hui Yang, *Gifts, Favors, and Banquets: The Art of Social Relationships in China* (Ithaca: Cornell University Press, 1994)，虽然探讨的是1949年之后的情况。但此书对宴会场合中赠送的礼物可能包含的意义提供了宝贵的见解。

[2] Frank H. Canaday, unpublished memoir, 40, Frank H. Canaday Papers, Harvard-Yenching Library, Harvard University.

以及该地区已有和潜在的零售商举行宴会。帕克指出："这些活动看起来像是普通社交，但其实能谈妥很多买卖"。[1] 哈钦森回忆道：

> 我们的中国商人随便找个借口就能请人吃饭。这些饭局都是正式的商务宴会……主办人一开始就会给每个人都倒满热酒，并向贵宾敬酒。主宾举杯祝愿主办人身体健康，接着宴会正式开始。别人斟酒的时候，客人需伸出双手捧着酒杯，礼貌地表示拒绝，但往往总是接受，而且酒杯一空就会立即被满上。[2]

因为外国人在公司里有地位，主人经常把他们当作贵宾，这也让主人显得更有身份。

在精英阶层，举办宴会对于中国商人确立自己在公司的地位和与其他中国男性的层级关系来说非常必要。例如，1912年12月，郑伯昭在汉口为庆祝长孙出生举办了一场非常盛大的宴会，而也是在这一年，他晋升为英美烟草公司皇后牌香烟（大英牌）经销商负责人。虽然宴会名义上是一场家庭庆祝活动，但他邀请亨利和哈蒂·格雷戈里为贵宾，并邀请了英美烟草公司的其他一些外国高管。这场宴会场面盛大，极尽奢华，与郑伯昭的身份相符，总共接待了200名中国客人。中国客人上午10点入场，外国客人下午2点入场，晚宴一直持续到下午5点，之后还有一场戏剧演出。哈蒂夫妇会有专门的翻译陪同，但哈蒂认为自己的中文水平不高，语速很快的对话大部分她都理解不了。而且，除了名妓之外，她可能是唯一的女性嘉宾。哈蒂因为头痛没有参加这个活动，"但亨利和其他人不得不去。"她写道。[3] 郑伯昭以一种典型的方式利用宴会宣布自己当上祖父，此外还宣布和巩固了他在公司的特殊地位。

---

1 Parker and Jones, *China and the Golden Weed*, 122–123.
2 Hutchinson, *China Hand*, 70.
3 Hattie Gregory to Kate Arrington, December 23, 1912, Hattie A. Gregory Papers.

种族隔离的商业文化反映了这种企业层级制度，也塑造了这种层级制度，但中国人并没有把所有权力都交到外国人手里。中国员工掌控着宴会的操办权，外籍员工只有受邀的情况下才能参加，他们适应了通过宴会来打造英美烟草公司关系网的方式。宴会是外国和中国员工进行社交活动的关键场所，但这里不由外国人所控制。事实上，宴会恰恰表明该公司有许多业务掌握在中国员工手中。也许对美国南方人来说，中国商人保持独立的商业文化是合乎情理的，就像在美国本土，法律规定非洲裔美国人必须使用隔离开的场所。

格雷戈里家的社交规则上有一个例外，那就是郑伯昭会定期拜访哈蒂。郑伯昭之所以认识哈蒂，是因为1912年时他们曾一起从北卡罗来纳州长途跋涉来到中国。对外国人来说，下午拜访是普遍做法，而清朝时期的中产阶级也是如此，但在中国文化中，男性通常只拜访男性，或者拜访的人里男女都有。"那个老买办经常来拜访我。"哈蒂告诉她的表妹。郑伯昭总是带着礼物，这是中国社交的习惯。他曾送给她一枚金戒指、一件可以做大衣的羊皮，还在她第一个孩子出生时，送给她一顶婴儿帽。[1] 郑伯昭成功融合了中外社会习俗，成了格雷戈里家中的客人。然而，亨利·格雷戈里回敬郑伯昭时，既没有让郑伯昭在自己家里举办的美式宴会当上宾，也没有举办过大型的中式宴会，而是带郑伯昭、哈蒂以及另外两名北卡罗来纳的员工在外面的一家餐厅里用餐。[2]

结　论

当英美烟草公司员工及其家族在中国共建企业组织架构时，以种族隔离制度为基础的亮叶烟草关系网体现了企业权力和帝国权力。在美国

---

[1] Hattie Gregory to Kate Arrington, December 23, 1912, Hattie A. Gregory Papers.

[2] Hattie Gregory to Mamma, September 7, 1913, Hattie A. Gregory Papers.

南部，亮叶烟草关系网产生于种族隔离制度，也在这个制度中发挥作用，因为在不断扩张的经济中，它通过种族等级而不是专业技能来决定白领阶层的就业机会。在中国，亮叶烟草关系网依旧以种族为界管理经济扩张。亨利·格雷戈里无法将美国南方隔离制度搬到中国，但他创造性地利用债务建立农民的依赖性，在新制度中广泛投资，借鉴种族隔离制度培育了一个亮叶烟草农业项目。美国南方种族隔离还影响了哈蒂在上海法租界的家中使用卫生观念管理佣人和管理种族的方式。当时在中国看不到非洲裔黑人，美国南方人不能简单地把中国人与非洲裔黑人归为一类，但他们把熟知的种族层级制度当成一种资源，在中国培育新的社会形式，这些形式使公司重新将种族作为等级制度的基础。

在这个过程中，英美烟草公司南方人将美国南方白人的身份重新定义为企业帝国性质的身份。亮叶烟草关系网之所以是帝国的性质，不仅因为英美烟草公司从不平等条约中获益，还因为该关系网充当了一种操控远距离关系的机制，公司权力通过这种连接来运作。它还区别对待外国人和中国人，塑造了该公司和企业集团的垂直层级制度。[1] 当然，像英美烟草公司这样的大型组织都有职能层级，但它的外国商业文化尤其保证中国分公司内部的垂直层级不是简单地由（员工的）专业知识或经验决定的，而是由种族决定的。

我们可以通过现代性的神话讲述亮叶烟草从美国向中国扩张的故事。亮叶烟草始于美国，有一定的技术壁垒，接着传到东方，传到中国。事实上，英美烟草公司的美国南方人似乎就是这样认为的，他们也谈到"改进"中国烟草种植方式和中国烟草本身。问题在于，我们很难从这种强加的进步观念，以及更重要的是认为现代性最先传入西方的观念中找到其中的联系和连续性。格雷戈里来到中国时，亮叶烟草的扩张还没有完成，在美国南部其实也在继续。亮叶烟草关系网的重要意义一部分

1　Paul A. Kramer, "Power and Connection: Imperial Histories of the United States in the World," *American Historical Review* 116, no. 5 (December 2011): 1350.

在于它在两地都发挥了积极而富有成效的作用，根据企业的需求改变当地经济，但它不可能简单地扩大已有的完整体系。亮叶烟草的蔓延是美国和中国同时发生的一场尚未完成的企业转型的一部分。

亮叶烟草关系网还几乎同时在美国南方和中国协调组建了新香烟厂。当然，美国当时已经有香烟厂了，但是美国烟草公司在19世纪90年代把南方的工厂搬到了北方。直到20世纪第一个10年，也就是中国工厂发展到巨大规模的那10年，美国的烟草业才开始南移。虽然这一过程在两地同时发生，但两家工厂的管理系统都不是简单地将对方的技术进行应用。在这两种情况下，工厂管理层在根据种族和性别划分的空间中规范工人的行为，并混合利用合法和非法的暴力方式来维持秩序，尽管并非总能尽如人意。我们将在第四章就此进一步讨论。

第四章　组建跨国香烟厂的劳动力

20 世纪 20 年代，鲁比·德兰西（Ruby Delancy）和钱美凤（Qian Meifeng）都在与亮叶烟草关系网相关的香烟厂包装车间工作。1925 年，13 岁的德兰西开始在美国烟草公司的北卡罗来纳州里兹韦尔分部工作。她的第一份工作是手工包装"五十"（一盒装 50 支香烟）这种规格的香烟。1929 年，9 岁的钱美凤开始在英美烟草公司位于上海榆林路的工厂工作。她的第一份工作是给在包装机器上工作的人分发能装十根烟的空包装盒。在这两个工厂，这样的初级职位有更高的地位。里兹韦尔的包装车间只雇用像德兰西这样的白人；黑人女性主要在烟叶（stemmery）车间工作，给烤好的烟草去梗。上海的包装车间主要雇用浙江的妇女和女孩；钱美凤就来自上海以南这个地位较高的省份，而来自更偏远地区的农村女性都是做去梗的工作。[1] 因此，这两个女孩都有理由庆幸自己运气好，能做更干净、更容易、薪水更高的工作。

德兰西和钱美凤都参加类似的工厂编舞工会，跳一种类似的劳工舞蹈。她们都感受到自己的劳动被卷烟机间接地控制着节奏，而卷烟机也

---

[1] 鲁比·德兰西访谈，由本书作者与科里·格雷夫斯（Kori Graves）于 2001 年 6 月 19 日共同进行采访；钱美凤访谈记录摘录，1963 年 7 月 18 日，上海社会科学院经济研究所编，《英美烟公司在华企业资料汇编》（北京：中华书局，1983），第 3 册，第 1051 页；钱美凤访谈记录，1963 年 7 月 18 日，英美烟公司资料，上海社会科学院（原文中，后文均简称为"BAT Collection, SASS"）。

决定了整个工厂的香烟生产速度。[1] 她们每个人对烟草都很熟悉——烟草刺鼻的气味、切碎的烟草的颜色和质地、香烟成品顺直的线条——那些烂熟于心的重复动作即使在睡梦中也能完成。她们从特定的门进入工厂，穿着指代身份的工作服，有的人可以得到免费香烟，这肯定了她们的价值，而有些人没有免费香烟，这成为某种耻辱。两个女孩都把她们的收入贡献给大家庭。她们都不是当地第一代挣工资的年轻女性，但去工厂工作对于女孩来说仍旧是比较新鲜的事情。

德兰西和钱美凤之所以有共同点，是因为亮叶烟草关系网在美国南方和中国两地都在雇用、培训和管理劳动力方面发挥了作用。例如，来自北卡罗来纳州罗利的艾维·G. 里迪克（Ivy G. Riddick）在中国从事烟草制备和香烟生产管理时，他的同行在北卡罗来纳州从事着同样的工作。里迪克 1914 年前往中国；1919 年，任英美烟草公司中国分公司汉口工厂烟叶车间主管，后任厂长。1931 年，他成为英美烟草公司浦东大型工厂的一名特聘劳工顾问，一直工作到 1939 年。[2] 亮叶烟草关系网改变了两个社会，尽管不完全相同，它促进了劳动力的迁移，重新组织了地方经济以适应工业生产，并通过管理架构塑造员工的行为模式与主观思想。[3]

德兰西和钱美凤的老板们在管理工作场所时采用了类似的策略，但

1　参见 Stephen J. Collier and Aihwa Ong, "Global Assemblages, Anthropological Problems," in *Global Assemblages: Technology, Politics, and Ethnics as Anthropological Problems*, ed. Stephen J. Collier and Aihwa Ong (Malden, MA: Blackwell, 2005), 11–14; Mona Domosh, "Labor Geographies in a Time of Early Globalization: Strikes Against Singer in Scotland and Russia in the Early 20th Century," *Geoforum* 39 (2008): 1676–86.

2　Ivy G. Riddick to William Morris, March 19, 1934, Ivy G. Riddick Papers, Southern Collection, University of North Carolina, Chapel Hill (hereafter cited as Riddick Papers).

3　Dipesh Chakrabarty, *Provincializing Europe: Postcolonial Thought and Historical Difference* (Princeton: Princeton University Press, 2000), 51–62; Michael Denning, "Representing Global Labor," *Social Text* 25: 3 (Fall 2007): 125–145; Lisa Lowe, "Work, Immigration, Gender: New Subjects of Cultural Politics," in Janice A. Radway, Barry Shank, Penny Von Eschen, and Kevin Gaines, eds., *American Studies: An Anthology* (Malden, MA: Wiley-Blackwell, 2009), 177–184; David R. Roediger and Elizabeth D. Esch, introduction to *The Production of Difference: Race and the Management of Labor in US History* (New York: Oxford University Press, 2012).

工厂的政策和架构是在截然不同的背景下发展起来的。地方政府以不同的方式影响工厂秩序。此外，像德兰西和钱美凤这样的员工本身有着截然不同的生活经历，她们对工作场所的监管和层级制度有着特殊的期望。她们的汇报对象也不是高层管理人员，而是在日常生活中经常出现的直接主管，尽管在每个地方都有很大不同。所有这些因素都决定了工人如何应对管理层，以及工厂里的互动交流如何展开。的确，如果德兰西和钱美凤神奇地被送到对方的工作场所，她们极有可能会感到迷茫。德兰西和钱美凤都是新兴的全球烟草产业中的劳动力，但她们都在当地背景下体验了公司文化，也反过来塑造了公司文化。

亮叶烟草关系网中的管理人员在两个相距甚远的地方几乎同时组建了各自的劳动力，本章即将讲述这样的香烟生产扩张故事。尽管美国的香烟业比中国早了 20 年，但美国 1911 年之后才将香烟厂迁往美国南方，重新配置了劳动力，并开始大规模扩张，而这仅仅是在中国建厂那几年的事。美国烟草公司的美国香烟厂一直位于美国北方城市，那里有大量的女性移民工人，也是该公司首选的劳动力。香烟厂之所以向南迁移，是因为 1911 年最高法院宣布解散具有垄断性质的美国烟草公司，后续出现了四家新公司：新的美国烟草公司、利格特和迈尔斯烟草公司、雷诺烟草公司，以及罗瑞拉德烟草公司。新的时代竞争促使这些公司在温斯顿 - 塞勒姆（1912 年）、里兹韦尔（1916 年）和达勒姆（1917 年和 1924 年）开设了香烟厂。

烟草业在南方重置时，把主要雇用黑人的烟草烘烤车间和主要雇用白人的香烟制造车间统一到了一起。烟草公司赋予了这些职位不同的形态以及不同的经济和文化价值，同时还创造性地参与了广义的南方种族隔离制度，相比于纽约市的工厂，（南方工厂）会更明显地按种族和性别来划分工作岗位。制造商以前使用性别、年龄和种族类别来决定招聘过程，但招聘来的基本都是情况类似的城市移民女孩。在北卡罗来纳州，在招聘、日常工作场所中的职位定位和层级组织中，管理人员都让工作类别带上了种族和性别的特征。[1] 烟草的烘烤工作仍由黑人负责，但卷烟机的操作工作从白人女孩手里转到了成年白人男性手里。工厂和机器在南方的政治经济中重新占据了位置，其方式与美国南方的种族层级制度相一致，并产生了效果。

英美烟草公司与此同时在中国创建了烟草行业。1906 年和 1907 年，公司分别在浦东和汉口新建了工厂。1909 年和 1914 年，公司在沈阳和哈尔滨分别增加了一个工厂。到 1916 年，也就是托马斯来到中国的十多年后，英美烟草公司在中国销售的 120 亿支香烟中一半到三分之二由其中国工厂供应。1917 年，英美烟草公司在上海建立了第二大工厂，随后在天津（1921 年）、青岛（1925 年）和香港（1929 年）创办了工厂。到第一次世界大战结束时，有 2.5 万中国人在英美烟草公司的香烟厂工作。就像在美国南方一样，中国工人的职业分类严格按照性别和出生地（祖先和家庭的农村原籍）划分。[2]

亮叶烟草关系网在两地培养并管理大量的劳动力。作为具有帝国性质的一种企业结构，该关系网在培养和管理烟草劳动力中起到了协调作用，它强化了某些差异，同时又忽略某些差异，在工厂车间的某些工作

---

[1] 对烟草业工种种族隔离进行基础研究的是 Charles S. Johnson, *Patterns of Negro Segregation* (New York: Harper and Brothers, 1943). 也可参见 Dolores Janiewski, "Southern Honor, Southern Dishonor: Managerial Ideology and the Construction of Gender, Race, and Class Relations in Southern Industry," in *Work Engendered: Toward a New History of American Labor*, ed. Ava Baron (Ithaca: Cornell University Press, 1991), 70–91; Dolores E. Janiewski, *Sisterhood Denied: Race, Gender, and Class in a New South Community* (Philadelphia: Temple University Press, 1985); Robert Rodgers Korstad, *Civil Rights Unionism: Tobacco Workers and the Struggle for Democracy in the Mid-Twentieth-Century South* (Chapel Hill: University of North Carolina Press, 2003).

[2] Sherman Cochran, *Big Business in China: Sino-Foreign Rivalry in the Cigarette Industry, 1890–1930* (Cambridge: Harvard University Press, 1980), 16, 129, 164, 137.

方面指导工人，同时又禁止一些行为，还会制定一些特定的工作纪律。[1]在这两种体系中，都可以看到在实行种族隔离的南方所形成的种族管理知识的印记，但基于这种知识的政策在中国工厂中并不总是具有直观意义，因此有时效果较差。此外，这两种制度都通过大权在握的基层主管和外部监察对员工半是约束，半是胁迫，极尽能事。这些相互联系的劳动制度齐头并进，显示出跨国公司在全球范围内组织劳动力的努力，而其具有帝国性质的特征也展露无遗。与此同时，两地的烟草业都不只是简单复制其他地方已经建成的产业；相反，两地的产业都渗透到日常生活中，没人知道未来会如何发展。

香烟厂迁往中国和美国南部的原因

虽然美国南部和中国成为香烟生产的核心地带，但其实两地都不曾是这种发展的首选。1904年，当英美烟草公司旗下的村井兄弟烟草公司被日本政府国有化后，英美烟草公司才开始考虑将中国选为生产基地；即使对赞成推动这项决议的人来说，在中国建厂也是没有经验可循、极其冒险的行为。而美国的情况是，美国烟草公司实际上已经把烟草生产从南方转移走了，大部分转移到了纽约。将工厂迁至中国和北卡罗来纳州，明显的优势是可以以较低的工资雇用工人，但也需要企业推动农村人口流向城市，与当地经济和各阶层融合，并与多数具有农业背景的新产业工人合作。这些工厂最终将走到行业的前沿，但在初始阶段，美

---

[1] Daniel E. Bender and Jana K. Lipman, *Making the Empire Work: Labor and United States Imperialism* (New York: New York University Press, 2015); Elizabeth D. Esch, *The Color Line and the Assembly Line: Managing Race in the Ford Empire* (Berkeley: University of California Press, 2018); Robert Vitalis, *America's Kingdom: Mythmaking on the Saudi Oil Frontier* (Stanford: Stanford University Press, 2007); Julie Greene, *The Canal Builders: Making America's Empire at the Panama Canal* (London: Penguin Press, 2009); Jason M. Colby, *The Business of Empire: United Fruit, Race, and US Expansion in Central America* (Ithaca: Cornell University Press, 2011), 79–148.

国北部、日本以及整个欧洲和中东已经有了更大、更成熟、更成功的工厂。

认为中国似乎不是生产香烟的理想之地出于以下一些原因。在此之前，美国烟草公司和英美烟草公司在海外建厂主要不是为了获得廉价劳动力，而是为了逃避出口产品的高关税。关税结构是帝国权力的一种表现：美国制定高关税以保护美国企业，这也是埃及公司在美国开设分工厂的原因。在日本提高关税之前，美国烟草公司一直向日本出口香烟；直到日本提高关税，美国烟草公司才不得不买下村井。中国的关税仍然很低，这是与外国强权签订的强制性条约规定的。[1] 此外，中国市场4亿潜在消费者的现状没有满足美国商人的预期。《北美评论》(*North American Review*) 在1902年甚至曾这样警告美国商人："亚洲贸易的巨大潜力在当前或近期内都不会实现。亚洲市场的增长会很缓慢，在某种程度上来说甚至让人失望……除非中国大量修建铁路。"[2] 在1905年，设想在中国建大型香烟厂会如何兴旺发达是颇为大胆的行为，甚至会被人说成愚蠢。

尽管存在风险，英美烟草公司和其他公司还是看到了在中国建厂的潜力。1895年，中国在中日甲午战争中惨遭失败，被迫与日本签订了允许列强在中国通商口岸建厂的新条约。英国公司于1895年和1896年在上海建造纺织厂，德国和美国紧随其后，不过美国的纺织公司在中国没有成功。[3] 日本公司到1904年开始建造纺织厂。为了满足这些新工厂的需求，劳动力已经开始涌向这些地方，特别是向上海。1904年，日本将村井兄弟烟草公司国有化时，英美烟草公司下定决心在中国建立东亚生产中心。来自北卡罗来纳州达勒姆、时任村井公司副总裁的爱德

---

1 Cochran, *Big Business in China*, 42–43, 45.

2 John Barrett, "America in China: Our Position and Opportunity," *North American Review* 175, no. 552 (November 1902): 660. 也可参见 Thomas J. McCormick, *China Market: America's Quest for Informal Empire, 1893–1901* (Chicago: Quadrangle Books, 1967).

3 Emily Honig, *Sisters and Strangers: Women in the Shanghai Cotton Mills, 1919–1949* (Stanford: Stanford University Press, 1986), 16; John Eperjesi, "The American Asiatic Association and the Imperialist Imaginary of the American Pacific," *boundary 2* 28, no. 1 (2001): 195–219.

华·J. 帕里什（Edward J. Parrish）曾反对在中国建厂，但 1904 年 5 月，他在东京给杜克和伦敦董事会写信说："看来在中国建厂似乎是不错的主意……是时候赶紧动起来在中国大干一场了。"帕里什暗示自己能力很强，可以按照英美烟草公司的做法培训中国的主管。英美烟草公司上海处的经理威廉·R. 哈里斯（William R. Harris）后来也确实雇用了他。[1] 杜克同意向中国转移，他说："如果在中国生产香烟更便宜，那就应该在中国生产。"[2] 从杜克的评论可以看出，中国的廉价劳动力是建厂的吸引力之一。

当时国际上正在对颇有争议的"苦力贸易"展开辩论，英美烟草公司的高管在这种背景下评估了中国劳工的潜力。[3] 关于中国劳工对民主和文明的影响，这场多维度的辩论产生了截然相反的信息，但两个呼声最高的观点都认为中国工人与来自美国和欧洲的白人相比，在劳动方面具有不同的种族能力。一群美国劳工领袖认为，中国男人缺乏白人所具有的更高级的需求和道德情感，而这些是作为一个文明人以及维持家庭生活所必需的。[4] 1902 年，雪茄制造商塞缪尔·冈帕斯（Samuel Gompers）成为美国劳工联合会的主席，他将自由、阳刚和习惯吃肉的美国人与"亚洲苦力"（Asiatic Coolieism）进行了一番对比。"谁会幸存下来？"冈帕斯问道。他认为，中国男人习惯吃米饭、吸鸦片、缺乏

1　Edward J. Parrish to James B. Duke, May 16, 1904, Edward J. Parrish Papers, Duke University, Durham. 帕里什往伦敦寄了一份复写稿。他之前反对建厂，因为据报道，日本政府此前推迟了国有化，原因正是它能从村井公司的东亚出口中获得税收。

2　引用自 Howard Cox, "Learning to do Business in China: The Evolution of BAT's Cigarette Distribution Network, 1902–1941," *Business History* 39, no. 3 (1997): 61.

3　Moon-Ho Jung, *Coolies and Cane: Race, Labor, and Sugar in the Age of Emancipation* (Baltimore: Johns Hopkins University Press, 2006), 5–13; Elliot Young, "Chinese Coolies, Universal Rights, and the Limits of Liberalism in an Age of Empire," *Past and Present* 227, no. 1 (May 2015): 121–149.

4　Nayan Shah, *Contagious Divides: Epidemics and Race in San Francisco's Chinatown* (Berkeley: University of California Press, 2001); Alexander Saxton, *The Indispensable Enemy: Labor and the Anti-Chinese Movement in California* ([1971]; Berkeley: University of California Press, 1995); Lawrence Glickman, "Inventing the 'American Standard of Living': Gender, Race, and Working-Class Identity, 1880–1925," *Labor History* 34 (1993): 221–235.

男子气概、不自由、病恹恹，他们生活在"殖民地"上，而不是生活在家庭中。因此，他们愿意以更低的工资比白人工作更长的时间。[1]他赞同威斯康星大学社会学家 E. 罗斯（E. A. Ross）的观点，罗斯认为，中国人有一种"种族生命力"，因此能以比白人更低的条件生活。[2]

商人们驳斥了中国工人是病恹恹的说法，也不认为他们有威胁，但他们对中国工人的辩护往往也赞同类似的种族主义观点。1898 年，英国纺织公司代表考虑在上海建一座工厂，因为英国工人"又贵又不服从命令"，而中国工人"廉价、人多又顺从"，还说给中国工人"一碗米饭或者小麦蛋糕，就能让他们连轴转 11 个小时"[3]。詹姆斯·A. 托马斯赞同这样的观点，即中国工人不仅顺从，还具有超强的忍耐力。[4]他低声对里兹韦尔的银行家 R. L. 瓦特（R. L. Watt）说："如今，劳动力是伟大的商品，你知道，不用工会，这些人就愿意每天工作 18 个小时。"[5]很长一段时间里人们都持有这样的观点。1922 年，美国商务部的朱利安·阿诺德（Julean Arnold）这样夸赞道："中国工人非常善良，很有耐心，不辞辛苦，能以很少的钱维持生活，（而且）具有非凡的忍耐力。"[6]英美烟草公司在雇用中国工人和实施工厂政策时，借鉴了这些关于中国工人的相

---

[1] *Some Reasons for Chinese Exclusion: Meat vs. Rice, American Manhood Against Asiatic Coolieism, Which Shall Survive?* 57th Cong., 1st sess., S. Doc. No. 137 (1902) (statement of Samuel Gompers). Washington, DC: Government Printing Office.

[2] 引用自 Michael Omi, review of *Thinking Orientals: Migration, Contact, and Exoticism in Modern America*, by Henry Yu, *Journal of Asian American Studies* 5, no. 2 (June 2002): 181.

[3] *Report of the Mission to China of the Blackburn Chamber of Commerce, 1896–1897: FSA Bourne's Section* (Blackburn: North-East Lancashire Press Company, 1898), 231.

[4] James A. Thomas to Willard Straight, July 20, 1915, James A. Thomas Papers, Duke University, Durham (hereafter cited as Thomas Papers). 作为美国亚洲协会的成员之一，托马斯反对《排华法案》，因为这会导致在中国境内的商业关系复杂化。Eperjesi, "The American Asiatic Association and the Imperialist Imaginary of the American Pacific," 195–219; Paul A. Kramer, "Imperial Openings: Civilization, Exemption, and the Geopolitics of Mobility in the History of Chinese Exclusion," *Journal of the Gilded Age and Progressive Era* 14 (2015): 317–347.

[5] James A. Thomas to R. L. Watt, July 31, 1915, Thomas Papers.

[6] Julean Arnold and William H. Gale, "Labor and Industrial Conditions in China," *Trade Information Bulletin*, no. 75, October 30, 1922, 1.

当奇特的观点,同时也将自己的观点贡献其中。

杜克同意香烟工厂应该转移到中国,但他从未将香烟工厂搬回他的家乡北卡罗来纳州。这种垄断在1890年形成时,弗吉尼亚州和北卡罗来纳州的工厂分别贡献了该公司23%的产量,纽约的工厂占到47%。到1905年,北卡罗来纳州的香烟产量仅占该公司香烟产量的3%,弗吉尼亚州占16%,而纽约的份额已上升到60%。[1]事实上,美国烟草公司的香烟业务在杜克的管理下萎靡不振,主要是公司因为忙于接管市场份额更大的嚼烟和斗烟业务,而公司在美国国内市场的香烟份额被埃及和移民生产商所夺走。此外,与世界其他许多地方不同,在美国,香烟对斗烟和雪茄的影响并不大。1912年和1913年,就在垄断瓦解的时候,相对于其他烟草商品,美国的香烟消费明显低于英国、西班牙、俄罗斯、奥地利、德国、日本、意大利和法国。[2]

当最高法院把美国烟草公司分成四个继任者公司时,也将工厂财产一分为四,一些人趁此机会想新建香烟厂。由于各个工厂都只生产某些特定种类的产品,没有一家公司能提供全品类的产品。雷诺烟草公司获得的产业是位于温斯顿-塞勒姆的大型嚼烟斗烟工厂,但它是唯一一家只获得了南方产业的公司,而且新纳入的产业里没有生产香烟的品牌。[3]为了提供全品类的烟草产品,雷诺于1912年在其温斯顿-塞勒姆的工厂引入了香烟生产业务,成为第一个在南方设立新香烟工厂的大型生产商。

---

[1] 1905年,纽约的香烟产量占该公司香烟产量的60%;新奥尔良占10%。Meyer Jacobstein, "The Tobacco Industry in the United States," *Columbia University Studies in History, Economics, and Public Law* 26, no. 3 (1907): 97.

[2] 莱斯利·汉纳的论据是 "The Whig Fable of American Tobacco, 1895– 1913," *Journal of Economic History* 66, no. 1 (March 2006): 42–73, 尤其可参见第45页。

[3] 烟草历史学家将此描述为雷诺家族的"回归",因为在1899年,美国烟草公司在同一地点接管了雷诺的一家工厂。然而,在随后的12年里,美国烟草公司利用雷诺公司在其附近合并了几十家咀嚼烟和斗烟公司。当最高法院将美国烟草公司拆分为四家公司时,雷诺烟草公司所获远超其最初的家族企业。Nannie M. Tilley, *RJ Reynolds Tobacco Company* (Chapel Hill: University of North Carolina Press, 1985).

烟草行业只是缓慢地跟着雷诺公司的步伐发展，可能是因为其他公司已经有了卷烟车间。1916 年，北卡罗来纳州里兹韦尔的查尔斯·佩恩（Charles Penn）担任新美国烟草公司制造部门的副总裁，他成功地游说该公司在里兹韦尔工厂开设卷烟车间。佩恩这样做是因为他一直与里兹韦尔有联系。杜克在 19 世纪 80 年代搬到纽约市的时候，佩恩留在了里兹韦尔，甚至在美国烟草公司吸收了他的家族企业之后，他也像雷诺一样，曾担任自己家族工厂的经理。他成为副总裁后，不得不经常到纽约出差，据说他很讨厌出差，他仍旧住在里兹韦尔的家里，甚至保留了他在工厂的旧办公室。在里兹韦尔建立新的好彩牌（Lucky Strike）香烟工厂会将大量的工作机会引向佩恩的家乡。佩恩坚持在里兹韦尔建厂可能与雷诺竞争有关系，他想在北卡罗来纳州山区树立自己的领袖地位。[1]

组建跨国香烟劳力

中国和美国的香烟产业几乎同时发展起来，这就要求来自亮叶烟草关系网的管理人员与截然不同的劳动力群体打交道，并将他们塑造成一个有效的香烟工厂体系。在这两种情况下，他们利用性别、年龄、种族或出生地来建立职业分类和身份制度。在这两种情况下，许多被雇用者都是从农业劳动者过渡到工业工人的新手，这也意味着家庭性别角色的重写。有趣的是，美国和中国的管理者雇用女性担任的职位几乎相同，女性的占比也几乎相同。在这两个地方，女性大约占到三分之二。尽管并非所有的制造业工作都由女性来做，但亮叶烟草香烟行业和全球很多行业一样，将女孩视为没有技能的劳动力。如第二章所述，"女孩"一

---

[1] "Charles Penn Dies in New York," *Reidsville Review*, October 23, 1931, 1; "Reidsville Pays Honor to Its Beloved Son," *Reidsville Review*, October 26, 1931, 1. 佩恩是里兹韦尔的一位慈善家，他为安妮·佩恩医院捐赠了创始基金，并为其他许多事业做出了贡献。

词掩盖了年龄和婚姻状态，这样只给她们很低的工资和没有什么前景的职位也就显得合情合理了。[1]

在南方小镇建立香烟厂给劳动力招聘带来了挑战，这慢慢引发了职业分类的变化。在最初的几年里，位于温斯顿-塞勒姆的雷诺工厂和位于里兹韦尔的美国烟草公司工厂都采用了公认的做法，雇用女孩来做香烟生产工人，可能因为这项工作似乎天生适合女性。1903年，杜克表示美国烟草公司之所以雇用女性生产香烟是因为这项工作"简单而轻松"。[2] 在南方，外来移民很少，所以雷诺和佩恩促使很多乡村白人女孩为这些新职位而离开家乡。1918年，雷诺买下了一家酒店，为移居温斯顿-塞勒姆的年轻女性提供住处。[3] 同样，里兹韦尔也为女员工提供了宿舍。[4] 1918年，美国烟草公司斥资50万美元建成了新的香烟厂，并在里兹韦尔为雇员建了100所住宅。[5]

南方的烟草制造商仍旧依赖白人女孩来维持生产，但他们也担心这种劳动力结构会在某种程度上影响当地的社会秩序。1916年10月，美国烟草公司宣布里兹韦尔的新香烟厂开业，在报纸上明确表明由此开放的200个新岗位只雇用"白人年轻女性"，并带着歉意承认目前没有适合男性的工作。[6] 公司为了自己的利益按照对性别的设想进行招聘，但立竿见影的解决方案可能会带来新的问题。在很多白人男性也需要工作

---

[1] 香烟业排在规模大得多的纺织业之后。参见 Jennifer Guglielmo, *Living the Revolution: Italian Women's Resistance and Radicalism in New York City, 1880–1945* (Chapel Hill: University of North Carolina Press, 2010), 44–78.

[2] 引用自 Nannie M. Tilley, *The Bright-Tobacco Industry, 1860–1929* (Chapel Hill: University of North Carolina Press, 1948), 45.

[3] Tilley, *RJ Reynolds*, 271–272.

[4] Martha Gena Harris, interview by Dolores Janiewski, April 29, 1977, Southern Historical Collection, University of North Carolina, Chapel Hill.

[5] *United States Tobacco Journal* 89, no. 2 (January 12, 1918): 5.

[6] "Manufacture of Cigarettes to Commence Immediately," *Reidsville Review*, October 20, 1916, 1; "The Cigarette Factory an Accomplished Fact," *Reidsville Review*, October 24, 1916, 1. 到1924年，工厂雇用男工人操作机器，女工人负责捡烟。"Reidsville Plan Turns Out 15 Million Cigarettes Daily," *Southern Tobacco Journal* 44, no. 29 (July 17, 1923): 2.

的时候，烟草业只雇用女孩的做法引发了（社会上的）不安情绪，因为这颠覆了白人男性养家糊口的观念。尽管这项工作的宣传是专门针对年轻女性的，但在这个时代很多女孩还未成年便在那些工厂工作，直至几十年后退休。

如果雇用白人女孩是一个敏感的问题，那么非洲裔美国人的就业问题就更加令人焦虑了。事实上，镇上的领导人（其中很多是烟草商）一直担心烟草业会影响镇上的种族构成，因为烟草行业的大部分工作都是非洲裔美国人做的，新的工作机会也吸引黑人流向温斯顿-塞勒姆、里兹韦尔和达勒姆等城镇。早些年，雷诺承诺雇用一个员工就解决整个家庭的就业问题，有时还会支付交通费用，以此来吸引非洲裔美国人来温斯顿-塞勒姆。因此，该市的非洲裔美国人人口迅速增长，在1880年能占到47%，而北卡罗来纳州的黑人总人口只有约12%。[1] 邻近的城镇不愿采取类似的措施。1889年，里兹韦尔的嚼烟制造商迪卡特·巴恩斯（Decatur Barnes）写道："我们尤其需要工厂或磨坊，这样能为白人提供全年的工作。一个只向黑人提供岗位、一年只开工半年的企业无法支撑一个城镇。[2] 里兹韦尔和达勒姆的烟草商积极推动纺织厂的开张。纺织厂主要为白人男女提供用纺织机和纺纱机工作的机会，这让支持白人主导城镇的人放心，黑人与白人的比例不会倾斜到温斯顿-塞勒姆的水平。"

第一次世界大战前后，四大烟草生产商改变了雇用和管理制度。他们都以种族和性别为标准来划分劳动力，但现在公司重新界定了卷烟机操作员这个工种，认定只有成年白人男性才能担任这个岗位。在当时形成的这个职业分类体系一直沿用了几十年，其间只有很小的调整，直到1964年的《民权法案》（1964 Civil Rights Act）认定工作场合的种族歧视和性别歧视为违法行为。白人女工继续在香烟制造和包装方面发挥关

1　Korstad, *Civil Rights Unionism*, 43, 44, 70; "Remember When," *Reidsville Review*, August 19, 1932, 2; population figure from *http://library.guilford.edu/c.php?g=142981&p=1220753*.

2　"Our Oldest Tobacco Factory: The Forerunner of a Most Important Industry," *Reidsville Review*, February 27, 1889, 4.

键作用，但不再操作卷烟机。

鲁比·德兰西在香烟厂当工人的经历在南方白人中颇具代表性。德兰西在北卡罗来纳州拉芬附近的一个农场长大，但在她13岁的时候，她的家人搬到了里兹韦尔，因为好彩工厂正在"招聘年轻女孩"。虽然这家工厂明确要求招收女孩，但德兰西认为自己承担的是男性的责任。她的父亲没有工作能力，而她的哥哥当时刚刚去世了，年仅21岁。"我必须担起养家的责任。"她回忆说。德兰西在工厂工作其实违反了新的童工法，但"我故意穿了一件到脚踝的长裙，跟他们说我已经16岁了"。几年后，德兰西在工厂的几个朋友丢了工作，这是因为有一名检查员要来检查，所以公司很快解雇了所有未成年人，但工厂办公室没有记录鲁比的真实年龄。她很高兴自己能在包装车间工作，比其他普通工作要好一些，因为她"能够帮助妈妈抚养孩子"。德兰西在这家工厂工作了42年。[1]

德兰西与工作的关系与公司的政策、当代的思想和风格以及她自己的个人天分有关系。虽然里兹韦尔只有大约8000人口，但对她来说，它就像一座城市。她在92岁的时候笑着说："哦，我比较叛逆！我穿着短裙，放荡不羁，爱调情。"工厂免费提供香烟，这为她抽烟创造了条件，当时南方抽烟的女性不多。她说："我就是靠好彩厂过活的。我一直都抽这种烟。那时香烟是免费的。"除了每周一次的免费香烟之外，德兰西还可以从女卫生间里的香烟盒里取用香烟。对德兰西来说，劳动的种族分工是一个始终存在的事实。大多数非洲裔美国人都在厂里的烟叶加工区工作，但她从来没去过，她说，据说"也有负责清洁卫生和打扫卫生间的（非洲裔美国人）"。17岁的时候，德兰西和她的男友溜到弗吉尼亚州的丹维尔结婚。然后他们回到里兹韦尔，继续在工厂工作，但鲁比不再和她的母亲住在一起，也不再把收入给她的母亲，她和母亲的关系不太好。[2]

1　Ruby Delancy, interview with author and Kori Graves, June 19, 2001.

2　Ruby Delancy, interview with author and Kori Graves, June 19, 2001.

没有哪两个地方能像里兹韦尔和上海有那样大的差异了。钱美凤的工作与德兰西的工作类似,但在国际化的上海,数十万人涌入国内和外资企业寻找新工作,钱美凤只是大军中的一员。英美烟草公司在雇用人数方面首屈一指,如果加上纺织公司则人数更多,此外还有无数其他行业也落地上海。到 1933 年,中国近一半的工厂都在上海。[1] 商人从南方涌入上海,劳工从四面八方而来,尤其是北方。钱美凤来自地位更高的,紧邻上海南部的浙江省。

英美烟草公司中国分公司借助在中国雇用的高级员工的力量,将本土作为工厂招聘劳动力的基础。英美烟草公司为每个车间聘请基层主管,然后由他们从自己的家乡招聘员工。这个基本策略没有什么根本性的创新。在中国,籍贯是一个重要的身份范畴。此外,中国不同地区的社会地位也存在很大差异,更贫困和更乡野的地区往往地位更低。在中国人建立商业关系网和雇用员工时,籍贯的重要性再怎么强调也不为过。长期以来,基于籍贯所结成的社会关系一直是公会和其他社会关系的基础,共同的方言和文化背景加强了这种联系。由于上海有很多外来人口,籍贯在不断发展的经济中往往成为建立新联系的基础,虽说由于外来人口太多了,基于籍贯地所建立的联系也不像传统中那样能发挥作用了。[2] 浙江是地位最高的省份之一,钱美凤在包装车间的优势地位也正是来自这一点。

钱美凤及其同类女性的生活与德兰西的生活截然不同,但工厂在她的经历中扮演了类似的角色。和德兰西一样,钱美凤的家乡离上海工厂并不远,但她一到上海就获得了某种更有优势的地位。钱美凤和她的同行住在工厂附近,通常与家人和当地人住在一起。来自其他省份的妇女和女孩在工厂另一栋大楼的烟叶车间工作。机械操作车间和卷烟车间

---

1 Perry, *Shanghai on Strike*, 17.
2 Perry, *Shanghai on Strike*, 19, 26–27; Gail Hershatter, *Dangerous Pleasures: Prostitution and Modernity in Twentieth-Century Shanghai* (Berkeley: University of California Press, 1997).

主要都是男性员工。钱美凤和她的同行平均把80%的工资花在食物上，很少有钱买其他的东西。此外，她还得给她的直接主管送礼。工人通常住在工厂棚户区，每户只有很少的空间（只有一百平方英尺），十户人家共用一个水龙头。钱美凤是家里第一个在工业行业打工的女孩，而她有一些同行，她们的母亲早在20年前未成年的时候就开始为英美烟草公司工作了。和德兰西一样，即使她在压抑的环境下辛苦工作，她可能也希望生活能有乐趣，能有人爱她。[1]

上南部美国白人管理者试图在美国和中国都制定出抽象的工作类别和管理策略，而德兰西和钱美凤就在这样的环境中开始自己的生活。管理人员利用性别、年龄、种族或出生地等社会分类因素来安排劳动分工，并给每个职位设计了不同的地位和工资标准。然而，管理人员并不是简单地利用已经存在的类别，这些不同的标记已经被赋予了新的目的。两地的管理人员都建立了纪律制度，包括指导工人在工厂里的行动、用不同的工作服来区别不同工种，以及借由免费香烟的福利来提高某些工人的地位。

人为制造职场身份和外在特征

首选，管理人员在工厂的烟叶车间和卷烟车间之间创建功能界限和空间界限，从而使不同职位的工人带有不同的身份和特征。在烟叶车间，工人准备烟草用于生产，方法是抽梗、去除杂质、将烟草的含水量处理到合适的程度，有时还要添加调味剂。他们还把叶子剁碎或者切碎并分类。在卷烟车间，工人们需要操作卷烟机，等香烟从机器中出来时，收

---

[1] US Bureau of Foreign and Domestic Commerce, Supplement to Commerce Reports Trade Information Bulletin No. 61 "Industrial Conditions in China," September 18, 1922, published by the Bureau of Foreign and Domestic Commerce, US Department of Commerce; Perry, *Shanghai on Strike*, 58.

集香烟并称重、清点、包装，接着给香烟、小包装盒、大包装盒和箱子贴上标签。烟叶车间和卷烟车间的工作都简单易学，除了需要在工厂里搬运烟草以外，没有一项工作需要特别的体力。虽然不同工作的地位和工资有差别似乎不足为奇，但造成这些差别的原因并不是技能，而几乎完全是出于控制劳动力而任意分配的。

例如给烟草去梗这个工作，分配工作的随意性就体现得特别明显。由美国南方白人管理的这些工厂，不论在美国还是中国，烟叶车间的工作地位都最低，工资也最低。在美国，从奴隶制开始，这种工作就和非洲裔美国人联系在一起。在美国，给烟草去梗的工作都是非洲裔美国女性来做；在中国，这份工作由来自地位低下的北方省份的女性来做（图4.1和图4.2）。然而，英美烟草公司最主要的竞争对手南洋兄弟烟草公司只雇用老板的同乡，籍贯是雇用的决定因素，但与进一步的职位细分无关。与英美烟草公司一样，南洋烟草公司也雇用女性做去梗工作，他们给烟叶工人的报酬比卷烟车间的工人要高，因为他们认为这项工作更不好做，否则就不值得做了。[1] 这种差异表明，英美烟草公司构建的工作价值观可能并不适合中国工人，因为他们并不觉得烟草处理工作与奴隶有何联系。

在中国，外国管理人员特别依赖中国主管来帮他们完成某个劳动力群体的组建。在英美烟草公司的中国工厂，外国人担任总厂长和主要车间经理，但他们雇用中国"工头"或主管来管理车间工人。[2] 按照美国的惯例，这些主管有权雇用也有权解雇自己的下属。英美烟草公司为不同的车间聘请了不同籍贯的主管，将这些地区的威望与岗位挂钩。[3] 这是中国很常见的现象，主管从自己的家乡招人，也在这个过程中对工厂

---

[1] Perry, *Shanghai on Strike*, 140. 在南洋兄弟烟草公司，烟叶工人日薪1美元，而卷烟工人的日薪为0.85美元。

[2] "工头"（foreman）这个词在美国和中国都用来指这些工作；我用中性词"主管"来代替。在中国，很多主管都是女性。

[3] 艾维·G. 里迪克，工厂报告，1932年4月，英美烟公司资料，上海社会科学院；李新宝，访谈记录，英美烟公司资料，上海社会科学院；也可参见 Perry, *Shanghai on Strike*, 26–29, 33, 39, 60, 140.

图 4.1 英美烟公司中国分公司工厂里的中国女性正在抽梗。杜克大学鲁本斯坦图书馆免费提供

图 4.2 北卡罗来纳州金斯顿的非裔美国女性正在抽梗。北卡罗来纳摄影集（#P0001）。北卡罗来纳州大学教堂山分校威尔逊图书馆，北卡罗来纳州收藏摄影档案馆免费提供

的劳动力进行了划分。此外，中国主管也几乎只雇用同性的群体。如果英美烟草公司希望包装车间的员工来自浙江这样地位高的省份，那么管理层就会从浙江聘请一名女性主管。通过这种方式，英美烟草公司完成了一种功能上的混合配置，既遵从了中国本地的商业规范，又成功将不同岗位完成了划分。

来自亮叶烟草关系网的管理人员在美国和中国建立了两种类似的劳工制度。在美国，白人女工负责包装工作；而在中国是来自社会地位较高的城市女性负责这项工作。而且两国都是男性在烟叶车间工作，但通常不做抽梗工作。烟叶车间的工作，在美国由黑人从事，而在英美烟草公司中国分公司则由社会地位较低地区的男性完成。两种制度的主要区别在于香烟制造车间。第一次世界大战期间，美国烟厂全流程的工作都由白人女工完成。第一次世界大战之后，白人男性和白人女性都在地位较高的车间工作，白人男工操作机器，白人女工负责收集从机器里出来的香烟。在中国，只有男人在制烟室工作，成年男人操作机器，男童工则负责收集。这些男孩被视为学徒，在未来有机会获得操作卷烟机这个特权职位。美国的女工与中国的男童工不同，她们没有升迁的机会。（图 4.3 和图 4.4）[1]

不同岗位的工人穿不同的工作服，在工厂内也有不同的行为规范，管理人员借此给不同的工作赋予不同的身份和特征。管理层制定的这些冷漠且官僚的策略影响着每一个工人：管理人员通过放大性别、年龄、种族或籍贯这些抽象的差异，使工人之间的其他差异变得不那么明显，也不那么相关。换句话说，管理人员以非常主观和与身体有关的标准来划分员工，让他们在各自的工作类别中可以毫无差别地相互替换。

英美烟草公司浦东工厂（与公共租界隔着一条黄浦江）的工人发现，

---

[1] Dolores Janiewski, "Southern Honor, Southern Dishonor: Managerial Ideology and the Construction of Gender, Race and Class Relations in Southern Industry," in *Work Engendered*, 70–91; Perry, *Shanghai on Strike*, 137–142.

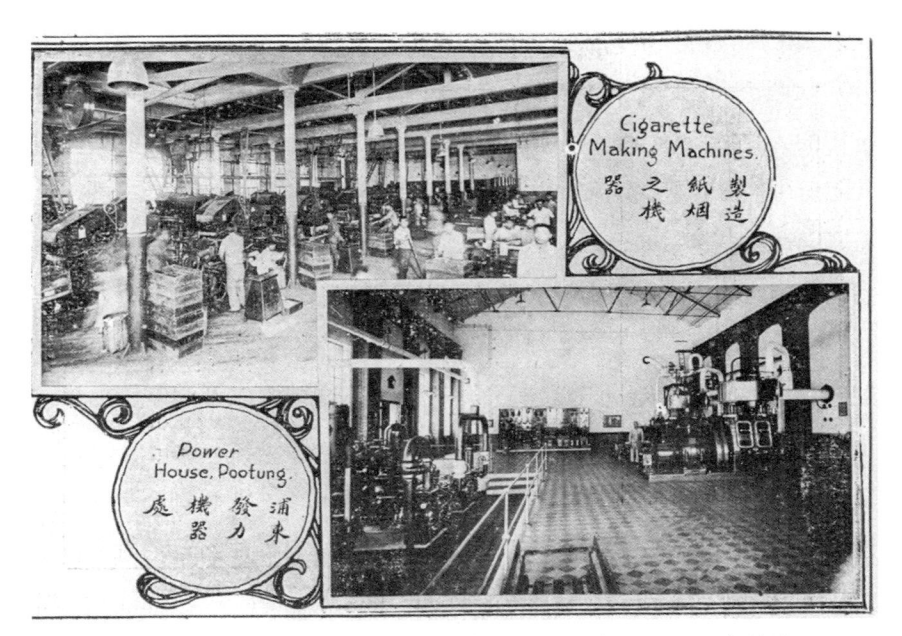

图 4.3 英美烟公司浦东工厂制香烟室。弗兰克·H. 卡纳迪文献资料（Frank H. Canaday Papers），哈佛燕京图书馆提供

图 4.4 北卡罗来纳州里兹韦尔美国烟草公司工厂的香烟室。杂项主题图像收藏（P0003），北卡罗来纳州收藏摄影档案，威尔逊特别收藏图书馆（Wilson Special Collections Library），北卡罗来纳大学教堂山分校

179

从进入工厂大门开始，他们就被按照性别、种族或籍贯进行分类。工人分别从两个大门进入厂区——一个是男性员工的入口，另一个是女性员工的入口。[1] 这种做法说明，性别不仅对家庭生活很重要，而且在现代工厂生活中也极其重要。接下来，中国工人进入他们所在的车间，这些车间通常以籍贯来分区。这些措施进一步将工人禁锢在这些工作分类中，特别是他们的岗位和工资还扩大了性别和籍贯的差异。

在工厂门口，每个工人都会出示印有他们工号的身份卡。给工人分配数字来指代身份让每个人都失去了个性，这样做还方便工厂办公室用英语进行记录，就算外国经理中文水平各不相同也并不影响记录了。[2] 然而，在外国公司高管看来，工人也会利用他们这种无差别的身份来维持家庭生计。尤其是母亲们，她们会让年长的女儿拿着自己的身份卡去工作，这样她们就可以待在家里照顾新生儿了。中国主管对此睁一只眼闭一只眼的话，可以收到一份礼物。这种行为很难被定性为违抗制度，毕竟这意味着这个年轻女孩也来为资本主义目标服务了，但这是一个利用制度漏洞来维系家庭的例子。[3]

在北卡罗来纳州，对工人的行为管控并不比浦东工厂少，但监管机制不那么明显。工厂里没有防护门，工人们也不需要通过身份卡或号码进入工厂。然而，黑人工人和白人工人会从不同的入口进入工厂，接着男性和女性会再通过不同的入口到达自己的车间，工人普遍与同种族同性别的人一起工作。通过将白人男性和女性分配到不同的工作岗位，聪明的管理者所做的可不仅仅是遵循当地习俗。在南方纺织厂所在的城镇里，经理们同时雇用白人男性和女性担任重要的织布工作。不同的工厂

---

1 Perry, *Shanghai on Strike*, 138.
2 工资记录簿，英美烟公司资料，上海社会科学院。工资记录簿上没有名字，只列出工号。当工资付出去后，会有人确认记录，工人需要捺手印。也可参见《时报》，1929 年 6 月 5 日，记录了"627 号工人和 934 号工人"被工厂警卫（厂内巡丁）打伤事件。
3 里迪克，工厂报告，1932 年 4 月，英美烟公司资料，上海社会科学院。英美烟公司的经理称，这种做法使他们无法消除童工。

具体安排不同,有 25% 到 50% 的纺织工作男女都可以完成。[1] 在烟草厂,工人和管理人员都知道厂房有"白人的一面"和"黑人的一面"。鲁比·琼斯回忆了她走错门时的情景:"夏天的时候,我和我的上司雷基赶上了一场雷阵雨,我们下车之后……他从白人进厂的那扇门进去,然后让我冒着大雨回到外面,从黑人入厂的那扇门进去。"[2] 烟草管理者按性别和种族对岗位进行划分的做法,加重了地方层级制度,也为其增添了新的含义。

在烟叶车间和卷烟车间,工人们遇到了截然不同的情况。美国劳工部督察员指出,黑人工作的烟叶车间温度很高,又脏,尘土又多,通风不良,卫生间和洗手池也不够用。烟叶女工没有椅子可坐,工作时都是坐在木桶或箱子上,要么就站着。相比之下,卷烟车间环境则更新,更干净,经常被视为现代工厂设施的典范。卷烟车间的白人女工工作时一般都有椅子可坐。

黑人和白人工人还会在不同的餐厅分开就餐,目的是强调白人更高的地位。白人的餐厅设在地上,还配有一架供工人们消遣的钢琴;利比·钱尼(Lib Chaney)回忆说,她有一个朋友"会用那架钢琴弹曲子"。虽然午饭时间很短,但很多工人都会聚集在一起,"有的嘴里还嚼着东西,吃完了饭的就会一起唱歌"。相比之下,在教堂唱诗班里唱了 40 多年歌的威廉·戴维斯(William Davis)记得黑人餐厅在地下室,淡淡地说:"我们没有钢琴。"[3]

不论在美国还是在中国,管理层都只强调给女性穿工作服以示工种的区别。美国的管理者在 20 世纪 20 年代中期开始使用工作服;到 20 世纪 30 年代中期,中国的管理人员实施了非常类似的工作服制度。20

---

1 Dolores E. Janiewski, *Sisterhood Denied: Race, Gender, and Class in a New South Community* (Philadelphia: Temple University Press, 1985), 104.
2 Ruby Jones, 引用自 Korstad, *Civil Rights Unionism*, 110.
3 Elizabeth "Lib" Chaney, interview with the author and Kori Graves; William Davis, interview with author and Kori Graves, July 5, 2001.

世纪 20 年代，在美国烟草公司，白人女工穿着带有品牌颜色的工作服（绿色和红色），到 1930 年，变成了点缀着绿色的白色工作服，黑人女工则穿蓝色工作服。在中国，包装车间的女工穿蓝色上衣配白色围裙，而收入更低的烟叶车间则穿蓝色上衣配蓝色围裙。[1] 在这两个国家，工作服让工作分类一目了然：在抽象化工人的同时，又强化了他们的性别、种族或籍贯。在大型工厂里，同事或主管第一眼看到的就是工作服。如果有人去了不该去的地方，工作服就先暴露了身份。

在美国，工作服的不同颜色意味着明显的身份差别。白人女工穿着印有品牌颜色和香烟成品的工作服。鲁比·德兰西回忆说："我们必须穿上带有美国烟草公司标志的绿色工作服。"伊芙琳·法辛也回忆说："我第一天去工作时（1924 年），必须穿纯绿色的工作服。香烟的包装是红绿配色的。我们的绿色工作服上有一个红色的徽章，徽章上带有'好彩'的字样。"[2] 事实证明，军绿色的好彩香烟不受顾客欢迎，显然也不受工人欢迎，所以公司把包装改成了带红边的白色。白人女工的工作服变成了带绿边的白衣服。这些工作服在工人中间反响不错，他们普遍认为衣服"很漂亮"。白色意味着纯洁、干净，也可以指代白领或专业工作。将白色工作服与白人女工的工作层层联系起来实属多余，这出于一些根深蒂固的观念，而让白人女工穿上品牌色彩的服装，也将商品的一些价值转移到了她们身上。

相比之下，美国社会普遍认为蓝色工作服是蓝领穿的，但在南方也有可能是家政工人穿的。白人记者乔纳森·丹尼尔斯（Jonathan Daniels）认为烟草工人和家政工人穿着相同的工作服："到处都有连锁店出售蓝白的服务类工作服，看起来几乎和达勒姆黑人女性的工作服一模一样。她们在烟草粗加工车间工作，白人姑娘则在生产无穷尽的切斯特菲尔

---

[1] Perry, *Shanghai on Strike*, 138.

[2] Evelyn Farthing, interviewed by Dawn K. Parrish, April 20, 1996, Historical Collection, Rockingham Community College.

德（Chesterfield）香烟和好彩香烟。"[1]非洲裔美国烟草工人肯定注意到了工作服之间的地位差异。安妮·马克·巴比（Anne Mack Barbee）把她对工作条件的不满归因于白人女工的工作服，她说："我想说的是，在我们车间，黑人女工做了所有又脏又累的工作。而卷烟车间的人却穿着白色的工作服……（他们）确保没有黑人在那里工作。"马里昂·特罗克斯勒（Marion Troxler）回忆道："（我们穿的）是带褐色边的蓝色工作服……而白人女工穿的是带绿边的白色工作服。她们穿着漂亮的白色工作服，而我们穿的却是蓝色的。"[2]在工厂，有关工作服的政策要求女性每天都要通过服装表明不同的地位。

然而，只论美国黑人这个群体的话，烟草工人的蓝色工作服可能有更多的积极意义。烟草厂的工作虽然实行种族隔离，工资也很低，但对绝大多数从事农业和家政服务的黑人女工来说，这代表着一种进步。相比在白人妇女家里做家政服务，这些岗位让黑人女工有更多的自主权。虽然丹尼尔斯看不出工厂工作服和家政工作服有什么区别，但美国黑人能分辨出来。帕齐·奇塔姆（Patsy Cheatham）喜欢在达勒姆充满活力的黑人商业区穿着她的工作服："嗯，你知道那是件大事，利格特和迈尔斯公司和美国烟草公司，如果真的在那里找到了工作，穿上蓝色工作服，你会觉得自己真的是了不起，人们都会嫉妒你。商店的店员会主动和你搭话，问可以为你服务吗？你可是个人物了。"[3]公司也无法完全掌控工作服所具有的含义。

在中国，工作服的颜色差异不会像在美国那样引起强烈的反应。在20世纪中国的通商口岸，劳工经常穿蓝色衣服，这可能与英国和美国工业在中国蓬勃发展有关。英美烟草公司烟叶车间的女性穿蓝色上衣和

---

[1] Jonathan Daniels, *Tar Heels: A Portrait of North Carolina* (New York: Dodd, Mead and Company, 1941), 134.

[2] Marion Troxler, interview with author and Kori Graves, July 13, 2001.

[3] Patsy Cheatham, interview by Beverly Jones, July 9, 1979, Southern Historical Collection, University of North Carolina, Chapel Hill.

蓝色围裙；而地位更高的香烟包装车间的工人则穿着蓝色上衣和白色围裙。不过，中国人并不认为白色代表纯洁和种族特权，而是常常与葬礼和死亡有关。尽管两国管理人员的着装政策相似，但美国的种族关系引发了情感上的指责，而在中国则没有这种影响。

有零星证据表明，工作服政策可能同时发源于两国，目的是弱化性别特征，防止女性在工厂打扮。在里兹韦尔和上海，一些女工参与到消费者文化中，在流行时尚中打扮出了自己的风格。即使在南方小镇里兹韦尔，工人们也在当地或通过邮购目录购物，把自己打扮得时髦漂亮。[1] 在上海，尽管工人需要12小时轮班，工资也极低，但是众所周知江苏籍的女工总是穿戴时尚。[2] 如果说在工作场所穿工作服的目的之一是弱化性别，那么效果是事与愿违的，反而强化了性别。

美国和中国烟草公司都会向地位较高的员工免费发放香烟，这突显了美国的种族特权问题和中国的性别等级问题。在美国，美国烟草公司每周向白人员工发放200支香烟，不分性别，但不给黑人员工发放。英美烟草公司中国分公司每周给男员工发放50~100支香烟，不论籍贯，而女员工每年只能得到50支香烟。[3] 不论在中国还是美国，这种做法都可能是为了防止工人利用工作之便将香烟偷拿出厂。香烟体积很小，很容易从流水线上拿走并藏在身上。早在1880年，纽约市香烟厂的经理们就曾与偷香烟的工人发生过冲突，他们想在工人离开工厂时搜身，可工人们的回应是罢工。[4] 在中国，管理人员经常解雇被发现偷烟的工人。经理们将免费烟发给在制烟车间里最经常接触到成烟的工人，也就是美国的白人和中国的男性。免费香烟减少了偷烟的人数，这样一旦再发现有人偷烟，就可以将之定性为异常行为并予以处罚。

然而，免费香烟作为一种管理策略，不仅仅是为了阻止偷窃香烟的

1　Ruby Delancy, interview with author and Kori Graves, June 19, 2001.
2　Perry, *Shanghai on Strike*, 142; *North China Herald*, November 15, 1925.
3　Perry, *Shanghai on Strike*, 141.
4　"No Strike," *New York Times*, February 9, 1880, 5.

行为，毕竟经理不是按车间而是按身份类别发放香烟。在美国，黑人男工和黑人女工在卷烟车间做清洁工和卫生间服务员，他们有机会把掉在地板上的、还没有打包的，或卫生间里提供的香烟装进口袋，但他们没有机会得到免费发放的香烟。在中国，包装车间的女工很容易接触到香烟，但每年发放的50支香烟显然还不能满足她们的需求。于是，免费香烟的有差别分配成为另一种规训，在工作场所将不同岗位赋予了不同地位，并助长种族和性别认同方面。

无论工人是否打算吸烟，免费香烟在这两个地方都有重要的价值。中国的城市和美国南方的小城市仍在一定程度上基于以物易物来运作。在里兹韦尔，人们在看牙医或订阅报纸的时候，有时用柴火而不是现金来付账。[1] 非专业人士以更非正式的方式交换技能和资源。在上海，通货膨胀率非常不稳定，因此公司以现金和大米相结合的方式给工人付工资，这样即使现金贬值，人们也能有的吃。[2] 那些得到免费香烟的工人经常出售香烟或用香烟易货，从他们的特权岗位中获得物质利益。

鲁比·德兰西通过吸烟揭示了她既是工人又是消费者的复杂身份，她说："我就是靠好彩厂过活的。我一直都抽这种烟。那时香烟是免费的。"德兰西在13岁的时候就开始工作和吸烟，她恰当而不带怨恨地表达了管理层与她之间的家长式关系，不过父亲用香烟抚养孩子的想法显得阴暗和奇怪。即使在里兹韦尔，家长们也试图推迟孩子吸烟的时间，担心这会阻碍他们的成长。德兰西吸了一辈子的烟，退休之后震惊地发现公司不再为她提供免费香烟了。她立即戒烟以示抗议。[3] 对德兰西来说，免费吸烟使她与公司建立了一种特权关系，这种关系在她看来是私人的和永久的。

---

[1] L. I. Strickland interview, April 24, 1976, conducted by Treva S. Nunnally, Rockingham Community College, Historical Collection; untitled, *Reidsville Review*, November 6, 1903, 3.

[2] 大米补贴由工会合同规定，也是收入里比较常规和意料之中的补贴。参见"在宋子文先生家，为上海英美烟公司工厂和工人签订协议做准备的谈话记录"，1928年1月16日，英美烟公司资料，上海社会科学院。

[3] Ruby Delancy, interview with author and Kori Graves, June 19, 2001.

对于没有得到免费香烟的工人来说，把无人看管的香烟装进口袋似乎只是对工资不足的补偿。1932 年，浦东工厂的总经理里迪克指出，他们因盗窃而损失的香烟数量很大，他认为原因是工厂未能向大量工人支付满足基本生活的工资。[1] 主管经常解雇那些被抓到偷烟的工人，哪怕只偷带了一根香烟。[2] 事实证明，英美烟草公司包装车间的中国女工很难控制。在一次小争执中，一名外国监督员在浦东抓到一名女工从包装车间拿走香烟，管理部门当场将她解雇。消息传到包装车间后，女工们立即罢工。管理部门设法说服工人停止罢工，可能是威胁她们会失去工作。然而，在工作日结束时，包装车间的女工用行动表态——她们藏了几百支香烟在身上并带到外面，然后在工厂前的街道上销毁，以示抗议。[3] 她们在工厂前销毁了这些香烟，而不是自己吸或者卖掉，用这样的行动表明她们对如何定义香烟拥有最终的决定权。在这种情况下，她们把公司的香烟变成了女工权力和反抗的象征。

中国的工厂纪律与工作场所治理之争

与工作分类一样，亮叶烟草关系网的管理者在美国和中国创建了两个并行但不完全相同的工厂纪律体系。在中国，来自美国上南方的经理严重依赖中国主管，这些主管对待车间像对待封地一样自主招聘和管理。在培养工人的劳动经验方面，工人与主管之间密切而苛刻的日常关系可

---

[1] 里迪克，工厂报告，1932 年 4 月，英美烟公司资料，上海社会科学院。里迪克的报告包含了在浦东生活的成本，并指出盗窃问题"可能主要归咎于那些每天工资不足 80 美分的员工"。男性工人的起薪是每天 55 美分。

[2] 乔金顶（音译），访谈记录，1963 年 7 月 16 日，英美烟公司资料，上海社会科学院；《英美烟公司新厂工人与巡丁冲突》，《时报》，1929 年 6 月 5 日，报道称一名在洗手间的男员工被发现身上携带了 4 根香烟。警卫想将他带到办公室询问，结果引发了多名工人和其他警卫的冲突，事件中有人受伤。

[3] *North China Herald*, February 2, 1929.

能比他们与外国人的接触更重要，不过对工人的口头采访也显示出他们敏锐地意识到外国人在工厂里的权威。主管们与他们所在车间的员工有着共同的方言和文化，而且他们经常是一些国内犯罪组织的成员并参与犯罪活动，还会受雇于外国老板。他们行使的巨大权力往往不受外国控制，对工人有积极也有消极的影响。

为了获得一份工作，工人通常会送礼或送现金，或请主管吃饭。张永生9岁开始在英美烟草公司的浦东工厂工作，他的父亲给了主管17元（在当时来说相当高）的好处费。另一名工人也给了钱，还在大红(Da Hong)餐厅请主管吃了一顿晚餐。工人们通过定期送礼来维持地位，特别是在节假日。一名工人回忆道："那些送礼大方的人，会被送到计件率更高的车间，或者得到的原材料更多或更好。"如果工人没有送礼，那对于主管来说"做什么都是错"。有一位女主管享有"请会大王"的绰号，因为她总是要求别人请她吃饭。[1] 而这样的成本可能很高。1920年，大约300名浦东工厂的工人"闯入"英美烟草公司在上海的总部，"要求要么加薪，要么解雇一位'极尽压榨之能事'的主管"[2]。因此，主管的权力与外国经理的权力是分开行使的，既武断又强制。

英美烟草公司的许多中国主管还将帮派关系带入公司。"青红帮"是在上海有很大势力的秘密组织，他们组织犯罪活动，包括控制鸦片贸易，并参与政治（包括支持辛亥革命）。到了20世纪10年代，"几乎所有非技术性行业渐渐地都由与帮会有联系的同籍大亨如丐头、妓院老鸨……码头包工头和工厂把头等所把持"。从乡下来的人"发现这个城

---

[1] 张永生：访谈记录，1958年8月7日，英美烟草公司资料，上海社会科学院；[姓氏不明]子坤：访谈记录，1958年9月2日，英美烟草公司资料，上海社会科学院；陈[名字不明]，访谈记录，1963年7月12日，英美烟草公司资料，上海社会科学院；郝立祥：访谈记录，1958年8月，《英美烟公司在华企业资料汇编》（北京：中华书局，1983），1115；也可参见"由前工人叙述的工厂管理者节录"，第1116–1118页。
[2] "Factory Workers' Grievance," *North China Herald*, June 26, 1920, 英美烟公司资料，上海社会科学院。

市的工作机会都与犯罪活动有着联系"[1]。钱美凤曾在一个烟叶车间工作，那里的主管只雇用帮派中的人当男性香烟工人。"他是他们的老伙计和养父，"她用了秘密组织和团伙所用的黑话。她还表示那个主管是一个"恶霸和土皇帝"，通过经营赌博生意赚外快，希望工人们都去赌钱。[2] 主管利用帮派关系来维持自己的地位，控制自己的店铺，但帮派头目也会质疑他们不够忠诚：他们是支持中国人还是洋鬼子？[3]

在英美烟草公司中国分公司的工厂里，主管基本上是在运行一个与工厂规章并存的社会秩序体系，在很大程度上不受外国人的控制。主管各自以自己的方式与工人就日常政策进行谈判，因此工厂内部的实际运作存在巨大差异。关于工人态度和不满，外国管理人员都要依靠中国主管来获取可靠信息。即使是少数语言能力很强的外国人，也只能听懂工厂里许多方言中的一两种。事实证明，这种依赖是一种负担，尤其是在工作场所发生冲突的时候。来自北卡罗来纳州的工厂经理里迪克指出，"骗子"充斥着"浦东的'无人之地'，隔在外国人和劳工之间……实际上，这些骗子在翻译方面毫无价值，在纪律方面也是如此"[4]。

工厂的规章制度很严格，主管执行工厂规章制度和实施惩罚的日常权力也很大。最常见的冲突点与员工的人身需求有关：吃午饭和上卫生间。在浦东，厂区虽然很大，但是没有餐厅。工人们在工厂大门外从小贩那里购买午饭，可以选择煎包、粥、面条、汤圆、豆浆、蔬菜饭团和大饼，在进入厂区之前必须将午饭吃完。然而，一名工人说：30 分钟的休息时间减去路上和买东西的时间，"实际只剩 15 分钟了"。此外，许多工人是按件计酬的，因此他们总是托朋友偷偷把午饭带到车间。[5] 英美烟草公司的警卫一旦发现有人带食物（进厂）则立即没收。工人的

---

[1] Perry, *Shanghai on Strike*, 50.* 中译文参见：《上海罢工：中国工人政治研究》（北京：商务印书馆，2020）刘平译，第 56 页。
[2] 钱美凤，访谈记录，1963 年 7 月 18 日，英美烟公司资料，上海社会科学院。
[3] Perry, *Shanghai on Strike*, 143, 145.
[4] 里迪克，工厂报告，1932 年 4 月，英美烟公司资料，上海社会科学院。
[5] 陈[名字不明]，访谈记录，1963 年 7 月 12 日，英美烟公司资料，上海社会科学院。

这些回忆与那个神话相矛盾：中国工人可以靠一碗白饭连续工作 11 个小时。李新宝回忆说："那些被没收午饭的工人只能饿着肚子工作,靠早上吃的那点东西一直坚持到晚上下班。他们饿得头昏眼花,视力模糊。"李还回忆说,曾有一名工人被迫站在工厂的桌子上,当着所有人的面吃完那个她偷偷带到车间的大饼。马文渊（Ma Wenyuan）回忆说,一名主管曾扔掉他的玉米面馒头和一瓶水。[1]

去洗手间是另一个冲突点,雇主们认为工人们逃到洗手间是为了休息。每个车间都有自己的卫生间,规定也各不相同。一个车间每隔一小时就会关闭一个小时卫生间,以限制人们使用的次数。另一个车间使用一套标签来限制在特定时间使用卫生间的工人数量（300 多名工人使用 3 个标签）。[2]据报道,汉口的外国管理人员会进入洗手间,殴打并咒骂工人,强迫他们离开。[3]黄志浩（Huang Zhihao）回忆说,"外国管理人员用水管把工人赶出卫生间",工人、中国主管和外国人的卫生间都是分开的。[4]

严格的工厂规定给（身为）母亲（的工人）带来了极大的困难,无论是在工厂外还是在工厂内都管制着她们的生活。如果连续缺勤过多,就会失去工作,因此孕妇会一直上班直到生产当天,产后也是立即返回。张永生回忆说："有些人是在卫生间里生的,有些在路上,一些在小舢板上。一位女工生他儿子的时候就是在舢板上,起的小名就是'小舢板'。"[5]穆桂兰说,家人会在午休时间带着婴儿到工厂门口去见母亲。她

---

[1] 李新宝,访谈记录,1958 年 8 月 11 日；马文渊（音译）,访谈记录,日期不明,英美烟公司资料,上海社会科学院。
[2] 张永生,访谈记录,1958 年 8 月 7 日,英美烟公司资料,上海社会科学院；黄志浩（音译）,访谈记录,日期不明,英美烟公司资料,上海社会科学院。
[3] 莫建春（音译）,访谈记录,日期不明,英美烟公司资料,上海社会科学院。莫建春指出,一些英国的外籍管理人员是从利物浦转职过来的。不过,他提到了一位名叫艾维·里迪克的经理,他来自北卡罗来纳州,后来是上海工厂的负责人。
[4] 黄志浩（音译）,访谈记录,1963 年 7 月 23 日,英美烟公司资料,上海社会科学院。
[5] 张永生,访谈记录,1958 年 8 月 7 日,英美烟公司资料,上海社会科学院。

回忆说:"我嚼着干饼,跑去喂奶。"[1]女性占英美烟草公司中国分公司工人的三分之二,所以英美烟草公司的生育政策影响了很大一部分人。1938年,赵琪璋进入浦东工厂,成为家里第三代为英美烟草公司工作的女性。作为对大罢工的回应,英美烟草公司在1928年1月确实出台了一些生育政策,允许女员工享有6周的无薪产假和30美元的固定补助。[2]

尽管工人与主管的接触远多于与外国人的接触,但她们也揭露道,外国人制定了专横的全厂规定,有时还会粗暴地执行。工人们曾说,主管和外国经理都曾扯过她们的辫子,扇她们耳光。[3]据一些人说,比这种待遇更糟糕的是停职和罚款,因为这让本来就很低的工资变得更少了。[4]

英美烟草公司的大型工厂成为帝国统治和冲突的武装化空间。英美烟草公司雇用警卫站在工厂的所有出入口和车间门口,这是上海工厂的一种常见做法。作为该市最大的雇主之一,英美烟草公司在树立外国人与劳工的关系标准方面起了一定作用。[5]然而,(上海)工人反对英美烟草公司的罢工次数超过了中国其他任何公司,在1918年至1940年间发动了56次罢工。[6]工人的反抗几乎是持续推动该公司改革其治理方式的力量源泉。1928年,公司书面同意工人有权组建工会并进行集体谈判,这比美国工人获得这一权利早了7年。此外,工人们在争取权利方面也

---

[1] 穆桂兰(音译),访谈记录,日期不明,英美烟公司资料,上海社会科学院。

[2] "Terms for Mutual Assistance Agreed Upon Between the BAT Factory Workers and the BAT Factory Authorities at Shanghai," January 16, 1928, 英美烟公司资料,上海社会科学院。

[3] 这些对工人的采访是由毛泽东时代的历史学家组织的,只有经两个以上叙述者证实过的且足够具体的信息我才会引用。工人们确实大量提到外国人"骂""打"和拉扯他们的头发。

[4] 朱泉发,访谈记录,1958年6月12日,英美烟公司资料,上海社会科学院;赵琪璋,访谈记录,1958年7月7日,英美烟公司资料,上海社会科学院。

[5] Cochran, *Big Business in China*, 2; 美国商务部曾在1922年的报告中称"中国完全没有针对劳工的国家法规"。US Department of Commerce, "Industrial Conditions in China," Supplement to Commerce Reports Trade Information, Bulletin No. 61, September 18, 1922, Bureau of Foreign and Domestic Commerce.

[6] Perry, *Shanghai on Strike*, 136.

取得了一定的成功，至少在书面上是这样，要求不得无故解雇，要求工伤赔偿，还有6周的无薪产假。他们还赢得了为人父母方面的福利，包括健康方面的福利，公司还出资为浦东工厂的工人子女开设了学校。[1]这些进步并没有覆盖到所有的英美烟草公司的工厂，也可能因为不同主管有不同的执行标准，但它们确实改变了工厂的日常生活。

20世纪20年代工人大规模罢工时，民族主义和反帝国主义精神十分高涨，这也为上海政府及其他地方政府带来了政治压力，因此这些政府要求英美烟草公司做出回应，由此产生了一些工会协议和行业法规。20世纪20年代反对英美烟草公司的罢工浪潮，是横跨众多行业的大规模反抗的一部分。1921年，共产党组织者出现在英美烟草公司工厂，将目光先放在了熟练技工的身上。虽然大多数工人还不是党员，但他们懂得利用新的资源来解决长期存在的不满。[2] 1925年的五卅运动明确地将工人的关切与学生和商人的反帝政治运动联系在一起。在英美烟草公司上海工厂，罢工持续了4个月，是上海历史上最长的罢工。1926年至1927年间，上海发生了三次工人武装起义，与公司和工会达成了书面协议，这对工人来说是一个重大胜利。[3] 1932年，上海市政府通过了管理本市工业的工厂规章。

英美烟草公司当然没有简单地屈服于不断升级的压力，而是反击了罢工者。首先，公司雇用了更多的警卫和警察，使工厂成为一个更武装化的空间。有时，这种武力展示能成功让工人放弃罢工，但更多的时候工人们用木棒、石头来捍卫自己的权利，有一天，他们竟从当地警察局偷了武器。在三次武装起义时期，英美烟草公司经历了长期的停工，英国船只在浦东登陆，英国士兵"保卫"工厂。[4]这使英美烟草公司背后

---

[1] "Terms for Mutual Assistance Agreed Upon Between the BAT Factory Workers and the BAT Factory Authorities at Shanghai," 1928年1月16日，英美烟公司资料，上海社会科学院。

[2] Perry, *Shanghai on Strike*, 79.

[3] Perry, *Shanghai on Strike*, 136, 145–156; Cochran, *Big Business in China*, 180–185.

[4] Elizabeth J. Perry, *Patrolling the Revolution: Worker Militias, Citizenship, and the Modern Chinese State* (New York: Rowman and Littlefield, 2006), 59–104.

的全球权力关系展露无遗，正是这种关系能让他们在中国建厂，也让公司作为殖民势力的身份变得无可争辩。

那些来自英美烟草公司，认为中国工人温顺好管的外国人发现，工作场所的秩序是复杂的帝国斗争的产物，而不是他们普及工业流程的现代主义愿景的结果。至少，中国工人已经成功地挑战了那些认为他们顺从、"在没有工会协助的情况下每天工作18个小时"的观念。事实上，烟草行业在上海达成的首个工会协议比美国南方的烟草工人早了近10年。到1928年时，来自北卡罗来纳州东部的英美烟草公司销售员詹姆斯·乔伊纳（James Joyner）将中国工人视为罢工的模范。当他听说北卡罗来纳州加斯托尼亚加斯托尼亚（Gastonia）的纺织业大罢工时，他在一封家信中说，加斯托尼亚似乎是在"向中国学习"。[1]

北卡罗来纳州的工厂纪律与工作场所治理之争

与中国跌宕起伏甚至偶有暴力的罢工相比，20世纪30年代，美国大多数香烟厂都成立了工会，但并未组织摆工。没有民兵镇压工厂工人，没有砖块飞扬，没有警棍落下。然而，正如詹姆斯·乔伊纳在谈到加斯托尼亚罢工时所指出的那样，这种斗争在南方纺织业也曾发生过。无数的罢工以1934年的总罢工为标志达到高潮，当时南卡罗来纳州和北卡罗来纳州都出动国民警卫队镇压数千名罢工工人，导致南卡罗来纳州哈尼帕斯有7名工人被警卫打死。[2] 为了应对这次罢工及其他大规模罢工，国会通过了《瓦格纳法案》(《国家劳工关系法》) [Wagner Act (National Labor Relations Act)]，它要求雇主与大多数工人选择的工会进

---

[1] James N. Joyner to James Y. Joyner, June 14, 1929, East Carolina Manuscripts Collection, J. Y. Joyner Library, East Carolina University.

[2] Janet Irons, *Testing the New Deal: The General Textile Strike of 1934 in the American South* (Urbana: University of Illinois Press, 2000), 110–119.

行谈判。该法案生效的那一周，南方的烟草工人第一次要求管理层提供劳动合同，这说明烟草行业的权利协商方式相对平和，并标志着美国企业与劳工关系的新开始。

通过探讨美国烟草业与中国烟草业在管理上的斗争，我们还可以获得一些其他启示，而这些启示与《瓦格纳法案》所展示的分歧同样重要。亮叶烟草关系网未能成为普及美国工业秩序的管道。然而，了解英美烟草公司在中国工厂的企业帝国主义，有助于揭示跨国公司如何利用性别、种族和籍贯构建全球劳动力体系。在美国，管理者、工会成员、市政府和非法"帮派"之间的斗争在南方种族隔离的背景下构建了工厂劳动力体系，并塑造了工厂的社会秩序。

也许美国和中国在工厂纪律的日常运作上的主要区别在于，在美国，所有的工厂车间主管全都是白人，无一例外。中国分公司的基层主管有男有女，来自不同的地方，并且倾向于雇用和管理性别和籍贯与自己相同的员工。中国主管给外国白人男性汇报工作，就算是新来的员工也知道他们的存在。在美国，工厂层级制度在创造工作环境和纪律方面具有不同的潜力。现在应该清楚的是，中国工人发现，就算与主管有共同点，也不能减轻工厂生活的压迫。在美国，所有基层主管都是白人男性有两个主要后果：它为针对所有女性的性别歧视和性骚扰提供了机会和许可，并切断了美国黑人和女性的升职通道。这种限制并不明朗，而是一种非常不透明、毫无愧疚的限制。

当美国烟草公司的后继者将香烟生产转移到南方时，所有公司仍旧让工头负责雇用和解雇方面的事情。尽管非洲裔美国人经历了最严重的虐待，但换掉工头是白人和黑人工人成立工会的主要动机之一。和在中国一样，美国南方的工人抱怨最多的是有关人身方面的纪律规定：缺乏休息、上卫生间的限制和性骚扰。不过，至少美国工人没有抱怨他们在工作日吃饭不便的问题，因为工厂已经开始在厂房设立餐厅。

在第二次世界大战之前，工人通常通过另一名工人的介绍，直接向工头申请工作，这给了主管巨大的雇用权力。多拉·斯科特·米勒（Dora Scott Miller）回忆道，位于达勒姆的利格特和迈尔斯公司"没有招聘办公室……我被雇用的时候，有人会带你上去，将你引荐给工头"。引荐米勒的是她的表姐。同样，玛莎·盖纳·哈里斯（Martha Gena Harris）在里兹韦尔的美国烟草公司工厂得到了一份工作，是她的表兄帮他和工头沟通的。即使是1919年通过的童工法也没有显著削弱工头对雇用的控制。为了应对新法律，这些公司设立了招聘办公室，但这些办公室并不负责招聘，只检查年龄证明文件。在雷诺公司，工头和经理都不相信招聘办公室能为特定的工作招到合适的人。不止雇人，解雇人也是他们说了算。米勒回忆说，尤其是在成立工会之前，"如果他们不喜欢你，他们马上就会解雇你……有时他们会让你回家待两三天，有时会直接炒了你。没人替你说话"[1]。

关于工头咒骂、辱骂、殴打工人或互殴的报道比比皆是。多拉·斯科特·米勒回忆道，利格特和迈尔斯工厂的乔治·希尔会"爬到机器上，看你是否正常工作，然后大喊大叫、诅咒……'赶紧干活！'"雷诺烟草公司烟叶车间的工头麦肯锡身边一直有一个非正式的保镖，如果麦肯锡与员工打架，他就会加入进来。纳妮·蒂利（Nannie Tilley）揭露道，雷诺烟草公司的工头"用殴打和咒骂作为增加产量的手段"[2]。

卫生间是一个特殊的斗争场所，对非洲裔美国工人来说尤为如此。伯蒂·普拉特（Bertie Pratt）指出，利格特和迈尔斯工厂没有固定的休息时间，工人必须找人替自己一会儿，才能离岗去上卫生间。雷诺公司的鲁比·琼斯（Ruby Jones）说："去卫生间的时候，是有时间限制的。如果到点没出来，就得去桌子那儿报到。"工头会"走进更衣室，走进

---

[1] Dora Scott Miller, interview conducted by Beverly W. Jones, June 6, 1979, Southern Historical Collection, 13; Martha Gina Harris, interview conducted by Dolores Janiewski, April 29, 1977, Southern Historical Collection, UNC; 也可参见 Tilley, *RJ Reynolds*, 278–279.

[2] Dora Scott Miller, interview conducted by Beverly W. Jones, June 6, 1979, Southern Historical Collection; Tilley, *RJ Reynolds*, 149.

女工所在的卫生间……说,'你在这儿待的时间够长了。如果你现在还没完事儿,我看是你不想完事儿。'"据报道,男工在用卫生间方面也会遇到问题。在里兹韦尔的美国烟草公司工厂,一名工头为了惩罚一名参加工会组织的白人工人,一天不许他使用洗手间。与此同时,白人女工透露说,她们的卫生间里有一盒免费香烟,这意味着她们可以在回到工作岗位前抽根烟。[1]

性骚扰在整个工厂都是一个问题,但在烟叶车间尤其严重,那里的白人工头显然毫无顾忌地讲具有胁迫性并带有性暗示的笑话,还会猥亵黑人女工。女工们都明白,她们必须小心应对这些遭遇,否则就会被解雇。多拉·斯科特·米勒揭露道,她的工头乔治·希尔(George Hill)"在车间养了一些宠儿,数量不少呢"。希尔会"给她们休息时间,不像压榨其他人那样对待她们"。安妮·马克·巴比回忆说,她的工头维克斯"整天骂人",还会讲"下流的老笑话",希望女人们跟他一起笑,跟他调情。这让女工之间的关系变得紧张。"我不跟任何人讲下流的笑话。我对一个朋友说,我是一个人。我说,好吧,如果你害怕你会被解雇,只能让他们摸你的屁股,说那些下流话……(录音声音渐渐小了)"。罗伯特·布莱克(Robert Black)记得在雷诺烟草公司时,"见过(工头)径直走过去拍女工的屁股,而女工最好什么也别说"。与白人女工或中国女工相比,工厂的层级结构让黑人女工更容易受到性骚扰。在中国,女性主管的存在并没有杜绝所有的性骚扰,但降低了性骚扰对落实工厂纪律的影响。在美国,白人女工确实也反映有性骚扰问题,但卷烟车间的其他白人男工可能会让工头不那么肆无忌惮。当然,更广泛的种族隔离制度,尤其是它的性别意识形态,将白人女工描绘成纯粹的女人,将黑人女工描绘成非正常的女人,这为白人工头骚扰黑人女工而免受惩罚提供了

---

1 Bertie Pratt, interview, Southern Collection; 鲁比·琼斯的内容引用自 Korstad, *Civil Rights Unionism*, 111; Tilley, *RJ Reynolds*, 272; E. V. Boswell to E. Lewis Evans, September 1, 1935, Tobacco Workers International Union Records, Hornbake Library, University of Maryland (hereafter cited as TWIU Records); Ruby Delancy, interview with author and Kori Graves, June 19, 2001.

机会。[1]

美国南方种族隔离制度对工厂的纪律结构有诸多影响,这可以从位于北卡罗来纳州里兹韦尔的好彩工厂的工会活动中得到体现。1933 年,该工厂的工人与国际烟草工人联盟(TWIU)一起发起了一场工会运动。尽管他们的努力最终取得了成功,但白人工会、国际工会领导层和公司管理层共同以种族主义控制工厂的所有工人,同时保留对非洲裔美国人最恶劣的待遇。该公司对黑人工会成员和白人工会成员的区别对待,以及白人工会与黑人工会之间的关系表明,就像在中国一样,合法警力和非法武力在工厂体系的运作中共同发挥着作用。

美国烟草公司里兹韦尔工厂的非洲裔美国人开始了工会运动,最终,里兹韦尔、里士满和达勒姆工厂都在 1937 年签了合同。五男五女于 1933 年 12 月 3 日组建了国际烟草工人联盟 191 地方工会(TWIU Local 191)。(美国劳工联合会下属机构国际烟草工人联盟只有种族隔离的工会。)新成立的联盟工会立即派一个代表团到经理办公室要求烟叶车间的女工有椅子坐。还要求卷烟车间的白人女工使用的卫生间应更干净、穿白色工作服、有免费香烟,而且还有椅子坐。黑人工会通过要求黑人女工有椅子坐,为维护黑人女工的身体健康和尊严进行了非常实际和极具象征意义的抗议。虽然工会没有得到公司的认可,但公司方面还是答应了这个请求。争取椅子的胜利让非洲裔美国工人非常骄傲,70 年后,亲历者仍在讲述这个故事。[2]

4 个月后,也就是 1934 年 3 月,里兹韦尔工厂的白人工人成立了 192 地方工会(Local 192)。在接下来的 6 个月里,工会成功让 600 多

---

[1] Dora Scott Miller, interview; Anne Mack Barbee, interview; 布莱克的内容引用自 Korstad, *Civil Rights Unionism*, 110; Danielle McGuire, *At the Dark End of the Street: Black Women, Rape, and Resistance—A New History of the Civil Rights Movement from Rosa Parks to the Rise of Black Power* (New York: Knopf, 2010).

[2] William and Ruth Davis, interview with author and Kori Graves, Reidsville, NC, July 10, 2001; James Neal, interview with author and Kori Graves, July 6 2001; Radford Powell to E. Lewis Evans, June 20, 1937, TWIU Records.

人缴费加入，结果工会干事将会费一卷而空逃出了小镇。数百人因此退出了工会。不过 192 地方工会后来重新建会，并开始与达勒姆和里士满的美国烟草公司工人进行协调。1935 年初，公司开始对联盟进行暗中破坏。

美国烟草公司对白人工会和黑人采取分而治之的策略。尽管有种族隔离制度，黑人工会和白人工会仍需要协同努力，与公司谈判达成协议。1935 年 2 月，公司开始因工会活动解雇 191 地方工会成员，但没有解雇任何白人工会的人。[1] 事实证明，这对打击工会是有效的，黑人工会一再请求援助，但 192 地方工会的白人成员和国际烟草工人联盟的白人领导都迟迟不给予黑人工人支持。3 月，191 地方工会向国际烟草工人联盟主席 E. 刘易斯·埃文斯（E. Lewis Evans）写信，要求他派遣一名组织者协助。"我不想在游泳的时候淹死。"爱丽丝·威廉姆森（Alice Williamson）写道。C. C. 考德威尔（C. C. Caldwell）写道："如果没有组织者，这个任务会非常艰巨。我们好几个成员都因为一些微不足道的原因被解雇了，我们需要一个人来帮忙处理这些事情……你得说话算数，因为我也说到做到。"埃斯特·琼斯（Esther Jones）写道："我们在工厂遇到了很多麻烦，请给我们派一个组织者来，这样我们就能解决这些问题了。"埃文斯最终回信了，但拒绝提供帮助，因为会员们拖欠会费。[2] 191 地方工会疯狂地吸收会员和收取会费时，工厂的管理层继续解雇那些入会的工人。

192 地方工会的白人领袖们因 191 的成员越来越少而苦恼，但他们并没有代表 191 直面公司或联盟。相反，他们跟随埃文斯的领导，相信黑人工人有义务加入工会并缴纳会费，而当时（入会的）风险已经明显

---

[1] Will Huff to E. Lewis Evans, February 16, 1935; "History of Local No. 191"; Pete Jeffers to E. Lewis Evans, March 9, 1935, TWIU Records.

[2] Alice Williamson to E. Lewis Evans, March 9, 1935; S. M. Johnson to E. Lewis Evans, March 9, 1935; Earnest Gwynn to E. Lewis Evans, March 9, 1935; C. C. Caldwell to E. Lewis Evans, March 9, 1935; Henry Jones to E. Lewis Evans, March 9, 1935; Esther Jones to E. Lewis Evans, March 9, 1935; Russell Dill to E. Lewis Evans, March 9, 1935; E. Lewis Evans to Pete Jeffers, March 12, 1935, TWIU Records.

越来越高了。事实上,白人的会员基数在不断增长,192地方工会也越来越将黑人工会视为眼中钉。1935年4月,白人工会采取了不寻常的措施,试图以暴力胁迫黑人工人加入工会。当时的192工会会长、后来的州议会代表拉德福德·鲍威尔(Radford Powell)在数年后解释了这次治安行动:

> 我们做过的最恶毒的事情就是试图组织黑人加入工会,当时有一个新组织者来帮我们。在他的建议下,一天晚上,我们一大群人开着车,穿过城镇的黑人区,企图威胁人们加入工会。有些人坐在前廊上,腿上放着猎枪。一些男孩在门上画了骷髅。这是一个可怕的错误,我们为此付出了沉重的代价,我将永远以此为耻。随后,我们向劳工委员会提交了一份分区申请,要求进行选举。[1]

191地方工会的会员只剩6个了,全都是官员。白人工会的财政秘书E. V. 博斯维尔写信给埃文斯,对"我们里兹韦尔191地方工会感到困惑,他们似乎落到了谷底。所有192地方工会最好的会员都干得很卖力!想让工会紧跟时代……如果这会儿你再跟他们提联盟,他们会侮辱你的"。但他没有提及夜间突袭的事。[2] 1935年7月12日,该公司解雇了191工会最重要的领导人和会长威尔·赫夫(Will Huff),完成了摧毁联盟的计划。[3]

考虑到三K党在维护亮叶地带的社会秩序方面所起到的作用,192工会的治安行动更有意义。在美国重建时期,三K党活跃于罗金厄姆(Rockingham)、卡斯韦尔(Caswell)和阿拉曼斯(Alamance)县一带,尤其是在1868年和1869年,当时的三K党成员"在夜间前往乡村,

---

[1] Radford G. Powell, "My Life as I Remember it with Local Union 192," 4, vertical file "American Tobacco Company," Rockingham Community College Library.
[2] E. V. Boswell to E. Lewis Evans, May 4, 1935, TWIU Records.
[3] "History of Local No. 191," n.d., TWIU Records.

将自由人[1]从家中拉出来殴打,还会烧毁他们的住所,如果他们不签署工作合同并承诺不投票,就会威胁他们会有更严重的后果"[2]。许多非洲裔美国人和一名白人州参议员在三K党的暴力行动中丧生。虽然这些事件已经过去50多年了,许多白人还颇为自豪地记得这些事情。[3]

此外,三K党在20世纪20年代在罗金厄姆县死灰复燃,在美国其他地方也是如此。他们一直在里兹韦尔活动,包括192地方工会。有两名之前是191地方工会成员并且年事已高的人,当有人分别问他们关于鲍威尔对这一事件的叙述时,他们都说鲍威尔的行动是三K党性质的行为,192地方工会有很多三K党成员。詹姆斯·尼尔(James Neal)说:"192地方工会党和三K党就是一回事。他们是种族隔离主义者。"[4]191地方工会成员回忆20世纪20年代和30年代的其他三K党行动时,认为它们在形式上与鲍威尔的行动没有什么区别。

人们可能很难相信,白人工会参与这样的行动是为了强迫黑人加入工会,但有证据表明,白人成员从心底相信这种方式可以达到激励黑人的目的。夜行者有时以执行道德准则的形象出现,包括惩罚向美国烟草公司而不是烟草合作社出售烟草的农民,或警告不养家的男人。[5]192地方工会当然没有实际动机去打击非洲裔美国本地人,虽说确实是这样的结果。这些维护治安的策略证明了种族隔离暴力在美国烟草公司工作人

---

1 自由人(Freedpeople),亦称"Freedman",指代被解放的奴隶。——编者注
2 Drew A. Swanson, *A Golden Weed: Tobacco and Environment in the Piedmont South* (New Haven: Yale University Press, 2014), 173.
3 Rev. William R. Jones, "Reminiscences of Growing Up on Rockhouse Creek, Rockingham County, North Carolina," *Journal of Rockingham County History and Genealogy* 20, no. 1 (June 1995): 33.
4 James Neal, interview with author and Kori Graves, July 6, 2001. For a history of the Klan in the 1920s 参见 Linda Gordon, *The Second Coming of the KKK: The Ku Klux Klan of the 1920s and the American Political Tradition* (New York: W. W. Norton and Co., 2017), 107–110. 戈登认为,三K党有时站在工会的一边,有时站在(企业)所有者的一边,不过它通常支持所有者。在里兹韦尔,三K党似乎既有工会成员,也有所有者阶层。
5 *Reidsville Review*, September 23, 1931, 1; *Reidsville Review*, August 8, 1935, 1; *Reidsville Review*, September 1, 1921, 2; Harry Harrison Kroll, *Riders in the Night* (Philadelphia: University of Pennsylvania Press, 1965); Gordon, *The Second Coming of the KKK*, 107.

员、城镇和工会中的影响是多么深远。

黑人工会被彻底摧毁后，公司开始集中精力打击白人工会。1935年6月14日，192地方工会第一次与该公司会面，要求其签署一项协议草案。仅在3周以后，即1935年7月5日，《瓦格纳法案》生效。这项法案要求雇主与由谈判单位的多数成员选择的工会进行集体谈判。公司向镇上的商界领袖寻求帮助。那一周晚些时候，《里兹韦尔评论》在头版刊登了一篇新闻，报道了一场由知名商人组成的大型会议，他们通过了一项决议，"支持美国烟草公司过去和未来的政策"。商人们详细描述了该公司将其在里兹韦尔的生产转移到里士满或路易斯维尔是多么容易，并问道："难道我们要眼睁睁看着一小部分人毁掉和破坏我们未来的福祉吗？"[1] 鲍威尔回忆道："大约在那个时候,消防队长判定工会大厅有消防隐患。"我们搬到别处，他就继续找麻烦。我们打算再次搬家，他叫我来……说："你们搬到哪儿，我就会找到哪儿。"[2] 此外，白人工会成员每天都与城里愤怒的市民发生争执。

公司还借助警察和司法系统打击工会。8月，192地方工会官员威廉·赫罗德（William Herrod）和乔治·贝尔梅尼夫人（Mrs. George Belmany）因通奸被捕，这一指控的目的是羞辱他们，不仅因为这是一项性指控，还因为这种罪名原来是为了控制非洲裔美国人的专有指控。E. V. 博斯维尔（E. V. Boswell）在写给E. 刘易斯·埃文斯的信中写道："据法庭的记录，里兹韦尔从未有白人男女因通奸而受到审判。"赫罗德在9月1日和10月5日两次公开出庭。博斯维尔继续说道："一个男人……警告鲍威尔和我要小心行事，时机一到我们就会像比尔一样陷入麻

---

[1] "Local Citizens in Mass Meeting This Morning," *Reidsville Review*, July 2, 1935, 1. 也可参见 "Union Official Make Denial," *Reidsville Review*, July 3, 1935, 1; Powell, "My Life as I Remember It," 5; E. Lewis Evans to William Herrod, July 12, 1935, TWIU Records; Stuart Bruce Kaufman, *Challenge and Change: The History of the Tobacco Workers International Union* (Kensington, MD: Bakers, Confectionery, and Tobacco Workers International Union, 1986), 83–85.

[2] Powell, "My Life as I Remember It," 5.

烦，不管我们究竟有没有做错事。"[1] 公司利用这些市政资源有效地警告了白人工会领袖，美国南方种族隔离的势力将转而对他们不利。与此同时，该公司中止了依法与工会谈判的过程。

直到国家劳工关系局正式收到针对美国烟草公司拒绝遵守《瓦格纳法案》的指控时，位于里兹韦尔、达勒姆和里士满的工会才于1937年4月15日获得劳动合同。[2] 美国烟草公司认为，191和192地方工会作为协商的代表单位都没有达到联邦政府规定的代表大多数工人的要求，但这一说法并没有得到法院支持。作为回应，两个工会商量后决定让192地方工会代表191来参加谈判。此外，在重建191地方工会并与公司达成一致的漫长过程中，拉德福德·鲍威尔参加了191地方工会的会议，据说是帮助他们做组织工作，但事实上，白人工会调解了黑人工会与国际烟草工人联盟层级和工厂管理层的关系。工会领袖刘易斯·埃文斯明确告诉鲍威尔，他正在"将有色人种……交给你管理"，并给鲍威尔发工资。埃文斯警告鲍威尔，"受过教育的有色同胞"可能很难对付。[3] 这样的结果之一是，多年来，公司不断拉拢192地方工会的领导层，企图以此控制工人，开始是针对黑人工人，后来也扩展到白人工人。

191地方工会的经验表明，与一个禁锢在南方种族隔离思想中的企业权力做斗争是多么具有挑战性。面对公司的组织架构和日常活动中的种族主义，黑人工人有充分的理由和相当大的动机组织起来，但他们的行动也面临着来自公司和白人工会更强大的反对力量，尤其白人工会时而恐吓他们，时而庇护他们。三K党作为一个非法团伙，在劳资冲突中成为一股不稳定和不可预测的力量，但他们行动的最终结果是对公司

---

[1] E. V. Boswell to E. Lewis Evans, September 1, 1935, TWIU Records; *Reidsville Review*, October 7, 1935, 8; National Labor Relations Board, Case No. R-32, Transcript and Decision, September 1, 1936, TWIU Records.

[2] Powell, "My Life as I Remember It," 11.

[3] E. Lewis Evans to Radford Powell, June 2, 1937, TWIU records; Kaufman, *Challenge and Change*, 45–46.

有利。事实上，从工厂纪律的角度来看，白人工会通过代表黑人工会而采取中间立场来体现公司权力。

结 论

这里讲述的故事明显不是机器主导的典型的现代化故事，也就是说一个行业先是在美国得到充分发展，之后再被输出到国外。相反，美国和中国的香烟厂通过亮叶烟草关系网进行连接，尤其是通过组织和控制日益全球化的劳动力进行连接。白人男性管理人员将劳动力按照职业分类进行筛选，将性别、年龄、种族或籍贯作为区分劳动力的关键指标。虽然根据种族/民族和性别雇用员工的做法很常见，但亮叶烟草关系网强化了这种分隔原则，使（亮叶关系网中的）香烟厂的这种氛围比美国北方的香烟厂、中国的南洋兄弟香烟厂，以及美国南部的纺织厂都要浓厚。亮叶烟草关系网还在这两个国家建立了两套平行的纪律体系，利用空间隔离、香烟赠品和工作服来赋予不同工作以不同地位。

管理人员在组织和控制工人时采用的纪律制度涉及工人的隐私和人身权利。不同岗位的工人使用不同的大门和通道，穿特定颜色的工作服，管理层以此迫使岗位之间产生差异。香烟使一些职业分类带有商品的性质。由于工厂纪律而带来的特殊困难和羞辱，也涉及人身层面：严苛的午餐要求、使用卫生间的限制、孕期和性骚扰都表明工人们在公司中十分弱势。几十年前，律师艾布拉姆·查耶斯（Abram Chayes）建议，所有与公司"足够亲密"的人都应该被视为公司成员，并在公司治理中有发言权。根据这一定义，中国和北卡罗来纳州的香烟厂工人当然应该算作企业成员。通过工会，工人们才在公司治理方面获得了一些发言权，并开始改善他们所面临的极其严酷的环境。

事实上，这里讲述的故事表明，工厂不仅有自己内部的治理体系，而且公司在其所处社会中发挥着重要的治理作用，成为一种政治形式。在美国和中国，工厂层级制度与地方政治层级制度交织在一起，并在法律上掩盖了不平等。工厂成为组织工人在工作中的经济和社会生活的领地，但在某些方面也渗透到工人工作之外的场合。在中国，工厂的军事化更突显了工作场所的帝国主义性质，就像工会活动具有反帝国主义的意义一样。在美国，《瓦格纳法案》强制要求公司与工会进行谈判，使那些较晚组织起来的美国香烟厂工人没有发生那些在中国香烟厂或美国纺织工人与警察和军队之间的暴力冲突。第一个由国际烟草工人联盟与美国烟草公司签订的合同凸显出《瓦格纳法案》的意义，但同时应该提醒我们，美国种族隔离的经济和政治暴力（包括工会政治）剥夺了他人的权利，不仅与帝国主义并行，而且在亮叶关系网的作用下受制于帝国主义。

工人每天为公司生产香烟所贡献的价值使公司在美国和中国日益壮大。在20世纪10年代末和20年代，在美国的骆驼牌香烟和在中国的皇后牌香烟同时大受欢迎，远远超出了企业的预期。这两个品牌都含有亮叶烟草，标志着全球品牌创新和香烟崛起的一个新时刻。第五章讲述了这些品牌令人惊异的胜利。

第五章　骆驼牌和皇后牌

在20世纪10年代中期，不管是在美国还是中国，香烟终究变得势不可当，十分流行。20世纪20年代初，香烟的销量急剧上升，并持续了20多年。美国和中国在香烟消费方面从落后于欧洲和中东，一跃成为全球最大的香烟市场。但是，成功并没有像行业领袖预期或计划的方式到来。在美国和中国，香烟消费的增长都只与某一品牌受欢迎有关，也就是美国的骆驼牌和中国的皇后牌。这两大香烟品牌出人意料地受人欢迎，与吸烟人数空前增加密不可分。骆驼牌和皇后牌的名气远远超出了它们的消费者基础，成为塑造日常生活的代理媒介。[1] 到20世纪20年代早期，骆驼牌香烟是世界上最受欢迎的品牌，皇后牌位居第二。[2]

亮叶烟草关系网在这两个品牌推广中都发挥了作用，因此两个品牌的发展过程是相互融合的。正如我们所知，美国和中国的烟草业错综复杂地联系在一起，关系网中亮叶烟草、亮叶烟草种子、机制香烟和从业人员从美国上南部流向中国。此外，由于与此同时，该行业在上南部正在扩张，亮叶关系网是了解商业和劳工管理知识的国际渠道。中美两国

---

[1] 我修改了如下文献中的"构建我们日常生活的元素"，Melissa Aronczyk and Devon Powers, eds., introduction to *Blowing Up the Brand: Critical Perspectives on Promotional Culture* (New York: Peter Lang, 2010), 3. 在将"元素"改成"代理"时，我参考的是 Bill Brown, introduction to "Thing Theory," *Critical Inquiry* 28, no. 1 (Autumn 2001): 1–22.

[2] Sherman Cochran, *Big Business in China: Sino-Foreign Rivalry in the Cigarette Industry, 1890–1930* (Cambridge: Harvard University Press, 1980), 132.

企业发展之间的密切联系为两国香烟消费的增长提供了许多前提条件，特别是两国发展功能性亮叶烟草农业和香烟制造项目。

然而，大品牌的崛起并不符合典型的由西方传到东方的现代化运作模式，因为管理人员没有在美国制定新的商业战略，并将之照搬到中国。相反，一些不相关的事件导致这两个地方出现了新的竞争局面。1912年，詹姆斯·A. 托马斯（James A. Thomas）由于对英美烟草公司自身销售团队的局限性感到沮丧，于是发起了一项竞争性实验，将两个品牌的营销工作交给了中国高管郑伯昭和邬挺生。在美国，最高法院解散了具有垄断性质的美国烟草公司，将包括品牌在内的资产分配给四家大型继任公司，为它们相互竞争创造了环境。这四家公司都努力完善自己的烟草产品，因此促使一些新品牌的发布和推广。

新的竞争环境促使销售人员加大广告力度，并将前所未有的资源集中在特定品牌上。郑伯昭和邬挺生通过策划竞争实验，分别投资了皇后牌和紫金山牌。美国烟草公司的后继者推出了新品牌，并进行了大量广告宣传——骆驼牌就是其中之一。尽管骆驼牌和皇后牌基本同时走红，但它们的发展是不同商业环境的结果，而不是一个（品牌）遵循了另一个（品牌）制定的战略而得到的结果。

皇后牌和骆驼牌这样的大香烟品牌受欢迎的程度超乎了业内的想象。在此之前，烟草公司拥有大量的品牌。在美国，其他产品的品牌，如皮尔斯伯里面粉（Pillsbury flour）或本叔叔大米（Uncle Ben's rice）通过单一品牌占领了大众市场，但营销人员认为，消费者对普通面粉和大米几乎没有特殊的口味偏好。[1] 人们普遍认为，消费者对烟草产品的

1　Susan Strasser, *Satisfaction Guaranteed: The Making of the American Mass Market* (New York: Pantheon, 1989); Charles F. McGovern, *Sold American: Consumption and Citizenship, 1890–1945* (Chapel Hill: University of North Carolina Press, 2006); Michael Schudson, *Advertising, the Uneasy Persuasion: Its Dubious Impact on American Society* (New York: Basic Books, 1984); Roland Marchand, *Advertising the American Dream: Making Way for Modernity, 1920–1940* (Berkeley: University of California Press, 1985); Sherman Cochran, ed., *Inventing Nanjing Road: Commercial Culture in Shanghai, 1900–1945* ([1999]; Ithaca: Cornell University Press, 2010).

口味和购买能力的巨大差异决定了烟草品牌的精细分布。公司通常推出一种新的原味香烟品牌，或提供不同级别和价格的香烟品牌，来吸引新的消费者。有一些口味的品牌明显受欢迎，有些品牌在特定市场很有人气，但烟草商没有想到，他们竟可以说服大量的人消费同一种香烟。发现这一点后，烟草业的企业走在了其他企业的前头，开始尝试挖掘和塑造品牌的潜力。

因此，骆驼牌和皇后牌的繁荣推动了大品牌模式的行业重组。到20世纪20年代，在中国，南洋兄弟烟草公司以金龙牌（Golden Dragon）为主，华成烟草公司则大力推广美丽牌（My Dear）。[1]在美国，四大烟草公司都生产大品牌。雷诺公司与骆驼牌竞争，之后溃败，新成立的美国烟草公司上市了好彩牌；利格特和迈尔斯公司重制了切斯特菲尔德的配方；罗瑞拉德在其他公司都上市新产品后推出了老金牌（Old Golds）。[2]大品牌的成功让特殊的混合烟草成为流行趋势，随之而来的是吸烟的人数越来越多。

皇后牌和骆驼牌香烟广泛传播，历程精彩，这预示着品牌在20世纪末和21世纪将具有广泛的影响力。[3]当然，这些品牌能有突出的表现，部分原因直接来自企业营销的建议，但它们之所以能具有很强的社会感

---

[1] Carol Benedict, *Golden-Silk Smoke: A History of Tobacco in China, 1550–2010* (Berkeley: University of California Press, 2011), 161; David Embrey Fraser, "Smoking Out the Enemy: The National Goods Movement and the Advertising of Nationalism in China, 1880–1937," Ph.D. diss., University of California, Berkeley, 1999, 146–148.

[2] Nannie M. Tilley, *The RJ Reynolds Tobacco Company* (Chapel Hill: University of North Carolina Press, 1985), 213.

[3] 我对品牌的概念受到内奥米·克莱因的影响。Naomi Klein, *No Logo: Taking Aim at the Brand Bullies* (Toronto: Knopf Canada, 2000); Celia Lury, *Brands: The Logos of the Global Economy* (London: Routledge, 2004); Melissa Aronczyk and Devon Powers, eds., *Blowing Up the Brand: Critical Perspectives on Promotional Culture* (New York: Peter Lang, 2010); Sarah Banet-Weiser, *Authentic TM: Politics and Ambivalence in a Brand Culture* (New York: New York University Press, 2012). 这些卓越的研究都记录了该品牌在创立后的50至70年间发生的关键变化，这是美国历史学家再次在资本主义历史上讨论这个话题的很好的论据。

召力，是通过日常生活中的香烟和品牌流通实现的。[1]吸烟是一种独特的个人行为，但也可能作为某些公众场合的仪式，或是一种反映人际间从属关系的行为；香烟品牌将商品的这些元素层层叠加，成为新的社会联系和社会形态的有力催化剂。事实上，骆驼牌和皇后牌已经成为公众生活中引人注目的一部分，知道这些品牌的人远不止吸烟群体。中文"名牌"一词便传达了某些品牌所获得的明星效应。不管企业有直接或间接的目的，香烟名牌塑造了商品消费之外的公共关系，这不是营销人员完全可以控制的，包括企业自身的营销人员也是如此。

故事开始于20世纪10年代，皇后牌和骆驼牌香烟的销量同时上升，这是商业运作的结果：原本垄断的烟草业突然迎来了新的竞争环境，各公司集中对广告发力，为品牌人气达到新的规模创造了环境。香烟名牌通过许多社群传播，其中一些并不是单纯的商品消费情境，包括中国五卅运动中使用皇后牌，以及好彩牌在北卡罗来纳州里兹韦尔本土化棒球文化中的作用。这两个案例揭示了一种与以往截然不同的现象，品牌超越其纯粹的推广功能，成为人们追求其他目标的象征性资源。

在五卅运动中，积极分子巧妙地将皇后牌（大英牌）香烟塑造成帝国主义的象征。他们还利用品牌的力量来形成群体的认同感，但目的是对其进行联合抵制并批判资本主义，而不是为了推广商品。在北卡罗来纳州的里兹韦尔，非洲裔美国工人组建了好彩棒球队，利用好彩牌赋予非洲裔美国男人以男子气概。使用它们并不意味着拒绝香烟、品牌或资本主义；相反，这是在挑战那些建立在公司和城镇只与白人有关的主流价值观。在这两个不同的例子中，香烟名牌以意想不到的方式与企业本身进行互动。

---

[1] 为了讨论商品的社会流通，参见 Nan Enstad, *Ladies of Labor, Girls of Adventure: Working Women, Popular Culture, and Labor Politics at the Turn of the Twentieth Century* (New York: Columbia University Press, 1999); Aronczyk and Powers, introduction to *Blowing Up the Brand*, 11.

皇后牌的崛起

1912年，詹姆斯·A.托马斯、亨利和海蒂·格雷戈里、邬挺生和郑伯昭在参观英美烟草公司纽约总部和北卡罗来纳州的亮叶烟草带后，一起抵达上海港；所有人都为参与英美烟草公司的新冒险事业做好了准备。我们已经了解了亨利·格雷戈里如何创建了（中国分公司的）农业部门以及哈蒂·格雷戈里如何在上海组建了美国南方式的家园，也知道了托马斯如何指导新工厂的建设。而邬挺生和郑伯昭从事的销售实验同样重要。英美烟草公司一直依赖中国的销售人员——事实上，从一开始它就特别依赖邬挺生和郑伯昭——但这次合作将指导公司销售策略的权力交给了中国商人。[1]

在英美烟草公司中国分公司成立后的前7年，托马斯在具有垄断性质的美国烟草公司组建垂直销售管理团队之后，设计了英美烟草公司的分销系统。托马斯将全国划分为几个部门，由外国经理领导，员工由中外销售代表组成。中国销售代表筛选中国当地的经销商，并与之签订独家代理英美烟草公司香烟的合同——类似于杜克在19世纪90年代在美国签订的独家协议。销售代表收集销售数据和市场方面的数据，高管们在总部制定销售策略时会研究这些数据。换句话说，托马斯实施了一种带有明确层级的、科学管理体系，以优化来自实地的反馈，同时保证管理层对公司的控制。西方现代性的梦想是，可以推广普及这种理性的、官僚主义的做法，西方资本主义正是利用这种机制改造更为原始的社会

---

[1] 程仁杰：《英美烟公司买办郑伯昭》，收录于《中华文史资料文库》（北京：中国文史出版社，1996），第14卷，页741–751。也可参见 Sherman Cochran, *Encountering Chinese Networks: Western, Japanese, and Chinese Corporations in China, 1880–1937* (Berkeley: University of California Press, 2000), 44–69; Howard Cox, "Learning to Do Business in China: The Evolution of BAT's Cigarette Distribution Network, 1902–1941," *Business History 39*, no. 3 (July 1997): 30–64.

并在全球进行扩张。[1] 问题是托马斯的计划不起作用。

托马斯对自己的销售业绩感到失望,于是在郑伯昭和邬挺生之间设立了一场销售竞争,让他们各自负责营销一个品牌,并允许他们在英美烟草公司既定的销售体系之外自由发挥。托马斯将皇后牌分给了邬挺生,但邬挺生觉得它的中文名字"大英"听起来国外的味道太浓了,不够爱国。邬挺生选择了紫金山这个品牌,紫金山指的是南京附近的一个著名圣地,他认为这个名字会得到更多人的认同。[2] 而郑伯昭接受了营销皇后牌(大英牌)的责任,这可谓合情合理,因为"大英"这个名字正是他在7年前的反美华工禁约运动中提的建议。两位都需要一种商业形式来推销自己的品牌。邬挺生成为英美烟草公司新的全资子公司——联合商业烟草公司的总经理。郑伯昭在历史悠久的贸易公司永泰栈任职,之前他一路晋升,如今已经担任了总经理。[3] 英美烟草公司仍然是垄断企业,但托马斯引入了竞争机制,从而为大型香烟品牌的出现创造了条件。

邬挺生的策略是搬到北京,利用政治关系找相关的人谈判,希望能建立一个完全由中国分公司控制的中国官方烟草专卖企业。法国、意大利、西班牙、奥地利、土耳其和日本的烟草业都是国家垄断,其他国家也在考虑转向这一模式。[4] 但经过三年的努力,邬挺生未能使英美烟草公司与中国政府正式建立联系。邬挺生虽然建立了销售分支机构,并利用了英美烟草公司的广告,但他未能在紫金山牌上取得很大进展,因为

---

1 程仁杰:《英美烟公司买办郑伯昭》,页 742。Thomas Cobbs to Cheang Park Chew [Zheng Bozhao], May 16, 1919, James A. Thomas Papers, David M. Rubenstein Rare Book and Manuscript Library, Duke University; Cochran, *Big Business in China*, 15–17; Anna Lowenhaupt Tsing, *The Mushroom at the End of the World: On the Possibility of Life in Capitalist Ruins* (Princeton: Princeton University Press, 2015), 38–40.

2 苗丽华:《邬挺生与英美烟公司》,《上海文史资料选辑》第 56 辑:旧上海的外商与买办(上海:上海人民出版社,1987 年),第 145–148 页;Cochran, *Encountering Chinese Networks*, 54.

3 程仁杰:《英美烟公司买办郑伯昭》,第 741 页。

4 Arthur Wilhelm Madsen, *The State as Manufacturer and Trader; an Example Based on the Commercial, Industrial and Fiscal Results Obtained from Government Tobacco Monopolies* (London: Unwin, 1916), 16–23.

图5.1 郑伯昭,摘自《中国烟草先驱者》(*A Pioneer Tobacco Merchant in China*),詹姆斯·A.托马斯著,1928年出版。由图书出版方杜克大学出版社(Duke University Press)免费提供

他雇用的销售代理所触及的范围还是不够广泛。[1]

相比之下,郑伯昭(图5.1)的成功出乎所有人的意料。他的巨大成功首先得益于他能够接触到一个基于本地关系建立的,广泛的商人关系网。[2] 郑伯昭来自广东,这个省份的商人遍及中国大部分地区。郑伯昭还向经销商提供了比英美烟草公司销售管理系统所能提供的更好的条件,免除了英美烟草公司的独家协议。之前,英美烟草公司对其经销商制定了财务要求,特别是对那些希望赊购而不是钱货两讫的经销商,这将风险置于零售商身上,而公司是受益者。郑伯昭放宽了这些要求,允

---

[1] 苗丽华:《邬挺生与英美烟公司》,第145–155页,Cochran, *Encountering Chinese Networks*, 54–56.
[2] 斗烟世世代代都是通过这样的商业关系网出售的。也可参见 Gary G. Hamilton and Chi-kong Lai, "Consumerism Without Capitalism: Consumption and Brand Names in Late Imperial China," in *The Social Economy of Consumption*, ed. Henry J. Rutz and Benjamin S. Orlove (Boston: University Press of America, 1989).

许不太富裕的零售商成为英美烟草公司的经销商,并以更优惠的条件奖励有成绩的经销商。[1] 商人们欣然同意代理这些香烟。郑伯昭和英美烟草公司自己的销售团队覆盖了同样的区域,但通过他的零售商获得了更好的分销渠道。皇后牌香烟通过郑伯昭打开的渠道进行流通,取得了空前的销量。

郑伯昭的成功尤其令人惊讶,因为皇后牌香烟并不便宜,价格中等,包括缺少现金的农民在内的大多数穷人都买不起。这类香烟的消费群体从来都不是大众。20世纪20年代初,英美烟草公司推销员弗兰克·H.卡纳迪(Frank H. Canaday)注意到,皇后牌香烟在许多城镇市场也是售价最高的香烟,只有商人和城镇官员会抽这种烟。在一些小地方是找不到这种烟的。[2] 皇后牌在通商口岸卖得很好,但之所以能这样,是因为它们吸引了全中国数百个城市和城镇中中等收入的消费者。[3]

皇后牌现象的部分原因,无疑在于郑伯昭的商人关系网在销售香烟的同时,还广泛地传播了广告。郑伯昭的广告方法或广告本身并没有什么不同寻常之处,新鲜的是这么多的广告资源全都集于一个品牌。郑伯昭要多少广告资源,英美烟草公司就提供多少,这些广告与英美烟草公司旗下所有品牌的广告在同一家印刷厂制作。当英美烟草公司的销售团队同时推广多个品牌时,郑伯昭对一个品牌的广泛分销让皇后牌香烟的广告似乎无处不在。特别是,英美烟草公司的户外广告手法与郑伯昭的影响力相结合,使得皇后牌的品牌知名度远远超出了其消费者群体的范围。

英美烟草公司和郑伯昭的销售团队用几种标准化的方式做广告。当销售团队到一个地方向经销商和零售商销售产品时,他们还通过举办游行、开设有奖烟摊、免费分发香烟样品和日历海报,以及在镇上各处张

---

1 程仁杰:《英美烟公司买办郑伯昭》,第743页。
2 Frank H. Canaday to Arthur Bassett, October 3, 1923, Frank H. Canaday Papers, Harvard-Yenching Library, Harvard University (hereafter Canaday Papers).
3 Benedict, *Golden-Silk Smoke*, 158–163.

图 5.2 贴着香烟海报的墙。东卡罗来纳大学乔伊纳图书馆（Joyner Library, East Carolina University）免费提供

贴广告海报来进行宣传。此外，他们给分销商和零售商派发海报、日历、传单和其他广告材料，供商店展示使用。这个品牌在中国并不新鲜，许多其他公司也用这种方式做广告。[1] 然而，英美烟草公司的广告质量非常高。据上海广告代理商卡尔·克罗（Carl Crow）介绍，英美烟草公司在"世界上最大、最好的彩色印刷厂之一"现场生产"标签、纸箱和广告材料"。[2] 来自北卡罗来纳州的英美烟草公司员工詹姆斯·哈钦森回忆

---

[1] Sherman Cochran, *Chinese Medicine Men: Consumer Culture in China and Southeast Asia* (Cambridge: Harvard University Press, 2006).

[2] Carl Crow, *Foreign Devils in the Flowery Kingdom* (New York: Harper and Brothers, 1940), 58; Sherman Cochran, "Transnational Origins of Advertising in Early TwentiethCentury China," in Cochran ed., *Inventing Nanjing Road*, 40.

说，浦东的工厂"和国内那些领先的工厂一样现代化、设备齐全"。[1]英美烟草公司高质量的彩色广告本身非常引人注目、令人喜爱，而不是他们所推销的商品。

英美烟草公司的广告团队在墙上贴了许多30英寸[2]×40英寸的海报，不断重复展现品牌的名称和标识，目标是"在空间允许的范围内尽可能多地张贴海报"（图5.2）。哈钦森回忆说："苦力们一调制好糨糊，我们就出发……在镇上到处张贴海报。"[3]当然，其他公司也这么做了，尤其是专利药品公司，但英美烟草公司的海报变得特别普遍。作家赛珍珠反对这种效果："巨大的香烟海报贴满了这些深色的古老砖块……用粗俗而刺眼的颜色玷污了它们厚重的年代感。"[4]哈钦森自己评价说："这个工作很讨厌——故意用一大堆刺眼花哨的彩纸污损房子的墙壁。我讨厌这么干。"[5]英美烟草公司及其子公司在全中国到处张贴广告，这导致到了20世纪20年代，地方政府尝试通过各种征税机制来向他们收税。

城市墙上的海报使品牌在公共场所开始流行，但特殊的日历海报走进了人们的家里。根据哈钦森的说法，日历海报是"每年的广告大丰收"[6]。这些日历海报在新年发行，邀请中国艺术家绘制鲜艳的盛大场景，并在海报的顶部或者底部边沿或其他边框处放上日历信息。卡纳迪指出："彩色衣架和日历是中国最流行的广告形式。我们在开展赎回烟盒活动时利用这些东西，或用各种各样的方式来推动业务。"[7]这类计划是让顾客用手中的空烟盒来换奖品，谁的烟盒最多，谁就得到最好的奖品。在20世纪20年代，郑伯昭的子公司永泰和在烟摊提供各种各样的

---

[1] James Lafayette Hutchinson, *China Hand* (Boston: Lothrop, Lee and Shepard Co., 1936), 266; 朱汉英（原上海烟草印刷厂工人）：访谈记录，1963年11月，《英美烟公司在华企业资料汇编》（中国，北京：中华书局，1983年），第1册，第234-235页。

[2] 1英寸约等于2.54厘米。——编者注

[3] Hutchinson, *China Hand*, 53, 102.

[4] Pearl Buck, 引用自 Cochran, *Big Business in China*, 134.

[5] Hutchinson, *China Hand*, 53.

[6] Hutchinson, *China Hand*, 267.

[7] Frank H. Canaday to Ward Canaday, August 30, 1924, Canaday Papers.

图 5.3 英美烟公司香烟日历海报。罗伯特·布朗画廊（Robert Brown Gallery）免费提供

奖品，有肥皂、纸扇、镜子和搪瓷脸盆[1]，但卡纳迪解释说："如果想让奖品有吸引力，几乎必须将一等奖设置成衣架。"[2]

的确，日历海报非常受欢迎，自身已经成为商品，并通过卖图片的小商贩，以一种独立于英美烟草公司的渠道传播了品牌。卡纳迪解释说："一些小贩以在街上兜售这些海报为生，一幅好的海报在市场上的零售价可以达到 60 到 70 分墨西哥比索（Mex）。"[3] 日历海报并非英美烟草公

1　Yongtaihe Tobacco Corporations Inventory of Advertising Stock Poster, Hanger and Handbills etc for 31st October 1926, Canaday Papers.
2　Frank H. Canaday to Arthur Bassett, October 3, 1923, Canaday Papers.
3　Frank H. Canaday to Ward Canaday, August 30, 1924, Canaday Papers.

司首创，许多其他公司也都发行，但英美烟草公司的海报质量非常高，都是由中国著名艺术家设计的[1]（图 5.3）。哈钦森描述了他们为了保证海报的品质而做了哪些工作：

> 中国著名艺术家，主要是女性首席专家，在中国农历新年前 9 个月提交初稿草图（他们会获得一笔可观的费用）……然后，这些草图被送到各部门总部，让中国工作人员对不同海报进行投票，并检查标题确保这些字在当地没有双重含义。

这些日历让公司可以衡量他们的广告引起了多少"反响"（用今天的话来说）。哈钦森接着说：

日历作为广告的价值取决于它在市场上的售价。在日历开始发行后的 10 天内，中国各地的图片小贩在主要的购物街道上展示这些日历和其他商品。如果价格涨到 11 或 12 分一个，这个日历就是成功的。[2]

在中国大部分地区，包括农村地区，日历海报是将品牌传播到私人家庭的一种特别有效的方式。图片小贩出售这些海报时，品牌摆脱了公司直接的商业影响，呈现出其在社交生活中的角色，从而为公司带来进一步的利益。

与经常吸皇后牌香烟的人相比，看过这个牌子的海报或在家里有它日历的人更多。高家龙认为，英美烟草公司在信息传播方面做得比中国任何一家公司（包括其他任何公司、传教团体或政府机构）都好。到 20 世纪 10 年代末，英美烟草公司每年的广告预算为 180 万元，几乎是共和党政府执政期间，美国国家教育预算的一半。[3] 20 世纪 30 年代，一位中国记者曾说过："中国农村很多人至今还不知道谁是孙中山，但很

1　Ellen Johnston Liang, *Selling Happiness: Calendar Posters and Visual Culture in Twentieth Century Shanghai* (Honolulu: University of Hawai'i Press, 2004).

2　Hutchinson, *China Hand*, 267.

3　Cochran, *Encountering Chinese Networks*, 40.

少有地方不知道皇后牌（大英牌）香烟。"[1] 皇后牌的崛起意义重大，不仅因为这个品牌的烟民达到了前所未有的人数，还因为它标志着该品牌进入了一个新时代。

郑伯昭取得的成功自此永远改变了英美烟草公司的结构。最值得注意的是，英美烟草公司让郑伯昭负责整个销售结构，与自己的销售体系平行。1923年，英美烟草公司和郑伯昭成立了一家名为永泰和的子公司，由于郑伯昭拥有永泰和49%的股份并担任总经理，因此郑伯昭拥有更大的决策权（将在第七章详细讨论）。

此外，尽管英美烟草公司保留了针对不同市场的多个品牌，但改变了销售和广告策略，专门发展大品牌。英美烟草公司尤其感兴趣的是，他们想生产一种更便宜的香烟，以期占领更大的市场。1924年，一位英美烟草公司代表思考了汉口政策的变化。他的团队现在集中做哈德门牌（Hatamen）的广告，这是一种味道很像皇后牌（纯亮叶烟草）的香烟，但用的是相对低档的中国产烟草。他写道：

> 几年前，伦敦和纽约的一些董事来到这里……他们认为我们不能（只集中做某个产品的广告），理由是需要做广告的品牌太多了。在过去的3年里，我们已经证明了这个决定是不正确的，因为我们几乎只做了"哈德门牌香烟"的广告，而从一个几乎销售天下所有商品的部门来看，这个部门变成了一个品牌的专有部门。[2]

皇后牌香烟成功之后，英美烟草公司将其策略转移到了营销皇后牌之外的产品。

皇后牌香烟的崛起也改变了整个中国烟草行业，因为中国竞争者在

---

1 引用自 Sherman Cochran, "Transnational Origins of Advertising in Early Twentieth-Century China," in *Inventing Nanjing Road*, 57.
2 信函资料，1924年6月17日，英美烟公司资料，上海社会科学院。

图 5.4 皇后牌广告宣传。哈佛燕京图书馆免费提供

这种影响之下也做了大量山寨品牌的广告,试图搭上这班车。南洋兄弟烟草公司投资自有的金龙牌,1924 年,华成烟草公司发行了美丽牌,两个品牌不论是混合烟草还是价格,都模仿的是皇后牌。[1] 在大中城市,香烟广告材料变得更加普遍。在通商口岸,特别是上海,大型香烟广告遍布整个城市,几乎没有人没见过香烟广告。大型电子广告牌挤满了南京路和其他商业大道,乡村也处处可见广告牌,它们主要排列在商业主干道和运河沿线(图 5.4)。[2] 大品牌的香烟并没有取代所有其他品牌——烟草公司仍然以不同的烟草等级和价格发布品牌——但它改变了企业品牌和广告策略。

皇后牌香烟的崛起无意中得益于在中国做生意的历史特定条件。另外,美国发生了一系列非常不同的事件,在这样的背景下,大品牌骆驼

---

[1] Benedict, *Golden-Silk Smoke*, 161; Fraser, "Smoking Out the Enemy," 146–148.
[2] Cochran, "Transnational Origins of Advertising in Early Twentieth-Century China," in *Inventing Nanjing Road*; Laing, *Selling Happiness*, 61–73.

牌香烟和西方的皇后牌香烟应运而生。这些同时发生的进展改变了香烟在全球的历史，并为它们成为蓬勃发展的现代消费文化的标志性产品奠定了基础。

骆驼牌的崛起

和在中国一样，大的香烟品牌在美国的崛起，要归因于这个垄断行业引入了新的竞争方式，这种新环境促使广告和营销资源都集中在一个品牌上。美国烟草公司的解散和四大烟草公司的成立广受诟病，因为人们认为仍旧是同一个群体掌握着权力。[1] 法庭要求杜克在继任的美国烟草公司和英美烟草公司之间做出选择，而他选择了留在英美烟草公司。然而，在垄断企业中，后继企业的高管职位都由高层员工担任。新公司的规模太大了，小公司仍然没有机会。事实上，四大广告公司的广告预算迅速飙升，超出了大多数小公司的能力范围；几年内，烟草业被大公司所控制的程度甚至超过了美国烟草公司垄断时期。解散计划本是为了在行业内创造更多的竞争机会，结果却是惨败。[2] 然而，四大公司之间的竞争确实对品牌的塑造产生了巨大的影响。

骆驼牌香烟之所以能崛起，通常解释为由于企业家雷诺运用了出色的广告策略，尤其是一组有悬念广告。骆驼牌 1913 和 1914 上市时，在当地报纸上发布了一组广告，第一个广告只画了一只骆驼，并写有"骆驼牌"的字样；第二个广告还是那张骆驼图片，并写着"骆驼牌即将上市"；第三个广告写着："骆驼牌来了！"并对香烟进行了介绍。这个广

---

[1] 这部分我的主要参考文献是 *Report of the Commissioner of Corporations on the Tobacco Industry*, Part III (Washington, DC: Government Printing Office, 1915), 此外我还参考了雷诺烟草公司的记录，是通过加州大学旧金山图书馆帮助提供的烟草行业真相文件集，网址为 https://www.industrydocumentslibrary.ucsf.edu/tobacco/。

[2] *Report of the Commissioner of Corporations on the Tobacco Industry*, Part III, 261; "Dissolution No Gain to Tobacco Users," *New York Times*, May 10, 1915, 23.

告系列非常不错，但它并没有与那个时代的广告脱节。公司本身也没有过多地关注广告。1914年末，雷诺公司报道称，他们"在数千家商店对'骆驼牌'进行了低调的推广"，并准备展开更大规模的竞争。[1] 雷诺公司没有像其他公司一样推出一个重磅广告，而是在商业实践中做了更大的转变，从而催生了大品牌。

四大公司争先恐后地推出新品牌并为其做广告，不是为了打造一个大品牌，而是为了完善产品体系。最高法院通过分割制造工厂，来切分美国烟草公司。工厂制造的香烟品牌，会随这个工厂一同被分给某家公司，也就是说四家公司都无法掌握完整的烟草产品。例如，新的美国烟草公司接收了里士满、纽约市、达勒姆和里兹韦尔的香烟和斗烟厂，而雷诺公司接收了温斯顿－塞勒姆的大型嚼烟厂。因此，新美国烟草公司收到的品牌占香烟产量的46.3%和斗烟产量的42.1%，而雷诺公司收到的斗烟品牌只占全国产量的3.4%，而且没有香烟品牌。[2] 罗瑞拉德公司获得了19%的香烟产量，但它所有的品牌都是昂贵的土耳其品牌，没有平价品牌。虽然新的美国烟草公司拥有很多香烟和斗烟品牌，但它没有土耳其－亮叶烟草混合香烟，而这种中等价位产品越来越受青睐。于是，为了能在全烟草产品系列中都具有竞争力，这四家公司都推出了新品牌。他们特别关注斗烟和香烟，因为这些产品越来越受欢迎。而他们在推出自己的品牌时做了大量的广告。

第一个大型烟草品牌是一款斗烟，而不是香烟。在垄断解体的过程中，雷诺烟草公司得到了大量嚼烟品牌，而斗烟品牌只有一款趋于完善的阿尔伯特王子牌（Prince Albert）。1907年，原美国烟草公司推出了一款高档的伯莱烟品牌——阿尔伯特王子斗烟，想避开与达勒姆公牛（Bull Durham）和杜克混合烟的竞争，它们属于不同的等级，价格也不

---

[1] RJ Reynolds Collection, Truth Tobacco Industry Documents, Bates # 502591708A/1710.
[2] *Report of the Commissioner of Corporations*, Part III, 323, 251.

同,都是受欢迎的颗粒状亮叶烟草品牌。[1]原美国烟草公司决心避免竞争,当时下属的雷诺烟草公司想推出一款名为"广告者"的新型粒状亮叶吸食烟草,杜克提出了一个很有讽刺意味的条件——只要雷诺承诺不为这个产品做广告,就可以将其上市。到美国烟草公司解散的时候,阿尔伯特王子已有了坚实的市场基础,但仍远远落后于达勒姆公牛和杜克混合烟,只占领了整个斗烟市场的3.4%。雷诺烟草公司投入大量资金为阿尔伯特王子做广告,结果令人大吃一惊:到1913年,这个品牌已经占据了高价斗烟市场36.7%的份额。[2]

与此同时,其他三家公司也注意到了这一点,并纷纷效仿阿尔伯特王子:新美国烟草公司推出"燕尾服"(Tuxedo);利格特和迈尔斯开发了"天鹅绒"(Velvet);罗瑞拉德的新品牌是"牡鹿"(Stag)。美国公司委员会在1915年的报告中称,这四个品牌"属于同一类吸食烟草,自解散以来都做了大量的广告。很明显,在这一时期,这类烟草的商业竞争比任何其他类型的加工烟草都要激烈"[3]。所有这些广告产生了一个意想不到的结果:伯莱烟成为最受欢迎的吸食烟草。消费者蜂拥购买这四个品牌,纷纷抛弃了达勒姆公牛和杜克混合烟。事实上,在1912年和1913年,吸食烟草销售额的全部增长都要归功于这四个品牌,其他吸食烟草的品牌都在下降。[4]因此,四个伯莱烟草品牌向那些不可置信的管理层证明,集中力量做广告在引领潮流方面非常有效。不过,当时并非所有的管理层都完全相信这些大品牌的潜力,直到香烟领域也发生了同样的事情。

---

1 美国烟草公司在解散后,继承公司之一雷诺公司生产了5种不同类型的吸用烟草品牌,但只有阿尔伯特王子牌表现良好,到1911年占美国烟草公司吸用烟草产量的3.4%。*Report of the Commissioner of Corporations*, Part III, 279; Tilley, *RJ Reynolds*, 161.

2 *Report of the Commissioner of Corporations*, Part III, 257.

3 *Report of the Commissioner of Corporations*, Part III, 257–258.

4 *Report of the Commissioner of Corporations*, Part III, 259. 理查德·坦南特认为"集中宣传可能是偶然的结果,也符合实际的需要,但不是经过深思熟虑的原则性决定"。Richard B. Tennant, *The American Cigarette Industry: A Study in Economic Analysis and Public Policy* (New Haven: Yale University Press, 1950), 83.

对于四大烟草公司来说，香烟品牌也是分布不均的，而他们对此的做法与对斗烟品牌的做法是一样的——都是推出新品牌来丰富自己现有的产品体系。市场上流行的香烟主要有三种类型：低价亮叶烟草香烟，进口高价土耳其烟草香烟，以及土耳其-亮叶混合烟草香烟。[1]原美国烟草公司最近在法蒂玛牌（Fatima）上大获成功，这是一款中档土耳其-亮叶混合烟草香烟。后来法蒂玛牌被分给了利格特和迈尔斯公司，所以新美国烟草公司推出了一款名为奥马尔（Omar）的仿品，而罗瑞拉德推出了一款名为祖贝尔达（Zubelda）的土耳其-亮叶混合烟草香烟，以及一款可能全是亮叶烟草的廉价品牌。[2]但这些公司在最初的时候都没打算打造一个大品牌。他们都知道香烟市场是按阶层和口味的地区差异划分的：亮叶烟草香烟在美国南部仍然很受欢迎，土耳其-亮叶混合烟草香烟在美国东北和大西洋中部最受欢迎，纯土耳其香烟只符合城市精英的口味。[3]这些公司为了不同的市场都提供多种香烟品牌。

1912年，也就是原美国烟草公司解散后的第二年，法蒂玛、奥马尔和祖贝尔达的表现最为强劲。市场上同时存在三种几乎相同的香烟并没有影响单个公司的销售业绩；相反，这三个品牌都取得了成功，并一同打造了一种新的品味趋势。[4]新美国烟草公司的总裁珀西瓦尔·希尔（Percival Hill）在谈品牌战略变化时说，原公司解散前，是不会发布与法蒂玛类似的品牌的，只会推出一款价格更高或者更低的品牌，来吸引新的消费群体。[5]

雷诺公司在继承品牌时没有得到任何香烟品牌，于是在1913年新推出了4种：红骆驼（Red Kamel）牌，全土耳其烟草香烟，售价偏高；雷诺牌，全亮叶烟草香烟，售价便宜；奥斯曼牌，土耳其和亮叶混合烟

---

1 Tilley, *RJ Reynolds*, 210.
2 *Report of the Commissioner of Corporations*, Part III, 328, 332.
3 Tilley, *RJ Reynolds*, 219–220.
4 *Report of the Commissioner of Corporations*, Part III, 325–328.
5 *Report of the Commissioner of Corporations*, Part III, 328.

图 5.5 摘自《斯坦福研究烟草广告的影响》,Tobacco.Stanford.edu

草香烟,第四个是骆驼牌。雷诺对骆驼牌的定义是"土耳其混合烟草"香烟,但它并不是简单复制法蒂玛、奥马尔、祖贝尔达和奥斯曼。相反,雷诺悄无声息地掺入了和阿尔伯特王子中一样的更便宜的伯莱烟草,并减少了高价的土耳其烟草。此外,该公司的定价比竞争对手的土耳其混合烟草香烟低了足足 5 美分，一包 20 支香烟便宜了 10 美分。[1] 市面上已有伯莱烟，但大多数香烟，当然包括那些"优质"烟，都含有土耳其烟草或亮叶烟草，这两种烟草的烟味较淡。雷诺将这四个品牌都纳入低调推广计划，为期两年，看哪个品牌在市场上能有更大的吸引力。

骆驼牌的订单接连不断，雷诺于是决定投入大量广告资金进行推广，希望重现阿尔伯特王子牌的辉煌（图 5.5）。[2] 1914 年 12 月，雷诺向分销商和零售商宣布了一场广告闪电战："竖起耳朵，迎接大风，我们准备动真格的。"雷诺公司在《星期六晚邮报》(*Saturday Evening Post*) 上刊登了两页篇幅的广告，拉开了全国广告战的序幕，这是该刊物第一次出现香烟广告，雷诺承诺将在广告战中投入大手笔，"会和当初为阿尔伯特王子赢得名声的广告战一样铺天盖地"[3]。骆驼牌的表现确实和阿尔伯特王子牌如出一辙：该品牌迅速超越其他香烟品牌，取得了惊人的增长，并在 1917 年占领了 35% 的市场份额。[4]

其他三家公司竞相模仿骆驼牌这样的混合烟草产品。1915 年，利格特和迈尔斯公司将其现有的 9 个香烟品牌之一切斯特菲尔德改造成和骆驼牌类似的香烟；1916 年，新美国烟草公司推出了好彩香烟。罗瑞拉德公司在 1915 年推出了老虎牌香烟，但反响欠佳，自此消沉，直到 1926 年推出老金牌香烟才重回人们的视野。尽管如此，雷诺还是领先一步。到 1923 年，骆驼牌香烟占全国香烟产量的 45%。其实，其产量本可以更高，但是雷诺增加生产设施的速度跟不上订单增加的步伐。[5]

虽然骆驼牌香烟多年来一直是世界上最受欢迎的香烟，但好彩香烟和切斯特菲尔德香烟也蓬勃发展，香烟受欢迎的程度剧烈上升。到 1926 年，好彩牌、骆驼牌和切斯特菲尔德牌占据了美国 85% 的香烟

---

[1] Tilley, *RJ Reynolds*, 213–214.

[2] Tilley, *RJ Reynolds*, 220.

[3] RJ Reynolds Collection, Truth Tobacco Industry Documents, Bates # 502591708A/ 1710; Bates # 502591718; *US Tobacco Journal* (December 5, 1914): 28.

[4] Tennant, *The American Cigarette Industry*, 76.

[5] Tennant, *The American Cigarette Industry*, 76.

图 5.6 北卡罗来纳州卡斯韦尔县的好彩香烟广告牌。玛丽昂·波斯特·沃尔科特（Marion Post Wolcott）拍摄，国会图书馆免费提供

市场。骆驼牌的霸主地位一直持续到 1928 年，当时好彩牌的销量已经与它不相上下。1930 年，好彩牌位居第一，但在整个 20 世纪 30 年代，这三个品牌都是最畅销的香烟，老金牌排在第 4 位。每家公司都投入大笔资金为单个品牌做广告，想为品牌扩大消费群体。就像在中国一样，这些新品牌不仅销量大，而且知道它们的人远远多于实际的购买人群。骆驼牌、好彩牌、切斯特菲尔德牌和老金牌成为美国生活中不可或缺的一景。

香烟广告变得越来越必要。20 世纪 10 年代和 20 年代，这些公司的大部分预算都花在了报纸和杂志上。就连不起眼的小城镇的报纸和大学报纸上都会刊登黑白香烟广告，像《星期六晚邮报》这样在全国发行的杂志刊登的都是高质量的彩色广告。就像在中国一样，销售代表面对面地与零售商打交道，接受香烟订单，并在商店展示广告。例如，骆驼牌销售代理会携带彩色的三维橱窗展示架到商店里，并现场组装。到了20世纪30年代，五颜六色的广告成为（美国）穷人家中的装饰品，和中国的情况差不多。户外广告也是预算的重要方面，就像在中国一样，广告牌如雨后春笋般出现在全国的城镇和高速公路上（图5.6）。棒球场馆是早期香烟广告牌的重要地点，因为烟草公司都争先恐后地将自己的品牌与美国人最喜爱的运动联系起来。[1]当然，并不是每个人都抽骆驼牌香烟，有的人根本不抽烟，但到20世纪20年代，几乎每个人都知道骆驼、好彩、切斯特菲尔德和老金这几个品牌。

尽管这些公司在大型香烟品牌上取得了成功，但这些品牌并未完全在其控制之下。在中国和美国，香烟名牌已成为供大众施展的工具。中国的五卅运动和北卡罗来纳州的好彩棒球队对品牌的使用，尽管各有不同，却揭示了它们能超越自身的商业功能来构建更广泛的体验和关系。

皇后牌香烟和五卅运动

反帝国主义的五卅运动让我们看到，英美烟草公司的著名香烟品牌逃脱了公司的控制，走向了公司利益的反面。反帝国主义抗议者几乎攻击英美烟草公司商业流程的各个阶段，他们参与工厂罢工，阻碍分销和销售，组织消费者抵制活动，几乎导致英美烟草公司关停了几个月，并严重影响销售情况长达两年。此外，由于英美烟草公司在传播皇后牌（大英牌）和哈德门牌方面非常成功，因此抗议者得以为这些品牌赋予新的含义。外国香烟的名字以及包装上的字母让人很容易分辨其身份，而所

---

[1] RJ Reynolds Collection, Truth Tobacco Industry Documents, Bates # 50246668; Bates # 500567013/7020; Bates # 500227677/7684. 也可参见 Allan Brandt, *Cigarette Century: The Rise, Fall, and Deadly Persistence of the Product that Defined America* (New York: Basic Books, 2007), 69–101; Catherine Gudis, *Buyways: Billboards, Automobiles, and the American Landscape* (New York: Routledge, 2004); T. J. Jackson Lears, *Fables of Abundance: A Cultural History of Advertising in America* (New York: Basic Books, 1995), 196–234.

有香烟品牌故事中的这些外国元素，可以很快从异国情调的标志转变为帝国主义的象征。抗议者尤其让英美烟草公司处于防御状态，保护皇后牌（大英牌）少受伤害。在这一过程中，该品牌在客观上促进了抗议者的团结意识，并推动了中国国货运动，这清楚地表明大品牌可以在商业推广目的之外塑造人类的体验。

英美烟草公司几乎从一开始就成为五卅运动的焦点，因为运动的目标是英国和日本的公司。这场运动起源于前一年2月工人罢工期间的一个联盟，那次罢工是针对上海的日本永井和田纺织厂，当时该公司用工资较低的年轻人取代了40名男性工人。学生和大约40个其他团体，包括女性团体和商人协会，都加入了支持工人的行列。罢工蔓延到永井和田的其他工厂，持续了1个月，总共有1.7万至4万名工人参加了罢工。5月，这家工厂再次罢工，而且以同样的方式蔓延开来。尽管罢工者的直接要求是加薪，但学生们将其描述为"为摆脱外国剥削"而进行的"救国之战"。[1]

劳工斗争很快就发展成为一场范围更广的运动。警方逮捕并拒绝释放6名和平抗议的学生。5月30日是外国法庭审判他们的日子。到下午晚些时候，数千人聚集在警察局抗议。据报道，上海警察局的英国长官认为受到了这群人的威胁，下令开枪镇压，有12人因此丧生，受伤者数十人。第二天，上海商人停止营业，以示抗议；次日，这座城市的工人举行了大罢工，包括英美烟草公司工厂的工人。积极分子立即呼吁抵制所有日货和英货，该运动迅速通过学生和其他关系网传播到北京和中国大部分地区。[2] 英美烟草公司是上海用工量最大的企业，广告也是遍及每个角落，因此成为一个显而易见、具有象征意义的突出目标。

英美烟草公司浦东工厂的1.5万名工人参加了罢工，长达4个月没

1　Jeffrey Wasserstrom, *Student Protests in Twentieth Century China: The View From Shanghai* (Stanford: Stanford University Press, 1991), 101.

2　Wasserstrom, *Student Protests*; Fraser, "Smoking Out the Enemy"; Karl Gerth, *China Made: Consumer Culture and the Creation of the Nation* (Cambridge: Harvard University Press, 2003).

有工作，除非公司承诺提高工资、改善工人待遇、不无故解雇他们才肯复工。此次罢工得到了新成立的上海总工会的支持，尽管工人们的政治立场大不相同。上海总工会是一个共产党组织，与英美烟草公司主管所属的有组织的帮派有联系。包装车间的女性有很多都成为罢工领袖，成为罢工宣传小组的一员，在上海及周边地区演讲和散发传单。[1] 英美烟草公司的工厂深受罢工打击，认为继续储存烟草可能会烂在手里，因此将其售给了中国企业华城烟草公司。[2]

很难说大英牌对罢工活动有多么举足轻重的作用，但大英牌香烟确实贯穿到浦东工人工作的方方面面。工人们不仅生产和包装大英牌香烟，多多少少自己也会抽，而且工厂本身也成为品牌。在口述历史中，工人们理所当然地称这家工厂为"大英工厂"，清清楚楚将大英牌和英国联系在一起，并将工厂本身与品牌联系起来。

抗议者在多个地点迫使渠道停止分销香烟，偶尔也有机会进行声势浩大的公开示威。他们拜访了英美烟草公司在江苏、浙江、江西、湖北、河南、安徽、湖南和山东等省的香烟仓库，并将其关闭。[3] 英美烟草公司销售人员弗兰克·H. 卡纳迪揭露道，"几百名学生刚刚检查了我们在济宁的15-A仓库，清点了库存（大约200箱），并关闭了仓库，警告仓库管理员在上海的案子圆满解决之前不要发货"[4] 当出现英美烟草公司的仓库管理员拒绝合作时，积极分子会烧掉库存。[5] 抗议还公开警告经销商停止销售"仇货"，特别点名哈德门牌和大英牌。"倘若执迷不悟，敝会不得不另有对付的方法，"一份威胁性的通知写道，"如收集烧毁处

1　Elizabeth J. Perry, *Shanghai on Strike: The Politics of Chinese Labor* (Stanford: Stanford University Press, 1993), 81–84, 148–151.
2　Fraser, "Smoking Out the Enemy," 120.
3　上海社会科学院经济研究所编：《英美烟公司在华企业资料汇编》，现代中国经济史资料丛书（北京：中华书局，1983年），第4册，第1323–1324页，表43。
4　Frank H. Canaday to Arthur Bassett, June 26, 1925, Canaday Papers.
5　《英美烟公司在华企业资料汇编》，第4册，第1323–1324页，表43。这一点出现在许多地方，比如江苏的通州和南通，浙江的温州和萧山，安徽的和昭以及江西的南昌。

罚等。"[1] 事实上，抗议者确实发出罚款通知，并收取了 20 元到 200 元不等的罚款，并将资金用于正在进行的上海罢工活动。[2] 卡纳迪说，英美烟草公司北京地区的经销商也参加了抵制活动，尽管他认为他们是"被煽动者胁迫的"。[3] 有一次，一个"奸商"购进了 20 箱皇后牌，打算转卖。学生们拦截了这些香烟并对他进行罚款，但他找了永泰和的律师反抗这些抗议者。当时有 5000 人聚集在一起，"一致主张"烧毁他进的货，也这么做了。[4] 公众对品牌香烟的破坏既霸占了商品本身，也霸占了修正其公众意义的权力。

抗议者还发起了对英美烟草公司的消费者抵制活动，包括重新定义大英牌和哈德门牌香烟。卡纳迪 6 月在北京称，示威活动规模庞大、井然有序，代表了相当多的阶层。"早晨的游行队伍主要由店员、售货员、学生等组成。他们举着抵制的横幅，像往常一样呐喊。我没有看到下午的示威活动，但知道参加示威的大多是苦力。"[5] 抗议者散发的传单写着皇后牌和哈德门牌是英国产品，因此是敌人的产品。一张传单上写着："比鸦片还毒的哈德门香烟不是英国公司的出品吗？……若不愿为亡国奴请千万不要抽哈德门香烟！请起来一致抵制一切英国货！"[6] 积极分子还破坏或涂改已张贴的广告，还试图迫使报社停止印刷英美烟草公司的广告，但收效甚微；报社声称他们与英美烟草公司签订了为期一年的合同，不能毁约。[7]

在 1905 年的反美华工禁约运动中，英美烟草公司将皇后牌香烟改为中国名字"大英"。如今英国产品受到攻击，公司想重新定位皇后牌，

---

1 温州各报，1925 年 8 月 16 日，《英美烟公司在华企业资料汇编》，第 4 册，第 1457 页。
2 《英美烟公司在华企业资料汇编》记录了四件类似案例，第 4 册，第 1323–1324 页，表 43。
3 Frank H. Canaday to Arthur Bassett, June 26, 1925, Canaday Papers.
4 《英美烟公司在华企业资料汇编》，第 4 册，第 1457–1458 页。
5 Frank H. Canaday to Arthur Bassett, June 26, 1925, Canaday Papers.
6 传单，《英美烟公司在华企业资料汇编》，第 4 册，第 1325 页。
7 《英美烟公司在华企业资料汇编》，第 4 册，第 1323–1324 页，表 43；1934 年《上海市通志期刊》，《英美烟公司在华企业资料汇编》，第 4 册，第 1439–1440 页。

声称它们是美国产品，并将其重新命名为"红锡包"。该品牌的经销商永泰和坚称自己是一家中国公司。与此同时，新的皇后牌香烟的海报出现了，新加上了"美国制造"的字样。[1]英美烟草公司坚称，哈德门是中国香烟，100%由中国烟草制造。英美烟草公司利用其政治关系寻求支持。美国驻上海总领事发表声明，由英美烟草公司通过报纸广告和传单公布于众,声称"皇后牌香烟由美国烟草制造,而且完全在美国生产。"[2]英美烟草公司还要求宁波市政府发布声明，称皇后牌、品海牌、老刀牌都在美国制造，哈德门牌是中国香烟。英美烟草公司也向该地区的经销商施压，要求他们签字同意这一要求。[3]在很短的时间内，传单和各种官方声明发出了相当含混的信息，想传达的是人们没有理由抵制英美烟草公司的大品牌。

英美烟草公司的策略事与愿违，愤怒的抗议者加大了对英美烟草公司大品牌的火力。上海的《商报》（Shanghai Journal of Commerce）曾报道过美国驻上海总领事致信函宣称英美烟草公司的香烟是在美国生产，并引起各阶层人民反对的事件。还提到当时上海到处都在流传提醒市民不要上当受骗的传单。[4]卡纳迪报道说，北京永泰和的经理程先生"张贴了新的'胜利牌'和'皇后牌'的海报，上面专门印有'美国制造'的字样，但报纸上马上就有文章说这是掩饰和欺骗。"他指出，一家北京报纸每天都会印上"英美烟草公司和永泰和品牌的摹本，并敦促人们不要购买它们"。[5]事实上，浙江法学院五卅运动支持联盟在杭州散发的传单上写道："英美烟草公司的香烟，完全是英国货。品海牌并不是美国货，确是英国货。红锡包就是大英牌，也就是英国货。"[6]

1　Frank H. Canaday to Arthur Bassett, June 26, 1925, Canaday Papers.
2　美国领事与永泰和烟草有限公司往来资料，英美烟公司资料，上海社会科学院。
3　W. 斯科特致信，1925年7月1日，英美烟公司资料，上海社会科学院；《英美烟公司在华企业资料汇编》，第4册，第1390–1391页。
4　《商报》，1925年7月19日，英美烟公司资料，上海社会科学院。
5　Frank H. Canaday to Bassett, June 26, 1925, Canaday Papers.
6　传单，杭州；《英美烟公司在华企业资料汇编》，第4册，第1459页。

英美烟草公司试图将大英牌香烟塑造成美国制造的形象，这让人们非常愤怒。一位报纸记者问道："且该种烟既为美国出品，何不名为大美牌，而名之曰大英牌，则英字系根据何种意义，不难一语指破。"[1]在苏州散发的传单上也有类似的回应："欺我国无人，视工商学各界为不识字之瞎子。"[2]永泰和还因为声称自己是中国公司以及皇后牌是美国品牌而受到特别的攻击。"但该公司在未抵制前之（为）英公司，"一家报纸讽刺地报道说，"与抵制（后为）中、美公司，及将来日、法、俄、意公司，可任意选择，初不必定一国也……只以不吸而对之，则该公司总可以无言也。"[3]抗议者一直压制着英美烟草公司，该公司努力重获对公众话语的控制。

积极分子还修改了英美烟草公司的广告或制作了类似广告的海报，展示新的反促销信息。丑化英美烟草公司的广告随处可见；为了方便，苏州的积极分子发行了印有激进口号的邮票：

一、反对野心国强权压迫

二、取消不平等条约

三、永远抵制英日货

四、永不吸假冒美货之英国香烟[4]

一张手写的抵制海报呼吁人们不要抽皇后牌或哈德门牌香烟。海报上的两个香烟盒和广告上的很像，上面画着一只吸烟的海龟。[5]任何中国观众都能理解这种侮辱：乌龟会让人想到女性生殖器；这张海报暗示的含义是：谁抽这个公司的香烟，谁就不够爷们儿。对英美烟草公司的消费者联合抵制行为利用了资本主义工具，使这些品牌蒙上污名。

抗议者成功地动摇了英美烟草公司的品牌，并将皇后牌和哈德门牌

---

1 《察安日报》，1925年，8月27日，《英美烟公司在华企业资料汇编》，第4册，第1467页。
2 传单，苏州：《英美烟公司在华企业资料汇编》，第4册，第1459–1460页。
3 《察安日报》，8月26日，1925年，《英美烟公司在华企业资料汇编》，第4册，第1466–1467页。
4 传单，苏州：《英美烟公司在华企业资料汇编》，第4册，第1459–1460页。
5 海报，英美烟公司资料，上海社会科学院。

与外国和帝国主义联系在一起。对英美烟草公司来说，这是一个持续存在的危险，不仅因为它确实是一家外国公司，还因为所有在中国的香烟品牌都与外国或者西方存在一种联系。长期以来，这种异国情调一直是一个卖点，就像埃及香烟在美国一样。在中国，英文品牌名称和包装上的字母让香烟在引进后的几十年里都享有一种进口产品的身份。事实上，在20世纪20年代，中国公司华成烟草公司也在包装上印英文名称和字母，不过为了迎合日益壮大的国货运动，他们开始宣传自己是中国制造。换句话说，香烟在中国并不是一张白纸，等着别人给它们贴上品牌标识，而是在进入中国时带上了地缘政治历史的痕迹。

积极分子竭力突显这些政治痕迹，不断干扰英美烟草公司的香烟品牌。一些抗议者认为，即使英美烟草公司的产品是美国制造，甚至是中国制造，也没有什么区别。积极分子陈恤园认为，美国的排华政策是中国人的"奇耻大辱"，"美国制造"的香烟并不比英国香烟好多少。该政策对工人的排除十分彻底，对学生和商人给予豁免，但在美国上大学的学生在试图进入美国时面临严格的审查、羞辱和骚扰。"虽有护照相片证明，登岸时诸多留难，不易通过，"陈说，"彼美人到我国来，则可随意登岸。"陈承认，哈德门牌香烟是在浦东生产的，但他认为，"惟其资本及营业主权，所有一切主权利益，皆归纳于大英烟公司。其在浦东制造，断不能视同国货。"[1]

五卅运动将皇后牌和哈德门牌重新定义为帝国主义性质，推动了国货运动和中国香烟品牌的发展。一名抗议者在致经销商的公开信中写道："国货香烟出品佳而且多，均有利可图，何必丧天良没志气而为外国走狗也。"[2]那年夏天，上海涌现了200多家新的华人烟草公司。这些公司都瞅准了突然出现的未被满足的市场缺口——中国制造香烟。[3]南

1　颐中档案："五卅专卷"，《英美烟公司在华企业资料汇编》，第4册，第1447–1448页。
2　温州各报，1925年8月16日。《英美烟公司在华企业资料汇编》，第4册，第1457页。
3　Fraser, "Smoking Out the Enemy," 102.

阳几年来一直公开宣传他们的香烟是国产；他们在五卅运动之后更是强化了这种策略，尽管他们也因产权为海外华人所有而遭到批评。他们发现，即使是发霉的香烟也能卖出去，于是以最快的速度扩大生产。[1] 英美烟草公司也偷偷地想参与进来。它推出了一些只有中文名称和汉字的香烟品牌，包括老刀牌和双十牌（指的是 1911 年 10 月 10 日，辛亥革命爆发的日子）。双十牌明显迎合了中国民族主义者。

在过去的几十年里，英美烟草公司一直努力改变其品牌形象，防止中国消费者通过该品牌进行政治活动，但结果显然喜忧参半。英美烟草公司最终从五卅运动的抗议中恢复过来，而皇后牌香烟也卷土重来。然而，反帝国主义情绪仍然是英美烟草公司在中国业务的一个重要因素。1949 年后中国政府将英美烟草公司收归国有，在此之前皇后牌香烟和其他香烟都保留了自身是外国商品的内涵。

好彩棒球队和种族隔离

在某些方面来说，北卡罗来纳州里兹韦尔的非洲裔美国人与这个品牌的关系几乎与中国的抗议者相反：他们并没有与好彩香烟竞争，而是接受它，以品牌的名字命名一流棒球队，将品牌视为己有。然而，非洲裔美国人也在重塑品牌的含义。在里兹韦尔的工厂以及全国的广告中，美国烟草公司将好彩牌品牌与白人联系在一起。里兹韦尔的非洲裔美国人称好彩是自己的品牌并将其与黑人男子气概联系在一起，反对白人至上的价值结构，不过他们仍旧接受好彩香烟，甚至还帮忙推广它。

---

[1] 《南洋兄弟烟草公司史料》,《英美烟公司在华企业资料汇编》, 第 4 册, 第 1351 页；1929 年 1 月 5 日,《民国日报》,《英美烟公司在华企业资料汇编》, 第 4 册, 第 1350 页。也可参见 Karl Gerth, *China Made: Consumer Culture and the Creation of the Nation* (Cambridge: Harvard University Press, 2004). 还有一个关于中国企业通过香烟卡以及其他与文化有关的内容进行营销的故事。英美烟公司与南洋兄弟和华城烟草竞争，但也有一些规模较小的公司，它们的规模无法与英美烟公司相比。参见 Benedict, *Golden Silk Smoke*, 131–148.

好彩香烟改变了里兹韦尔镇，因为美国烟草公司将第一家好彩香烟工厂建在了那里。随着好彩越来越受欢迎，工作机会越来越多，打工人从农村来到镇上，商业随即繁荣起来。工厂在烟囱上涂上"好彩"的字样，让烟囱看起来就像一支点燃的香烟。好彩是一种新型现代香烟，但也独属于里兹韦尔。工人和居民称当地的美国烟草公司为"好彩工厂"，后来当地又出现了"好彩合唱团""好彩管弦乐队""好彩保龄球队"，而里兹韦尔本身成了"好彩镇"。在镇上抽好彩香烟是一种热爱家乡的行为，很少有人敢说公司的坏话。当地报纸报道说："这座城市里的每个人都相信好彩香烟。"人们自豪地共享着这个品牌。[1]

　　在美国烟草公司管理层组建了一支全是白人男性的好彩棒球队后，这支球队增强了白人男工在工厂的特权，加强了白人对品牌、香烟、公司和城镇的所有权。球队还融入了公司利用品牌的其他场合，如根据种族和性别来组织工作场所的层级制度，包括为白人女工提供具有品牌颜色的工作服，并向白人员工提供免费香烟。球队成员享有工作特权，包括增加工资和减少工时。球队还为品牌做广告，让品牌和白人联系在一起。好彩球队去参加比赛时，球员们穿着印有品牌的球衣，在休息区抽免费提供的好彩香烟。

　　美国烟草公司组建棒球队是控制劳工的家长式计划的一部分，这是效仿当时在南方新兴起的做法。20世纪10年代时，公司赞助的球队如雨后春笋般遍布南方，尤其是纺织厂和烟草厂的球队。这些公司之所以这样做是因为全国上下棒球极为风靡。棒球运动通常被称为"美国的运动"或"全民性娱乐"，是当时美国最受欢迎的运动，美国职业棒球大

1　"Over 25 Billion Made Annually in Reidsville," *Reidsville Review*, January 6, 1930, 1; "Local News," *Reidsville Review*, January 14, 1925, 5; untitled, *Reidsville Review*, February 11, 1931, 5; untitled, *Reidsville Review*, February 20, 1933, 5; Lindley S. Butler, *Rockingham County: A Brief History* (Raleigh: North Carolina Division of Archives and History, 1982), 78.

联盟最好的球员都是国家英雄。[1] 到了 20 世纪 20 年代，由公司赞助的半职业球队组成的联盟遍布了美国南部的小镇，球迷们成群结队地来到这里。棒球常常能吸引几千名观众，即使在里兹韦尔这样规模的城镇也是如此。"兔子"。赫伯特·利里（Herbert "Rabbit" Leary）是 20 世纪 30 年代末期好彩球队的中锋，他回忆说："里兹韦尔真的很支持他们的球队，是一个疯狂的棒球小镇。"[2] 到 20 世纪 30 年代中期，对棒球的总体投资形成了一个活跃的小联盟体系，一些球队把他们最好的球员送到大联盟去。[3]

球队管理和工厂管理交织在一起，提供工作职位是球队球员的部分回报。随着公司球队的扩大，那些能把球击过外场屏障的年轻白人男性发现，他们的就业机会似乎奇迹般地增加了。帕特·格里芬（Pat Griffin）解释说："1929 年，我在利克斯维尔球队打球。我负责投球，赢了好彩队两场比赛。之后，好彩队的经理邀请我去为他们打球。同时，他还愿意雇用我为美国烟草公司工作。"这样的工作才是半职业球员待遇中更有利可图的部分，对大多数球员来说，这比只提供季节性工作的全职业球队的职位更有价值。1929 年，谢尔曼·霍加德（Sherman Hoggard）放弃了温斯顿–塞勒姆双城职业队的职位，加入了好彩队。他解释说："我的朋友巴里·沃沙姆（Barry Worsham）认识好彩队的经理

---

1 Adrian Burgos Jr., *Playing America's Game: Baseball, Latinos, and the Color Line* (Berkeley: University of California Press, 2007), 1–8, 71–73; Paul A. Kramer, *The Blood of Government: Race, Empire, the United States, and the Philippines* (Chapel Hill: University of North Carolina Press, 2006), 286, 371; Linda Espana-Maram, *Creating Masculinity in Los Angeles's Little Manila: Working-Class Filipinos and Popular Culture, 1920s–1950s* (New York: Columbia University Press, 2006).

2 "Briggs Brothers, Hoggard Were Instrumental in Early Baseball," *Reidsville Review*, April 21, 1988, Rockingham Community College Library, "Sports-History" vertical file.

3 Jacquelyn Dowd Hall et al., *Like a Family: The Making of a Southern Mill World* (Chapel Hill: University of North Carolina Press, 1987), 135; Patrick Richards, "Textile Mill Baseball in the 1930s: Workers' Negotiation of Identities" (unpublished paper in possession of author); J. Chris Holaday, *Professional Baseball in North Carolina: An Illustrated City-by-City History, 1901–1996* (Jefferson, NC: McFarland, 1998), 200; Jim L. Sumner, *Separating the Men from the Boys: The First Half-Century of the Carolina League* (Winston-Salem: John F. Blair, 1994), 6–12.

哈普·佩里（Hap Perry），他当时在比赛现场。他们让我在第9局当替补击球手，我打出一个本垒打后好彩队赢了。佩里先生在队里给了我一个位置，还给了我一份美国烟草公司的工作……为了保住工作，我只能继续打棒球。"[1] 1932年，霍华德·布里格斯（Howard Briggs）曾向美国烟草公司申请一份工作，希望他在职业棒球队的经历能有所帮助。他回忆道："我的哥哥赖福提（Lefty）告诉我美国烟草公司正在招人，后来我的生活就是不得不（每周）一边工作30多个小时，做卸货的活儿，一边打半职业棒球。"[2]

好彩队给的报酬很少，时间也不规律，主要来自门票的销售额和粉丝的赠款。霍加德回忆道："每场比赛人们支付大概50美分。年底的时候球队会将利润分掉。有一年我分到92美元！"帕特·福伊·布雷迪（Pat Foy Brady）记得，他父亲为好彩队打球时："球员们拿不到多少钱……所以有这样一个传统，如果哪个球员在某场比赛打得特别好，就可以召集一次募捐。"布雷迪回忆说，他的父亲在一场比赛中打出了3次越过外场屏障的全垒打，球迷们那天给了他"大约10到15美元"。对球员来说，这些现金奖励显然很重要，但在烟草工厂的工作能提供稳定的薪水，让他们得以在里兹韦尔定居，养家糊口。事实上，格里芬和霍加德打了3年球，布里格斯打了7年，但他们3人都在工厂工作了40多年。[3]白人男性只有获得加入棒球队的资格后才会享有工作上的特权，这强化了工厂的工作细分程度，工厂为白人男性保留了最好的工作。

在工厂和镇上，为好彩打球能为人带来荣誉和特殊待遇。在棒球赛季，不比赛的时候球员们在下班后练习半个小时，每周都会提前下班

---

[1] Katy Thomas, "The Reidsville Luckies: A Team of Our Own," unpublished, edited interview transcript, April 1993, "Sports-History" vertical file, Rockingham Community College Library.
[2] "The Briggs Brothers," *Reidsville Review*, August 7, 1994, 1B. 也可参见 Jeannine Manning Hutson, "Glory Days: Briggs Back on the Diamond," *The Ledger* [Eden, NC] August 25, 1993, 1, "Sports-History" vertical file, Rockingham Community College Library.
[3] "The Briggs Brothers," *Reidsville Review*, August 7, 1994, 1B.

三四次。[1] 布里格斯回忆说："我的老板（工头）也是球队的一把手，所以他把一切都安排好了。如果我们要去外地比赛的话，我会……下午的时候早点偷偷溜出去赶队里的车。"[2] 报酬多了，工作时间却缩短了：在工厂城镇，再没有比这些更令人垂涎的福利了。此外，球员也是城镇英雄。《里兹韦尔评论》详细报道每一场比赛和镇上的事务，包括工厂在球队下午有主场比赛的时候早早关门这样的事情也有记录。白人和黑人居民都会观看比赛，但非洲裔美国人只能在露天看台观看白人棒球比赛。[3]

好彩球队为好彩提供了独特的区域广告。虽然南方的许多纺织和烟草公司都资助棒球队，但里兹韦尔是唯一一个以大型香烟品牌命名的公司球队。其他烟草公司也派出了以吸用烟叶的大品牌命名的队伍，如雷诺的阿尔伯特王子队或达勒姆公牛队。这些队伍出现在20世纪10年代，当时吸食烟草比香烟更受欢迎。其实，里兹韦尔工厂的第一支球队名叫红J（Red Js），是以一款吸食烟草品牌命名的，即便后来球队名改为了好彩，那个球场还保留着红J这个名字。[4] 纺织厂棒球队的名字取自工厂的名字 [如布劳克斯米特队是以布劳克斯米特纺织厂（Proximity Mill）命名的] 或城镇的名字 [如斯诺希尔比利斯镇（Snow Hill Billies）] 或用和有关纺织生产环节的名称（如织布工、纺纱工），或他们生产的纺织产品名称 [如毛巾工（Towelers）、毛毯工（Blanketeers）]，但他们不用品牌的名称。同样，烟草预备工厂有像"烟草商""烟草业"和"拍卖商"这样的队名。[5]

那些穿着胸前印有好彩名称球衣的运动员，比赛时可以携带和吸食免费的香烟，作为品牌赞助的运动员为产品打广告。通过这些方式，美国烟草公司管理层将该品牌的价值用来促进这家种族隔离公司的社会投

1　Thomas, "The Reidsville Luckies: A Team of Our Own."
2　"The Briggs Brothers," *Reidsville Review*, August 7, 1994, 1B.
3　William Davis, interview by author and Kori Graves, July 10, 2001.
4　McGovern, *Sold American*, 43.
5　Holaday, *Professional Baseball in North Carolina*, 221.

资，同时也为香烟做广告。此外，工人和城镇居民越来越多地观看比赛，他们会在报纸上读到关于这支球队的报道，在镇上和工厂里遇到球员，好彩变成了他们日常生活的一部分。

好彩球队的种族政治呼应了全国的营销策略。香烟公司在"全国市场"内推广知名品牌，这意味着他们只针对白人消费者。非洲裔美国人可能会购买他们的商品，一些公司甚至依靠这些收入生存，但公司的商业行为明显围绕种族隔离的逻辑展开，这意味着在全国性的印刷品和广告中，非洲裔美国人都不会被明确视为消费者。在这种气氛下获得全国关注的品牌，以一种无形但有意的方式归属于白人消费者，并带有白人的光环。

像"杰迈玛阿姨煎饼混合面粉"（Aunt Jemima's Pancake Mix）或"本叔叔大米"这样全国流通的品牌十分清晰地体现了这一过程。这些品牌让消费者觉得自己在家中有掌控感，同时将白人消费者定位为现代消费者，而非洲裔美国人则是原始的、奴性的消费者。[1] 非洲裔美国人当然可以购买这些品牌，如果他们有钱，也愿意买的话。但非洲裔美国社会学家保罗·K. 爱德华兹（Paul K. Edwards）在1932年对非洲裔美国消费者的研究中发现，杰迈玛阿姨这个品牌受到了很多批评和鄙视，或许并不令人感到意外。非洲裔美国女性尤其反对该品牌（上的人物形象）使用的头巾和老式服装。也就是说，她们反对把这个人物定位为原始的形象，与现代白人消费者形成很大反差。[2]

向非洲裔美国人推销香烟的失败并不是一种疏忽。1928年，著名的白人公关大师爱德华·伯奈斯（Edward Bernays）建议美国烟草公司在全国各地的黑人报纸上刊登好彩香烟的广告活动。伯奈斯在办公室接待了克劳德·A. 巴内特（Claude A. Barnett），巴内特是一位非洲裔美国

---

[1] Micki McElya, *Clinging to Mammy: The Faithful Slave in Twentieth-Century America* (Cambridge: Harvard University Press, 2007).

[2] Paul K. Edwards, *The Southern Urban Negro As a Consumer* (New York: Prentice-Hall, Inc., 1932), 232–240.

营销人员，他渴望建立一家代表"黑人市场"的营销公司。[1] 巴内特提出了一个围绕非洲裔美国工人的想法，想撰写一篇关于美国烟草公司里士满工厂的报纸文章或系列文章。这篇文章会搭配烟叶车间烘干室和去梗室内的图片，讲述工人的个人故事，突出美国烟草公司在雇用非洲裔美国人方面的重要性，当然，文章还会搭配好彩的广告。在当时，全国的白人报纸经常刊登类似以白人工人为中心的关于工厂的文章。伯奈斯认为这是个好主意。他写信给美国烟草公司总裁乔治·W. 希尔（George W. Hill）的助理，说自己对这个想法表示赞同。希尔没有作任何解释，直接不予理会。[2] 同一年，伯奈斯还提出了许多其他的活动，其中一些也很标新立异，而是事实是，大部分提议都得到了认可。[3]

的确，美国烟草公司不愿将其产品与非洲裔美国消费者或工人联系在一起，以至于它们会在有关工厂的宣传材料里掩盖黑人在此工作的事实。这些资料本身并不是广告，而是提供给股东、企业经营者、政府监察员、报社记者等利害关系方的信息资料。例如，美国烟草公司的一份宣传小册子上描绘了香烟制造和包装室，机器前挤满了井然有序的白人工人。在典型的非洲裔美国女性工作的烘烤室的照片上，只有一名身穿白衬衫的白人经理拿着一捆烟草，好像只有他一个人在给烟草抽梗。[4]

当里兹韦尔的非洲裔美国人组建了他们自己的全黑人棒球队，并以

---

[1] Jason Chambers, *Madison Avenue and the Color Line: African Americans in the Advertising Industry* (Philadelphia: University of Pennsylvania Press, 2008), 86; see also Robert E. Weems, *Desegregating the Dollar: African American Consumerism in the Twentieth Century* (New York: New York University Press, 1998), 7–30; Brenna Greer, "Selling Liberia: Moss H. Kendrix, the Liberian Centennial Commission, and the Post–World War II Trade in Black Progress," *Enterprise and Society* 14, no. 2 (June 2013): 303–326; Lizabeth Cohen, *Consumers' Republic: The Politics of Mass Consumption in Postwar America* (New York: Knopf, 2003). 非洲裔美国人对好彩香烟品牌的使用比科恩讨论的一些相互作用还要早。

[2] Edward Bernays to O. V. Richards, January 21, 1931; Claude A. Barnett to George W. Hill, January 30, 1931, Edward Bernays Papers, Library of Congress, Washington, DC.

[3] 伯奈斯最著名的计划是"幸运之旅"运动和"自由火炬"运动。参见 Stuart Ewen, *PR! A Social History of Spin* (New York: Basic Books, 1996); Larry Tye, *The Father of Spin: Edward L. Bernays and the Birth of Public Relations* (New York: Crown, 1998).

[4] Roy C. Flannagan, *The Story of Lucky Strike* (New York: American Tobacco Company, 1938), facing p. 46. 弗拉纳根在白人的《里士满新闻领袖》上发表了一系列相关文章。

好彩牌命名时，他们通过挪用和重新分配这个品牌的价值，介入了美化美国生活的行动。换句话说，他们挑战了该品牌等同于"白人至上"的用法，同时避免直接对抗该公司。镇上的黑人企业联合起来赞助球队，为球员提供队服，并支付部分旅费。这支球队的主场比赛在里兹韦尔的红J体育场举行，在白人队宣布主场比赛日期后，这支球队制定了赛程表。[1]

好彩队使用白人队名的做法遵循了全国的惯例，并声称代表了该镇。例如，白色的夏洛特大黄蜂代表北卡罗来纳州的夏洛特镇；夏洛特黑黄蜂队也代表了棒球场上的夏洛特镇（Charlotte）。亚特兰大饼干乐队的名字明显是白人的；亚特兰大黑饼干队的名字显示了这支球队的幽默感。华盛顿黑人参议员的名字带有批评的意味，因为球员们是镇上唯一的黑人参议员。在白人的话语中，只有白人队在种族上没有被标记，使黑人队处于次要的、派生的位置。然而，当非洲裔美国人讨论这些球队时，他们小心翼翼地避开污名。例如，好彩棒球投手威廉·戴维斯（William Davis）说："工厂确实有一支球队，但没有黑人球队。我们自己也有一个。"他停顿了一下，选择了合适的措辞，"他们是好彩队——白人队。你看，不能他们也是好彩队，我们也是好彩队。我们必须是'黑'好彩队。"[2] 平行命名的做法呼应了种族隔离下的非洲裔美国人在建立企业、教堂和学校时的社区建设策略：它表面上接受了次要地位，但也提出了平等和代表权的要求。

通过借用香烟品牌，好彩牌创造了围绕棒球的社会关系，歌颂非洲裔美国人的男子气概，这种特殊的情感在1937年每个球员的水彩画肖

1　William Davis, interview by author and Kori Graves, July 10, 2001; Dale Hagwood, "William Davis Remembers the Negro Leagues," *Reidsville Review*, date unknown; Jim Eastridge, "Ball Days of Yore: Former Player Recalls Years on Negro Team," *Reidsville Review*, date unknown [clippings provided by Davis].

2　William Davis, interview by author and Kori Graves, July 10, 2001. 参见 Bruce Adelson, *Brushing Back Jim Crow: The Integration of Minor-League Baseball in the American South* (Charlottesville: University Press of Virginia, 1999), 39–41; Dick Clark and Larry Lester, eds., *The Negro Leagues Book: A Monumental Work from the Negro Leagues Committee of the Society for American Baseball Research* (Cleveland: Society for American Baseball Research, 1994).

图 5.7 "豪斯"威廉·戴维斯的肖像,1937 年,画家不详。威廉·戴维斯免费提供

像中得到了体现。六十多年来,戴维斯一直把他的肖像陈列在他书房的一个荣誉角里。肖像画没有记录运动时的动作,或者展现男性健硕的身体,而是传递一种内在的情感体验。戴维斯的肖像画展示的是他膝盖以上的部分,他穿着工作服和手套,手臂自然垂下。观众看照片时,就像在看戴维斯沐浴在阳光中的脸,脸部周围的边缘线进一步吸引了我们的

注意力。他的面容平静、放松，几乎是空灵的。他的眼睛直视前方，注视着远方。蓝色工作服的左胸上有一个很大的圆形徽章，上面写着"好彩"。画家用钢笔和墨水勾勒出人物的某些部分，包括"好彩"字样和人物的轮廓。这位画家在刻画人物形象时，徘徊于黑人工人阶级的刻板印象——身体上有威胁、道德低下或不讲道理——和中产阶级精神积极向上的传统，这些依靠现实主义摄影影响来实现。通过这样做，这位画家回应了新黑人理论家阿兰·洛克（Alain Locke）的呼吁，后者呼吁用黑色艺术来呈现"黑人思想和精神的内在世界"。[1] 在棒球形象中，戴维斯表现出容光焕发、具有男子气概的尊严。

好彩球队采取了两种方式来与品牌融合。一方面，非洲裔美国人将品牌价值定位到黑人男性和非洲裔美国文化——这正是美国烟草公司努力避免的。与此同时，该公司获得了免费广告。虽然提供资金的是黑人企业，但好彩球队并没有为黑人产品或服务做广告，而是为那些将黑人员工排除在公司球队之外的公司做广告。很明显，当地的美国烟草公司只给了这支队伍一项特权，而这是它给予白人队的：比赛时可以随身携带免费香烟。虽然美国烟草公司不会赞助这支黑人球队，也不会在黑人联合报纸上销售他们的香烟，但它却怂恿这支球队在种族隔离的地方进行香烟促销。非洲裔美国人对这一品牌的使用引发了一系列矛盾的事件和影响。

于是，好彩牌品牌的崛起与工作场所和里兹韦尔镇围绕南方种族隔离制度的斗争交织在一起，因为白人和黑人都把该品牌作为创造社会价值的资源。美国烟草公司管理层极力维护好彩与白人和白色的联系，但非洲裔美国人创造了品牌故事，支持他们自己的文化形态，并将好彩牌编织成一种在种族隔离中酝酿的更广泛的反对文化。

1　Alain Locke,引用自 Marlon B. Ross, *Manning the Race: Reforming Black Men in the Jim Crow Era* (New York: New York University Press, 2004), 80. 也可参见 Ross's discussion of Locke, 77–89.

结　论

骆驼牌和皇后牌等大型香烟品牌的崛起，是全球香烟行业的一个转折点。美国和中国的香烟名牌之所以发展起来可谓偶然，而不是有意为之，这是垄断行业引入竞争的结果，导致广告资源集中到单个品牌上。企业认识到，单一品牌有能力吸引比它们预期更大的市场。名牌是公众生活不容忽视的一部分，会以一种捉摸不定的方式融入共同的象征语言，即使对那些不吸烟的人来说也是如此。两地的烟草行业发生了剧烈而迅速的变化，很快其他公司也纷纷效仿那些大品牌。名牌在烟民中引领潮流，而不是将市场细分和拆散，而且名牌似乎也鼓励人们吸烟。

这种说法与20世纪20年代吸烟率激增的通行解释不符。几十年来，历史学家一直认为，士兵们在第一次世界大战中学会了吸烟，回家后将这种习惯带给了普通居民。这种解释不无道理，但它不能充分解释这个时代为何对大品牌如此推崇。在第一次世界大战期间，美国公司向军用商店提供了一系列斗烟品牌和香烟品牌，而不仅仅是土耳其-亮叶-伯莱混合烟。[1] 此外，第一次世界大战对中国日常生活的影响可以忽略不计，也无法解释中国吸烟人数为何同时上升。本章对骆驼牌和皇后牌同时崛起的看法，需要更深入地研究商业实践背后的社会历史。

对于全球香烟的历史来说，皇后牌和骆驼牌香烟的兴起在很多方面具有重要意义。首先，两个品牌同时一派繁荣却互不相干，这挑战了认为商业发展是由西向东的现代性观念。不论是在美国还是中国，都出现一种新的竞争，促使人们比过去更关注单一品牌，由此公司的领导层意

---

[1] 斯坦福大学烟草广告影响研究收集的第一次世界大战相关的烟草广告显示，四家继承公司明确地为士兵做了一系列品牌的广告，包括土耳其品牌和土耳其混合烟草品牌，而非仅仅或主要是骆驼牌、好彩牌和切斯特菲尔德牌。此外，1918年政府接管了美国烟草公司达勒姆公牛所有储备的斗烟，用于军事用途，这表明斗烟和手卷香烟仍然很重要。http://tobacco.stanford.edu/tobacco_main/images.php?token2=fm_st187.php&token1=fm_img10965.php&theme_file=fm_mt023.php&theme_name=War%20&%20Aviation&subtheme_name=World%20War%20I/; "Government Take Output Bull Durham," Reidsville Review, April 9, 1918, 1.

外发现了单一品牌的潜力。此外，英美烟草公司没能充分分销皇后牌香烟。后来公司放弃了理性的现代分销体系，并授权郑伯昭按他的想法行事，自此才在通商口岸之外实现了期待中的销售。在美国，骆驼牌的崛起依赖于集中的广告宣传；而在中国，情况则不同，既要依靠新的分销体系，又要依靠广告。

最后，本章论证了大型香烟品牌并非完全是空白的广告信息载体，而是依附于生产的某些关系。在中国，几乎所有的香烟品牌都带有英文字母，因为它们是作为外国产品引进的。香烟的外国光环在中国和在美国一样有吸引力，但英美烟草公司却因（中国的）反帝国主义情绪高涨而陷入困境。将皇后牌改为大英牌在1905年可谓是一种解决办法，但在1925年却成了问题。在大英工厂工人罢工并联合消费者一同抵制时，抗议者和罢工者成功地扰乱并拉拢了这个名牌。美国这些品牌的包装上没有将名牌与白人联系起来的明显标记，但这些公司一致地、有意识地、多方努力将品牌定义为白人专有，向非洲裔美国人传达了明确的信息。由非洲裔美国人资助的好彩棒球队与其说打破了商品崇拜的魔咒，不如说抓住了这种魔力。品牌在更广泛的社会范围内成为重构关系的具体途径，棒球队对品牌的运用成为范例，棒球运动员的行为是另一种非洲裔美国人价值体系的深刻证明。

香烟名牌的胜利在很大程度上揭示了烟草公司如何快速走向品牌营销这门新科学的前沿，但它很少揭示香烟受欢迎程度（的提高）所带来的自身性质的变化。香烟在公众生活中扮演了什么角色？在两次世界大战之间，香烟在国际舞台的一个重要使用地点是——为爱跳舞的男人和女人播放爵士乐的卡巴莱。爵士舞热潮在上海、巴黎、柏林和纽约等大城市的流行程度和普及程度再怎么夸张也不为过。香烟成了爵士乐俱乐部里的常客，而香烟和爵士乐之间的联系也同样改变了它们自身。第六章将讨论这一现象。

第六章　爵士乐和香烟的亲密舞蹈

　　20 世纪 20 年代，香烟在美、中两国蓬勃发展，正好赶上国际爵士舞[1]风靡的热潮。不论是在夏洛特[2]，还是在上海，爵士与香烟的联结既出自偶然，也可谓有意为之。美国人往往是在黑人娱乐屋、仓库或军械库、都市卡巴莱、小型俱乐部、杂耍表演现场、中学体育馆、旅馆、舞厅和餐馆这样比较封闭的场所，伴随着爵士乐跳舞。而在上海，随着追捧爵士舞的外国人越来越多，企业家们争先恐后地为其建造新的俱乐部、卡巴莱和酒店舞厅。这些外国人里不少都是英美烟草公司的员工。新卡巴莱全都坐落在租界，是外国人特权在通商口岸的缩影，如今比以往任何时候都更加精致繁华。卡巴莱的室内环境优雅时髦，有现场演奏的乐队，还有年轻的舞女随时待雇。最初，卡巴莱只对外国人开放，但到 20 世纪 20 年代末，越来越多新建的卡巴莱开始对中国上流人士开

---

[1] 本书中的爵士舞（Jazz Dance）一词指的是任何伴随着爵士乐进行的舞蹈，尤指在摇摆时代（20 世纪 30 年代至 40 年代）的大乐队舞厅中广泛流行的舞蹈。爵士舞与爵士乐本身的诞生和传播平行，以美国黑人文化为根基。这与 20 世纪 50 年代之后诞生的现代爵士舞（Modern Jazz Dance）不尽相同，后者更多受到拉丁文化的影响。——编者注
[2] 夏洛特（Charlotte），美国东南部北卡罗来纳州的最大城市。——译者注

放，不过通常仍是封闭的环境。[1]可能对香烟推销员和场地所有者来说，在卡巴莱和其他爵士乐主题场所提供香烟显然是一种创新。舞厅的氛围、音乐的节奏和身体的近距离接触相互衬托，人们对爵士乐和香烟的体验也交织在一起。[2]

烟草公司敏锐地体察到了这种相互作用，并将其纳入明确的营销策略。特别是他们在美国和上海赞助了爵士乐广播节目，将香烟的品牌推广与爵士乐的氛围联系在一起，并选择那些在广播中广为流传的爵士乐，从而将这种联系传播到俱乐部之外的消费群体。在上海，英美烟草公司赞助的节目每晚都会播放美国爵士乐唱片，同时向以外国客户为主的听众宣传高档香烟品牌。在美国，烟草公司在广播公司为那些在新的全国广播网上播放的爵士乐节目提供赞助。"好彩大游行"和"骆驼牌车队"这样的节目主导了广播中的爵士乐传播，如此一来，烟草公司在塑造大多数人听到的爵士乐方面扮演了重要的角色。[3]出于市场营销的考虑，烟草公司小心翼翼地塑造了广播节目中的爵士乐的风格，既含有"时髦"的元素，又避免与黑人有关的信息。因此，他们只雇用白人乐队，并让他们在全国范围内演出（只有两次例外）。烟草公司在爵士乐表演的全

---

1 David W. Gilbert, *The Product of Our Souls: Ragtime, Race, and the Birth of the Manhattan Musical Marketplace* (Chapel Hill: University of North Carolina Press, 2015); Lewis A. Erenberg, *Steppin' Out: New York Nightlife and the Transformation of American Culture, 1890–1930* ([1981]; Chicago: University of Chicago Press, 1984), 146–175, 233–264; Shane Vogel, *The Scene of Harlem Cabaret: Race, Sexuality, Performance* (Chicago: University of Chicago Press, 2009); Andrew David Field, *Shanghai's Dancing World: Cabaret Culture and Urban Politics, 1919–1954* (Hong Kong: Chinese University Press, 2010); Andrew F. Jones, *Yellow Music: Media Culture and Colonial Modernity in the Chinese Jazz Age* (Durham: Duke University Press, 2001).

2 我认为香烟和爵士乐是相互交织的，这个观点得益于"集合"这个概念，因为它经常被用于情感理论，将事物与人身联系起来。参见 Jane Bennett, *Vibrant Matter: A Political Ecology of Things* (Durham: Duke University Press, 2010), 20–38; Sara Ahmed, "Affective Economies," *Social Text* 2, no. 2 (Summer 2004): 117–139; Melissa Gregg and Gregory J. Seigworth, eds., *The Affect Theory Reader* (Durham: Duke University Press, 2010), 1–25; Kathleen Stewart, *Ordinary Affects* (Durham: Duke University Press, 2007), 1–2.

3 Philip K. Eberly, *Music in the Air: America's Changing Tastes in Popular Music, 1920–1980* (New York: Hastings House Publishers, 1982), 32–33, 114–117; Jim Cox, *Music Radio: The Great Performers and Programs of the 1920s through Early 1960s* (Jefferson, NC: McFarland and Company, 2005).

程中多次插入香烟广告，进一步将这两种商品联系起来，并赋予它们共同的情感力量。

到 20 世纪 20 年代时，爵士乐已经成为一种在全球范围内流通的不断演化的商品。"爵士乐"指代的是包含很多种风格的流行舞蹈音乐。爵士乐中的切分节奏首先出现在非洲裔美国音乐群体中，而且人们普遍认为爵士乐发源于黑人群体，但美国的移民音乐人和白人音乐人也在很早的时候就演奏和演唱爵士乐歌曲，世界其他各地的音乐人也演奏爵士乐，并在这种音乐形式上留下了自己的印记。爵士乐已然是在全球流通的资本主义性质的商品，黑人音乐人和舞蹈家的艺术创新都无法摆脱这种社会现实；在种族决定的市场中，巡演、录音和发行的机会是不平等的，音乐本身很少是唯一或主要考虑的因素。在美国，白人乐队获得了最好的演出机会，签订了大部分的唱片合约，从而享有更高的曝光率，而黑人乐队通常要去很多更远的地方来谋生。相比之下，在上海，非洲裔美国人组成的乐队被尊称为爵士乐的"创始者"，但在比赛中也有来自菲律宾、美国（白人）、日本、俄罗斯和中国的音乐人。[1] 从乐队的构成到音乐的编排，种族和民族主题曾出现在爵士乐中。

不论什么样的爵士乐，都可以用来跳舞。[2] 开始人们跳单步舞、两步舞、狐步舞、林迪舞，最后跳吉特巴舞。到冷爵士乐（cool jazz）和比波普音乐（bebop）时代时，音乐家有意弱化爵士乐的舞蹈功能，乐

---

[1] Quote is from *Straits Times* (Singapore), November 30, 1928, 10. See also Frederick J. Schenker, "Empire of Syncopation: Music, Race, and Labor in Colonial Asia's Jazz Age" (dissertation, University of Wisconsin, 2016); Bruce Johnson, "The Jazz Diaspora," in *The Cambridge Companion to Jazz*, ed. Marvyn Cooke and David Horn (Cambridge: Cambridge University Press, 2003), 33–54; Jairo Moreno, "Imperial Aurality: Jazz, the Archive, and U.S. Empire," in *Audible Empire: Music, Global Politics, Critique*, ed. Ronald Rodano and Tejumola Olaniyan (Durham: Duke University Press, 2016), 135–160.

[2] Brenda Dixon Gottschild, *The Black Dancing Body: A Geography From Coon to Cool* (New York: Palgrave MacMillan, 2003); Susan C. Cook, "Passionless Dancing and Passionate Reform: Respectability, Modernism, and the Social Dancing of Irene and Vernon Castle," in *The Passion of Music and Dance: Body, Gender, and Sexuality*, ed. William Washabaugh (Oxford, UK: Berg Publishers, 1998), 133–150; Field, *Shanghai's Dancing World*, 53–82, 119–152.

迷们这才坐下来聆听。在两次世界大战之间的时代，爵士乐舞蹈携手热门歌曲风靡全球。巡回演出的乐队，尤其是在亚洲，经常会有舞者成员，他们不仅表演这些舞步，还会向热切的观众教授这些舞步。在上海，卡巴莱提供来自中国、日本、俄罗斯、朝鲜、法国和其他地方的舞女，这样以男性商界人士为主的顾客可以很自然地随音乐起舞。就连电台播音员也把爵士乐当作舞曲来播放，以为许多听众会在家里边听边跳。爵士乐不仅给人以听觉感受，还和运动有关，营造亲密感，是一种有高度参与感的身体体验。

随着香烟和爵士乐在国际上的流通，香烟成为爵士乐在公共场合播放时不可或缺的一部分，并且积聚了其独特的情感力量。香烟作为点缀出现在晚间舞会，似乎是舞会的天然搭配，在商品的发展历史上留下了持久的全球印记。爵士乐的作用比广告大得多，为香烟赋予了性感和酷的内涵。当时城市夜生活新兴起一种遍及全球又快速变化的潮流，香烟、爵士乐和其他几种商品都和这种趋势密切相关，而爵士乐和香烟又处于核心地位。这些趋势经常被贴上"现代"的标签，包括表现性欲、寻求快乐和打破传统。时髦、性感的"现代女孩"的形象随之产生，这类备受争议的人群也成为这个更普遍的国际现象的象征。[1]

然而，爵士乐和香烟在世界各大城市休闲场所的风靡并没有使全世界都向美国文化靠拢，因为在每个地方，这些商品都呈现出不同的文化和政治基调。即使在上海，爵士乐和香烟之间的协同作用为英美烟草公

---

[1] Alys Eve Weinbaum et al., eds., *The Modern Girl Around the World: Consumption, Modernity, and Globalization* (Durham: Duke University Press, 2008); Ellen Johnston Liang, *Selling Happiness: Calendar Posters and Visual Culture in Twentieth Century Shanghai* (Honolulu: University of Hawai'i Press, 2004); Francesca Dal Lago, "Crossed Legs in 1930s Shanghai: How 'Modern' the Modern Woman?" *East Asian History* 19 (2000), 103–144; Antonia Finnane, *Changing Clothes in China: Fashion, History, Nation* (New York: Columbia University Press, 2008), 139–200; Tani Barlow, "'What Is a Poem?' History and the Modern Girl," in David Palumbo-Liu, Bruce Robbins, and Nirvana Tanoukhi, eds., *Immanuel Wallerstein and the Problem of the World: System, Scale, Culture* (Durham: Duke University Press, 2011), 155–172; Linda Mizejewski, *Ziegfeld Girl: Image and Icon in Culture and Cinema* (Durham: Duke University Press, 1999).

司那些在只接待外国人的卡巴莱里享受帝国主义文化的英美烟草公司外籍员工带来了一系列联想,但在只接待中国客人的中资卡巴莱里,这种联想却截然不同。同样,爵士乐和香烟的融合在美国的国家广播中创造了一种特殊的氛围,但对于在香烟厂所在的城镇里跳爵士舞的非洲裔美国工人来说,(这种融合)却具有非常不同的潜力。通过在爵士乐的背景下研究香烟,我们有可能发现,香烟之所以产生文化吸引力,是因为企业营销时采取的直截了当的手段激发了文化共同体的活力和不可预测的发展。

因此,本章探讨了爵士乐和香烟是如何在美国和中国的卡巴莱及广播节目中协同发展的。但在这个过程中,企业员工的角色不仅是帮助者,还是参与者。像亮叶烟草关系网里的年轻人,这类外国商人是上海卡巴莱的主要顾客。一名外国销售代表下午去卡巴莱可能是为了工作,晚上可能会再去,而这次是为了跳舞,偶尔抽几支烟。同样,英美烟草公司的高层中国商人正是20世纪20年代末期一些卡巴莱的目标客户。上海的卡巴莱对中国工厂的工人来说太贵了,但北卡罗来纳州香烟厂的非洲裔美国工人将种族隔离的南方变成了自己的优势,他们可以在南方小镇预订到世界级的爵士乐表演。通过这些方式,爵士乐和香烟的融合也营造了亲密接触的场合,这些交融以各种方式制造了也挑战了公司的等级制度。

上海卡巴莱里的爵士乐和香烟

第一次世界大战后不久,西方商人建立了上海的第一家卡巴莱,接着这类舞厅迅速扩张,刺激了外国人用这种豪华场所享受西方帝国主义果实的渴望,也让他们确实从中获利。[1] 上海的7000家外国公司(英美

1　Field, *Shanghai's Dancing World*, 21–25.

烟草公司是其中的佼佼者）源源不断地向中国输送需要娱乐的年轻男性销售代表。[1] 卡巴莱的老板雇用现场爵士乐队、舞女招待或是负责与人数众多的男性顾客有偿跳舞的职业舞女。有一本英文导游手册介绍了卡巴莱在上海蓬勃发展的夜生活中的中心地位：

> 上海有自己独特的夜生活，这是多么精彩的生活啊！赛狗和卡巴莱，海阿莱[2]和卡巴莱，正式的下午茶和晚宴舞蹈和卡巴莱，既精致又国际化的法国俱乐部和卡巴莱……有奖拳击赛和卡巴莱，业余戏剧和卡巴莱，戏剧、电影和卡巴莱，到处都是卡巴莱，在法租界的两端，公共租界的富人区和繁华地带，在虹口，在中国领土的禁区，到处都是卡巴莱。得有几百家！[3]

导游手册将公共租界的隔离性质把握得很到位，将上海的大部分地方描述成"界外"的"中国领土"。英美烟草公司员工欧文·史密斯（Irwin Smith）表达了同样的观点，他毫不讽刺地说，上海"除了有中国人这一点，其他和外国城市没什么两样"[4]。卡巴莱最初是通商口岸帝国主义的缩影。

由于卡巴莱十分繁荣，上海成为亚洲爵士乐的重要施展场所。音乐演出市场非常国际化：来自美国、菲律宾、中国、俄罗斯和日本的音乐家们都在为演出而竞争。其中最成功的音乐家能在上海签到长期合同，但更多的音乐家则不得不辗转于新加坡、香港、马尼拉、加尔各答和上

---

1 Jones, *Yellow Music*, 65.
2 "海阿莱"（Hai-alai），该词源自巴斯克语"jai alai"，意为"回力球"。回力球被称为西班牙的"国技"。在当时的上海，"海阿莱"不仅指代回力球，也指代位于陕西南路附近的回力球场（Auditorium），人们会在球场中赌球。——编者注
3 *All About Shanghai: A Standard Guidebook* (Shanghai: University Press, 1935; Hong Kong: Oxford University Press, 1983), 73.
4 Irwin S. Smith Oral History, July 28, 1982, East Carolina Manuscript Collection.

图 6.1 上海逸园的舞池。密苏里大学堪萨斯分校图书馆肯尼斯·J. 拉布德博士特别收藏部（University of Missouri-Kansas City Libraries, Dr. Kenneth J. LaBudde Department of Special Collections）

海各地寻找机会。[1] 就像音乐家一样，职业舞女从中国、菲律宾、俄罗斯、韩国、希腊和日本等远近各地聚集在上海。上海的爵士乐坛稳固如山，就连日本的音乐家都去上海学习"正宗"或"美国"爵士乐。[2] 与此同时，到 20 世纪 30 年代，国际音乐家的融合以及迎合中国顾客的需求带来了创新性的新声音。[3]

1　Schenker, "Empire of Syncopation: Music, Race, and Labor in Colonial Asia's Jazz Age," 46–99; Bradley Shope, "'They Treat Us White Folks Fine': African American Musicians and the Popular Music Terrain in Late Colonial India," *South Asian Popular Culture* 5, no. 2 (November 2007): 105; "Performer Tells of His Travels and Thrills of Oriental Climes," *Chicago Defender*, August 23, 1930, 5.

2　E. Taylor Atkins, *Blue Nippon: Authenticating Jazz in Japan* (Durham: Duke University Press, 2001), 19–44.

3　Jones, *Yellow Music*; Schenker, "Empire of Syncopation"; Whitey Smith with C. L. McDermott, *I Didn't Make a Million* (Manila: Philippine Education Company, 1956).

爵士乐和香烟在卡巴莱中创造了独特的空间和别致的氛围。上海和美国的卡巴莱都预留了很大的中心区域用于跳舞，周围一圈的桌子为想要抽烟、喝酒和聊天的客户预留。[1] 例如，在逸园舞厅，乐队台前有一片非常大的空地，鼓励舞伴们占据房间的中心，空地周围是一圈窄小紧凑的桌子（图 6.1）。在一些俱乐部，舞女在舞池的一边表演，而顾客则从另一边注视着她们，然后邀请她们与自己跳舞或让她们与自己同坐。声音和烟雾共同定义了卡巴莱的氛围。英美烟草公司员工詹姆斯·哈钦森指出，1930 年，他走进法国体育俱乐部时，音乐"震耳欲聋"，香烟烟雾很浓，他花了好几分钟让双眼适应这种环境，才能分辨人脸。[2] 因此，香烟和爵士乐共同作用，塑造了卡巴莱的内部形态。

香烟和爵士乐共同具有一种独特的能力来塑造卡巴莱的体验。与化妆品或时装等其他商品不同，香烟和爵士舞在时间上具有短暂的特点。两者都可以用来计时：多抽一支烟的时间，多跳一支舞的工夫。两者都可以通过空间激发身体：到舞池的中心去跳舞，或到舞池外围的桌子吸烟。就像爵士舞给运动中的身体充电一样，香烟给静止的身体充电。因此，吸烟和爵士舞成为一种媒介，身体通过这种媒介成为卡巴莱的一部分，甚至就是由卡巴莱构成的。

此外，爵士乐和吸烟的行为活动能独特地在身体和情感上改变人的感受，这些活动不仅促进了色情行为，而且成了公认的色情标志。在卡巴莱里，抽烟和跳爵士舞都能让顾客产生身体上的亲密接触。单步舞、狐步舞、林迪舞：这一时期爵士乐迷的重点是在舞蹈中体现音乐的表现力。"倾听"是一种全身的体验。人们在卡巴莱舞厅的大舞池里一起旋转，会触摸彼此的身体，而这在其他情况下却是不被接受的。随着爵士乐跳舞，跳固定舞步时需要动作精确和技巧娴熟，同时兼有即兴发挥和个性

---

1 参见 Vogel, *The Scene of Harlem Cabaret*, 62–73; Field, *Shanghai's Dancing World*, 100–101; 107–109; Jones, *Yellow Music*.

2 James Lafayette Hutchinson, *China Hand* (Boston: Lothrop, Lee and Shepard Co., 1936), 314.

化表达。"热"切分节奏更适合扭动臀部的舞蹈，可能会消耗很多体力，而19世纪的欧洲交际舞则需要让身体更僵硬地直立。[1] 同样地，给自己点一支烟，或给别人点一支烟，分享香烟，呼吸别人香烟的烟雾，会让嘴、手和呼吸都得到感官刺激，参与到较为亲密的活动中。跳爵士舞和抽烟都具有一种表达功能，这种表达功能可以通过个人特征来分享和区分。卡巴莱因为这种色情氛围，有很多人大为赞赏，也有很多人予以谴责，这是爵士乐狂热的一个决定性特征。

对许多在上海的外国人来说，卡巴莱的色情体验带有种族侵犯的成分。看看在一本20世纪30年代的英文上海旅游指南中描写的醉人场景吧，文章标题是"舞蹈与音乐"：

> "丛林"通通鼓（jungle tom-tom）[2] 发出的节拍；欲望的交响乐；一百个管弦乐队奏出的音乐；拖动的脚步；晃动的身体；放纵的节奏；欲望的热烟——泛光灯下的欲望；这都是有趣的；这就是生活……在上海没有清规戒律。[3]

"'丛林'通通鼓发出的节拍"精准引用了爵士乐种族化的核心——原始非洲节奏的概念。在这种观点下，爵士乐明显包含"非清教徒的东西"，是性激情的、原始的、黑人的，与理性的、文明的白人（文化）形成对比。和其他地方一样，爵士乐在上海的种族地位模糊不清。许多美国白人音乐家在上海的卡巴莱表演（他们憎恨菲律宾人和俄罗斯人的竞争）。保罗·怀特曼（Paul Whiteman）很早就在日本和亚洲其他地方声名鹊起。美国唱片公司歧视非洲裔美国人，这一事实在国际上产生了

---

1 Gottschild, *The Black Dancing Body*, 12–40.
2 通通鼓（tom-tom），爵士鼓组中的一种鼓，起源于19世纪20年代。弗莱彻·亨德森（Fletcher Henderson）曾在诸如《上海舞步》（*Shanghai Shuffle*）等音乐作品中，利用通通鼓制造"东方光晕"（oriental flare）的音效。同时，在艾灵顿公爵（Duke Ellington）于棉花俱乐部（Cotton Club）开创的"丛林音乐"（*jungle music*）中，通通鼓起到模仿非洲丛林之声的重要作用。——编者注
3 *All About Shanghai: A Standard Guidebook*, 76.

影响，因为爵士乐唱片是爵士乐最初在亚洲传播的一个关键途径。[1] 尽管如此，非洲裔美国人提供了更真实的爵士乐之声的观念在20世纪20年代亚洲港口的外国精英中明显流传。[2]

许多在上海的中国人也开始将爵士乐视为黑人音乐。1933年，著名小说作家穆时英以一种当时流行香烟品牌创作的同名小说 *Craven "A"* 中表现了这种氛围。这个故事是由律师袁野邨讲述的，描绘了他对余慧娴的迷恋。余慧娴是一名在性方面保持开放态度的职业舞女，喜欢抽黑猫牌（Craven "A"）香烟。穆时英将这家卡巴莱描述为一个原始的空间：

> 围着霓虹灯的野火，坐着一伙土人，急促的蛇皮鼓把人的胃也震撼着。拍着手，吹着号角，嚷着，怕森林里的猛兽袭来似的。在日本风的纸灯下，乱跳乱抖着的是一群暂时剥去了文明，享受着野蛮人的音乐感情的，追求着末梢神经的刺激感的人。

袁野邨被余慧娴迷住了。他给她买了香烟，两人一起抽。后来，他看到她和另一位客户随着伦巴舞曲跳舞，"钟摆似的摇动着脑袋和肩膀……把头发阳伞似的撒了开来……我……看着这非洲的黑女儿"[3]。穆时英把职业舞女塑造成一个被男人剥削的悲剧人物；在他的故事中，爵士乐和香烟共同营造出一种令人陶醉的原始气氛。因此，卡巴莱带来的越界的色情体验刺激了爵士乐的种族化，这些饱受争议的乐趣可能会加

---

1 Atkins, *Blue Nippon*, 19–44; David Suisman, *Selling Sounds: The Commercial Revolution in American Music* (Cambridge: Harvard University Press, 2009), 207–209.

2 *Straits Times* (Singapore), November 30, 1928, 10; Buck Clayton assisted by Nancy Miller Elliott, *Buck Clayton's Jazz World* (New York: Oxford University Press, 1987), 50.

3 Mu Shiying, "Craven 'A'" (1932), trans. Andrew David Field in Andrew David Field, *Mu Shiying: China's Lost Modernist* (Hong Kong: Hong Kong University Press, 2014), 78. 也可参见 also Shumei Shi, *The Lure of the Modern: Writing Modernism in Semicolonial China, 1917–1937* (Berkeley: University of California Press, 2001), 317–322.

剧种族主义的盛行。[1]

正如黑猫香烟所携带的含义，香烟只会增加卡巴莱里的性气氛。职业舞女经常在卡巴莱和他们的客人一起抽烟喝酒。世纪之交，美国和英国的一场反吸烟运动将香烟与酒精联系在一起，认为酒精会使人上瘾，并与道德涣散和身体堕落联系在一起，这些都是外国人带到中国的观念。在美国和英国，吸烟被认为是男性的特权，女性吸烟尤其违背公序良俗，还带有性暗示。对于中国人来说，没有类似的禁止女性吸烟的规定；女性通常在家中随心所欲地抽斗烟或香烟。然而，对女性来说，在公共场所吸烟就像那些公共休闲场所本身一样新奇和违法。[2]因此，上海旅游指南作者故意使用"欲望的热烟"，通过"热"字与爵士乐节奏（"放纵的节奏"）和人们呼出的气息联系在一起，将爵士乐和香烟的效果与"欲望"结合起来。

美国卡巴莱的爵士乐和香烟

卡巴莱舞蹈的国际热潮有助于我们去解释，在两次世界大战之间的那段时间，女性的吸烟人数为何急剧上升。[3]正如第一章所说，亮叶烟草香烟的第一个公共使用场所是英国绅士俱乐部，这种同性社交组织在

---

1 参见 Ronald Radano, *Lying Up a Nation: Race and Black Music* (Chicago: University of Chicago Press, 2003), 234–237; Cook, "Passionless Dancing and Passionate Reform," 133–137.

2 Matthew Hilton, *Smoking in British Popular Culture, 1880–2000: Perfect Pleasures* (Manchester: Manchester University Press, 2000), 138–50; Cassandra Tate, *Cigarette Wars: The Triumph of 'the Little White Slaver'* (New York: Oxford University Press, 1999), 93–118; Benedict, *Golden-Silk Smoke*, 12–13, 200, 210.

3 30多年前，迈克尔·舒德森提出，在公司开始直接向美国女性营销香烟之前，就已经有大量美国女性开始吸烟了。他坚持认为，针对女性的香烟广告顺应了一种变化的趋势，而不是创造了这种趋势，但从那以后就没人解释是什么引发了这种趋势。香烟和爵士舞之间的协同作用可能是一个原因。Michael Schudson, *Advertising, the Uneasy Persuasion: Its Dubious Impact on American Society* (New York: Basic Books, 1984), 179–183.

上海的公共租界里也很活跃。在美国，这样的俱乐部并不普遍，精英男女在社交晚宴后往往会分开活动：男人去吸烟室，女人则去客厅。然而，在20世纪，适合异性社交的娱乐形式在国际上兴起，跳舞场所尤其具有参与性，或许还有浪漫的特性。[1] 在美国和中国，卡巴莱都因"现代女孩"的出现而成为引人注目的场所，这些女孩穿戴时髦，发型新潮，不仅跳舞还会抽烟。[2] 于是，卡巴莱舞厅成为使用香烟的新的公共场所，在这里，香烟与爵士舞之间密切且具有象征性的关系重新定义了香烟的声誉。

舞蹈对卡巴莱体验的重要性再怎么强调都不过分。20世纪10年代，詹姆斯·里斯·欧罗巴（James Reese Europe）的乐队与白人职业交际舞演员艾琳和弗农·卡索（Irene and Vernon Castle）夫妇的跨种族组合让狐步舞和其他拉格泰姆舞曲流行起来，渐渐地，工薪阶层和中产阶级也对舞蹈变得狂热。[3] 到20世纪20年代，从里兹韦尔到纽约再到上海，人们在公共舞厅、大型卡巴莱、小型俱乐部、学校体育馆、烟草仓库、军械库和客厅里跳各种各样的舞蹈。"爵士乐"成为一个泛指流行歌曲的统称，特别是活页乐谱、巡演乐队和新的唱片技术广泛传播了的拉格泰姆和叮砰巷歌曲（Tin Pan Alley）。并不是所有这些歌曲听起来都像我们今天所知道的爵士乐，但舞蹈的狂热植根于切分音音乐，这种音乐让身体以新的方式运动。

由于爵士乐起源于非洲裔美国人文化，因此爵士舞在白人中备受争

1　男性和女性也会一起去剧院、电影院和游乐场。Kathy Peiss, *Cheap Amusements: Working Women and Leisure in Turn of the Century New York* (Philadelphia: Temple University Press, 1985), 11–33.

2　Alys Eve Weinbaum et al., eds., *The Modern Girl Around the World: Consumption, Modernity, and Globalization* (Durham: Duke University Press, 2008).

3　David W. Gilbert, *The Product of Our Souls: Ragtime, Race, and the Birth of the Manhattan Musical Marketplace* (Chapel Hill: University of North Carolina Press, 2015); Cook, "Passionless Dance and Passionate Reform," 133–151; Lewis A. Erenberg, *Steppin' Out: New York Nightlife and the Transformation of American Culture, 1890–1930* ([1981]; Chicago: University of Chicago Press, 1984), 146–175, 233–264.

议。许多人把爵士舞的狂热等同于危险、性、种族融合和尊严的丧失。[1]与此同时,爵士舞成为一种表达新奇、青春和活力的方式。具有讽刺意味的是,19 世纪的黑人歌手模仿"原始"黑人音乐,为 20 世纪黑人音乐和舞蹈被视为现代和解放的典型奠定了基础。19 世纪扮演黑人的白人表演者(blackface)展示的是他们自以为的黑人音乐,并将黑人表演成原始、性感、暴力、非理性的形象,目的是表现一种"文明"白人的幻想。[2]然而,吟游[3](minstrel)传统将"低等"取代为种族幻想后,帮助白人将欣赏爵士乐当作是在摆脱白人文化习俗和维多利亚式(文明)的束缚。"低等"正是吸引人的地方。尽管白人音乐家从一开始就演奏爵士乐,中产阶级白人听众也比较接受,但人们仍常常将其与原始的黑人联系在一起;白人听众一面想放弃,一面想大胆接受,这种矛盾作为重要因素构成了爵士乐对白人听众的情绪感染力。[4]

非洲裔美国人在纽约、芝加哥、圣路易斯、新奥尔良等城市搭建了表演的空间,创造了爵士乐场景,但从一开始,他们也在美国和国外巡回演出。在种族隔离的美国,大多数酒店和俱乐部的白人老板用更高的佣金雇用白人乐队进行演出。非洲裔美国企业家很难筹集资金建立高端俱乐部,而他们的非洲裔美国客户大多数都付不起高额的费用。因此,绝大多数音乐家都走上了参加低收入演出的道路,为白人和黑人听众演奏。

纽约歌舞表演的隔离情况和上海的一样。哈莱姆区[5]著名的棉花俱

---

[1] Radano, *Lying Up a Nation*, 234–236; Neil Leonard, "The Reactions to Ragtime," in *Ragtime: Its History, Composers and Music*, ed. John Edward Hasse (New York: Schirmer Books, 1985), 102–116; Cook, "Passionless Dance and Passionate Reform," 133–137.

[2] David R. Roediger, *The Wages of Whiteness: Race and the Making of the American Working Class* (New York: Verso, 1991), 115–132; Eric Lott, *Love and Theft: Blackface Minstrelsy and the American Working Class* (New York: Oxford University Press, 1995).

[3] "黑脸吟游剧"(Blackface Minstrelsy),18 世纪 30 年代至 20 世纪中期美国流行的一种音乐表演形式。通常由白人演员涂黑脸扮演黑人角色,表演歌舞和喜剧,反映了奴隶制时期黑人奴隶的生活。这种表演形式被认为具有种族歧视性质。——编者注

[4] Radano, *Lying Up a Nation*, 234–236.

[5] 哈莱姆区(Harlem District),位于纽约曼哈顿北部。——编者注

乐部和逸园舞厅一样,只接待白人顾客。非洲裔美国音乐家和舞者在晚上为那些不富裕的白人观众进行具有异国情调的表演。例如,艾灵顿公爵和他的管弦乐队长期以来一直在棉花俱乐部名为"种植园"的舞台演奏;专业舞蹈演员的服装和动作迎合了白人对奴隶制的幻想。约瑟芬·贝克(Josephine Baker)在美国和巴黎因她的原始主义舞蹈而出名,也许尤其是她的香蕉裙服装让她名声大噪。另一方面,萨沃伊(Savoy)是一家著名的黑人开的大型卡巴莱,允许黑人顾客光顾。那里对音乐风格的限制较少。在白人开的俱乐部声名鹊起之时,小型黑人俱乐部也在激增。1929 年,《视相》(Variety)杂志报道说,哈莱姆有 11 家只为白人服务的大型卡巴莱,但有超过 500 家"黑人开的低端卡巴莱"。[1]

就像在上海一样,香烟和爵士乐在这些俱乐部中形成了一种协同效应。而且和上海一样,这些俱乐部的布局也倾向于在一个大的中心区域跳舞,周围有小桌子,供顾客休息、喝酒和吸烟。在美国,"烟女"成为一种职业,俱乐部雇用年轻女性挨桌兜售香烟(在中国,受雇的是年轻男性)。在黑人杂志《信使》(The Messenger)中,一位歌剧迷描述了在 1924 年时去位于地下的黑人音乐俱乐部的体验:"有一家在地下很深的位置,完全不通风,衣服上全都是烟味,可是这儿的音乐没的说,大家都喜欢,实在没什么可抱怨的。"[2]

香烟公司制作爵士乐广播节目

在中国和美国,烟草公司很快就开始在卡巴莱的香烟和爵士乐之间寻找更大的商机,这回他们抓住了广播这一新的媒介。无线电广播是崭新的事物,各电台争相填补广播时间。在中美,企业赞助商不仅提供在

---

[1] Variety, 引用自 Vogel, The Scene of Harlem Cabaret, 2.
[2] The Messenger, 引用自 Vogel, The Scene of Harlem Cabaret, 6.

广播中播放的广告，还制作节目的全部内容。在美国，赞助商购买一到两个小时的节目片段，并依靠营销公司来制作节目。[1]这使得烟草公司在广播中投放的爵士乐种类和数量上，以及在广播员如何将爵士乐与香烟联系起来方面，发挥了重要的创造性作用。

在上海，英美烟草公司赞助了一个录播的爵士乐广播节目，每周播出几个晚上。这些节目主要是由来自北卡罗来纳州的詹姆斯·哈钦森策划的：

> 一家英国广告公司开设了一家广播电台。这家公司决定从一种高档香烟开始试水，我花了大半个星期从四大音乐公司进口的大量唱片中挑选音乐。然后公司给我展示了一个小接收器，他们可以利用它来监督我一周三次的节目都播放了什么，于是从晚上6点到11点，我全都在听……美国爵士乐。[2]

由于该公司指定了一种"高档"香烟作为赞助商，因此其目标受众是外国精英。毫无疑问，播音员要确保听众每小时都会听到赞助香烟的品牌名称。

当时由香烟赞助的广播节目在美国大获成功，可谓尽人皆知。英美烟草公司中国分公司可能从中获得了灵感。1928年，美国烟草公司通过赞助《好彩电台时光》（*Lucky Strike Radio Hour*）而引起轰动，节目非常受欢迎，甚至塑造了广播中的爵士乐。其他公司也接二连三地学着推出类似的节目，包括《老黄金时光》（*Old Gold Hour*）、《骆驼商队》（*Camel Caravan*）、《切斯特菲尔德秀》（*Chesterfield Show*）、《罗利·库

1　Michele Hilmes, *Radio Voices: American Broadcasting, 1922–1952* (Minneapolis: University of Minnesota Press, 1997), 119.
2　Hutchinson, *China Hand*, 377–378. 上海的广播电台也会实况转播俱乐部的爵士乐现场表演，不过我不知道英美烟公司是否直接参与了这一做法。Schenker, "Empire of Syncopation," 475.

尔节目》(Raleigh-Kool Program)。[1] 中国和美国节目之间的关键区别在于，美国规定电台节目不能使用音乐录音，只能是现场表演。因为受这种新媒体的威胁，唱片公司一直推动颁布禁止广播播放录制唱片的法规，1922年这项法规开始实施，直到30年代中期才废止。[2] 因此，在美国，香烟赞助的演出成了乐队曝光的主要手段。香烟表演不仅仅传播了爵士乐，他们还塑造和标准化了爵士乐作品，使爵士乐成为香烟品牌的一部分。

禁止在广播电台播放录制音乐的规定产生了意想不到的效果，它让富有的公司有权决定听众会在国家广播网中听到什么类型的爵士乐，挤走了一些城市里由本地爵士乐爱好者参与的广播制作团队。美国烟草公司聘请了罗德·汤姆斯（Lord and Thomas）和艾维·李（Ivy Lee）这两家公关公司，负责每周策划和管理这场演出。洛德和托马斯聘请了一支40人的大型室内乐队——B.A.罗尔夫（B. A. Rolfe）好彩管弦乐队来主持这场演出。这个管弦乐队制造的声响很大，会让人们联想起卡巴莱的现场歌舞表演。这家公关公司几乎每周都预订客座乐队（有时是非常有名的乐队），有时在演播室演奏，有时通过纽约的卡巴莱进行现场演奏和广播。只有大公司才能与美国烟草公司的新节目竞争。

《好彩电台时光》自称专门为在家跳舞或派对提供音乐。正如论坛的一位电台评论员在1932年所写的那样："如果你喜欢跳舞，请收听《好彩电台时光》。"[3] 当时，无线电技术比留声机录音发出的声音更响亮、更清晰，所以舞者会安排私人派对来配合表演。[4] 广播爵士派对在大萧条时期变得十分盛行，一些音乐家称就连现场演出的数量都因此而

1　Philip K. Eberly, *Music in the Air: America's Changing Tastes in Popular Music, 1920– 1980* (New York: Hastings House Publishers, 1982), 32–33, 114–117; Jim Cox, *Music Radio: The Great Performers and Programs of the 1920s through Early 1960s* (Jefferson, North Carolina: McFarland and Company, 2005), 25–26, 35, 39, 48, 50.

2　Hilmes, *Radio Voices*, 45; Suisman, *Selling Sounds*, 174–175.

3　引用自 Eberly, *Music in the Air*, 117.

4　Suisman, *Selling Sounds*, 267.

下降了。[1]

《好彩电台时光》的播音员明确地把吸烟和舞会的节奏联系在一起。例如,在1929年,播音员将香烟与当时的营销口号联系在一起说:"如果你不跳舞,我建议你不要拿糖果,而是拿一支好彩香烟吧。"[2] 舞者不可能忘记是好彩香烟为他们带来了这段音乐,因为广播员每次提到乐队时都会重复好彩香烟的品牌名称。此外,好彩牌的广告每小时占据整整4分半钟的播放时间,几乎每首歌之间都插入了10到30秒的音频片段。[3] 除了传播爵士乐,这些节目还相当于给好彩做了一个小时的广告,增强了两种商品之间的协同效应。

《好彩电台时光》的风险在于,该品牌不仅与令人兴奋的爵士乐氛围联系在一起,还与黑人联系在一起。因此,美国烟草公司精心制作了一种标准化的爵士乐产品,旨在取悦最多的人,冒犯最少的人。为此,该公司在公关公司的指导下采取了三种策略。首先,它成立了一个由各种各样的白人男性企业专家组成的管理团队,但其中没有音乐家,他们每周举行会议来监督节目的制作和内容。在管理团队中有美国烟草公司总裁乔治·W. 希尔(George W. Hill)、罗德和汤姆斯公司的爱德华·伯奈斯(Edward Bernays)、艾薇·李公司的公关代表,以及美国全国广播公司的一名高管。其次,伯奈斯设计了"《好彩电台时光》方案",这是一套选择音乐的指导方针,以便为节目塑造一种独特的声音。第三,该公司制定了一条不成文的规定,即该节目将只邀请白人音乐家。事实证明,将黑人排除在节目之外相对容易,但要在保持爵士乐的情感活力的同时,完全从爵士乐的声音中清除黑人色彩及与黑人有关的种种联想,就要困难得多。

每周六上午,这群高管会在美国烟草公司总部会面,对《好彩电台

---

1 Suisman, *Selling Sounds*, 259.
2 NBC Script WEAF, March 23, 1929, American Tobacco Company files, NBC Papers, Wisconsin State Historical Society, University of Wisconsin, Madison.
3 Eberly, *Music in the Air*, 117.

时光》进行"带妆排练"。在那里,好彩管弦乐团将演奏当晚演出的曲目。关于这些会议有很多传说,包括希尔让美国烟草公司的秘书们跟着歌曲跳舞,以确保这些乐曲可以用来跳舞,他还带来了他几乎失聪的阿姨,她会用铅笔敲出节拍。如果她听不出节拍,那就是声音不够大。[1] 即使是在传说中,都没有真正的音乐家参与过每周的音乐决策。"排练"的真正目的是使爵士乐产品标准化,并避免出现将节目与爵士乐的污名联系在一起的声音。

伯奈斯向管理团队传播了《好彩时光电台》的制作原则,以规范 B. A. 罗尔夫带领的好彩管弦乐团的演奏。他写道,"舞蹈配方是罗尔夫鸡胸肉,热腾腾的,不加任何调料。"然后他解释了这句话:

> "罗尔夫鸡胸肉"的意思是合唱,且除了合唱之外别无其他。"热腾腾"指的是好彩舞蹈管弦乐队特有的节奏,活泼、快速,这也是节目的本质特征。"不加任何调料"意味着在编曲方面没有任何华而不实的装饰。[2]

虽然伯奈斯在备忘录中从未明确提到种族,但这个方案试图包括但限制音乐中与黑人有特殊联系的方面。他的"罗尔夫鸡胸肉"的比喻很俏皮,把白肉和上半身与合唱(而不是韵律)联系在一起。非洲裔美国人的舞蹈在一些欧洲裔美国人看来是下流和原始的,因为它从臀部开始(运动),暗示下半身和性,而不是像欧洲人的舞蹈那样(动作)在肩膀和上半身。通观看乐团表演合唱流行歌曲,管理团队选择他们认为有收益的快节奏部分。当然,在歌曲中放弃更复杂的音乐韵律会失去一些东西,这些韵律能在歌曲中增强情感力量,但合唱保留了让人们站起来的

---

[1] John Gunther, *Taken at the Flood: The Story of Albert D. Lasker* (New York: Harper and Brothers, 1960), 196–197.

[2] "Music Formula for the Lucky Strike Radio Hour," March 6, 1931, Edward Bernays Papers, Library of Congress.

节奏元素。

同样地，这个方案禁止某些创造性的乐器。"没有华而不实的装饰。"伯奈斯阐述说，"不应该有奢侈、怪异、复杂的安排，也不应该有'猪在篱笆下尖叫'。"[1] 这是一种微妙的平衡。该节目的一位评论员称赞节目"实现了惊人数量的不同寻常的乐器组合和效果……（包括）一把锯琴……还有一个会吹低音大号的男人……（就像）一个短号。当低音大号艺术家在热闹的气氛中行动时，他……听起来就像一头巨大的大象在蹦蹦跳跳"。然而，这个评论家承认，没有"哪个极端爵士乐（ultra jazz）如此大幅度受到他人影响"。[2] 在流行音乐榜中，这个方案要求管弦乐队以观众熟悉的方式去演奏一首歌曲，"没有变化，没有插入，没有新想法"[3]。通过这种方式，管理团队控制了创造性的音乐部分和即兴创作，以创造一种标准化的音乐产品。"极端爵士乐"和"尖叫的猪"并不一定只指非洲裔美国人的爵士乐，但黑人爵士乐队，尤其是那些不为白人观众包装音乐的乐队，确实经常强调热烈的节奏和演奏技巧。

尽管管理团队希望限制音乐的创造力，但他们也明确表示，音乐的"热"（hot）应该成为其标志性的声音。美国烟草公司的《流行音乐榜》（*Your Hit Parade*）是继《好彩电台时光》之后的另一款节目，节目规定："挑选充满节奏、让人们尽情摆肩、充分舞蹈的热门歌曲。"[4] 到了20世纪20年代，一些白人用"热"来指代节奏强烈的爵士乐，并将其与他们对黑人的幻想联系在一起，包括性乱交、暴力和普遍的堕落。[5] 虽然很多人主要用"热"来指代节奏，但管理团队却把它与速度和音量联系在一起。在《好彩电台时光》节目中，每段好彩牌的广告片段后面都有

1　"Music Formula for the Lucky Strike Radio Hour," March 6, 1931, Edward Bernays Papers, Library of Congress.

2　Robert D. Heinl, "Off the Antenna," *Washington Post*, December 29, 1929, A5; Heinl, "Off the Antenna," *Washington Post*, September 23, 1928, S10.

3　"Your Hit Parade (Formula)," n.d., American Tobacco Company Files, NBC Papers.

4　"Your Hit Parade (Formula)," n.d., American Tobacco Company Files, NBC Papers.

5　Radano, *Lying Up a Nation*, 237.

"特别生动活泼"的歌。[1]《音乐文摘》(Musical Digest)不以为然地指出，美国烟草公司"赞助的广播节目以快速响亮的乐队演奏和说话像连珠炮一样的主持人为主"[2]。《视相》杂志称《流行音乐榜》是一场"声势浩大、十分紧凑的节目"，并宣称它是"广播中最喧闹的节目"[3]。因此，管理团队并不希望完全耗尽音乐中具有种族元素的"热"，而是希望抑制创造力，使节目变得可控。

管理团队用来保持热并消除风险的另一个关键技巧是在播放单中混合新旧歌曲。1928年，《好彩电台时光》的口号是"让百老汇成为百老汇的那些歌曲"。伯奈斯强调，通往安全音乐选择的道路在那些广泛传播的（歌曲里），"不是那些正在让百老汇成为百老汇的歌曲，"他提醒管理团队，"而是那些已经让百老汇成为百老汇的歌曲。"人们喜欢听自己耳朵熟悉的东西，而不是新歌。那些在公众耳畔回荡、意味深长、勾起回忆的歌曲，都是以令人愉快的熟悉的背景音开始的。[4] 伯奈斯曾在1929年3月为美国烟草公司写过一篇评论，反映了这些标准："从音乐的角度来看，我认为周六的《好彩电台时光》很棒……它表明新旧音乐将会融合；从最保守的舞者到最爵士的舞者，它的节奏变化足以取悦所有人。"[5]

管理团队将《好彩电台时光》直白的规则与将黑人乐队排除在节目外的默认政策结合起来；这一政策建立在现场演出和录音中已经根深蒂固的歧视之上。白人的酒店和舞厅雇用白人乐队招待顾客；像哈莱姆

---

[1] "Musical Formula for the Lucky Strike Radio Hour," memo, March 6, 1931, American Tobacco Company Files, Edward Bernays Papers, Library of Congress.

[2] Pierre Key to Merlin H. Aylesworth (president of NBC), December 20, 1933, American Tobacco Company files, NBC Papers. 信中还包括一篇后来发表于1934年1月的《音乐文摘》(Musical Digest)上的文章。

[3] 引用自 Cox, Music Radio, 319.

[4] "Music Formula for the Lucky Strike Radio Hour," March 6, 1931, Edward Bernays Papers, Library of Congress.

[5] Edward Bernays to O. V. Richards, March 25, 1929, American Tobacco Files, Bernays Papers, Library of Congress.

棉花俱乐部那样雇用黑人乐队为白人观众表演的高端场所就不那么常见了。对于黑人音乐家来说，新兴的唱片业比现场演出更糟糕。企业巨头维克多和哥伦比亚[1]都拒绝为非洲裔美国人录制唱片，也忽视了非洲裔美国人的消费者，直到20世纪20年代，两家公司都为非洲裔美国人市场提供了一份由少数族裔组成的"种族记录"清单。为了应对这种歧视，黑人开启的黑天鹅唱片公司（Black Swan Records）于1921年成立，但由于财政困难而受阻，于1923年停止录制。[2]

在这片荒凉的土地上，广播媒体起初充满希望，因为新成立的地方电台每天都在争先恐后地填补几个小时的广播时间。到20世纪20年代中期，远程连接使卡巴莱歌舞表演广播成为可能，这也成为有好的卡巴莱演出的黑人乐队在当地电台上播放的一种方式。[3]在纽约市，WHN与洛斯公司签订了一份租赁协议。洛斯公司是一个控制着纽约市许多俱乐部的歌舞杂耍帝国，1924年，WHN开始使用西联电报线路在洛伊斯的场馆播放卡巴莱歌舞节目。到1925年，电台已经与包括棉花俱乐部在内的30多个纽约俱乐部建立了远程连接，并定期为当地广播听众播放白人和黑人爵士乐队的音乐。[4]目前尚不清楚像WHN这样的电台向乐队支付了多少费用，但这种做法被广泛认为是一种以低价填补播放时间的方式，尤其是深夜的时间段。通过这种方式，黑人音乐家演奏的热门爵士乐在大城市中心的地方电台中传播。

在纽约威望更高的WEAF播出了《好彩电台时光》，并成为美国国

---

1 维多利亚和哥伦比亚（Victor and Columbia），这里指代的是胜利留声机公司（Victor Talking Machine Company）和美国哥伦比亚唱片公司（Columbia Records）。——编者注

2 Suisman, *Selling Sounds*, 40–14, 210, 235–237; Karl Hagstrom Miller, *Inventing Folk and Pop Music in the Age of Jim Crow* (Durham: Duke University Press, 2010), 187–213.

3 Suisman, *Selling Sounds*, 174–175; Hilmes, *Radio Voices*, 45–49; Clifford J. Doerksen, *American Babel: Rogue Radio Broadcasters of the Jazz Age* (Philadelphia: University of Pennsylvania Press, 2005), 33–48.

4 Doerksen, *American Babel*, 23–25, 31–33.

图 6.2 本尼·古德曼和他的管弦乐队于 1936 年成为《骆驼商队》的室内乐队。（摘自烟草行业真相档案，https://www.industrydocuments.ucsf.edu/tobacco）

家广播公司红网有限公司[1]的基础。只有一个明显的例外，当《好彩电台时光》播放现场转播时，它会从一家高级酒店播放惯常的白人乐队。这些酒店已经对音乐家演奏的爵士乐类型施加了一种保守的力量，但《好彩电台时光》和随之而来的众多香烟爵士乐节目，将这些表演在新兴的全国性网络上播出（图 6.2）。1928 年，美国全国广播公司中的"全国"二字饱含雄心壮志；那一年，绝大多数广播听众只收听地方电台的节目。然而，到 1931 年，美国全国广播公司拥有 76 家电视台，年利润超过 230 万美元；到 20 世纪 30 年代中期，广播成为一种真正的全国性的城市媒体，尽管它在农村地区的影响力仍然参差不齐。通过录制爵士乐广播节目，香烟公司在塑造全国流通的爵士乐方面发挥了相当大的控制

---

[1] 美国国家广播公司红网有限公司（NBC Red Network, Inc.），美国国家广播公司曾在 20 世纪 20 年代划分出两家分公司：蓝网（NBC Blue Network）和红网（NBC Red Network），其中红网以娱乐性节目为主。——编者注

作用。[1] 1936年，《骆驼商队》[2]聘请本尼·古德曼（Benny Goodman）的乐队作为室内乐队，这是为数不多的拥有黑人成员的著名乐队之一（图6.2）。[3]然而，没有一家香烟公司聘请全是黑人的乐队作为他们的室内乐队，黑人乐队也没有收到邀请作为客串乐队进行表演。

一则例外的事件证明了这条不成文的规则。1931年12月29日，管理团队聘请了著名的凯比·卡洛维（Cab Calloway）和他的乐队作为嘉宾，通过棉花俱乐部的现场转播，创造了电台的历史。艾灵顿公爵和他的管弦乐队巡演时，卡洛维经常在棉花俱乐部演奏。非洲裔美国人报纸《亚特兰大世界日报》（*Atlanta Daily World*）称赞了他的现身，称"Hi-De-Ho[4]殿下……将是第一个在重要的商业广播中出现的有色表演者"[5]。卡洛维是美国最具特色的非洲裔美国乐队领袖之一。卡洛维以他的个性化、戏剧性的表演风格和热辣的爵士乐而闻名，他后来让佐特套装（Zoot Suit）大为风靡，并出版了一部时髦爵士乐俚语词典。《好彩电台时光》付给他的酬金高达1500美元，令人印象深刻，这与白人客串乐队的酬金相同。[6]他的出现证明，管理团队是真的渴望热门音乐。

管理团队一定被公众对表演的反应所困扰，因为他们再也没这样做过。事实上，美国烟草公司一次也没能邀请更为有名的艾灵顿公爵在棉

1　Suisman, *Selling Sounds*, 264; Hilmes, *Radio Voices*, 183; Alexander Russo, *Points on the Dial: Golden Age Radio Beyond the Networks* (Durham: Duke University Press, 2010), 28.

2　骆驼商队（Camel Caravan），骆驼牌香烟投资的一档广播节目。——编者注

3　非洲裔美国人确实影响了香烟公司演出的音效，尤其是以本尼·古德曼为首的乐队骆驼商队。玛丽·洛乌·威廉姆斯创作了该节目的主题曲《骆驼跳》；弗莱彻·亨德森做了大部分的编曲工作；古德曼经常聘请非洲裔美国音乐家。Linda Dahl, *Morning Glory: A Biography of Mary Lou Williams* (New York: Random House, 1999), 110, 433; "New Song Hit," *Atlanta Daily World*, July 3, 1938, 2. 1942年，好彩乐队的指挥马克·沃诺聘请了本尼·卡特作为编曲人，《匹兹堡信使报》称这一事件"可能是黑人音乐发展过程中最重要的事件之一"。"Benny Carter Is Signed to Write for Lucky Strike's Commercial," *Pittsburgh Courier*, February 7, 1942, 21.

4　"Hi-De-Ho"是凯比·卡洛维的著名歌曲，他因此被大众称为"Hi-De-Ho"先生（Hi-De-Ho man）。——编者注

5　"Cab Calloway Goes on Lucky Strike Hour Dec. 29," *Atlanta World*, December 16, 1931, 6.

6　"Schedule of Orchestras on Lucky Broadcasts," American Tobacco Company files, NBC Papers, Wisconsin State Historical Society.

花俱乐部的晚上表演（他们肯定通过熟人关系联系此事的），表明拿卡洛维做实验对《好彩电台时光》注定是失败的。该公司管理团队再次聘请了一支黑人乐队。1932 年 5 月 19 日，马里昂·哈迪（Marion Hardy）的乐队在一架载有 18 名乘客的飞机上为《好彩电台时光》演奏，这架飞机在曼哈顿上空飞行，这一特技炫耀了两项新技术：飞机和远程无线电接收装置。然而，哈迪并无名气，节目中也未提及他的种族。《亚特兰大世界日报》事后通知读者说："（你）可能不知道你听的是黑人乐队。"[1] 空中旅行的新鲜感和危险性可能会减少白人乐队对表演的竞争。哈迪的表演表明，他们是可以在《好彩电台时光》节目上表演的——只要没有人知道他们是黑人，只要这份工作有危及生命的风险。

这一切都是为了销售香烟。香烟公司的营销人员显然希望香烟能从公共场合的爵士乐中营造出种族化的酷感，同时又避免招致黑人负面的名声。但是，如果香烟因为这种协同作用而改变了，那么爵士乐的声音和经济也会发生变化，尤其是在美国，因为香烟公司塑造了在国家广播电台播放的爵士乐是白人风格的，以及演奏爵士乐的音乐家也是白人。

尽管许多公司试图捕捉和控制爵士乐和香烟之间的协同作用，但国际爵士乐舞蹈热潮的力量在于，它并不携带单一的含义或信息。某个人与爵士舞是何关系取决于他的身份和所处地点。香烟公司作为一种组织，通过日常接触形成了特定的形态，而形成的部分原因是香烟公司促成了香烟与爵士舞的组合。本章的其余部分将讨论在中国的外国香烟公司雇员、在中国的非洲裔美国音乐家以及非洲裔美国烟草公司雇员是如何在爵士乐和香烟的亲密舞蹈中加入公司的。

---

1 "Negro Orchestra Was on Ether from Plane," *Atlanta Daily World*, May 27, 1932, 6.《匹兹堡信使报》的一位读者写信问："香烟公司在他们的广播节目上连机会都不给黑人艺术家，为什么黑人还要继续购买像好彩香烟这些产品呢……" Ivan Browning, quoted in Earl J. Morris, "Ivan Browning 'Debunks' Hollywood," *Pittsburgh Courier*, March 16, 1940, 21.

为英美烟公司中国分公司的外国员工准备的爵士乐和香烟

随着英美烟草公司员工在更大的全球资本主义世界中获得了企业代理的新身份,卡巴莱成为一个关键的变革性场所。的确,卡巴莱的最初目的正是帝国主义;英美烟草公司的员工和许多其他外国企业的代表一样,将他们的企业文化植根于卡巴莱歌舞表演。欧文·史密斯在卡巴莱的舞池中站稳了脚跟。他回忆起和同事一起去卡巴莱的情景:

> 嗯,你知道格雷戈里先生,他就在那儿。他总是为年轻人着想……他是个和蔼可亲的老绅士,一点也不自命不凡。他会带你去卡巴莱。他会把票买下来放在桌子上说"孩子们,我们来玩吧",然后你就可以尽情地跳舞了。他会坐在那里,他不会去跳舞,但他只是坐在那里也能玩得很开心。他和这个乔·霍尼卡特(Joe Honeycutt)以前经常去卡巴莱。[1]

格雷戈里接待了年轻员工,并为他们买了舞会的入场券,把这种夜生活变成了公司活动,把卡巴莱的乐趣与在英美烟草公司工作的特权联系起来,并培养了一种有凝聚力的商业文化。

英美烟草公司的年轻外国人通过在上海的场馆与来自不同国家的职业舞女跳舞,建立了一种跨国企业想象的认同感。[2] 哈钦森回忆道:

在礼查饭店背后光线昏暗、纵横交错的街道上,有几十个国际舞厅和咖啡厅,有些有中国舞伴,有些有日本舞伴,有些有俄罗斯舞伴,还有一些三种都有,包括性感的混血儿。[3]

---

[1] Irwin S. Smith Oral History, July 28, 1982, East Carolina Manuscript Collection.
[2] Paul Goalby Cressey, *The Taxi-Dance Hall: A Sociological Study in Commercialized Recreation and City Life* (Chicago: University of Chicago Press, 1932); Linda Espana-Maram, *Creating Masculinity in Los Angeles's Little Manila: Working-Class Filipinos and Popular Culture, 1920s–1950s* (New York: Columbia University Press, 2006); Field, *Shanghai's Dancing World*, 119–152.
[3] Hutchinson, *China Hand*, 351.

在哈钦森的情色想象中，"混血儿"更"性感"，这种观点根植于社会文化中，跨种族交配对人们而言既恐怖又具有吸引力。舞者的民族和种族赋予了卡巴莱其特色，也成为顾客消费的商品。卡纳迪回忆说，1923年，他"去了一些舞蹈和歌舞场所，和那里的一些俄罗斯、法国和希腊女孩跳舞，一直跳到凌晨两点左右"。他还回忆起另一个晚上，他们来回换了好几个地方，喝着啤酒，"和女孩们开玩笑——朝鲜人——俄罗斯人——天知道还有什么人"[1]。一些职业舞女在下班后通过性工作来提高她们在卡巴莱的收入。

卡纳迪用"天知道"来指代不同国籍的职业舞女，恰如其分地表达了他在卡巴莱歌舞表演中体验到的帝国特权。卡巴莱的经济推动也利用了女性的全球化流动，抹去她们的故事，把她们作为一种休闲商品供外国商人享用，所以国籍成为全球选择大杂烩中的一种风味：俄罗斯、法国、中国、朝鲜、希腊，还有"天知道"。因此，卡巴莱为英美烟草公司员工提供特权展现了帝国主义的典型特征，他们既拥有一定的认知能力，但也对很多事情视而不见、没有察觉。英美烟草公司的外籍员工与女舞者的公开亲密关系，为他们在国际大都市上海担任跨国公司代表的新职位增添了色情色彩，因为他们在舞池中制定了不平等的关系。

像其他卡巴莱的顾客一样，英美烟草公司的员工在跳舞间隙吸烟，但他们在白天消费的是公司免费提供的促销产品。吸食本公司的产品可能会与公司和产品产生一种归属感，虽说他们中大多数人的职位都很低。尽管这种说法通常没有明确的评论，卡纳迪说英美烟草公司租用歌舞厅举办派对时，他的"主要乐趣，是看着他的同事斯坦利·格雷（Stanley Grey）努力让那些在餐桌间为公司销售香烟的中国男孩少'压榨'一些香烟或雪茄"[2]。中国工人通常通过"压榨"的道德经济来提高他们微薄

---

[1] Frank Canaday, diary, June 26, 1923, July 18, 1923, Frank Canaday Papers, Harvard-Yenching Library, Harvard University（后文引用为 Canaday Papers）.

[2] Frank Canaday, unpublished memoir, Canaday Papers.

的工资,"压榨"指的是额外收取现金或产品。如果格雷的行为让卡纳迪感兴趣到忘记其他的乐子,那他的努力一定是失败了。对中国工人来说,香烟和雪茄是贵重物品,他们可以自己抽,可以当礼物送出去,可以和别人交换,或是卖掉换钱。

英美烟草公司的员工从一个俱乐部穿梭到另一个俱乐部,更强调男性同性社会联系,想与公司内部以及与其他外国人增强联系。弗兰克·卡纳迪在日记中记录了一晚的庆祝活动。当晚,他先是在"美国俱乐部"(American Club,仅限男性)和几个朋友喝酒。在那里,他们又遇到了几个人,然后乘车前往虹口的"西部客栈"(Western Tavern)。在那里他们听了一支"美国爵士乐队"的表演,又有两个人加入了他们。"我们一行八人正看得尽兴,聊得投入,房间另一头似乎有俄罗斯姑娘对我们感兴趣,但我们根本无暇顾及。我们谁也没有离开桌子去跳舞。"卡纳迪知道大家期待的行为是男女舞蹈,他很高兴他的团队拒绝了这个剧本。凌晨 1 点 30 分,八个人都坐车去了"德尔蒙特"(Del Monte)。他使用女性形象来描述一行人的外观和面貌:"又有两个男人加入了我们,我们占据了舞池一端的一整排桌子,看起来像欢乐合唱团的前排。"很快,这群人中的一部分("当我们在车里数人数的时候,还有六个人'和我们在一起'")去了"妈妈的咖啡餐厅"(Mumm's Café),吃了火腿和鸡蛋,并"轮流和一个俄罗斯女孩跳舞"。凌晨 4 点,卡纳迪终于回家"在上班前睡了几个小时"。[1]

从男性专属的俱乐部到与职业舞女"轮流跳舞",在俱乐部跳舞的做法为男性之间的公共亲密交往开辟了一个空间,使其与舞池中的男女情侣一样或更加激烈。卡纳迪没有提及此事,但毫无疑问,每当他们坐在夜总会的桌子旁时,中国男人就会向他们提供香烟,而他们一边懒洋洋地坐着,一边聊天,一边听爵士音乐,几乎可以肯定他们在抽烟。通过这种方式,爵士乐和香烟在卡巴莱空间中的协同作用支持了一种企业

---

[1] Frank Canaday, diary, August 18, 1923, Canaday Papers.

间的规范化合作，这种结合为同性恋创造了空间，超出了帝国主义的发展预期。

来自北卡罗来纳州的英美烟草公司代表詹姆斯·N. 乔伊纳（James N. Joyner）与中国职业舞女刘丽琳（Liu Lilin）在北京一家卡巴莱开始了一段恋情，这段恋情后来持续了很长时间。乔伊纳于1912年来到中国，在那里以未婚的状态生活了24年。与大多数外国人不同，乔伊纳并没有完全从他的记录中删掉关于性关系的部分。[1] 他记录道，英美烟草公司（大多数时间）向分公司提供避孕套，而他在1926年染上了性病。[2] 1932年，他遇到了刘丽琳，那时他大约40岁，她31岁，显然已经达到舞女年龄的上限。她在30岁时离开了她的丈夫，用她的话说，是因为"他心肠不好，把我的土地抵押了"[3]。她有一个儿子，靠自己的收入养活，但儿子没有和她住在一起，因为"环境对他不好"。乔伊纳很喜欢刘丽琳的陪伴，两年多来逐渐为她负担了更多的开销，即使她继续在舞厅工作，这种情况在当时非常有代表性。[4] 1934年，北京关闭了所有的卡巴莱，刘成为乔伊纳的全职情妇。

乔伊纳通过信件和礼物表达了他对刘丽琳的喜爱，包括给她买黑色和彩色的纱裙、红色的鞋子，以及为她订阅《时尚杂志》（*Cosmopolitan Magazine*）。[5] "我很高兴你不再在卡巴莱工作了，"他写道，"这样的工作可能有时令人不快。"他在给刘丽琳的信中如此写道。[6] 在乔伊纳返回

---

1 例如，詹姆斯·A. 托马斯成年后一直为美国烟草公司或英美烟草公司在国外出差和生活，直到50多岁才结婚。然而，他的记录和他的回忆录上没有恋爱或性行为方面的记录。同样，那些曾去过中国的男人的回忆录通常会讨论有很多发生性行为的机会，但他们不承认自己有过这些行为。
2 James N. Joyner to F. A. Perry, April 22, 1926, James N. Joyner Papers, East Carolina Manuscript Collection, J. Y. Joyner Library, East Carolina University (hereafter James N. Joyner Papers).
3 Liu Lilin to James N. Joyner, February 23, 1936, James N. Joyner Papers.
4 Field, *Shanghai's Dancing World*, 131.
5 Liu Lilin to James N. Joyner, May 22, 1934; Liu Lilin to James N. Joyner, May 14, 1934; 有关订阅《时尚杂志》的支付信息可参见，1933, James N. Joyner Papers. 此类礼物常见于有长期关系的职业舞女与客户之间。Field, *Shanghai's Dancing World*, p. 136.
6 James N. Joyner to Liu Lilin, June 7, 1934, James N. Joyner Papers.

美国的前七个月，他将刘丽琳带到他在九江的家中。后来，因乔伊纳工作的原因，刘丽琳晚两个月才能去九江时，他引用了一首浪漫歌曲的歌词："我的'旅程'还有长长的两个月，恋人再次相见才会结束。"[1] 她后来回忆说："在北平的时候，我们的爱很美好……在九江的时候，我们的爱情又有了光彩。"[2]

乔伊纳离开中国后，他把刘丽琳送到上海的一个寄宿公寓，并给了她一年的生活费。他告诉刘丽琳，如果她遇到了其他的男人，应该"好好和他过日子"，或者回到她丈夫身边。乔伊纳仔细思考了自己在刘丽琳生活中扮演的角色，认为为她安排好一年的生活是一种体面的做法。他写信给一个英美烟草公司的同事唐佛书（Tang Foshu），说：

> 我写这封信的时候正往太平洋航行，准备回家。关于我个人的一点小事，感谢你的热心帮助，我到达上海后一切都很顺利，我到达时那位年轻的女士已经在酒店安顿好了，后来我们安排她搬到一个固定的住处。关于未来，"人知道什么呢"，我有一种个人满足感，在这种事情上，我意识到我不是"逃避"，而是"勇敢面对"。[3]

事实上，也许除了刘丽琳本人，任何人都不会对乔伊纳有任何期望。作为一名离过婚的退休舞女，刘丽琳的经济前景黯淡，她毫不犹豫地向乔伊纳传达了这一事实。刘丽琳给他写了许多信，让不同的女人记下自己说过的话。至于乔伊纳建议她另找一个男人，她写道："亲爱的，你知道我刚到这个地方，也没有亲戚；我要怎么找个好男人？我现在三十五岁了，我只爱一个男人，那个男人就是你。"她在想为什么他没有给她写信——她是不是花了太多钱买漂亮的衣服？他在美国有情人了

---

[1] James N. Joyner to Liu Lilin, June 7, 1934, James N. Joyner Papers.
[2] Liu Lilin to James N. Joyner, February 23, 1936, James N. Joyner Papers.
[3] James N. Joyner to Tang Foshu, undated, James N. Joyner Papers.

吗？——反复地问他什么时候会回到她身边。她试图表达自己的悲伤："我经常感到不开心，为我的不幸而哭泣……我希望我能从这一切忧虑中解脱出来，让死神突然降临，或者让一颗炮弹突然打死我。"她希望乔伊纳会派人来找她："你希望我到美国来看你吗？如果你愿意，就给我汇些钱，我马上就来美国。"但是，她非常缺钱，因此她希望乔伊纳寄钱给她："我老了，没钱了，不知道怎么挣钱。我不知道该如何继续下去。亲爱的，我希望你能再次帮助我，让我重新站起来。"[1]当然，她的经济困难是真实的。乔伊纳保留了她的信件，但没有留下回信的记录。这些信提供了一个难得的机会，让我们得以一窥英美烟草公司的外国商业文化对于卡巴莱里的帝国主义社会关系的依赖，是如何在舞女的生活中发挥作用的。

刘的经历与无忧无虑的中国现代女孩的刻板印象相去甚远，她们作为消费者去卡巴莱，穿着独特的中国服饰旗袍，留着波波头，抽着香烟。然而，在为中国顾客服务的俱乐部里，优秀的舞女有时确实接近现代女孩的形象。一些中国职业舞女获得了明星般的地位，因她们的美貌、风格和舞蹈能力而在小报媒体中声名鹊起。这种名声是两面性的：职业舞女在中国社会的很多地方都受到指责，因为她们引发了关于外国公司之间的关系、不断变化的中国文化和新兴的民族情感的讨论。[2]因此，卡巴莱并非社会关系固定不变的静态场所，而是随着所有权、雇员和顾客的变化而变化的。但是，爵士乐和香烟却保留了下来。

1　Liu Lilin to James N. Joyner, September 11, 1935; Liu Lilin to James N. Joyner, December 8, 1935; Liu Lilin to James N. Joyner, February 23, 1936; BAT foreign staff person (name illegible) to James N. Joyner, September 17, 1935, James N. Joyner Papers.

2　Field, *Shanghai's Dancing World*, 8–12.

上海的非洲裔美国爵士音乐家

虽然企业家们建立上海的卡巴莱舞厅明确只为外国精英服务,但仅仅几年之后,卡巴莱的经济场景就发生了变化,为中国企业家,也碰巧为非洲裔美国音乐家创造了新的空间。第一次世界大战刚结束后,卡巴莱歌舞表演非常火爆,但很快就过剩了,到了20世纪20年代中期,一些老板希望将卡巴莱转卖掉。两位分别姓董和姓冯的中国企业家成为上海卡巴莱行业的大亨。他们很快买下了几家卡巴莱,其中包括著名的逸园舞厅。[1] 董和冯的公司与许多非洲裔美国音乐家和乐队签订了在上海工作的合同。[2] 显然,许多外资歌舞表演都与专门预约白人表演者的预订机构汉密尔顿之家合作。白人音乐家 S. 詹姆斯·斯特利(S. James Staley)声称,汉密尔顿之家"负责整个远东地区大部分的戏剧、音乐和娱乐预约"。乐队领队惠特尼·史密斯(Whitey Smith)回忆说,香港上海大酒店有限公司(Hongkong and Shanghai Hotels, Ltd)控制着全中国的顶级酒店预订业务。没有一个非洲裔美国音乐家提到这些机构。[3] 与此同时,一些外国和中国的卡巴莱店主也在争取中国的精英顾客。

20世纪30年代初,芝加哥钢琴演奏家特迪·韦瑟福德(Teddy Weatherford)成为董和冯的预订代理人,这建立在非洲裔美国爵士乐坛和上海之间多年以来的交流之上。1920年,非洲裔美国人在上海演出。1924年,鼓手杰克·卡特前往菲律宾,加入了马尼拉酒店乐队。这场演出一直持续到1925年夏天,当时整个乐队搬到了上海。乐队自称为"纽约切分音",直接与巴黎人酒店(很快更名为广场酒店)签了9个月的

---

1 *Shanghai's Dancing World*, 92–96, 295. 菲尔德在书中讨论了董和冯的公司,该公司由董云龙(Dong Yunlong)和冯一祥(Feng Yixiang)开设。

2 弗朗索瓦·莱昂奈特和史书美将这种形态称为"小跨国主义",即被殖民或之前被殖民的地区的人们绕过帝国主义列强而进行的跨国交流。Francoise Lionnet and Shu-mei Shih, eds., *Minor Transnationalism* (Durham: Duke University Press, 2005), 1–21.

3 S. James Staley, "Is It True What They Say About China?," *Metronome*, December 1936, 47; Smith with McDermott, *I Didn't Make a Million*, 24.

合同。1926年5月，卡特回到美国聘请了一支新的乐队，包括演奏钢琴的韦瑟福德和演奏小号的瓦莱达·斯诺（Valeida Snow），斯诺同时也负责唱歌跳舞。1927年，斯诺回到美国雇用更多的人员。1928年，乐队在亚洲巡回演出。韦瑟福德也回来雇用自己的乐队，并最终与董先生和冯先生合作。[1] 当卡特的管弦乐队1928年在新加坡演出时，《海峡时报》(*Straits Times*) 庆祝"真正的'有色卡巴莱'终于来到了新加坡"[2]。

非洲裔美国音乐家指出，上海的卡巴莱在经济和影响力上都不同于美国的精英卡巴莱或酒店。巴克·克莱顿讲述了那些招待他们的商人的故事：

> 逸园舞厅的老板董先生和冯先生接待了我们。他们是两个非常富有的中国人，一个胖一个瘦，但都是非常好的人。他们组织了一个大型欢迎委员会来接待我们，接着我们参加了一个真正与众不同的宴会。我不知道我吃的都是什么，我也不会用筷子吃饭，但我很高兴。[3]

长号手哈皮·约翰逊（Happy Johnson）回忆道，董和冯请他们吃了"一顿真正的中式时尚晚餐，大约有75道菜。天啊，我这辈子都没见过这么多种不同的食物"。起初，董先生和冯先生可能认为非洲裔美国人是劣等种族，但通过与这些音乐家合作，他们与美国的白人形成了鲜明对比。在美国南方种族隔离制度下，非洲裔美国人得不到礼遇和头衔，甚

---

1 Schenker, "Empire of Syncopation," 333–345; 472–488; *Chicago Defender*, July 31, 1926, 6. 特迪·韦瑟福德似乎在为董和冯的所有卡巴莱预约乐队和舞者。西尔玛·波特将她在逸园赛狗场六个月的演出归功于韦瑟福德，而韦瑟福德本人也因每晚出现在多个场所演出而闻名，在每个地方都能吸引到特别的掌声。参见 Thelma Porter, "Stage Stars in China Tell of Fine Treatment Abroad," *Chicago Defender* (September 29, 1934), 9; Shope, "'They Treat Us White Folks Fine,'" 105; Langston Hughes, *I Wonder as I Wander: An Autobiographical Journey* (New York: Rinehart, 1956), 251.

2 *Straits Times*, April 22, 1937, 13.

3 Buck Clayton assisted by Nancy Miller Elliott, *Buck Clayton's Jazz World* (New York: Oxford University Press, 1987), 67.

至在商业交流中也是如此。例如，在杰克·卡特（Jack Carter）去中国的两年前，佛罗里达州的一位白人酒店老板聘请了卡特的乐队在他的白人专用舞厅里演奏，但他向白人客人保证，他尽最大努力"将非洲裔美国人与白人分离开来，并让[他们]感觉自己像仆人"。相比之下，在上海，爵士音乐家受到了"中国皇帝般"的待遇。[1]

黑人音乐家经常说，他们在上海工作没有经历种族歧视，因为他们可以参加一流的演出，享有广泛的知名度。哈皮·约翰逊反映："这是我们生活的转折点，对我们的专业来说，这是一个真正的黄金机会。中国是有色人种音乐家最后的选择。我们谈论远东和东方，这似乎好得令人难以置信，但这是真的。约翰逊在美国雇用更多音乐家时，他告诉记者，"那里绝对没有肤色界限，所有黑人需要做的就是创作。"巴克·克莱顿（Buck Clayton）后来回忆说："我到现在还在说，我在中国度过的两年是我一生中最快乐的两年……我的生活似乎是从上海开始的。我们的改变得到了认可，受到了尊重。"选择留在东亚的音乐家们或许是最有力的证明。克莱顿乐队的贝斯手雷金纳德·琼斯（Reginald Jones），娶了一个菲律宾女人并定居在上海。欧内斯特·(斯利克)·克拉克 [Ernest (Slick) Clark]，长号演奏家，1935 年去上海并留在了那里。韦瑟福德娶了一个印度女人，在上海和加尔各答生活，直到他去世。麦凯双胞胎（MacKay Twins）的亚洲区经理艾琳·韦斯特（Irene West）在《巴尔的摩非洲裔美国人报》(*Baltimore Afro-American*) 上写道："你是否想知道，为什么你们种族中的许多人，在国外做得很好，却永远不想回到这个种族隔离式的美国！你会吗？中国人、菲律宾人和印度人对美国有色人种

---

[1] "China Resembles US as Bands Pack the Theaters," *Chicago Defender*, July 14, 1934, 8; *Chicago Defender*, February 4, 1922, 15; *Chicago Defender*, April 28, 1934, 8. See Jones, *Yellow Music*, 103, for Chinese views of jazz.

充满钦佩和尊重。他是有色人种中的重要人物。"[1]

尽管非洲裔美国音乐家从美国的种族主义中得到了解脱,但上海的公共租界也是帝国主义的、隔离的空间,强加了各国的种族主义行为。非洲裔美国人发现他们被禁止进入大多数公共场所,除非他们在那里工作。驻扎在上海的美国海军陆战队、美国商人和美国白人音乐家都对非洲裔美国音乐家享有的声望感到不满。海军陆战队队员不止一次地用种族歧视的语言与乐队发生冲突。在一个案例中,克莱顿失去了在逸园舞厅的演出机会,因为他在卡巴莱舞池里与一名海军陆战队队员发生冲突,海军陆战队队员反对他与来自加州的白人女工舞蹈团一起登台。美国南方商人,可能是英美烟草公司的一些人,随后要求解雇克莱顿的乐队;董和冯照办了。克莱顿怀疑白人音乐家为了让他的乐队下台而策划了整个冲突。[2] 如果克莱顿是正确的,那么在上海的美国居民之间的种族团结再次说明了通商口岸关系中的白人至上主义。因此,上海的卡巴莱经济给非洲裔美国音乐家带来了特殊的潜在乐趣和危险。他们没有逃离帝国的背景,而是在其中占据了一个矛盾的位置。

至于非洲裔美国音乐家在爵士舞和香烟方面的经历,证据虽参差不齐,但令人信服。显然,作为音乐制作人,非洲裔美国人与空间和舞蹈的关系与顾客不同,就像英美烟草公司的员工对香烟有一种特殊的体验一样。在这个时期,许多乐队将舞步融入他们的表演中,以欣赏的姿态回应了热情或娴熟的舞者,与舞者之间培养了创造性的关系。就像顾客一样,他们与职业舞女建立了关系,但这种关系具有很多的可能性。对一些人来说,与职业舞女发生方便而廉价的性行为是一种令人兴奋的特权,他们的反应和为英美烟草公司工作的年轻白人男性一样。兰斯顿·休斯

---

1 *Chicago Defender*, July 14, 1934, 8; *Pittsburgh Courier*, August 17, 1935, A7; Clayton, *Buck Clayton's Jazz World*, 70; *New York Amsterdam News*, December 11, 1943, 1A; Clayton, *Buck Clayton's Jazz World*, 78; *New York Amsterdam News*, July 14, 1945; "India Is Colorful; Sometimes Shocking," *Baltimore Afro-American*, October 21, 1944, 12.

2 Clayton, *Buck Clayton's Jazz World*, 75–76.

(Langston Hughes)当时正在上海旅行,他回忆说,艾琳·韦斯特曾让他和年轻的麦凯双胞胎谈谈在性行为方面收敛一下。麦凯双胞胎是洛杉矶中央大道的一个踢踏舞二人组。根据休斯的说法,这些年轻人"春风得意,放浪形骸。流连在白俄女人和日本女孩之间,晚上几乎不回旅馆"[1]。巴克·克莱顿回忆说,他的整个乐队一起乘坐人力车去找医生,治疗他们在通商口岸感染的性传播疾病。非洲裔美国音乐家可以获得帝国主义特权带来的享乐,尽管这些享乐并没有在他们的脑海中形成清晰的概念。

与此同时,卡巴莱舞厅发生的一些事情为非洲裔美国音乐家和职业舞女约会创造了可能。休斯提到,他和乐队一起去了位于中国上海的特迪·韦瑟福德家吃早餐。这个地点本身就很重要:几乎所有英美烟草公司的员工都住在公共租界,一些人表示他们害怕穿越这座中国城市。相比之下,非洲裔美国人在租界遭遇歧视,通常在华人社区租住。在韦瑟福德的公寓里,乐队成员的妻子和女友们做南方风味的早餐;来自俄罗斯和日本的各式各样的女友或妻子们听从一位非洲裔美国妻子的指示,这个女人曾与一位来自哈莱姆的乐队成员一起旅居过。[2]这群人享用了与格雷戈里家提供的类似的饭菜,但生产和消费关系却大不相同。非洲裔美国音乐家和职业舞女共用一个工作场所,这可能使他们能够在更平等的条件下进行社交,所以休斯将结交的舞女称为女友,而不是情妇。

非洲裔美国音乐家在他们存档的纪念品中没有讨论香烟,但在克莱顿与黄包车车夫在上海国际租界的一条街道上的合影中可以目睹香烟的力量(图6.3)。黄包车照片是到中国的游客常拍的一种照片,许多英美烟草公司员工把这样的照片寄回给家人。它树立了西方人的帝国身份地位,与黄包车车夫卑微的"原始"劳动相比,他们更悠闲自在。[3]在克

---

1 Hughes, *I Wonder as I Wander*, 252–253.
2 Hughes, *I Wonder as I Wander*, 257–259.
3 克莱顿的每个乐队成员都在中国雇了佣人,几乎所有的外国人和中国精英家庭都是这样做的,这让他们实际参与到了帝国主义性质的等级制度中。西尔玛·波特指出每家都有一个佣人。Thelma Porter, "Stage Stars in China Tell of Fine Treatment Abroad," *Chicago Defender*, September 29, 1934, 9.

莱顿的照片中，他站在突出的位置，穿着一套精致的白色西装，引人注目地拿着一支香烟，戴着一顶白色圆顶礼帽。相比之下，黄包车夫站在一边，穿戴俭朴的裤子、马褂、帽子和竹编鞋。他的衬衫敞开到两侧腰部，露出一部分身体，由此可以看出他是体力劳动者。

克莱顿解释道，他自己的衣服得益于优惠的汇率，所有西方人都得到过这种好处，并且是专门为爵士表演而置办的：

> 一到上海，我们就被裁缝们包围了，他们制作手工西装，价格低得不可思议，我们一个个好似百万富翁一样争相订购……我可以毫不夸张地说我们的工作服比艾灵顿公爵的还多。我们有不同颜色的晚礼服，我们有黑色和灰色的全套礼服，我们还有很多不同材质的白色套装。[1]

香烟和服装本是卡巴莱的道具，克莱顿凭借这些得以将他作为明星的特权延伸到街头。他为表演而买的白色西装，还有位于照片中心位置的香烟，都标志着他的特殊地位。他将香烟举在胸前，与中国的黄包车车夫形成了鲜明的对比。

当克莱顿悠闲地抽着烟的时候，车夫的手正拉着车把。与此同时，克莱顿拍摄照片的公共租界正是他最有可能面临种族歧视的地方。在这里，克莱顿作为爵士音乐家的地位明确地展示了帝国主义特权，收获并代表着西方特权在上海的好处。音乐家们最终可能会处于权力的两端，要么是家乡的帝国种族主义受害者，要么是享有特权的相对富裕的外国人。

---

[1] Clayton, *Buck Clayton's Jazz World*, 70.

北卡罗来纳州里兹韦尔和达勒姆的爵士乐和香烟

非洲裔美国音乐家因为在美国电台节目、唱片合约和高端演出中受到歧视而到中国寻找机会，这些原因也同样促使国际著名音乐家到美国南部巡回演出。即使是在经济大萧条时期，北卡罗来纳州里兹韦尔和达勒姆的烟草厂工人也有钱接待他们。烟草业在大萧条中受到的打击并不像其他行业那么严重。工厂减少了产量，但许多人保住了工作。作为出色的表演者，非洲裔美国音乐家为观众提供了一种时髦、现代和与众不同的体验：在里兹韦尔和达勒姆的非洲裔美国人正在现场聆听世界上最好、最现代的音乐，而这些音乐以一种特殊的方式属于他们。

在实施种族隔离制度的背景下，爵士舞却将全球流行的音乐、国际风格和舞蹈带入了当地。虽然在上海的非洲裔美国音乐家可以利用殖民现代性（colonial modernity）带来的矛盾，但美国南方种族隔离统治下，他们在美国南方的地位却是明白无误的。无论这位音乐家多么有成就、多么有名，他们都面临着种族隔离的规则和风险，就像那些跟着他们的音乐跳舞的烟厂工人一样。与此同时，非洲裔美国音乐家也涌现出大量现代性的范例，与处于种族隔离的南方每天污蔑黑人原始落后的形象完全不同。

南方香烟厂城镇的爵士舞故事与古典爵士乐起源的故事相反。爵士乐历史学家承认爵士乐起源于南方农村，但认为其发展的创造性中心是在新奥尔良和北方城市。他们把音乐和大迁徙的故事情节联系在一起，大迁徙是庆祝非洲裔美国人从原始的南方农村迁徙到现代的北方城市，从而实现了"现代化"。爵士乐历史援引南方的巡回演出只是为了记录种族隔离带来的侮辱。除了极少数情况，黑人音乐中的创造性元素并非来自这些重复的、几乎是持续不断的巡演，而是来自北方俱乐部。与此同时，美国南部一些非洲裔美国人聚集的小镇被描绘成与世隔绝的状态。[1]

非洲裔美国香烟厂工人如果听到别人说他们被孤立了会感到惊讶，尤其是在音乐方面。当我采访他们时，已经七八十岁的他们热情地讲述了在摇摆乐时代来到镇上的伟大的表演者：艾灵顿公爵（Duke Ellington）、凯比·卡洛维、吉米·伦斯福德（Jimmie Lunceford）、路易斯·阿姆斯特朗（Louis Armstrong）、珀尔·贝利（Pearl Bailey）、比莉·哈乐黛（Billie Holiday）和其他许多人。这些大型活动都吸引了周围地区的人们前往当地军械库或烟草仓库。演出的频率是每两周一次，十分频繁。在达勒姆，当地的黑人报纸《卡罗来纳时报》为这些节目做了广告。在里兹韦尔是通过在黑人商业区发传单来打广告的。詹姆斯·尼尔（James Neal）回忆道：

> 他们会把（传单）贴在电线杆上，或者贴在允许贴传单的餐馆或咖啡馆里……还会贴在前窗上，所以当你经过时，你会看到这张告示……"跳舞，在如此这般的夜晚。"传单会写谁来演出，以及各种相关信息……演出可能会持续三四个小时，如果乐队演奏效果不错，他们会即兴演出好一会儿。他们会让你的钱花得值当。[2]

因为这些演出，里兹韦尔和达勒姆成为北卡罗来纳州黑人文化的中心。[3]

像艾灵顿、卡罗威和伦斯福德这样的乐队领导者将整个乐队带到了里兹韦尔的军械库，上演以舞蹈为导向的华丽演出，将里兹韦尔与当代音乐、舞蹈和风格的国际巡回演出联系起来。音乐家们也经常跳舞，有时甚至会边跳舞边演奏乐器。艾灵顿公爵的小号手雷·南斯因其精彩的舞蹈而闻名。吉米·伦斯福德乐队的成员被公认为是表演乐队创新方面

---

1 Burton W. Peretti, *The Creation of Jazz: Music, Race, and Culture in Urban America* (Urbana: University of Illinois Press, 1992), 该作品正是围绕这个理论构建的。
2 James B. Neal, interview with author and Kori Graves, July 6, 2001.
3 达勒姆的非洲裔美国人报纸《卡罗来纳时报》每周为在达勒姆军械库演出的乐队登广告。

的佼佼者。编曲家艾迪·达勒姆（Eddie Durham）回忆道："他们会例行出来表演一段舞蹈。'西姆，闪姆，西姆舞'[1]在当时很流行，六个小伙子会跟着它跳舞，就像踢踏舞一样，交叉着双脚滑行。"伦塞福德的乐队还模仿其他乐队，演唱欢乐合唱团风格的歌曲，四个小号手偶尔会把他们的乐器高高地抛向空中，接住它们，然后吹响下一个篇章。[2]表演者们穿着精心制作的正式服装：华丽的西装和闪闪发光的礼服。艾灵顿总是以穿着"非常时髦入时"而闻名，其他音乐家不得不前往中国来做衣服，以便订做能与他匹配的服装。[3]

表演者创造了高大的舞台角色，是风格和酷炫的传奇化身。卡洛维的非传统风格（爵士乐）在里兹韦尔的非洲裔美国人中，比在《好彩电台时光》的高管群体中更受欢迎。用艾灵顿的话来说，卡洛维是"最具活力的乐队领导者。他塑造了那些存在于梦境中的人物，那些在一缕烟雾中达到高度的人物"[4]。现场演出提供的完全是一种体验，这要求（表演者）抓住观众和舞者的想象力。这一点在纽约、上海和里兹韦尔、达勒姆都是如此，但在南方的烟草城镇却具有特殊的潜力。

种族隔离加强了南方黑人观众接触表演者的机会。20世纪30年代，里兹韦尔有山麓酒店和观景台酒店两家酒店，但都拒绝为非洲裔美国人提供服务。表演者们住在歌迷家里，这就为他们的余兴派对提供了机会。这些场所应该被视为创意空间。艾灵顿公爵回忆说，他在这样一个聚会上创作了《伤感的心情》（In a Sentimental Mood）：

> 这是一件自然而然的事情。那是在北卡罗来纳州达勒姆的一个

---

[1] "西姆、闪姆、西姆舞"，即"Shim Sham Shimmy"或简称"Shim Sham/Shim"，原为一套经典的踢踏舞舞步，后影响摇摆舞（Swing Dance），也成为摇摆舞的经典舞步。——编者注

[2] Jacqui Malone, "Jazz Music in Motion: Dancers and Big Bands," in *The Jazz Cadence of American Culture*, ed. Robert G. O'Meally (New York: Columbia University Press, 1998), 278–297. Quote from Durham is on pages 292–293.

[3] Richard O. Boyer, "The Hot Bach," in *The Duke Ellington Reader*, ed. Mark Tucker (New York: Oxford, 1992), 238. Originally published in *The New Yorker* in 1944. 首次发表于 *The New Yorker* in 1944.

[4] "Ellington on Swing and Its Critics," *The Duke Ellington Reader*, 140. 首次发表于 *Downbeat* in 1939.

舞会之后，他们为我举办了一场私人派对。事情有点不对劲。两个女孩互不搭理。一个女孩抢了另一个女孩的男人，另一个女孩不停地说："世界上有那么多人！她却偏偏抢走我的男人！"我坐在钢琴前，两个女孩分别坐在两侧，我想让她们和好，明白吗？我说："我们来唱首歌吧。"我做的事果然有效，在我唱完的时候，她们亲吻彼此，和好了。[1]

尽管从纽约到巴黎，艾灵顿深受众人的尊敬，但种族隔离的环境还是将他带到烟草城镇的亲密社会环境中。黑人居民可以把爵士音乐家称为"自己人"，就像他们把黑人药店、学校、报纸和棒球队称为"自己的"一样。尽管艾灵顿很富有，但他仍然与南方工薪阶层的非洲裔美国人的日常生活保持关联。

舞蹈的时间安排突出了这种种族隔离体验的特殊性，并将其与非洲裔美国工人的工厂生活联系在一起。周六晚上，乐队在亚特兰大或华盛顿演出后，通常会在里兹韦尔停下来。然而，在北卡罗来纳州，周日跳舞是违法的。正如威廉·戴维斯所说，演出通常在"周日之后"，即周一午夜过后一分钟开始。里兹韦尔的非洲裔美国人会跳一整夜舞，然后筋疲力尽、无精打采地去上班。戴维斯说，周一是漫长的一天，但他们靠所拥有的快乐支撑着。[2] 在他们到达工作岗位后（在那里白人拥有更好职位和更高薪水），可能会抵制雇主的价值观念，至少在一段时间内是这样。

实际上，这种舞会上的种族隔离，反而为非洲裔美国人提供了参与的特权。白人可以参加，但他们必须站在由一根绳子拦在后面的那一小块地方。他们不能跳舞，只能旁观。尼尔回忆说，在几百名非洲裔美国

---

1 引用自 Boyer, "The Hot Bach," 233.
2 James B. Neal, interview with author and Kori Graves, July 6, 2001. See also *New York Times*, March 28, 1933, 23, for a discussion of this practice.

人中，只有少数白人参加舞会——也许有 20 人。[1] 我在里兹韦尔与之交谈的每一个非洲裔美国人都记得军械库的舞会，但我找不到一个参加过或甚至记得那种舞会的白人。当我向马里恩·斯诺问起这些时，她直截了当地告诉我："军械库从来没有过舞会。"的确，尽管这座城市很小，但她作为一个年轻的白人女性，很可能没有途径听到这种舞会的消息。这些舞会在黑人商业区登广告，在黑人圈子里讨论，在午夜时分开始，她自然很难知晓。斯诺在这个小镇度过了她的少女时代，那里经常上演那个时代最好、最"现代"的音乐，但她却告诉我"在里兹韦尔从来就没有什么好玩的事情"[2]。

舞蹈在摇摆舞时代是一种正式的活动，建立在舞者和乐队之间的联系以及舞者之间亲密接触的机会上。詹姆斯·尼尔回忆说，人们为舞会而盛装打扮，与表演者的礼节相匹配。"在那个时期，一些男性会打领带，我的意思是常规的西装和领带，而女士们会穿晚礼服去那里，你知道，都是非常漂亮的礼服。"乐队演奏各种各样的歌曲，舞者也做出回应。艾灵顿曾说，摇摆音乐是"音乐家和他的听众在交谈"。[3] 尼尔也有同样的看法，他说："人们会在那里跳舞，一步舞、两步舞、吉特巴舞、交际舞、华尔兹舞，或者其他什么，他们在舞台上奠定了什么基调，就会把那种气氛带到舞池。所以要顺其自然。气氛非常美好。"温顿·马萨利斯（Wynton Marsalis）回忆道："艾灵顿公爵比其他任何音乐家都更了解舞蹈节奏的价值，以及爵士乐和舞蹈结合的价值……他了解肢体动作中的浪漫——肢体动作的浪漫元素——对爵士乐的重要性。"[4] 尼尔

1　James B. Neal, interview with author and Kori Graves, July 6, 2001. See also *New York Times*, March 28, 1933, 23, for a discussion of this practice.

2　Marion Snow, interview with author and Kori Graves, Reidsville, North Carolina, July 7, 2001.

3　引用自 Kevin Kelly Gaines, "Duke Ellington, 'Black, Brown and Beige,' and the Cultural Politics of Race," in *Music and the Racial Imagination*, ed. Ron Radano and Philip V. Bohlman (Chicago: University of Chicago Press, 2000), 599.

4　Wynton Marsalis and Robert G. O'Meally, "Duke Ellington: 'Music Like a Big Hot Pot of Good Gumbo,'" in *The Jazz Cadence of American Culture*, 144.

特别喜欢那些为浪漫提供机会的慢节奏歌曲：

> 它们都有伤感的片段，你知道，因为你和心仪的人在一起……你在那晚出去就是为了和他们在一起。女性会把她的头，就像歌里唱的那样，"把你的头靠在我的肩膀上"，她会把她的头靠在你的肩膀上，她对周围的一切毫不在意，在彼此的耳边发出甜蜜的低声絮语。那是美好的旧时光。[1]

对尼尔来说，舞蹈是关于亲密和优雅的，是关于顺其自然的。

然而，露丝·戴维斯（Ruth Davis）却喜欢跳更具运动性的舞蹈，并陶醉于运动带来的欢乐之中。"我不是慢吞吞的那种人。"她说。她记得许多舞蹈，包括卡车舞（truckin'）、大苹果舞和林迪舞。"你把所有这些舞蹈加在一起，组合起来，就变成了吉特巴舞。"戴维斯在家里和她的双胞胎弟弟一起跳舞，直到舞步变得完美。"嗯，我和我的兄弟一直在练习，你知道，放音乐的时候总得配点舞蹈。手摇留声机，它开始……是啊，我们以前很喜欢跳舞。"然而，戴维斯先生不会跳舞。威廉·戴维斯（William Davis）承认："女士们很会跳舞。可我们男士对舞蹈不在行。"戴维斯女士解释道："威廉会踩我的脚，我都说不好会踩住不放多久。我得把他从那只脚上弄下来！"戴维斯女士通过和其他男人跳舞来解决这个问题。她回忆起与弟弟一起学习有性暗示的林迪舞。"他把我整个人都甩到他的两腿之间，然后把我背起来绕过他的后背。他第一次这么做的时候，我站起来狠狠地打了他的头。我不知道他会那样做，你知道的！我们从来没那么做过！"戴维斯女士守护着自己的性底线，只对一个把她抱得太紧的男人有过一次不满；之后她就疏远了那个人，也不让这影响自己的风格。"过去一有舞会我们就参加，我不记得我去过哪个舞会只是干坐着。我从来都不当花瓶，因为我喜欢跳舞，而

1　James B. Neal, interview with author and Kori Graves, July 6, 2001.

且男生们似乎也喜欢和我跳舞。他不在乎……我喜欢活动。我一直在跳舞。但是除了我弟弟，我没让任何人把我放到两腿之间过。"[1]里兹韦尔的人们在舞会上有多种多样的经历，但他们把整个舞会作为当地文化中最优秀的一面来分享。

军械库的音乐家和舞者可能是隔离的，但他们创造了一个被作家拉尔夫·埃利森（Ralph Ellison）称为"讽刺的创意"的空间。埃利森十几岁的时候，曾去俄克拉荷马城参加舞会，他是唯一一个深入探讨黑人爵士音乐家在南方巡演意义的评论家：

> 然后，艾灵顿和他伟大的管弦乐队来到了这座城市：带着他们的华服，他们的修养，他们的技术；带着他们金色的号角，他们的奇思妙想；带着他们的艺术，他们独特的声音；一起来的还有艾薇·安德森（Ivy Anderson）和埃塞尔·沃特斯（Ethel Waters）的歌声，她们肤色偏浅、优雅动人，华美亮眼的女性服装和大方的气质让人眼花缭乱。他们是来自广阔世界的新闻，是榜样，是目标；我希望所有书写黑人男孩的人都能考虑艾灵顿和他的乐队在国内和国际上持久的职业生涯，以及在这个国家的黑人社区里上演的成千上万的单场演出。在白人社区中，在任何白人社区中，能找到像这样的图片和例子吗？是谁如此世俗，是谁如此优雅，又是谁如此具有讽刺意味的创造力？是谁对自己所从事的行业如此熟练，又是谁对自己前进道路上的社会限制更加不屑一顾？[2]

考虑到这段历史，很难再相信南方黑人是"孤立的"或"落后的"这类观点。爵士舞并没有超越种族隔离的条件——绝对没有。相反，爵

---

[1] Ruth and William Davis, interview with author and Kori Graves, July 10, 2001.
[2] Ralph Ellison, "Homage to Duke Ellington on His Birthday," in *Living with Music: Ralph Ellison's Jazz Writings*, ed. Robert G. O'Meally (New York: Modern Library, 2001), 81.

士舞建立在矛盾的基础上，为非洲裔美国人提供了一个背景，他们中的大多数人都以某种身份在烟草公司工作，在美国南方种族隔离制度下被定位为原始人，又以一种强有力的方式让自己成为现代的主体。这些事件将香烟城镇与更广阔的世界联系起来，培养了一种在其他地方寻找可能性的感觉。

结 论

在卡巴莱歌舞表演和国际爵士舞热潮的背景下审视香烟的公共场景，可以简单了解香烟积累的一些力量。在俱乐部的空间里，香烟和爵士舞成为相互联系、互动性强且具象化的体验。爵士乐因其种族主义的名声而产生广泛的影响，给吸烟的"现代"体验带来了一丝反叛的迹象。此外，由于俱乐部男女都有，因此也进一步形成了女性吸烟的新趋势。现代女孩这个备受争议的形象与其说是一个真实的人，不如说是一个社会和政治范畴，这个范畴是在"女孩"成为全球劳工的新类别、跨国公司广泛传播广告和推动城市休闲文化转型之后才出现的。在国际上，现代女孩是翩翩起舞、拿着香烟的样子。因此，香烟在国际上形成的新的现代性光环带有种族化和性别化的成分。爵士乐在香烟上留下了印记。

这些由香烟赞助的广播节目清楚地表明，香烟也在爵士乐中留下了印记。在美国，香烟公司赞助的广播节目成为爵士乐在全国范围内塑造和传播的一股非常重要的"白人化"力量。广播节目还将爵士乐和香烟的协同作用传播到城市居民的家中，最终甚至通过每周的广播舞蹈派对传播到农村居民那里。

企业为这些文化和经济现象的出现创造了条件，但企业生活也是在这种文化环境中形成的。香烟和爵士乐之间的协同作用成为一种多样化但并非随机的社会形态的一部分。对英美烟草公司中国分公司来说，与多种族职业女舞者的亲密接触，被证明是英美烟草公司年轻外籍男性员工社会化过程中的一段关键经历。难怪在中国文化中，职业舞女的经济地位是分层的，创造了一个精英明星阶层，而舞者本身成为极具争议的人物，对一些人来说是中国"现代性"的缩影，对另一些人来说则代表了帝国主义的剥削。与此同时，美国南部的非洲裔美国香烟厂工人一边与世界上最受尊敬的爵士音乐家同歌共舞，一边抽着世界上最受欢迎的香烟，让种族隔离成为有利于他们的事情。这些丰富的生活场景都促成了个人对吸烟的投资，它们无疑比任何广告都更有影响力。

随着皇后牌香烟在中国的蓬勃发展，香烟成为令人兴奋的新型男女休闲社会文化的一部分，英美烟草公司也重组了公司结构。英美烟草公司的巨大成功改变了形势，让郑伯昭重新定义了自己作为英美烟草公司的成员和合作伙伴的地位。与此同时，世界各地的反帝国主义情绪高涨，要求英美烟草公司以新的方式使其业务合法化。第七章探讨了英美烟草公司在两次世界大战期间如何进行自我重塑，在公司内外应对中国的力量。

第七章　种族的碰撞

1922年11月，郑观柱和弗兰克·H.卡纳迪一起观看了哈佛大学的橄榄球比赛，这一事件改变了卡纳迪的生活。那段时间郑观柱正在英美两国参观英美烟草公司的设施，两人相识于比赛的前一天，当时郑观柱在纽约面试了前来应聘英美烟草公司职位的卡纳迪。卡纳迪是一名哈佛的毕业生，进取心很强，他去面试的时候带了两张即将开赛的门票。面试快结束时，他先后问在场的两名美国人是否愿意同去，被他们拒绝后，他有些犹豫地转过身，把票给了郑观柱，不过他对郑观柱的身份或是否身居要位一无所知。郑观柱是英美烟草公司最重要的中国企业家郑伯昭的长子，郑伯昭销售团队对皇后牌香烟的成功功不可没。这两个年轻人一起观看了比赛，随后的一周里卡纳迪收到了英美烟草公司中国分公司发来的工作邀请。两个月后，他乘汽船来到上海。[1]

英美烟草公司中国分公司成立之初是通过跨种族的接触建立起来的，但在两次世界大战之间的时期，中国商人在该公司获得了越来越大的权力，这种跨种族关系有了新的变化。1921年，郑伯昭与英美烟草公司成立了子公司永泰和。虽然英美烟草公司拥有新公司的控股权，但郑伯昭仍然拥有相当大的权力，这是因为他不仅拥有49%的股份，还

---

[1] Frank H. Canaday, unpublished memoir, 43, Frank H. Canaday Papers, Harvard-Yenching Library, Harvard University (hereafter cited as Canaday Papers).

担任董事会主席和总经理。董事会中郑伯昭的人（郑伯昭本人、他的长子郑观柱，以及他的姐夫黄以聪）和英美烟草公司的人（亚瑟·巴塞特、约瑟夫·丹尼尔和威廉·莫里斯）几乎各占一半。永泰和的成立表明，郑伯昭的销售关系网对英美烟草公司有多重要，以及郑伯昭积累的谈判话语权有多大。为了纪念与郑伯昭合作的新阶段，英美烟草公司请黄以聪和郑观柱参观英美烟草公司在纽约和伦敦的设施，就像十年前他们请郑伯昭和邬挺生参观一样。[1]对英美烟草公司中国分公司来说，新的一天又开始了。

卡纳迪成为英美烟草公司派驻永泰和的唯一一名初级外籍员工，与在英美烟草总公司工作的外籍员工相比，这个职位能让他们与中国商人建立更紧密的合作关系。英美烟草公司的主要企业层级制度规定外籍员工只对外籍上级负责，但卡纳迪的上级还有中国籍的部门经理和区域销售经理。英美烟草公司的"混乱"体系为派遣在外的外国销售代理提供了喘息的机会，让他们有机会暂时逃离中国的起居、食物和文化，但卡纳迪经常待在中国经销商的家里。不论哪名英美烟草公司的外籍员工，都会意识到自己会身处全是中国人的环境，但这对卡纳迪来说却是习以为常的事情。在这些方面，卡纳迪的工作表明永泰和的发展也需要新型的外国企业员工，而且也确实造就了这样的员工。[2]

卡纳迪在永泰和的职业生涯为我们提供了一个窗口，让我们了解英美烟草公司在两次世界大战之间的重组以及新出现的混合商业模式。英美烟草公司组建永泰和的目的是让郑伯昭留在这里发挥他的长处，避免让他自己创业；也就是说，英美烟草公司希望在中国建立持久但可控的商业模式，这种模式仍对英美企业资本主义的持续扩张保持开放的态

---

[1] 程仁杰：《英美烟公司买办郑伯昭》，收录于《中华文史资料文库（第14卷）》（北京：中国文史出版社，1996），第741–742页。

[2] Ann Laura Stoler, "On Degrees of Imperial Sovereignty," *Public Culture* 18, no. 1 (Winter 2006): 142. 斯托勒呼吁历史学家们应该挖掘那些新出现的企业代理人。

度。[1] 永泰和以中外商业模式和实践的混合体出现，这让英美烟草公司和郑伯昭都无法独揽大权。[2]

中国人和非洲裔美国人在烟草公司的职业生涯形成了鲜明的对比。尽管亮叶烟草关系网在中国和美国南方都建立了烟草业，但在美国，却没有黑人担任类似的经理和行政类的角色；事实上，亮叶烟草关系网的作用就是完全消除这样的机会。在中美两国，中国人和非洲裔美国人的工人和佣人担任着相似的较低级别职位，但如果没有中国管理者的知识和进入中国关系网的渠道，英美烟草公司中国分公司就无法运作。[3] 英美烟草公司的这种依赖不是短期的，事实是，随着时间的推移，中国商人在公司的权力越来越大。

本章探讨了永泰和新的混合商业形式的发展，以及这些形式在企业帝国主义运作方式上的不同之处。在英美烟草公司内部，中国势力的崛起是否减弱了企业帝国主义不均衡权力分化的倾向？就在这个时候，伍德罗·威尔逊总统和其他一些人宣扬互利的金融稳定和增长理念，并让

1　Paul A. Kramer, "Power and Connection: Imperial Histories of the United States in the World," *American Historical Review* 116, no. 5 (December 2011): 1375.

2　直到最近，关于中国公司的研究，美国史学界一直在问，为什么在公司形式出现后（19世纪80年代）中国企业迟迟没有接受，这个问题涉及现代性意识形态。然而，在两次世界大战之间，一些中国商人确实通过合并来筹集资金。许多没有合并的公司，比如英美烟草的竞争对手南洋兄弟，表示他们担心失去管理控制权。这种担心是完全合理的，因为英美烟公司曾两次试图收购南洋兄弟。参见 William C. Kirby, "China Unincorporated: Company Law and Business Enterprise in Twentieth-Century China," *Journal of Asian Studies* 54, no. 1 (February 1995): 43–63; Brett Sheehan, *Industrial Eden: A Chinese Capitalist Vision* (Cambridge: Harvard University Press, 2015), 7–8; Sherman Cochran, *Big Business in China: Sino-Foreign Rivalry in the Cigarette Industry, 1890–1930* (Cambridge: Harvard University Press, 1980), 88; Teemu Ruskola, *Legal Orientalism: China, the United States, and Modern Law* (Cambridge: Harvard University Press, 2013), 60–107.

3　Sherman Cochran, *Encountering Chinese Networks: Western, Japanese, and Chinese Corporations in China, 1880–1937* (Berkeley: University of California Press, 2000), 44–69.

美国远离明确的帝国主义目标。[1] 卡纳迪在永泰和与中国人的交往是否预示着更平等的经济交流的可能性？最终，英美烟草公司在这种混合模式中保留了种族隔离的原则，使其成为一种有组织的中外混合模式，而不是一种可能挑战帝国层级制度的融合。企业帝国主义进入了一个能接纳中国成功商人的新时代，但仍然在公司内部和更大的群体中产生了不均衡的、种族化的权力。伴随着英美烟草公司内部中国力量的崛起，中国的反帝民族主义也普遍兴起。面对来自内部和外部的挑战，英美烟草公司创造了新的企业形象，为其在对外关系的争议中辩护。

卡纳迪所在职位的存在和特征揭示了永泰和作为新型混合企业的本质。卡纳迪在多大程度上适应了永泰和混合的商业实践和文化？这个问题颠覆了传统的视角：一百多年来，人们一直在质疑中国人是否以及在多大程度上适应了西方的现代性，并假定任何"西方人"都已经是现代人了。但卡纳迪必须在永泰和独特的中国式"现代性"（即中外资本主义形式的混合），以及中国日益高涨的反帝民族主义中找到出路。他的努力在很大程度上揭示了英美烟草公司的能力和局限性。

卡纳迪为适应永泰和所做出的努力提供了一种对企业变革的仰视视角，但长期担任英美烟草公司中国分公司负责人的詹姆斯·A. 托马斯与永泰和进行了类似的斗争，他作为英美烟草公司最直言不讳的发言人，就企业在对外关系中的角色展开了高度公开的辩论。事实上，永泰和既是英美烟草公司中国分公司成功的象征，也是失败的象征。因为永泰和的存在，英美烟草公司得以售出大量香烟。但是英美烟草公司中国分公司对永泰和的依赖违背了现代性的计划和原则：西方优越、合理的商业结构可以在不进行重大变革的情况下扩大规模，并在全球范围内进行移

---

[1] Akira Iriye, *After Imperialism: The Search for a New Order in the Far East, 1921–1931* (Cambridge: Harvard University Press, 1965); Susan Pedersen, *The Guardians: The League of Nations and the Crisis of Empire* (Oxford: Oxford University Press, 2015), 1–17; Erez Manela, *The Wilsonian Moment: Self Determination and the International Origins of Anticolonial Nationalism* (Oxford: Oxford University Press, 2009), 3–14; Emily S. Rosenberg, *Financial Missionaries to the World: The Politics and Culture of Dollar Diplomacy, 1900–1930* (Durham: Duke University Press, 2003), 70–96, 122–123.

换。[1]他们相信，官僚层级系统和记账方法中天生携带了资本主义的合理性，它们能将最原始的地方理性化，就像一台卷烟机无论安装在哪里都会生产香烟一样。种族、地区、性别和国家的差异将被弥合，变得无关紧要或工具化（就像工厂被细分成不同的工作场所），将农作物和各个层次的工人转变为理性的公司机器的零件。这本书的一个要点是，它从未真正以这种方式运作过（相较于美国，中国就连运转卷烟机似乎也需要更多的人力）。然而，永泰和对英美烟草公司在中国存在的现代性神话构成了最大的威胁。托马斯没能将当时在美国烟草公司成功建立销售体系的经验应用到中国，只有郑伯昭的专业知识才使托马斯免于尴尬。本章以托马斯试图调和这些因素，拯救现代性，并在公众反帝国主义批评中捍卫英美烟草公司的商业行为来收尾。

永泰和的能力和卡纳迪的职位的诞生

卡纳迪抵达上海时，英美烟草公司的外国高管们非常恼火，让卡纳迪吃了闭门羹。按照纽约办事处的指示，卡纳迪在抵达上海的第一天早上就去了英美烟草公司总部，要求面见永泰和的首席外国"顾问"亚瑟·巴塞特（Arthur Bassett）。巴塞特在郑观柱和黄以聪到美国出差时曾接待他们，因此他返回上海的时间很可能比卡纳迪早不了多久。巴塞特通知卡纳迪，公司"尚未决定（他的）入职途径"，并表示将于第二天再做决定。到了第二天，公司却仍旧通知他继续等待，如此反复。在焦急地等待了长达五天之后，"巴塞特通知我去会见英美烟草公司的总裁，他为人严厉，对我的到来主要是训诫：'如果你不工作，就会被解雇！'我离家这么远，听到这样严厉的问候，真有点吃惊"。卡纳迪后来了解

1　Anna Lowenhaupt Tsing, *The Mushroom at the End of the World: On the Possibility of Life in Capitalist Ruins* (Princeton: Princeton University Press, 2015), 38.

到，他们会有这样的反应是因为"对纽约办事处又派西方职员感到不满"，当时英美烟草公司正在逐步用中国销售经理取代外国经理。[1]

形成鲜明对比的是，郑伯昭立即为卡纳迪举行了一场永泰和欢迎宴。虽然卡纳迪度过了愉快的一晚，但他还不知道他将为这家子公司工作，他甚至不知道还有这样一家子公司。多年后，他这样描述那个夜晚：

> 我乘黄包车去了九江路的永泰和总部，见到了永泰和为我设宴的主人，然后我和公司的六位高层一起坐汽车穿越城市来到了宽敞豪华的杏花楼饭店，那也是我第一次接触上海菜。……那晚我还第一次体验到了中国的礼仪和礼节，这些都是男性聚餐时的传统组成部分，后来我在中国各地的生意场合都会经历。[2]

据我所知，没有其他英美烟草公司的外国人在抵达中国后享受过欢迎宴的待遇。虽然卡纳迪当时没有意识到它的意义，但此次与永泰和高层的聚餐正式让他开启了他在永泰和的职业生涯。

如果英美烟草公司中国分公司决定不再为初级销售岗位培训更多的外国人，卡纳迪的工作最初是如何存在的？答案在于郑伯昭和永泰和在英美烟草公司内部积累了巨大的权力，外国顾问在子公司结构中逐步演变的角色，以及永泰和加以利用的伦敦、纽约和上海总部之间的紧张关系。最重要的是，卡纳迪的职位表明，中国商人已不仅仅是该公司的生产合作方：他们已经获得了要求改变和指导未来的权力。

郑伯昭在皇后牌香烟营销上的巨大成功使他对英美烟草公司的整体业绩比以往更加重要。于是，英美烟草公司在其他品牌上也给予郑伯昭更多的自主权和控制权。1919 年，英美烟草公司和郑伯昭通过谈判达成了一份新合同，让郑伯昭负责名利场牌香烟（Vanity Fair cigarettes）

---

1 Frank H. Canaday, unpublished memoir, 35, 38, 43, Canaday Papers.
2 Frank H. Canaday, unpublished memoir, 38–40 (quote is on 40), Canaday Papers.

的销售，并允许他扩大自己的销售组织，创建一个与英美烟草公司自己的销售队伍并行的机构。詹姆斯·A. 托马斯作为负责中国业务的董事，与来自弗吉尼亚州的英美烟草公司中国分公司新任总经理托马斯·科布斯合作，在伦敦精心策划了这份合同。根据合同，郑伯昭可以指定直接向他自己汇报的经销商，而这些经销商也可以雇用自己的下属经销商。合同还允许郑伯昭直接与公司的 12 个区域的销售办事处和仓库合作，以协调分销和广告事宜。英美烟草公司将"根据它认为合适的机会进行广告拨款"。如果郑伯昭的决策招致了损失，公司同意承受其中的 75%，对其承担更大的责任和保护。相应地，公司对其业务的各方面会进行密切的监督和控制。[1]

甚至在这家子公司成立之前，英美烟草公司就开始在中国大部分市场开展两种销售模式——推广几乎完全相同的竞争品牌。两种销售体系都雇用了中国销售人员，区别在于层级制度结构。英美烟草公司仿效了美国烟草公司在美国的体系，将中国划分为多个部门和地区，让外国人担任主管职务，并聘请中国销售人员负责这些地区的业务。中国的销售代表雇用了当地的经销商和零售商，这些人必须符合英美烟草公司的标准要求，并通过一份固定的表格报告市场情况，包括竞争品牌的活动。上海的管理者仔细审查这些表格，以制定最合理的策略，并将资源导向最合理的方向。这种体系在中国并不好用。郑伯昭的组织挖掘并进一步发展了来自广东老家的商人关系网，并根据情况修改了对经销商和零售商的要求。[2]

---

[1] Thomas F. Cobbs to Mr. Cheang Park Chew (Zheng Bozhao), May 16, 1919, James Augustus Thomas Papers, David M. Rubenstein Rare Book & Manuscript Library, Duke University (hereafter James A. Thomas Papers); Cheng Renjie, "Ying Mei Yan Gongsi Maiban Zheng Bozhao," 741; Howard Cox, "Learning to Do Business in China: The Evolution of BAT's Cigarette Distribution Network, 1902–1941," *Business History* 39, no. 3 (1997): 49–50; Cochran, *Encountering Chinese Networks*, 57–58.

[2] 程仁杰：《英美烟公司买办郑伯昭》，第 741–743 页；Howard Cox, "Learning to Do Business in China: The Evolution of BAT's Cigarette Distribution Network, 1902–1941," *Business History* 39, no. 3 (1997): 49–50; Cochran, *Encountering Chinese Networks*, 57–62.

永泰和子公司的成立增加了郑伯昭在公司利润中的份额。他的员工已经承担了英美烟草公司 25% 的销售额。[1] 几年内，永泰和推广了 7 个香烟品牌，贡献了英美烟草公司三分之一的香烟销量。最终，永泰和的销售份额会占到英美烟草公司的 50%—60%，并完全取代英美烟草公司在上海地区自有的销售系统中的高利润销售部门。[2] 英美烟草公司也开始与郑伯昭合作创立一家房地产控股公司，这样是为了通过中国的"空壳公司"（非法）在通商口岸之外的地方合法拥有他们购买的财产。[3] 总而言之，郑伯昭在英美烟草公司的辉煌事业中发挥了独特而不可或缺的作用，而且越来越重要。

随着郑伯昭权力的增长，外国顾问在郑伯昭的业务中的作用也在不断演变。1919 年的合同规定，该公司将"任命一名外国合伙人，就皇后牌和名利场牌香烟的营销为您提供协助和建议"。英美烟草公司明确保留了"任命自己外国合伙人"的权利，而这位合伙人的薪水来自英美烟草公司，而不是郑伯昭。[4] 英美烟草公司任命亚瑟·巴塞特担任这个职务，他一定是非常出色地完成了这项工作，因为在 1922 年成立子公司时，他仍然是首席顾问。[5] 此外，有 3 名英美烟草公司的外国人士担任永泰和董事会成员，参与决定子公司的发展方向。

如果永泰和获得了开设广告、分销、会计或生产部门的许可，那么每个部门都得接受额外的外国顾问。广告部门是郑伯昭希望开设的第一个部门。[6] 对于永泰和和英美烟草公司来说，安排一些了解两家公司部门运作并能协调它们之间关系的联络人是合理的，但能胜任这项工作的中国人有很多。几乎可以肯定的是，英美烟草公司规定外国顾问担任这

---

1 Frank H. Canaday to Baldwin, November 30, 1923, Canaday Papers.
2 Frank H. Canaday, unpublished memoir, 118, Canaday Papers; 程仁杰：《英美烟公司买办郑伯昭》，第 743 页；Cochran, *Encountering Chinese Networks*, 58.
3 程仁杰：《英美烟公司买办郑伯昭》，第 747–748 页。
4 Thomas F. Cobbs to Mr. Cheang Park Chew (Zheng Bozhao), May 16, 1919, James A. Thomas Papers.
5 Thomas Cobb to Arthur Bassett, May 17, 1919, BAT Collection.
6 Frank H. Canaday to Baldwin, November 30, 1923, Canaday Papers.

些角色,是为了确保对英美烟草公司外国领导层的认同和忠诚。卡纳迪的这个职位,一旦设置,必定会迅速晋升为永泰和新建广告部门的外聘顾问,但卡纳迪后来才慢慢明白这一点。

聘请卡纳迪似乎是郑伯昭利用英美烟草公司的一部分外国领导层与其他领导层之间的竞争,对永泰和的利益施加压力的结果。郑伯昭、亚瑟·巴塞特和英美烟草公司纽约总部在未经伦敦或上海方面批准的情况下雇用了卡纳迪。除此之外,很难解释英美烟草公司中国分公司的外国高管对卡纳迪到来的不满和缺乏准备。英美烟草公司管理层之间的紧张关系有助于解释为什么纽约可能在没有适当协商的情况下采取行动。从英美烟草公司成立之初,美国董事和经理在整个公司的权力就超过了英国人,尤其是在英美烟草公司中国分公司。但是,1911 年最高法院解散美国烟草公司时,要求美国烟草公司出售其持有的英美烟草公司的控股权,从而使英国帝国烟草公司成为主要股东。尽管如此,在第一次世界大战期间美国(对英美烟草公司)仍然保持着其影响力和地位,因为英国在战争中更早、更广泛的作用意味着美国的管理、生产和分销能力是必不可少的。[1]

然而,在战后,伦敦的董事们开始将公司推向英国的控制。这绝非易事,因为纽约总部继续管理着美国重要的亮叶烟草和香烟出口贸易。此外,庞大的英美烟草公司中国分公司一直具有特别鲜明的美国特色,员工全是美国人。1920 年,英美烟草公司要求詹姆斯·A. 托马斯辞去董事会职务。同样是在 1920 年,英国政府(可能是应英美烟草公司的要求)要求在华英国公司的董事会中必须有英国人。[2] 这迫使英美烟草公司中国分公司的许多美国董事从所在岗位辞职,尽管有些人继续留任

---

[1] Cox, "Learning to Do Business in China," 37, 49.

[2] 一种公开的说法是,托马斯刚刚开始担任中美商业银行的副行长,但他又拒绝了,坚称这家银行不能干扰他的工作,只能协助他履行董事职责。Assistant secretary to James A. Thomas, December 21, 1920, James A. Thomas Papers; Noel H. Pugach, *Same Bed, Different Dreams: A History of the Chinese American Bank of Commerce, 1919–1937* (Hong Kong: Centre of Asian Studies, 1997), 66.

经理。此后不久，英美烟草公司中国分公司决定以中国经理逐步取代外国销售和工厂经理，这是另一项对美国代表的影响大于英国代表的政策。[1] 美国新员工的涌入速度放缓，而且更多地局限于农业部门。这些政策或许可以解释，为什么巴塞特和纽约办事处允许永泰和招聘一名初级的美国销售代表，要知道当时的新政策可是明确禁止此类招聘的。

聘请卡纳迪对永泰和的益处显而易见。英美烟草公司要求让一名外国人担任颇有前途的广告部门的工作，永泰和不仅有兴趣立刻展开招聘，还主导招聘过程，这是前所未有的事。从英美烟草公司中国分公司的角度来看，任命一名有经验的外籍员工到永泰和要比引进没经验的外籍员工更有意义。许多新人不能适应中国的生活要求或工作要求。[2] 此外，如果一位员工曾表明自己与母公司同心同力，足够忠诚，那么英美烟草公司中国分公司就对其有更多的控制权。当然，出于同样的原因，永泰和可能希望聘用没有这种经历的人。

要理解为什么卡纳迪在其他申请者中胜出，我们需要了解哈佛—耶鲁橄榄球赛的重要性。在中国待了几周后，卡纳迪才知道郑观柱到底是谁，而这张球票无疑为他赢得了这份工作。他向家里的亲人解释说：

> 我无意中请那个中国男孩看哈佛–耶鲁比赛的好客之举，似乎在中国给我带来了意想之外的结果。他的父亲可能是上海所有中国人中最富有的人，并在英美烟公司享有很大的权力。事实上，他掌管的这个集团子公司，在全中国都设有分部，员工都是中国人……此前，这个中国公司只有3名白人担任顾问和联络员，我正在被培

---

[1] Frank H. Canaday, unpublished memoir, 35–38; James Lafayette Hutchinson, *China Hand* (Boston: Lothrop, Lee and Shepard Co., 1936), 272–295; Cochran, *Big Business in China*, 163–164. 1923 年，杜克仍以董事长主席的身份从英美烟草公司退休。

[2] James A. Thomas, "Selling and Civilization: Some Principles of an Open Sesame to Big Business Success in the East," *Asia* 23, no. 12 (December 1923): 949, 托马斯写道"五分之四的人保住了工作"，但在 *A Pioneer Tobacco Merchant*, 106, 中，托马斯写道，工作一年后这个数字降到了"五分之二"。

养为第 4 个。[1]

正如卡纳迪所言,"好客之举"表明工作中有些运气。虽然卡纳迪请别人看比赛是希望这张球票能帮自己给别人留下好印象,但他没有相关的文化背景知识来帮他理解为什么这样的礼物会对郑观柱产生如此强烈的影响。

在中国,带着这样的礼物去面试是明确表达尊重的一种方式。礼仪规矩和送礼规则搭建和维护着社会和商业关系网。给商业伙伴或上级表示赞扬或送礼时,是承认和赋予对方地位的表现,与此同时也抬高了自己的地位。商务礼仪需要无数礼貌的寒暄、赞美、礼物,还要避免冲突或尴尬。[2] 从这个角度看,这张球票似乎不像是贿赂,而是一种恰到好处的恭维,既认可了郑观柱的重要地位,也很好地反映了卡纳迪的性格。

此外,卡纳迪邀请郑观柱参加公共社交活动的举动,可能已经背离了主导通商口岸生活的社会准则和外国种族主义。虽然郑观柱作为其父亲的辅助者拥有相当大的权力、财富和机遇,但在他工作的环境中,即使是中国的精英也经常遭受侮辱。1922 年,租界的一些休闲场所,如赛马场,对中国精英客户的到访表示欢迎,但绅士俱乐部以及很多卡巴莱和酒店仍禁止中国人进入。位于市中心的极司非而[3]公园(兆丰花园,现中山公园)在这方面最为臭名昭著,除了照顾外国孩子的保姆,其他中国人都不允许进入。外国人以种族为基准来决定谁能进入公园的行径,让极司非而公园实实在在成为针对所有中国人进行分类的暴力场所;公园的排外行为成为一种代表治外法权带来的所有不公正的象征,引起各

---

[1] 引自讲述同一件事情的两封信件。Frank H. Canaday to Ward Canaday, n.d.; Frank H. Canaday to Baldwin, March 20, 1923, Canaday Papers.

[2] David Yau-fai Ho, "On the Concept of Face," *American Journal of Sociology* 81 (Janu ary 1976): 867–884; Mayfair Mei-hui Yang, *Gifts, Favors, and Banquets: the Art of Social Relationships in China* (Ithaca: Cornell University Press, 1994).

[3] 极司非而公园(Jessfield Park),原名为兆丰花园,现为上海市中山公园。——编者注

阶层中国人的共鸣。[1] 在上海，中国商人受到种族隔离和侮辱的场景屡见不鲜，外国人却能逍遥法外，这种反差导致了一种充满种族歧视的商业氛围。卡纳迪在哈佛-耶鲁的比赛中接待郑观柱，这一份大礼可能向郑观柱表明，卡纳迪与其他英美烟草公司的外国同事相比，能以更尊重他人的方式与中国同事共事。

郑氏家族并不反对帝国主义，它从与英美烟草公司的关系中获益颇丰，但有迹象表明，郑氏家族对外国的控制持谨慎态度，至少在与公司自主权有关的问题上是如此。尽管郑观柱与外国公司密切合作，销售香烟这种与西方有关的商品，投资电影院这种与西方有关的文化产业，但他从不穿西方服饰。[2] 到20世纪20年代时，西服已经成为通商口岸的中国商人，尤其是那些与西方公司合作的中国商人的标准服饰。事实上，一些酒店只允许穿西服的中国男人在餐厅里就餐。[3] 郑观柱身着中国长袍，也就是穿在裤子外面的高领长袍。他住的房子是上海风格的，而不是西式的，他的公司总部也不在市中心的西方摩天大楼之中。[4] 郑氏家族也为增加永泰和在英美烟草公司内的自主权而不断努力。郑观柱选择卡纳迪担任顾问可能是基于英美烟草公司结构中的家族战略。卡纳迪的雇用条件表明，通过与英美烟草公司的合作和斗争，永泰和正在成为中外商业形态、利益和文化价值的混合体。

卡纳迪一到，永泰和就和英美烟草公司争论谁来培训他。英美烟草公司希望在其母公司内部进行培训，和以前的那些外国人一样培训。然而，用卡纳迪的话来说，永泰和明确表示要找一个没有经历过"老公司内部传统的实地培训"而接受永泰和培训的员工，"这些员工不会被英

---

1 Robert A. Bickers and Jeffrey N. Wasserstrom, "Shanghai's 'Dogs and Chinese Not Admitted' Sign: Legend, History, and Contemporary Symbol," *China Quarterly* 142 (June 1995): 444–466.
2 这是高家龙的见解。参见 Cochran, *Encountering Chinese Networks*, 50; 程仁杰：《英美烟草公司买办郑伯昭》，第 744–745 页。
3 Peffer, *The White Man's Dilemma*, 147; Antonia Finnane, *Changing Clothes in China: Fashion, History, Nation* (New York: Columbia University Press, 2008), 177–188.
4 程仁杰：《英美烟草公司买办郑伯昭》，第 744–745 页 ; Cochran, *Encountering Chinese Networks*, 50.

美烟草公司母公司灌输忠诚或惯例做法那些观念"[1]。永泰和知道，培训包括一系列经历，使新员工融入特定的公司文化，并教会他们规范的做法和技能。换句话说，永泰和希望控制卡纳迪成长和学习成为公司代表的环境和氛围。

在这一争论中，永泰和取胜，赢得了训练卡纳迪的机会，但英美烟草公司也成功提出了一些要求。首先，和其他外国人在英美烟草公司的培训一样，卡纳迪的培训分为两个阶段：卡纳迪陪同一支中国销售团队在上海及周边地区进行了多次当天往返的旅行，随后他又陪同一支中国旅行销售团队在通商口岸外进行了为期数周的旅行。[2] 其次，英美烟草公司坚持在上海附近进行监督。英美烟草公司派买办邬挺生去观察卡纳迪头几天的培训；永泰和让他们的"头号推销员司先生"负责卡纳迪的培训。[3] 通过指派这样的高层人员来监督常规的销售任务，包括与永泰和经销商开会，在茶馆分发传单广告；英美烟草公司和永泰和表明了他们的通力合作在卡纳迪培训中的重要性。最后，当英美烟草公司指派经验更丰富的 C. L. 康拉迪陪同卡纳迪进行第一次长时间的销售旅行时，永泰和采用了英美烟草公司让外国人成对参加销售旅行的政策。然而，在这次培训之后，卡纳迪将成为永泰和销售旅行中唯一的外国人。[4]

通过派遣康拉迪和卡纳迪与中国销售团队，英美烟草公司确保卡纳迪的第一次旅行能够让他更多地接触到英美烟草公司的外国商业文化，而不是永泰和的中国商业文化。他们的行程主要在天津至浦口的铁路沿线。卡纳迪和康拉迪尽可能地寻找外国宾馆，其中包括外国酒店和英美烟草公司在本土和分区总部的食堂。卡纳迪在江西九江给弟弟的信中写道："到目前为止，我们到过的大多数地方，通常都能找到一群外国人，

1　Frank H. Canaday, unpublished memoir, 35, 119, Canaday Papers.
2　如想了解英美烟草公司在销售部门对外国人的常规培训，参见 Hutchinson, *China Hand*; Lee Parker and Ruth Dorval Jones, *China and the Golden Weed* (Ahoskie, NC: Herald Publishing Co., 1976).
3　Frank H. Canaday, unpublished memoir, 47–50, Canaday Papers.
4　Thomas, "Selling and Civilization," 948.

吃的大多是外国食物。卡纳迪和康拉迪甚至选择和其他外国人一起吃饭，这意味着尽管有公务在身，他们却没有去参加与当地烟商共餐的宴会。[1]当一行人的行程离英美烟草公司的一个烟草采购站很近时，这两位外国人"知道会有3位负责公司采叶站的弗吉尼亚人接待我们，因此我们就可以放心愉快地期待晚上的到来了。"[2]当团队快到青岛时，卡纳迪和康拉迪分头前往斯坦因酒店，在那里他们会见了一位来自英美烟草公司母公司的外国人，并享受了德国美食。[3]康拉迪将卡纳迪引入英美烟草公司的外国商业文化，作为对中国文化的缓冲。

卡纳迪只要在上海或北京时，就会参加英美烟草公司的商业文化活动。在中国的头两周，卡纳迪住在礼查饭店，这家旅馆为英美烟草公司的外国人提供了20年的住宿。之后，他搬到了法国租界一个（美国）南方家庭的房间里。卡纳迪对他的母亲说："我可以生活在熟悉的环境中，每天都有一部分时间和美国人在一起。这让我有机会逐渐适应中国人群。"[4]将中国人描述为"人群"（swarm）反映了美国针对中国工人和社区的种族主义言论，是美国人排华的有力证据。[5]

正如第六章所描述的那样，英美烟草公司的外国商业文化与更大的帝国通商口岸文化交织在一起，使卡纳迪沉浸在一个精英阶层和种族隔离的外国世界中。卡纳迪还加入了波瓦坦俱乐部（Powhattan Club）和美国俱乐部，其中波瓦坦俱乐部是一个专门为英美烟草公司外国人士开

1　Frank H. Canaday to Ward Canaday, May 21, 1923, Canaday Papers.

2　Frank H. Canaday, unpublished memoir, 99, Canaday Papers.

3　Frank H. Canaday, unpublished memoir, 82, Canaday Papers.

4　Frank H. Canaday to Mother, February 3, 1923; Frank H. Canaday, unpublished memoir, 34, 47, Canaday Papers.

5　例如，可参见 *Some Reasons for Chinese Exclusion: Meat vs. Rice, American Manhood Against Asiatic Coolieism, Which Shall Survive?* 57th Cong., 1st sess., S. Doc. No. 137 (1902) (statement of Samuel Gompers). Washington, DC: Government Printing Office. 也可参见 John W. Dower, *War Without Mercy: Race and Power in the Pacific* (New York: Pantheon, 1986).

设的男士俱乐部。[1] 这些专门为外国男性开设的俱乐部提供餐饮、鸡尾酒、配有休息室、图书馆以及特别活动的场地，如舞池。中国人被禁止入内，除非他们是这里的工作人员。[2] 卡纳迪后来回忆道："我想我刚来时最心烦的是，我以后只能把所有的空闲时间都用来坐在俱乐部的桌子旁喝威士忌苏打水了。"[3] 尽管这不是卡纳迪唯一的经历，但每当他在通商口岸或北京时，他都会回到俱乐部的桌子旁。

尽管在英美烟草公司母公司中，跨种族的接触很常见，但在永泰和，这种接触较少受到外国人的计划和控制。和其他外国人一样，卡纳迪也抱有西方优越感，但他有更多的机会以经济主体的身份与中国同事和主管交流。他将如何面对这些挑战，并成为一名商人？他将对五卅运动有何反应？他能适应中国自有的"现代"商业环境吗？

卡纳迪受到的文化冲击

像大多数外国新员工一样，卡纳迪来到中国时，对自己的晋升满怀希望，这种希望植根于男性的个人主义思想。拥有哈佛大学学位的卡纳迪，比他在英美烟草公司中国分公司的美国同事（包括他的老板）更有精英血统，但他的职业生涯起步很艰难。毕业后，卡纳迪加入了大学训练队，打算在第一次世界大战中服役，但是战争在他能够参战之前就结束了。他在纽约市找到了一份销售工作，但当公司倒闭后，他又回到了原点。卡纳迪的哥哥拥有俄亥俄州托莱多市的美国广告公司，但卡纳迪觉得接受公司提供的职位"会带来某种逃避和失败的感觉"。在哥

---

1 Frank H. Canaday to Mariam Canaday, June 2, 1923, Canaday Papers. 波瓦坦俱乐部的名字反映了美洲本土烟草的主要产地。美国烟草公司的电报地址为"波瓦坦"，信笺上印有一个印第安人戴着大平原特色的头饰的图案。
2 美国俱乐部的规定是："除非经委员会同意，女士不得以任何借口进入俱乐部或参观俱乐部。" American Club Membership Documents, December 14, 1923, Canaday Papers.
3 Frank H. Canaday to Mariam Canaday, June 2, 1923, Canaday Papers.

哥的成功面前，卡纳迪黯然失色，卡纳迪想靠自己的力量取得成功，就像那些白手起家的人一样。英美烟草公司中国分公司的职位似乎能给生活带来改变，会给他"一次有价值的生活体验"。[1]

对许多来自美国的年轻人来说，中国似乎很有前景，因为他们认为这个国家很原始，是需要牛仔的边疆。卡纳迪认为这份工作中充满了冒险的挑战，能带来快速成长，他对此感到兴奋。他给家里写信说："这是一份真正的男人的工作——让人梦寐以求的那种工作——非常有趣和刺激，场景经常变化，工作中让人不安和不确定的部分反而能让人投入热情，各种各样的困难促使人发挥出自己全部的才能。"卡纳迪担心没有时间做"年轻人的狩猎和娱乐生活"，他认为这些能让他为销售人员这份工作做好准备，尽管他在美国从事销售岗位时从未认为这是一个不利条件。[2] 尽管中国农村已有几百年的耕种历史，但外国人拿它与北美洲的边疆相比，而不是与同样农耕的美国相比。詹姆斯·哈钦森回忆说，刚到上海时，詹姆斯·A. 托马斯对他说了一番鼓舞人心的话，"描绘了青年拓荒者以坚韧不拔的决心赢得名利的图景。我紧闭双唇，内心膨胀得像一只球胸鸽[3]。"[4] 对于英美烟草公司的年轻外国人来说，现代性的神话包含着一种个人英雄主义的承诺，他们将把一种现代商品带到原始的、欠发达的中国。

当这些崇高的期望与日常生活冲突时，几乎所有的外国代表都猛然觉醒。像英美烟草公司这样的大公司似乎与自由个人主义格格不入，因为它们要求人们把自己的意志和创造力纳入一个庞大的等级制度之中。卡纳迪去中国的时候，男人们担心公司的工作会让他们变得女性化，变

---

[1] Frank H. Canaday to Baldwin, September 24, 1922, 关于卡纳迪的这些感受来自于鲍德温（Baldwin）给英美烟草公司的推荐信。November 27, 1922; Frank H. Canaday to Ward Canaday, October 23, 1922, Canaday Papers.

[2] Frank H. Canaday to unknown, March 16, 1923, Canaday Papers.

[3] 球胸鸽（Pouter pigeon），一种观赏鸽，原产于欧洲，由于其嗉囊发达，会形成像气球般突起的胸部。——编者注

[4] Hutchinson, *China Hand*, 12–14; 托马斯的回忆录名为 *A Pioneer Tobacco Merchant in the Orient*.

得依赖别人。[1] 反过来，经理们把欧美的企业等级制度看作是自愿的，也就是说，是个人以获得晋升的竞争机会和更多的独立性作为交换而签订的一种合约。尽管如此，个人主义的期望与欧美企业结构之间的矛盾可能难以解决。

如果说有什么不同的话，那就是卡纳迪的男性个人主义与公司结构之间的冲突在子公司变得更加突出。永泰和的经营方式既反映了卡纳迪熟悉的西方管理层级结构，也反映了基于儒家思想的秩序，这种秩序对卡纳迪来说可能是闻所未闻、晦涩难懂的。虽然卡纳迪想要逃离永泰和以家族为基础的商业关系，但永泰和从实质上和形象上都是以家族关系为基础的层级结构。永泰和的部分体系借鉴了儒家的孝道观念以及层级的观念，是一种自然约定，而非双方自愿的契约。[2] 永泰和集团董事会的中国成员既是亲属关系，又有财务上的关系。郑伯昭与他的姐夫和长子共享领导权，这种模式在中国很常见。郑伯昭自称为永泰和的"家族领袖"，主要通过本地关系招聘，将自己庞大的销售团队定位为虚构亲属（fictive kin）。郑伯昭的贸易公司深深植根于他的家乡广东，这种管理结构在子公司中得以延续。[3] 这个"籍贯关系网"不仅仅有文化上的意义，还具有管理功能，包括成为当地人进入公司的途径，还形成一个具有凝聚力的企业等级制度和文化。

当然，重要的是不要把西方个人主义和儒家孝道在英美烟草公司和永泰和中的作用绝对化或过度二元化。尽管个人和法律制度背后的基本哲学假设非常不同，但在欧美和中国的体系中，家庭和个人经历都是商

---

[1] 拉尔夫·沃尔多·爱默生在1841年谈到股份公司时说了这样的话。Ralph Waldo Emerson, *The Essay on Self Reliance* (East Aurora, NY: Roycrofters, 1908), 14. 另可参见 Angel Kwollek-Folland, *Engendering Business: Men and Women in the Corporate Office, 1870–1930*(Baltimore: Johns Hopkins University Press, 1994), 181–182; Michael Zakim, *Accounting for Capitalism: The World the Clerk Made* (Chicago: University of Chicago Press, 2018).

[2] Ruskola, *Legal Orientalism*, 98.

[3] 程仁杰：《英美烟公司买办郑伯昭》，页743。

业的重要方面。[1] 的确，英美烟草公司中国分公司对亮叶烟草关系网的依赖，使虚构亲属成为英美烟草公司结构的一部分，弱化了关系网的个人主义。美国南方人通过亮叶烟草关系网进入永泰和，并在其中找到了家，就像商人通过广东关系网进入永泰和一样，这些途径使他们忠于公司。此外，利己主义在这两家追求利润的公司中都发挥了作用。区别不在于人的本性，而是在于塑造了人们的感知、经验和决策的组织故事。

来到中国后，卡纳迪发现他的经历在不断挑战他之前的认知，他认为自己是一个现代的、拥有男性气概的个体，而中国男人是阴柔的、不能从事技术工作的原始人。在他的培训旅行中，他在写给弟弟的信中试着重述了自己如何感到惊讶：

> 多年来，我脑海中的中国工人的形象都是穿着软拖鞋的洗衣工，结果我却亲眼见到他们可以做任何美国白人可以做的事，这太让我震惊了。想象一下，在这片土地上，中国人可以驾驶你的汽车，可以担任工程师，可以做火车头上的消防员，可以驾驶蒸汽船载着你驶过世界上最难走的一段航程，可以检票，可以执行你的命令，管理你的办公室，收集你的账目，为你的房子签订建筑合同，为你裁剪衣服，为你制作家具，为你销售产品，在你的银行做职员，管理你的电报站，做你的电话接线员。[2]

这一系列令人印象深刻的列举反映出，卡纳迪对中国毫无准备，这正是因为已经实施了40年的排华政策，让中国男性受到了种族歧视。卡纳迪吸收了一种根深蒂固的恐华论调，认为中国男人作为男人是失败的：没有能力从事专业或技术劳动，也缺乏男性特征。当卡纳迪看到中国男性在美国只能从事很有限的工作类别时，他看到的是无能，而不是

---

1 Sheehan, *Industrial Eden*, 1–15; Ruskola, *Legal Orientalism*, 60–107.
2 Frank H. Canaday to Ward Canaday, May 21, 1923, Canaday Papers.

歧视。

卡纳迪与永泰和的人一起旅行和培训时，他发现自己必须重新调整自己对种族差异的认识。这既是一个需要积累经验的过程，也是需要动脑思考的过程。为了适应中国的环境，卡纳迪需要重塑自己与新伙伴的关系。我们称这个过程为文化冲击，因为在对陌生事物变得更加熟悉和调整好自我认知之前，内心深处会感到不适应。特别是，由于中国男人做了"任何美国白人可以做的事"，卡纳迪认识到中国男人能做这么多事情，也动摇了他对自己在中国的角色认知。为什么这里需要他？他和这些看起来非常像白人的中国男人是什么关系？换句话说，卡纳迪开始主动地，有时是自觉地，直接利用自己的职位来转变对中国人的种族认知，尤其是他在永泰和的同事。

卡纳迪和其他西方员工在销售之旅中的经历颠覆了他们之前的想法，因为他们惊讶地发现，中国人从事所有的技术劳动，而他们完成的却是卑微的任务。"我们被称为推销员，"詹姆斯·哈钦森回忆说："但实际上，我们一点销售的事情都没做。公司里的大多数外国人都不会说中文；翻译和经销商解决了这一问题。"[1] 除了缺乏语言技能，外国人也不具备进行销售交易所需的文化背景或知识。相反，外国人帮助没有技能的中国劳工，即被他们称作"苦力"的人，分发传单和香烟样品、经营公共烟摊、举办游行或张贴广告海报来打广告。"我做的工作 10 岁小孩就能做。"哈钦森抱怨道。[2] 这份工作不符合外国人对现代全球企业代表在华工作的期望，这使他们感到沮丧和尴尬。

外籍员工在适应这些意料之外的情况时，也用不同的方式来应对他们所经历的与自己想法不同的局面。例如，哈钦森和另一位英美烟草公司的外国人士在晚上经常去"一个中国女孩之家"，在院子里喝青岛啤酒。"我们互相举杯祝酒，使劲儿埋怨公司，尤其是上海办事处，谴责他们

---

[1] Hutchinson, *China Hand*, 221.

[2] Hutchinson, *China Hand*, 37.

态度不友好，做事遮遮掩掩的，顺带说说中国人和他们的坏习惯……（然后）我们把空瓶子分了……带着野蛮的满足感，把它们一个接一个地砸向画在木屏风上的花朵图案。"哈钦森满足了自己逆反的心理，在"文明"生活的象征——中国的花屏风上演绎了"野蛮"的冲动。哈钦森强调，他之所以砸啤酒瓶，完全是因为他的工作。他写道："我当时很沮丧。这就是我来中国的目的……我花了10天的时间在每一堵墙上贴海报，分发香烟样品和传单。有几个夜晚，我砸啤酒瓶的时候心里感到解气和满足。"哈钦森慢慢适应了。尽管他仍然"不太满意"，但他认为一份在中国的工作值得他去做"脏活"。[1]

卡纳迪并没有砸啤酒瓶，而是用他的袖珍柯达相机来解决他所体验到的预期角色和实际角色之间的矛盾和反差。卡纳迪在中国拍了大量抓拍图片和风景照，但他的摆拍特别能反映出他的心态。卡纳迪偶尔会为镜头设计一些涉及中国人的场景，从而找到一种与周围环境互动的创造性方式。这些摆拍照片远非反映现实，而是卡纳迪试图对自己的经历做出反应和评论。尽管卡纳迪在拍摄照片时有自己的目的，但像所有照片一样，这些照片传达的信息可能超出他最初设想的意图。回到美国后，卡纳迪把这些照片放在了剪贴簿上，并加上了说明文字，这进一步揭示出他希望别人如何看待这些精心设计的照片。

卡纳迪的预期角色和实际角色之间的落差可以从他在（中国的）第一年10月拍摄的一张照片中看出来。销售团队乘坐骡车前往山东的一个集市城镇禹城。因为骡子走得很慢，"大部分的路我都是自己走的，"卡纳迪在日记中写道："把样品分发给乡下人，试着和他们中的一些人交谈，或多或少办成一些事。"[2] 卡纳迪将一根香烟样品给了一个农民，然后退后一步，拍了一张他拿着香烟的照片（图7.1）。

这张精心设计的照片并不能反映永泰和的销售情况或中国农民的吸

---

[1] Hutchinson, China Hand, 45, 52–53.
[2] Frank H. Canaday, diary, October 18, 1923, Canaday Papers.

> A farmer doing a little fall
> plowing with a one-handled
> plow. Also trying a cigarette
> for the first time. He hasn't any
> idea of what is happening ti him.

图 7.1 弗兰克·H. 卡纳迪拍摄的照片。哈佛燕京图书馆免费提供

烟习惯,但它确实捕捉到了西方对现代性的幻想。如果把这张照片当作永泰和的销售技巧的记录,那么这张照片无疑扭曲了现实。按照英美烟草公司中国分公司和永泰和的做法,销售团队将他们的行程安排在丰收节和赶集日之间,因为那时候农民会从附近的小村庄和周围的农村来到镇上;禹城即将迎来这样一个节日。在那里,销售团队将为永泰和现有的零售商提供补给、张贴广告海报、经营香烟摊位、做展示、分发样品。[1]

---

[1] 英美烟公司和永泰和公司在销售差旅上的规定参见 Frank H. Canaday to C. L. Conrady, October 12, 1923, Canaday Papers; Hutchinson, *China Hand*, 33–53.

销售团队并没有打算与农民在他们的田地里会面；这样的做法效率低得可笑。卡纳迪给这位农民拍照只是为了自娱自乐。

虽然他不得不扭曲事件来做到这一点，但卡纳迪上演了现代神话核心的标志性场景：一个西方人将西方的商品介绍给一个中国农民的时刻。当卡纳迪回到美国后，他把这张照片放在了一个剪贴簿上，并给它配了一段文字说明，明确地把这张照片描绘成这样的相遇时刻："一个农民用单柄犁进行秋耕，这也是他第一次尝试抽烟。他对发生在自己身上的事情一无所知。"卡纳迪的文字说明首先将观众的注意力吸引到农民的"单柄犁"上，这在美国看起来是很原始的工具。卡纳迪的说明文字还提到，这是该农民第一次抽香烟。然而，香烟在禹城地区已经有十多年的历史了，因此这位农民很有可能早就抽过香烟，甚至不止一支。通过总结农民"对发生在他身上的事情一无所知"，卡纳迪还暗示，这张照片标志着农民第一次接触到蕴含在商品中的现代性和国际资本主义的力量，并由此进入历史。[1]

具有讽刺意味的是，在卡纳迪拍摄这张照片的时候，他还没有完全明白自己在永泰和的位置。又过了一个月，他才完全明白他要管理一个新的广告部门。像那位农民一样，卡纳迪参与了国际资本主义的宏观进程，但他只对其中的一部分进程完全了解。通过展示和拍摄这个第一次接触西方产品的虚构场景，卡纳迪把自己塑造成了一个现代的全球商人，即他原本希望在中国扮演的角色。

虽然卡纳迪在这张照片中塑造了一个缺乏经验的中国消费者形象，但在其他照片中，他研究了自己与中国劳工或"苦力"的关系。在同一天和同一地点拍摄的两张照片中，卡纳迪说服工人们让他摆出他们工作的姿势，并请人给他拍照。第一幅图中，卡纳迪扛着一根扁担，扁担两端都挂着重物（图7.2）。第二幅图中，还是在那条路上，卡纳迪身上系

---

[1] Dipesh Chakrabarty, *Provincializing Europe: Postcolonial Thought and Historical Difference* (Princeton: Princeton University Press, 2000), 8–10, 65.

图 7.2 弗兰克·H.卡纳迪拍摄的照片。哈佛燕京图书馆免费提供

着一条用来拉船的背带，背带连着船（图 7.3）。原本拉船的"苦力"跟在他身后等着接回工作。两张照片中的卡纳迪都在咧嘴笑着，证明这些照片都是玩笑。考虑到卡纳迪是在销售旅行中和劳工一起工作，这些人为设计的场景在身份焦虑和职位调换中达到了一种戏谑的效果。假扮成"苦力"是为了逗人发笑——显然他不可能做这种工作。这更加内化和强化了他和中国劳工之间的差异。如第四章所示，许多美国人认为，中国人的身体与美国白人男性的身体有本质上的不同，这使得中国男性可以在吃得很少、休息也很少的情况下长时间从事体力劳动，相比之下，

> Giving the coolie a little rest while I find out how it goes to tow a boat.

图7.3 弗兰克·H.卡纳迪拍摄的照片。哈佛燕京图书馆免费提供

白人男性的体能较弱，但有更高的智商和更好的教养。卡纳迪的照片上演了更宏大的帝国历史叙事，目的是解决他的错位问题，重建他与中国男人的差异，突出他的优越感。

卡纳迪在中国子公司的发展

然而，卡纳迪在克服不适的同时，也确实努力适应周围的环境。在永泰和里，他几乎没有外国同事，因此有很多机会与中国人建立业务联

系。培训结束后,卡纳迪不再回避中国的商业文化。例如,当他在山东出差时,他在香烟经销商王先生的大院里住了一个多星期,尽管附近就有英美烟草公司的食堂。[1] 他说王先生"是一个很有教养,令人尊敬,让人感到亲切的人"。[2] 在王先生家里做客时,卡纳迪是唯一出席晚宴并出去看戏的外国人。卡纳迪给家里写信说:"我和中国人在一起的日子里,处处都是最严格的社会培训……只要醒着,我一直保持着严格的警觉,不遗漏任何中国的礼节。"[3] 和许多英美烟草公司员工一样,卡纳迪也接受了和一位语言辅导师一起工作。

更确切地说,卡纳迪掌握了商务会议和宴会所需的礼仪规则。在中国,任何商务会议都是以喝茶、抽斗烟或抽香烟开始的。卡纳迪和家里人说,

> 拿或者接东西都需要用两只手,哪怕是一杯茶或一根香烟。一方给另一方提供东西的时候,接受方必须拒绝一两次才能接受。因此,人们给别人东西时,接受者都会拒绝一两次再接受……主人给客人倒茶时,客人必须站起来鞠躬并表示拒绝,右手还需要按一定的方式放在杯子旁边表示感谢。

宴会还要求区分客人和主人的等级。卡纳迪了解到,客人们争相让别人先进入用餐区:"我曾见过这种争执持续几分钟的情况。一进房间就有一个适合站着的地方。房间里椅子的摆放有一定的优先顺序。"[4] 在5月的时候,卡纳迪还认为自己已经熟练掌握了中国的礼仪;到10月份,他充分认识到"有无数个机会做出失礼的行为,天知道有多少礼仪是我

1　Frank H. Canaday to Mariam Canaday, October 14, 1923, Canaday Papers.
2　Frank H. Canaday to C. L. Conrady, October 12, 1923, Canaday Papers.
3　Frank H. Canaday to unknown, October 4, 1923, Canaday Papers.
4　Frank H. Canaday to unknown, October 4, 1923, Canaday Papers.

不知道的"[1]。

永泰和为卡纳迪提供了一个独特的机会,让他能够以同事和主管的身份,也就是作为完全的经济主体,与中国商人打交道,因为他既要对外国上司负责,也要对中国上司负责。他写信给家里说,他的"老大"是亚瑟·巴塞特,但他也作为合作者和专家与中国人打交道。例如,卡纳迪与济宁地区的陈经理合作制定了皇后牌香烟在山东省的促销方案,因为该品牌在过去一年左右的时间里销量一直在下滑。卡纳迪在写给巴塞特的信中赞扬了陈经理。在信中,他写道:"陈先生刚刚为我们接管这片区域的组织工作,我和他的合作很高效,也很顺利。他很感兴趣,做事认真,英语说得很好,在相关的部门也有关系。"陈经理和卡纳迪将他们的提案交给了部门经理易先生,请他修改,然后提案也传到了郑伯昭和黄以聪那里,以及巴塞特和英美烟草公司母公司,以获得行政批准。[2] 就在提交提案的同一天,卡纳迪给家里写信说,他来到的这个国家"不是我们在国内所了解的那个中国,即使我们仔细研究过它"[3]。他动摇了自己对中国的看法,卡纳迪在种族差异和跨种族认知方面有着混杂甚至自相矛盾的观点。

卡纳迪拍摄了3张中国男子吸烟的不同寻常的摆拍照片,能看出比其他摆拍照片拍摄的过程都要愉快。这些照片非常独特,首先因为被拍摄者在微笑。和当时的美国人一样,中国人在拍照时一般不会微笑。此外,照片中的肢体语言暗示了摄影师和拍摄对象之间的关系是亲密和放松的:他们的微笑并不呆板,姿势也不僵硬。为什么这些人会这样与卡纳迪互动?

1924年的一天,卡纳迪在天津的一个市场拍下了这些照片,当时

---

[1] Frank H. Canaday to Mariam Canaday, October 14, 1923, Canaday Papers.
[2] Frank H. Canaday to Arthur Bassett, October 14, 1923; Frank H. Canaday to C. Y. Yik [Yi], October 14, 1923; Frank H. Canaday to C. L. Conrady, October 12, 1923; unknown (BAT headquarters) to Frank H. Canaday, October 23, 1923, Canaday Papers.
[3] Frank H. Canaday to Mariam Canaday, October 14, 1923, Canaday Papers.

图 7.4 弗兰克·H. 卡纳迪拍摄的照片。哈佛燕京图书馆免费提供

永泰和正在那里卖香烟。虽然卡纳迪没有说出拍摄对象的名字，但几乎可以肯定，他们都是卡纳迪认识的永泰和销售员或香烟零售商。这3张照片都像广告一样把焦点放在香烟上。图 7.4 和图 7.5 中的男人按西方人的样子拿烟，用食指和中指夹烟；这是值得注意的，因为中国人倾向于把香烟夹在食指和大拇指之间，这样在吐气时，手掌就会滑过下巴，虽说在广告中，中国人常常是用食指和中指夹香烟。在图 7.4 中，拍摄

图 7.5 弗兰克·H. 卡纳迪拍摄的照片。卡纳迪的配文是:"无论天气如何,只要能得到一支大厂的免费烟卷,他都很开心。在他身后的墙上挂着的是双十香烟的海报,是英美烟公司为纪念十月十日,即中华民国成立以来的国定假日而推出的。"哈佛燕京图书馆免费提供

Another happy convert with a B.A.T. cigarette.

图 7.6　哈佛燕京图书馆提供

对象站立着，香烟离他的脸很近，他的头微微后仰，脸上带着满意的微笑。卡纳迪后来给这张照片的配文是"啊！"。在图 7.5 中，被拍摄者手撑着大伞站在那里，香烟离他的头不远，脸上同样带着灿烂的笑容。这名男子站在双十香烟的广告海报前，这是一款试图利用中国民族主义谋利的永泰和品牌香烟，因为它是以 10 月 10 日，即 1912 年中华民国成立的日子命名的。在图 7.6 中，同一个人坐在那里，他仍然面带微笑，

317

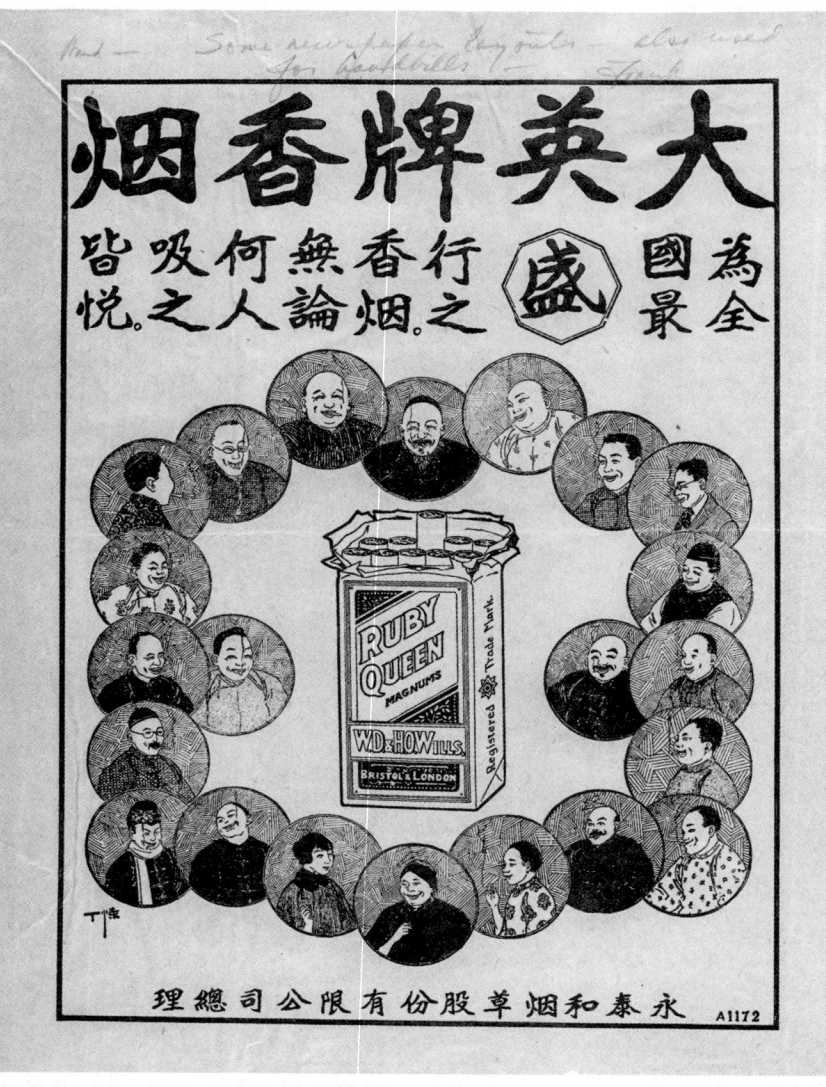

图 7.7 传单广告，哈佛燕京图书馆提供

嘴里叼着一支香烟，双手放在大腿上。

　　我对这些照片琢磨了很长时间，才确定它们是怎么拍出来的。我的第一条线索是，卡纳迪一直在为他的相机寻找商业用途：他想出了一个主意，购买一盒胜利牌香烟的消费者可以得到一张自己的照片。卡纳迪

为可能被翻译成中文的海报写了一份广告词："带着胜利回家，买一盒优质香烟，即可免费获得一张自己的照片——好照片记录好人抽好烟。"[1]没有证据表明此计划得到了批准，但卡纳迪有可能在寻找其他方法使用他的相机来为香烟做促销服务。

　　第二条线索是，出现在报纸上的皇后牌香烟广告和永泰和在市场上分发的传单广告，很可能都包括天津的那个广告（图7.7）。在那个广告上，中心是一包皇后牌香烟，非常显眼，在它周围是22个圆圈，里面是吸烟者的上半身画像。这19名男性和3名女性代表了各种类型的人群，配文写道："大英牌香烟为全国最盛行之香烟。"值得注意的是，（海报上的）每个人都面带微笑，这呼应了另一个配文："无论何人吸之皆悦。"（海报上有）一个男人的头向后倾斜，和图7.4中的人物很像。男士全都用嘴叼着烟，手没出现在图中，就像图7.6中人的姿势；女人们则用食指和中指夹着香烟。将香烟靠近笑脸或嘴边，甚至将头倾斜的这些动作，都是为了将香烟与满足感联系起来的视觉语言，卡纳迪照片中的拍摄对象复现了这种语言。

　　于是，卡纳迪和他的拍摄对象们似乎正在演绎这句广告语："无论何人吸之皆悦。"也许卡纳迪曾想在广告材料中使用这些或类似的照片，尽管我知道没有这样的广告。或者，这些人可能是在消磨时间。不管怎样，和图7.1一样，如果认为这些镜头反映了中国人的吸烟习惯，那么就是在扭曲历史。相反，他们是卡纳迪和他的拍摄对象为摄影活动带来的特定商业利益和个人利益的产物。这些照片中最引人注目的地方恰恰是他们看起来是多么团结协作：照片中的男人看起来真的很高兴，很戏剧化，图7.4和图7.5中的拍摄对象尤其如此。摄影师和拍摄对象之间的关系似乎轻松而有趣。与卡纳迪做"苦力"劳动时拍的搞笑照片不同，在这里两方都是开心的。至少有那么几天，卡纳迪在永泰和找到了自己的方向。

1　Frank H. Canaday, small diary, n.d., Canaday Papers.

卡纳迪如愿以偿地迅速崛起，很快就"负责永泰和公司在全中国的广告业务"。[1] 他的工作符合他的冒险精神和个人晋升的愿望。他还每天写文章，有意地计划在未来发表他在中国的见闻。1924 年，卡纳迪成立了"他的"广告部门，尽管后来证明该部门并没有像承诺的那样独立于英美烟草公司的监管。[2] 卡纳迪遇到了许多挑战，包括由于军阀争斗所造成的政治混乱，但他仍然觉得这份工作令人满意和富有成效。1925 年，永泰和派他到北京接受为期 6 个月的语言强化课程，为他在子公司承担更大的责任做准备。他在家信中写道："中国的情况……糟糕到不能再糟糕了，我们在 12 月份的业绩是公司历史上最好的一个月。在北京……我们自己的公司现在在这一带占据了 94% 的业务。"[3] 对卡纳迪来说，烟草业似乎没有受到中国日益加剧的政治动荡的影响。"一切都在妨碍我们的商业活动，但我们却乐不可支，兴办新工厂，为别人赚取数百万的利润。"[4] 他在给一个朋友的信中说，他正在考虑在中国永久定居。他还在信中补充道"别告诉我妈妈"。[5] 就在这个乐观的时刻，他收到了哥哥沃德的来信，再次邀请他去托莱多的广告公司工作。

卡纳迪明确地拒绝了他哥哥的提议，这显示出他正在子公司内部提高自己的综合能力。卡纳迪津津乐道地指出，沃德并没有把他当作"生意上的一个重要因素"，而是"只不过把弟弟塞到某个地方，给他一个机会……你也读了很多爱默生的书，知道为什么我不能在这个基础上跟你'一起去'。"卡纳迪指的是拉尔夫·沃尔多·爱默生的文章《论自助》，这是男性个人主义最著名的专著。然而，他立即赞扬了截然不同的中国人的"面子"概念，说："中国人总想周到地处理所有的事情，这样哪一方都不会在生意中'丢了面子'，也就是说，每个人的个性都受到尊重，

---

1 Frank H. Canaday to Mr. Baldwin, November 30, 1923, Canaday Papers.
2 Frank H. Canaday to Mr. Baldwin, August 31, 1924; Frank H. Canaday to Ward Canaday, December 21, 1924; C. L. Conrady to Frank H. Canaday, January 4, 1926; Canaday Papers.
3 Frank H. Canaday to Ward Canaday, February 17, 1925, Canaday Papers.
4 Frank H. Canaday to Mr. Baldwin, August 31, 1924, Canaday Papers.
5 Frank H. Canaday to Mr. Baldwin, February 17, 1925, Canaday Papers.

自尊都得到维护。"[1] 最后，他表示了对巴塞特的忠诚，并吹嘘他们如何承诺给他涨工资。

卡纳迪将自力更生和面子联系起来，让几乎相反的概念达成了一种有趣的统一。对爱默生来说，男性个体必须否定社会。他写道："真正的人，不能墨守成规。"不难理解为何卡纳迪和他哥哥的冲突可能会让他想到爱默生的话："我会在我的天赋召唤我的时候避开我的父母、妻子和兄弟。"但在儒家思想影响下的中国，这样的想法是令人反感的，因为中国的社会讲究孝道。父亲、母亲、妻子和兄弟都应享有特殊的尊敬。"坚持做你自己，"爱默生坚持说，"（还要）鄙视……和解。"[2] 相反，受儒家影响的商业文化高度重视和解。人需要磨炼自己的品性，要避免引发对抗或使人尴尬的真相或事情。一个人不是通过提升自己，而是通过尊重他人而获得地位或面子，例如，通过赞美、送礼或良好的举止。[3]

当然，卡纳迪对这两个概念的理解可能是粗略的；不过，鉴于他的经验，他所描述的在商业中保有自主和尊严的理想确实是有道理的。为了使其发挥作用，他将这些概念通过对男性荣誉的共同提升结合在一起，并引入了20世纪的人格和自尊概念，与爱默生激进的个人主义相比，这些概念对群体中的个体有更积极的认识。卡纳迪这种兼而有之的理想将他的成长经历和现在的环境连接起来；这至少说明，他在永泰和找到了一个令自己称心如意的地方。

反帝民族主义和北京的外交文化

然而，五卅运动阻碍了卡纳迪的进展，最终导致他放弃了这份在中

---

1 Frank H. Canaday to Ward Canaday, February 17, 1925, Canaday Papers.
2 Emerson, *The Essay on Self Reliance*, 15, 16, 51, 13.
3 Ho, "On the Concept of Face," 867–884; Yang, *Gifts, Favors, and Banquets*, 1994.

国干得风生水起的工作。抗议爆发时，他正在北京学习中文。抗议者指控永泰和是一家有部分外资的企业，迫使商人放弃其经营的产品，并迫使官员阻止其商业活动。在北京，官员们关闭了永泰和分公司，并逮捕了其中国经理，这算是突然执行了1916年颁布的禁止外资企业在北京经营的一项法规。卡纳迪警告英美烟草公司说，默许这种事情发生将"是危险的举动，承认他们是对的可能导致我们在全中国都会被认定为不是纯粹的中国公司"[1]。几周内，永泰和通过谈判达成了妥协，北京办事处以经销商的身份重新开张，不再是分公司，并允许永泰和以一家中国公司的身份出现，这表明，英美烟草公司创建子公司的动机中，这个花招是多么重要。[2]卡纳迪还试图解决北京地区层出不穷的，影响香烟分销的障碍。在这段令人沮丧的时期结束时，卡纳迪解除了合同，回到了美国。

英美烟草公司中国分公司和永泰和最终从五卅运动中恢复过来，但卡纳迪无法再想象他在中国的未来。离开前不久，他给家里写信，把民族主义的中国描绘成一个沉睡的巨人正在苏醒：

> 我似乎总是竹篮打水一场空。现在也是如此，我在中国这个职位所经历的所有冒险和成功，显然将在1个月或1年内毁于一旦，美好前景将化为混乱和毁灭。因为如果中国觉醒了，重整旗鼓，这20年来苦心经营的事业就会灰飞烟灭，许多员工晋升和加薪的希望也会随之破灭。坦率地说，我对这里的形势感到悲观。[3]

卡纳迪认为反帝国主义民族主义将极大地影响英美烟草公司的未来，这是正确的，但在时机上他错了。事实上，就在卡纳迪离开的时

---

[1] 该法律对1916年之前成立的外国企业不予追究，但不允许成立新的外资企业。为了做生意，这家子公司不得不从香烟包装上去掉永泰和的名字，解散自己一流的分销体系，并通过一个新的没有外国关系的中国经销商来经营。Canaday to W. B. Christian, BAT, June 10, 1925; Canaday to Bassett, June 11, 1925, Canaday Papers.

[2] Canaday to Bassett, June 16, 1925, Canaday Papers.

[3] 来自于剪贴簿中的信件节选，dated 1925, Canaday Papers.

候，烟草公司重新进入了市场。此外，永泰和还为他提供了一份新的合同，让他担任永泰和广告部主管的职位，这让他从英美烟草公司母公司获得了比以前更多的自主权。[1] 尽管政治动荡持续不断，但永泰和以及英美烟草公司在接下来的 10 年中取得了前所未有的成功，如果卡纳迪留下来，他的职业生涯可能会更进一步。但他并没有，他写信给他的哥哥，请求对方让他去做那份他多次拒绝的工作，这一定会让他感到有伤尊严。[2] 对卡纳迪在中国的职业生涯来说，这是一个令人失望的结局。

考虑到卡纳迪在北京学习了 6 个月的语言，他的彻底转变就更好理解了。尽管他之前对中国的看法在永泰和内部受到了挑战，但北京的外国文化深受外交官、金融代表和企业代表的影响，他也因此沉浸在上层人士的外交话语中，谈论的都是中国民族主义的愚蠢和中国的发展落后。卡纳迪又开始在俱乐部的桌边喝酒，还参加了一系列热闹的舞会和晚宴。"这个月我在北京过得很开心，"他写信给家里说，"算是补偿了之前在内地简陋的泥棚里那些无聊的夜晚。这里有很多很好的人，我要逐一认识一下。"[3] 尽管卡纳迪挤不进美国上层外交圈，但北京接纳了像他这样的中层企业代表。在高级舞会上，他还见到了曾代表中国参加巴黎和会的顾维钧等中国外交官。[4]

卡纳迪从北京寄出的信中新提到了中国精英和非精英之间的明显区别。一次舞会后，他写道，那里的一些中国人穿着漂亮的半洋装，聪明伶俐，容貌可爱，谁看到他们都不会想起他们是中国人或某一民族，而是会单纯地认为他们是最高级的人类物种，如此少见而有趣。卡纳迪认为人类是从低到高垂直发展的，并且设想了一个文明的新顶点："我认为在顶端，所有种族都会融合在一起；只有在较低的发展水平上才会

---

[1] C. L. Conrady to Frank H. Canaday, January 4, 1926, Canaday Papers.
[2] Frank H. Canaday to Ward Canaday, n.d. (1926); Ward Canaday to Frank H. Canaday, January 6, 1926; Canaday Papers.
[3] Frank H. Canaday to unknown, November 11, 1924, Canaday Papers.
[4] Frank H. Canaday to Mariam Canaday, November 23, 1924, Canaday Papers.

出现种族的分歧和斗争……人类最优秀的品质在世界各地基本上是相同的，并且通常被每一片土地上最优秀的人所认可。"[1]

与此同时，卡纳迪重新对一种现代性的叙述表现出了兴趣，即中国是落后的、需要西方指导的，尽管他已然在永泰和与中国人打了很久的交道。在北京待了6个月后，就在五卅运动之前，卡纳迪在一篇文章中提出了一个非原创的观点，即中国人正处于相当于中世纪欧洲的进化阶段。在《中国仍处于中世纪》("Middle Ages, Still, in the Middle Kingdom")这篇文章中，卡纳迪认为在过去几个世纪里，美国和欧洲都取得稳步进展，但中国"拥有比我们西方更多的文明基础，却陷入懒惰的堕落，在物质的肮脏和思想的混乱中无休止地徘徊"。这篇文章讲述了中国的迷信、对"江湖郎中"和"巫师"的依赖，以及"令人恶心的"卫生状况。[2]

这篇文章贬损的语气和陈词滥调并不值得一看。值得注意的是它隐藏真相的一面。这篇文章以两个外国人在"古老的"山东省出差时的对话为形式，随行的不是中国商人，而是中国佣人。这也是卡纳迪本人多次在山东出差的方式。在这篇文章中，佣人们是背景陪衬，负责基础烹饪和交通，听从外国人的指示，因为他们知道去哪里、怎么去。[3] 将这篇文章与卡纳迪的其他文献分开阅读，人们可能会认为，卡纳迪除了佣人之外，没有机会了解中国人，而他的种族主义在一定程度上可以归因于无知。但显然，我们需要一个更好的解释。

在北京，卡纳迪遇到了一种融合了种族隔离的外国文化，外国企业用外国外交官认为中国人缺乏自治能力作为证据。卡纳迪在上海可能也遇到过类似的关于中国治理的想法，但在北京，他结识了一些有权发表公开声明并影响中国未来决策的人。卡纳迪对精英与其他中国人的新划

1　Frank H. Canaday to Mariam Canaday, November 23, 1924, Canaday Papers.
2　Frank H. Canaday, "Middle Ages, Still, in 'Middle Kingdom,'" unpublished essay, May 1925, Canaday papers.
3　Canaday, "Middle Ages, Still, in 'Middle Kingdom.'"

分，反映了北京的公共外交文化，以及美国的排华政策。美国和中国的外交官谈判达成的排华政策为学生、商人和其他精英人士提供了豁免权。正如第一章所述，排华政策所涉及的与中国签订的条约是美中商业和外交关系持续紧张的根源，而这些豁免（权）是两国关系得以继续发展的必要条件。[1]

1925年，在酝酿已久的冲突达到沸点之际，外交官们结成了松散的国际联盟，北京的局势尤为紧张。在第一次世界大战之后，中国外交官质疑帝国主义条约并提出主权主张，特别是坚持将山东半岛的部分地区归还中国管辖。山东半岛的部分地区曾是德国控制的租界，但在战争期间，日本取代了德国的地位，加速了它作为帝国主义强国的主张。中国拒绝签署《凡尔赛条约》，因为该条约没有将山东归还中国。1919年，中国学生和其他阶层发起了五四运动以示抗议。1921—1922年的华盛顿会议在名义上把（山东）半岛的管辖权归还给了中国，但日本在山东的许多投资并未受到影响，实质上重申了日本在中国的多国帝国主义联盟中的地位。尽管美国声称坚持威尔逊的民族自决原则，但当时的美国外交官无意全力支持中国主权，而是希望在延续帝国主义既得利益的同时安抚中国。北京的外交团体公开表示支持中国主权，同时反复论证帝国特权的延续。五卅运动表明反帝情绪在中国已经变得非常强烈，并打击了在华盛顿会议上达成的脆弱的协议。[2]

在五卅运动打乱卡纳迪的生活之时，他有6个月的时间沉浸在北京的外国文化中，帮助他理解这场剧变。他的信件和《中国仍处于中世纪》

---

[1] Paul A. Kramer, "Imperial Openings: Civilization, Exemption, and the Geopolitics of Mobility in the History of Chinese Exclusion, 1868–1910," *Journal of the Gilded Age and Progressive Era* 14 (2015): 317–347.

[2] Akira Iriye, *After Imperialism: The Search for a New Order in the Far East 1921–1931* ([1965]; New York: Atheneum, 1969), 18–21, 57; Prasenjit Duara, *Sovereignty and Authenticity: Manchukuo and the East Asian Modern* (Lanham: Rowman and Littlefield Publishers Inc., 2003), 10; Jane Burbank and Frederick Cooper, *Empires in World History: Power and the Politics of Difference* (Princeton: Princeton University Press, 2010), 386–389.

的文章表明，他已经深深持有一种高度种族化的中国观，这种中国观既不同于他在两年半前抵达时所持的中国观，也不同于他在永泰和工作时开始形成的中国观。不将中国精英包括在内，卡纳迪可以继续认为中国从本质上陷入了懒惰和落后的境地，尽管他自己明明有一手的经验体会。卡纳迪对中国商业文化的兴趣和对中国上级的尊重，已经与现代性苛刻的叙事要求格格不入。

卡纳迪在永泰和的故事表明，这家子公司代表着英美烟草公司的重大重组，但由此产生的混合体并没有像威尔逊主义发展倡导的那样，废除帝国主义层级制度。相反，它创造了一种平行销售结构，强化了中外之间的区别，这种区别对英美烟草公司的层级结构来说仍然是根本性的。与其他外国人相比，卡纳迪有更多的机会为自己与中国商人的关系创造不同的条件，他通过改变自己对中国的看法来应对这些机会。然而，帝国权力不均衡的状况遍及英美烟草公司中国分公司、上海的租界和北京的外国社区。最终，通过对北京外国文化的解读，卡纳迪的试探性改变被证明无法应对五卅运动的挑战，他采取了一种比几年前他到达时更强烈的仇华观点。虽然卡纳迪只是一个个体，但他的经历表明，当时跨种族商业交流的环境是多么令人烦恼。

种族的碰撞

随着反帝民族主义运动在亚洲各地愈演愈烈，尤其是在中国和印度，外国企业中跨种族互动的性质和后果成为公共外交政策辩论的中心，但在某种程度上与本文所讲述的故事无关。没有人——显然连卡纳迪也没有——向美国或欧洲公众详细介绍英美烟草公司的这种遭遇究竟意味着什么。相反，地位高的谈判人员将此类交往中的战略性和竞争性想象带到了公众的视野中，正是这些塑造了外交政策的辩论，而不是实际的交往本身。马克思主义关于资本主义剥削的思想在全球的传播影响了五卅运动的抗议和罢工，并将中国的动荡与世界各地的斗争联系起来。这一现象增强了美国国内的反帝国主义批评，使英美烟草公司等公司处于被动的局面，它们不得不证明自己既不是种族主义者，也不是剥削者。

在五卅运动期间，美国记者裴斐（Nathaniel Peffer）和前英美烟草公司中国分公司负责人詹姆斯·A.托马斯就商业关系对外交关系的影响展开了辩论。这次辩论由贵格会的和平组织和平联谊会主办，托马斯和裴斐的观点截然相反：托马斯的论点是"东方的经济扩张：和平与稳定的一个因素"，而裴斐的论点是"东方的经济扩张：战争的温床"。在接下来的几年里，这两个人继续在报纸上针锋相对。1927年，裴斐出版了《白人的困境：帝国主义时代的高潮》(*The White Man's Dilemma: Climax of the Age of Imperialism*)，其中心章节是关于商业的，标题是"种族相遇"("Where the Races Meet")。托马斯用两本回忆录反驳了裴斐的观点，但没有提到他的名字，这两本书是1928年出版的《东方的商人先驱》(*A Pioneer Tobacco Merchant in the Orient*) 和1931年《万里经商》(*Trailing Trade a Million Miles*)；后者也有一个关于商业关系的章节，标题也是"种族相遇"("Where the Races Meet")。[1]

裴斐和托马斯都声称自己能准确地描述英美烟草公司等外国公司的活动。托马斯的专业知识来源于他在1905年至1916年担任英美烟草公司中国分公司负责人期间的经历；他于1916年至1920年在英美烟草公司董事会任职，并于1920年至1924年担任中美商业银行副行长。裴斐比托马斯小25岁，毕业于芝加哥大学。从1915年到1920年左右，他担任上海英文报纸《中国时报》的编辑，后来成为《纽约论坛报》驻北京记者。他还在1921年的华盛顿会议上报道了中美政策，并于1925年

---

[1] Fellowship of Reconciliation Conference Program, 1925, James A. Thomas Papers; Nathaniel Peffer, *The White Man's Dilemma: Climax of the Age of Imperialism* (New York: John Day Co. Inc., 1927); James A. Thomas, *A Pioneer Tobacco Merchant in the Orient* (Durham: Duke University Press, 1928); James A. Thomas, *Trailing Trade a Million Miles* (Durham: Duke University Press, 1931).

获得古根海姆基金奖后回到中国。[1]

裴斐和托马斯一致认为，在发展外交关系中，商业往来是最重要的，部分原因是他们需要跨种族的接触，虽说他们对这些接触的性质有非常不同的看法。裴斐认为，"商人（比外交官或传教士）与当地人接触更密切，当地人与外国人关系的基调也是由他们决定的。"[2] 托马斯部分同意。他认为，与那些有议程要推进的传教士或外交官不同，"与外国人有亲密接触的"商业代表是"最实际、最成功的大使"，因为他的"商业、进步和繁荣的语言是全球通用的"[3]。因此，双方都肯定了商业的外交政策功能，这种功能依赖于为追求利润而发生的跨种族互动。

裴斐认为，问题在于白人至上主义和"白人的负担"影响了中国日常的跨种族接触，强调帝国主义"也是一种人与人之间的关系体系"。裴斐鄙视通商口岸的种族隔离政策，指出外国俱乐部不允许华人入会，某些酒店和餐馆禁止华人入内。他特别抨击了根深蒂固的中外商业文化的隔离现象。他声称，外国商人"很少离开他们的半外国城镇，或者即使离开，他们也会走其他外国人走过的路。他们所知道的，不过是到中国后的一个月里，通过与在酒店大堂和俱乐部休息室的其他外国人交谈而了解的，而那些外国人掌握的信息也是通过这种方式获得的"。[4] 裴斐让通商口岸和外国企业的种族隔离做法成为公众监督和辩论的问题。

然而，裴斐含糊其词的地方在于，当外国人没有在俱乐部的桌子旁而是在长时间工作时究竟发生了什么，他似乎也没有考虑到，任何级别的中国雇员都可能在这些交际中积累了一些影响力或权力。他简单地认为，有"两个独立的世界，只通过卖方与买方、雇主和雇员、主人和佣人的关系或者是正式的官方外交行为相互接触；但从未真正相遇，从未共有任何经历，也从未互相了解过"。由于这些原因，裴斐干脆把商业

---

[1] "Nathaniel Peffer of Columbia, Expert on the Far East, Dies," *New York Times*, April 14, 1964, 37.

[2] Peffer, *The White Man's Dilemma*, 174.

[3] Thomas, *Trailing Trade*, 5.

[4] Peffer, *The White Man's Dilemma*, 157, 180.

接触区简单地视为"冲突的中心、纷争、猜疑、相互误解和厌恶的滋生地"。他还试图通过如下这种说法来削弱像托马斯这样的商人在外交政策上的影响力："（然而）正是通过我所描述的这些人的眼睛，我们看到了他们生活的国家。是他们向我们的政府做官方报告，并向我们的报纸发送新闻报道。"[1]

托马斯否认英美烟草公司中国分公司拥护帝国主义；事实上，他把公司描绘成一种促进国际和平的力量。托马斯将英美烟草公司与19世纪帝国主义的早期文明使命撇清了关系，坚称英美烟草公司并没有让中国人顺从美国的方式，而是适应了中国的习俗。"我从来没有试图用我的香烟来推销我特定的文明品牌。我知道我一辈子也无法让多少人适应我的方式；我自己必须适应他们的方式。"[2] 当时的美国仍然流行将移民美国化，因此托马斯显得很宽容。托马斯是在回应一场广泛的反帝国主义挑战，即以欧洲和美国为顶点的单一文明等级观念。在第一次世界大战的大屠杀之后，印度、菲律宾和中国的反帝民族主义者发现欧洲优越论的想法是荒谬的，并通过主张自己文明的价值来建立主权主张。即使在欧洲和美国，单一文明的概念也慢慢让位于多种文明的概念，每种文明都有自己的传统和发展轨迹。[3] 托马斯认为英美烟草公司的政策与这种新模式是一致的。他断言，商业关系"为国际友谊提供了坚实而切实的基础……"[4]

然而，托马斯的反驳最吸引人的地方在于，他创造了一个抽象的经济交换的概念，而不是利用他的实际经验。托马斯认为，商业交易具有

---

[1] Peffer, *The White Man's Dilemma*, 149–150, 178, 180.

[2] Thomas, "Selling and Civilization," 896–899, 948–949.

[3] Louise Conrad Young, "Rethinking Empire: Lessons from Imperial and Post-Imperial Japan," in *The Oxford Handbook of the Ends of Empire*, eds. Martin Thomas and Andrew Thompson (Oxford: Oxford University Press, 2017); Paul A. Kramer, *The Blood of Government: Race, Empire, the United States, and the Philippines* (Chapel Hill: University of North Carolina Press, 2006), 382; Duara, *Sovereignty and Authenticity*, 91–92.

[4] Thomas, "Selling and Civilization," 949.

促进和平与友好的潜力，因为人们作为经济活动者的本质是相同的。"我发现人们在社交、家庭和商业活动中的方式基本上是相同的，尽管他们在外在的流程和形式上有很多不同……英国人、中国人、印度当地人、俄罗斯商人、婆罗洲商人、埃及商人、日本商人、菲律宾群岛商人和其他人，都证明诚实、公平交易和尊重相互的权利是共同的基本特征。托马斯把所有的商业活动都定义为基本的物物交换，他创造了一种商业交易中的互惠互利的场景，这种场景可以追溯到"第一次史前交易"，并扩展到全世界。他接着辩称："公平的交易曾带来……相互尊重和善意。"托马斯将经济交流归化为互惠互利，并且没有解释一个人如何决定商业是否"公平进行"，如此一来，他可以声称，经济活动者之间固有的平等导致了"国际贸易的民主"。[1]

具有讽刺意味的是，托马斯就像卡纳迪一样，依靠抽象的商业关系模糊了自己的经历。托马斯不能完全否认通商口岸的种族隔离和不平等，所以他承认外国俱乐部应该接纳中国会员，外国商人应该与中国商人交往。"就我而言，"他声称，"如果我接受了一个中国商人的款待，我总是以邀请他到我家来作为回报。"[2] 事实上，托马斯和 R. H. 格雷戈里一样，确实邀请了一些中国高层商人到他家，但他没有详细说明是谁，以及为什么去他家。他也没有讨论英美烟草公司与大量中国销售经理、分销商、经销商、零售商和广告商合作的性质，更不用说制造业和农业部门的各级工人了。

托马斯在他的第一本书中收录了一张郑伯昭的照片，并配上了文字说明："郑伯昭先生，社会活动家，中国最大的烟草商。"而他却对自己在中国的商业关系只字不提，让人感到惊讶。而他在其他两本书中都没有提郑伯昭。如果他真的有心支持自己关于商业创造了互惠和友谊的论调，他就应该在书中提到两人曾长期合作，或者提一提他们曾在1912

---

[1] Thomas, *Trailing Trade*, 4, 5, 54.

[2] Thomas, *A Pioneer Tobacco Merchant*, 112–113.

年一起前往伦敦、纽约和北卡罗来纳州；应该提一提除了香烟，他和郑伯昭还在电影、汽车和银行领域合作，投资彼此的企业；也应该交代郑伯昭和他的妻子是他女儿的教父母。[1] 托马斯没有泄露任何这些事实，这些事实其实都不涉及泄露商业策略的机密。他说，中国商人越来越多地通过"股份公司"来组织他们的企业，但没有提及永泰和，甚至没有提及中国商人在英美烟草公司担任管理职位。[2] 尽管托马斯一直在努力将中国商人和他们的专业知识融入英美烟草公司的公司结构，但他把英美烟草公司中国分公司描绘成百分百的外国公司，而甚至包括郑伯昭在内的中国商人，则是位于交易桌另一边，完全独立的商人。

任何人读到托马斯的书，都会希望看到有关中国的权威而一手的经历，所以托马斯描述了天真淳朴的中国当地居民那些有趣的故事，而没有讲他丰富的商业经历。例如，他曾详细讲述这样一件事情，一家工厂安装了一副货运电梯，不久之后又购入了一台新的重型卷烟机，需要运到 3 楼。在大量讨论之后，中国工人把这台巨大的机器绑在绳子上，拉着运上了楼梯，因为他们不想弄坏电梯。托马斯向他们解释了电梯的功能后，他又不得不通过一条规定，防止工人们在电梯里上上下下。[3] 撇开托马斯从未在工厂工作这一事实不谈，这个故事让一些读者舒心：中国经济代理人是和蔼可亲的，而中国原始的未开化的居民需要西方的指导，从事英美烟草公司主要业务的人并不是那些企业家。托马斯还反对中国、菲律宾和印度维护自己的主权，他认为亚洲的独立运动是人们妄图在短短几年时间内达到"跨越一个世纪"的发展成果。[4]

在他们的著作中，托马斯和卡纳迪都抹去了他们与永泰和中国商人的实际交往经历，代之以公式化的现代性神话，核心是原始的中国人受

---

[1] Zheng Bozhao to James A. Thomas, November 18, 1926; James A. Thomas to Anderson Motor Company, January 14, 1922, James A. Thomas Papers; 程仁杰：《英美烟公司买办郑伯昭》，页 749。

[2] Thomas, *A Pioneer Tobacco Merchant*, 111.

[3] Thomas, *A Pioneer Tobacco Merchant*, 140.

[4] James A. Thomas, "Topics for Discussion: James A. Thomas Observes As Follows," James A. Thomas Papers; Thomas, *A Pioneer Tobacco Merchant*, 239; Thomas, *Trailing Trade*, 41.

到仁慈的西方商人的教导。为什么？如果他们生活在21世纪，他们可能会希望通过崇拜差异和吹嘘自己真实的跨文化关系来获得地位。然而，在20世纪20年代，永泰和既标志着现代性的成功，也标志着失败。英美烟草公司确实赚了钱，但事实证明，西方商业实践的可扩展性远不及预期，也就是说，如果不进行重大修改，这些实践无法直接在更大范围内实施。此外，对英美烟草公司而言，中国商人比预想中更重要，他们也长期需要中国商人。英美烟草公司的外国人士原本认为，他们虽然需要中国的翻译、贸易商和各种工人，但他们打算通过合理的西方层级制度和做法来疏远和规范他们的劳动。如果中国男人做了白人男人在其国内做的所有事情，也就是说，如果中国男人是完全的经济主体，那么白人男人在中国的角色就更容易受到攻击：也许白人男人（这么做）只为了榨取利润。在反帝民族主义高涨的背景下，永泰和的存在及其历史暴露出现代性是一种假象。托马斯和卡纳迪出于清醒的警觉或本能的不安，用陈腐的寓言代替了自己对永泰和的记忆。

结　论

在两次世界大战之间的时期，英美烟草公司中国分公司为了适应郑伯昭的日益成功而进行了重组。郑氏家族获得了谈判的权力，从英美烟草公司层级制度中争取了一些有利的条件和形式上的创新。英美烟草公司当然愿意促使与其持续扩张相适应的中国商业模式的形成，这符合他们的利益，即使是在政治（环境的）困难时期也是如此。但英美烟草公司太需要郑伯昭了，以至于丧失了完全控制他的话语权。中国商人一直都是英美烟草公司的主要创建者，但郑伯昭在决定具体条件和指导未来决策方面具有重要的权力。弗兰克·H.卡纳迪在永泰和担任外国顾问的经历，揭示了英美烟草公司的企业结构正在发生一些多方面的变化。通过扭转典型的历史视角，考察卡纳迪对永泰和"现代性"的适应性，我们有可能打破现代历史书写的惯例，感知实地的商业接触、流通中的商品以及更高层面的辩论之间的相互作用。[1]

作为一家贸易公司，永泰和后来成为一家合资子公司，是第二次世界大战后发展起来的全球供应链的前身。[2] 与那些全球供应链一样，永泰和以看似独立的方式运营，但它与跨国公司的联系可能会被战略性地否定，尤其是当消费者反对资本主义的运作方式或外国入侵时。事实证明，在获取中国资源并将其转化为企业积累方面，永泰和（的中国）商人比外国代表更有效。卡纳迪和托马斯疏远和否认永泰和与英美烟草公司，以及与他们自己生活的联系，预示着跨国公司也否认了承包商所做的工作或对环境做出的调整。

托马斯似乎一直在宣扬中国人的经济主体性，因为他把全球资本主义想象成两个抽象的商人出于自身利益而进行的经济贸易或易货交易。托马斯写道，"英国人、中国人、印度本地人、俄罗斯商人、婆罗洲商人、埃及商人、日本商人、菲律宾群岛商人和其他人，在与外国人做生意时，都有相同的基本特征。"托马斯采用了既定的策略，将经济学作为一套脱离历史和文化的抽象概念来阐述。但这也掩盖了英美烟草公司混合的性质。的确，尽管托马斯和裴斐对跨种族商业关系的性质有着截然不同的看法，但他们一致认为，在商界，外国人和中国人生活在两个截然不同的世界。裴斐认为这种分离具有种族主义和剥削的性质；托马斯将其描述为一种固有的平等互利的贸易关系。裴斐说的很有道理：基于种族、性别和籍贯的种族隔离做法组织了英美烟草公司的管理和工厂以及通商口岸文化，阻碍了真正的合作。这种隔离设计的目的是在控制权力和资源流动的同时，依据（人的）不同特性来转换实际业务活动。[3]

1　Tani E. Barlow, "History and the Border," *Journal of Women's History* 18, no. 2 (2009): 8–32.
2　Tsing, *The Mushroom at the End of the World*, 113.
3　Tsing, The Mushroom at the End of the World, 62.

但是有一点不仅裴斐没有注意到,托马斯也加以掩盖的是:英美烟草公司实际上比现代扩张幻想所暗示的要混乱得多:到20世纪20年代,英美烟草公司的结构已经发生了变化,中国人掌握了重要的权力。我们可以把这看作是对英美烟草公司的"污染",一种出乎意料的转变和异质性,偏离了现代性的脚本。[1]

托马斯邀请读者采用一种企业想象,将企业的界限映射到明确定义的种族和民族群体中,但同时他坚持认为这些差异是无关紧要的,抽象的经济交流中固有的平等主义盖过了任何细节。换句话说,托马斯既利用又否认种族差异的重要性。通过这种方式,托马斯也预见到了"无视种族"这一有害的理想,即20世纪晚期拒绝分析权力的不平等,坚持认为公平在于把每个人都当作抽象的个体来对待,与历史或文化无关。[2] 只有了解卡纳迪和托马斯在商业上的遭遇,我们才能理解他们在讲述故事时省略了哪些重要的部分。占主导地位的企业想象抹去了资本主义叙事的多样性,因此,商业的社会、文化历史至关重要,它通过恢复这种多样性,从而揭示出权力的运作方式。

---

[1] 我借用了作者关于"污染"的概念。她认为:"把人类和非人类都变成可投资的资源"的过程导致我们"异化了人和事物,也就是说,将人和事物都孤立了出来,就好像生活中人和物之间的关系无关紧要一样"。作者认为:"合作意味着克服差异,互相协作,这导致了污染。"她呼吁我们超越"理性经济人"概念固有的"自我封闭的幻想"。Tsing, *The Mushroom at the End of the World*, 4–5, 28.

[2] George Lipsitz, *The Possessive Investment in Whiteness: How White People Profit from Identity Politics* (Philadelphia: Temple University Press, 1998); Tim White, *Colorblind: The Rise of Post-Racial Politics and the Retreat from Racial Equity* (San Francisco: City Lights Publishers, 2010).

结论　责任追究

2000年11月某个黄昏，旅居美国的中国艺术家徐冰在北卡罗来纳州达勒姆附近复原的杜克家族亮叶烟草农场的场地上搭建了"烟草计划"。走进展览，观众看到的第一件作品是徐父的病历，他是一个烟民，死于肺癌，病例投射在一座建于19世纪烟草仓库的原木外墙上。在阴森的灯光下，汉字在粗糙的墙壁上跳来跳去，同时播放着图表上枯燥的医学语言的英文翻译录音。乡村背景下，汉字醒目、独特的视觉效果拉近了美国南方和中国的距离，揭示出正是烟草业将这里的风景与徐父在中国的生死联系在一起。这些汉字让人意识到那些惊人的过去。徐冰的做法突破了我们对全球资本主义的想象，他将展览设在（美国）南方农村，而不仅仅在华尔街，并将通常庞大而抽象的东西具体化。他的父亲是谁？外国香烟公司如何成为他生活中紧密和重要的部分？观众不知道这些问题的答案，但他们再也不能认为这些问题与他们无关。

徐冰的展览之所以震撼人心，是因为他以私人的角度展示了烟草公司的历史。我们都知道，这些大公司及其产品和品牌已经成为我们生活的一部分，甚至成为我们身体的一部分，但是关于公司资本主义的公众对话往往围绕着金融学和经济学抽象而专业的细节展开，似乎这些都是根据自然法则自行运转的，而不是在某时某地掺杂了人类的希望与欲望，亦非是运用了剥削和暴力的人为结果。徐冰坚持认为，全球资本主义切切实实发生在消费者的个人层面。在烤烟房里，蓝色霓虹灯在袅袅的烟雾中拼出了"欲望"的形状，暗示着吸烟根深蒂固的主观性，或许也暗示着香烟的上瘾性。徐冰的作品没有描绘具体的人物形象，它唤起了人们同在集体生活中扮演如此重要角色的产品和品牌之间的共同斗争。

徐冰的展览在杜克家族的农场展出，也招致了一种指责。徐冰在一次采访中解释道："从历史上看，美国烟草与中国有着紧密的联系。我做了调查，发现是杜克把香烟带到了中国。在那之前，中国没有香烟。"[1] 目前，吸烟是中国的一大健康危机，每年约有 100 万人死于与吸烟有关的疾病。在一定程度上，吸烟在商业和工作场所文化中仍然是约定俗成的行为，因此中国男性的吸烟率仍然非常高：2010 年高达 52.9%。中国有 3 亿烟民，占世界烟民总数的近三分之一。世界卫生组织估计，如果吸烟率不降低，到 2050 年，中国与吸烟相关的死亡人数将上升至每年 300 万人。[2] 在不涉及法律风险的情况下，徐冰把矛头指向杜克，并要求美国行业承担责任。

徐冰的"烟草计划"从个人角度有力地表达了全球性的联系，吸引人们关注这本书中讲述的跨国故事，但在许多方面，它依赖于一种潜在的、扭曲的现代性叙事。在没有深入了解美国或中国背景的情况下，徐冰把重点放在了企业家、全球烟草业总设计师杜克身上。他以生动的方式唤起的企业形象强化了商品从西到东传播的理念，其中美国是生产者，而中国是消费者。徐冰没有提及这段历史中关于中国生产或中国代理的问题，他似乎没有意识到美国烟草业平行发展的历程。我想，北卡罗来纳州的一些观众在看到徐父的病历时，可能会想到自己死于吸烟相关疾病的亲人。由于北卡罗来纳州曾经是"香烟之州"，那里的吸烟率仍然高于全美国平均水平，但徐冰没有在展览中承认美国工人和消费者也是

---

[1] 2000 年 8 月 24 日，纽约，中华艺术网对徐冰的采访。采访以中文进行，并翻译成英文。http://www.echinaart.com/interview/xu_bing/XiuBin_interview.htm/，2018 年 2 月 15 日访问该网址。
[2] World Health Organization factsheet: "Tobacco in China," http://www.wpro.who.int/china/mediacentre/factsheets/tobacco/en/.

弱势群体。对于徐冰来说，杜克代表着烟草公司，但北卡罗来纳和中国之间更深层次的关系仍然没有得到体现。

这本书的目标之一是改变由企业家、董事会和股东产生的典型的企业想象，并提出一种更人性化、更贴近大型商业公司日常运作的认知视角。一个多世纪以前，像杜克这样的高管成了他们任职的大型企业实体的代名词，成为资本主义浪漫史的主角，无论是乌托邦式的还是反乌托邦式的。[1] 1937年，瑟曼·阿诺德（Thurman Arnold）认为，将公司拟人化为"一个大人物"其实是将一个特定政治背景下"十分复杂"的经济组织简化为寓言中的简单人物。[2] 因此，单一的法律实体作为单一的公共关系形象获得了潜在的社会权力：它成为一个我们可以识别，并且可以选择喜欢或不喜欢的人物。熊彼特的创造性毁灭理论将企业家视为英雄，并将其赋予叛逆者和牛仔的个性特征。也许这一理论解释了一些行业的变化过程，但它在烟草行业的过分应用扭曲了历史，模糊了企业赋权的过程。当然，许多优秀的历史记录都讲述了19世纪晚期的兼并运动，然而，杜克的创业神话却在大约50年的时间里没有得到修正。

本书没有以企业家为主角，而是以亮叶烟草关系网为中心，这是一套由来自北卡罗来纳州和弗吉尼亚州的数百名白人男子组成的帝国主义性质的线路，它通过数千名员工频繁的互动，在美国和中国建立了烟草业。我的观点与小艾尔弗雷德·D.钱德勒不同。钱德勒认为，研究管理者的"看得见的手"是理解企业官僚主义现代性的最佳途径。我不认为亮叶烟草关系网的人有独特的技能，也不认为他们都被安排了合理的岗位。事实上，亮叶烟草关系网的构成本身就是美国南方种族隔离政策塑造南方经济扩张方式的结果，尽管许多非洲裔美国人在一些事情上也享有平等的资格，但这种隔离政策把白领岗位只留给了白人男性。在中国，

---

[1] Teemu Ruskola, "Ted Turner's Clitoridectomy, Etc.: Gendering and Queering the Corporate Person," Berkshire Conference on Women's History, Toronto, May 23, 2014.

[2] Thurman W. Arnold, *The Folklore of Capitalism* (New Haven: Yale University Press, 1937), 50–51.

外国代表越来越依赖中国各级商人和工人；亮叶烟草关系网虽然利用中国人的专业技术，但仍旧维持了英美烟草公司内部的种族等级。

通过追踪这些来自北卡罗来纳州和弗吉尼亚州的人，我们可以看到在打造跨国香烟行业的过程中，美国南方种族隔离与美帝国主义之间的关系。关系网的概念对这种关系至关重要。亮叶烟草关系网既是一种企业管理结构，也是白领工人、烟草、香烟和知识的流通渠道，这些元素在动态的互动中在中国完成了帝国主义过程。帝国主义性质的亮叶烟草关系网知识包括了解亮叶烟草的最佳种植方法和种子培育方法，与农业、工厂和家庭有关的种族管理技术，以及来源于美国南方食物和好客习俗的社群风俗。但这个关系网不仅仅是各个部分的总和：它还充当了一种经济扩张机制，既保留了实行种族隔离的美国南方所塑造出的种族等级原则，又通过与中国商人、农民、工厂工人和佣人接触，让这些原则有了更多的表现形式。换句话说，亮叶烟草关系网是通过接触来运作的，因此也是通过斗争来运作的。中国各级工人为了自己的利益而斗争，并利用外国人相当缺乏的知识来对付他们。

但还有更多需要关注的内容。一个企业帝国主义性质的关系网在美国和中国同时做着几乎相同的工作，这意味着什么？这一事实呼吁我们重新思考如今在全球仍旧流行的想象，包括现代性的概念，这个概念将美国和中国视为完全对立的两极或认为两者发展不同步。不论过去还是现在，与中国相比，美国当然一直都是一个相当富裕的国家。美国是强迫中国签署不平等条约的帝国主义列强之一，随后中国的资源和利润源源不断地流向国外，如果否认两国之间有巨大差距无疑很荒谬。但是，将现代性作为解释框架的假设，掩盖了企业在全球舞台上获得赋权的过程，忽视了美国和中国的地方经济按照新的理性进行重组，以及发生在种族和性别等级中的跨国投资。西方和东方（或称第一世界和第三世界，或北半球和南半球）之间的二分法美化了这种相互关联的历史的重要方面，也美化了让资本主义得以培育日益全球化的种族和性别制度的机制。

我的项目基于一个简单的前提，这个前提来自社会和文化历史的遗产，即企业是由人们的日常接触而形成的。我发现，这种接触往往都是比较密切的程度。在中国和美国，亮叶烟草关系网是通过家庭关系、性关系和奴役关系而形成并巩固的，这些都是我们习惯视为密切或者亲密的关系。但密切接触也发生在工厂里，工厂里的工作分类和纪律制度施加于人身，以构建性别和种族等级；在商业文化里，食品、雪茄或香烟以及社交活动让年轻男性拥有了企业帝国主义的身份。事实上，从白领工人谈判商业协议，到工厂工人宣布自己属于一个品牌棒球队，再到抗议者或工人在街上销毁香烟，香烟本身是企业历史上许多情节中必不可少的道具。

这本书以人类历史为中心，主张经济是在文化内部通过文化构成的。企业家精神、企业文化、劳工管理、品牌和销售都有社会和文化历史，其中的性别、性取向、种族、籍贯、年龄和其他身份类别的构建与经济故事的展开是融为一体的。这并不特别令人惊讶，因为全球烟草公司是通过跨文化接触而形成的庞大组织，但在某种程度上"多样性"这个概念似乎只适用于较低级别的员工和消费者，而对公司的想象和经济的概念仍然是抽象的和非个性化的（默认是白人专属）。我希望这本书通过讲述商人和企业家与工厂工人、佣人、性工作者和消费者的故事来揭示这种逻辑缺陷，构建出更准确、更实用的企业想象。20世纪和21世纪的资本主义意识形态将经济抽象为自由的范畴，并断言政治和文化属于历史范畴。我们在畅想社会正义和经济公正时，应警惕再次错误地割裂经济和文化。

经济学作为一个自由范畴的主导结构使人们忽视了公司在治理中的作用。在中国，像英美烟草公司这样的大型外国公司在通商口岸和大型工厂园区充当帝国统治的场所，也主导了中国劳动力资源和利润流向美国和英国的过程。虽说英美烟草公司是"私有"的，不像之前的公有特许公司（比如英国东印度公司），但我们不应对其政治和外交职能和影响力视而不见。如果我们只把它定义为外国政治统治下的殖民行为,那我们就会简化帝国主义。美国建立了不同形式的帝国主义——如菲律宾的殖民统治,或如中国的治外法权,但无论如何,它都需要一种持续的资源开采、经济扩张和社会调控的机制,而企业一直扮演着一个不断变化的角色。[1] 同样,在美国,香烟公司是南方种族隔离制度的关键生产者和受益者。这种隔离制度使非洲裔美国人在经济、社会和政治上屈从于白人。当我们将公司视为治理机制会带来一个问题,即如何在全球企业资本主义的背景下确保经济自由和民主。

几十年来,有相当多的证据表明,工会和政府监管机构遏制了企业权力的过度扩张,使企业与美国的民主更加相容。劳工法、反托拉斯法的成立,以及为监管众多企业活动(包括政治捐款)而成立的相关的法律,成功地使企业对工人和社会的需求做出了更积极的反应。当然,只有在工会和美国法律本身都民主的情况下,工会才会向企业决策注入民主。1964 年《民权法案》的通过取缔了工作场所和工会的种族和性别隔离,北卡罗来纳州香烟厂的一些非洲裔美国人直接搬到有更好工作条件的地方定居,他们可以像许多白人同事一样,购房置地,送自己的孩子上大学。然而,近年来,企业利益成功地侵蚀了新政的社会契约和企业规章制度,而联合公民(Citizens United)标志着一个大资本驱动政治的新时代。新政及其遗产似乎越来越像美国历史上的偶然,而不是循序渐进的进步故事中的成就。[2]

当徐冰在 2000 年发起"烟草计划"时,美国的烟草业似乎已经崩溃,但最近它却出人意料地卷土重来,并全面参与到企业间逐渐复苏的"财

---

[1] Philip J. Stern, "the Ideology of the Imperial Corporation: 'Informal' Empire Revisited," in "Chartering Capitalism: Organizing Markets, States, and Publics," Emily Erikson, ed., special issue, *Political Power and Social Theory* 29 (2015): 15–43.
[2] 如想了解本现象的相关讨论,可参见 Naomi R. Lamoreaux and William J. Novak, eds., *Corporations and American Democracy* (Cambridge: Harvard University Press, 2017),尤其是导言部分;Jefferson Cowie, *The Great Exception: The New Deal and the Limits of Politics* (Princeton: Princeton University Press, 2016).

阀治国"的趋势和日益扩大的不平等之中。烟草公司在20世纪90年代见证了利润的锐减，因为大规模公开诉讼的成功，揭露了烟草业为掩盖香烟危害身体健康的科学证据而进行的一系列精心的策划。胜诉将和解资金[1]投入到国家级戒烟项目中，其中一些高度宣传了香烟的危害。美国吸烟率迅速下降，北卡罗来纳州和弗吉尼亚州的香烟厂相继关闭，烟农处境艰难，香烟厂所在城镇的平均工资直线下降。

美国香烟市场的下滑似乎标志着自此中美两国香烟行业分道扬镳。在20世纪的头几十年里，两国的烟草业一直平行发展，但1949年中华人民共和国的成立标志着急剧的转折。中国政府将英美烟草公司中国分公司（包括永泰和）国有化，并建立了国有香烟行业。中国女性几乎全都不再吸烟，因为在批判通商口岸的城市消费市场时，女性吸烟的行为象征着一种西方帝国主义文化中的堕落。20世纪90年代，外国烟草公司大举重返中国新开放的市场，中国市场销量的大幅增长成为烟草业对欧美（市场）衰落的无情回应。此外，（在中国）几乎看不到对戒烟的宣传，对香烟广告的限制也很少。正如历史学家罗伯特·普罗科特（Robert Proctor）在2011年的著作中所写的那样："跨国公司正忙着用自己的方式对待世界上那些贫穷的地区，就像它们曾经对待富裕的地区一样。"[2]因此，徐冰揭露美国烟草业在中国扮演的角色，既有当代的原因，也有历史的原因。

然而，美国国内烟草业的死循环却像凤凰涅槃一样死灰复燃。在我撰写本文之际，英美烟草公司首席执行官尼桑德罗·杜兰特（Nicandro Durante）表示，美国和中国再次成为"全球（两个）最大的烟草利润池"。

---

[1] 和解资金：1998年，美国46个州、5个美属地区及华盛顿特区，与美国四大烟草公司签署了《总和解协议》（Master Settlement Agreement），以解决大量由州政府发起的诉讼。协议要求烟草公司支付一笔大额费用来补偿纳税人的烟草相关疾病和当地的经济损失。该协议还呼吁成立一个专门负责预防青少年吸烟的独立组织。——编者注

[2] Robert N. Proctor, *Golden Holocaust: Origins of the Cigarette Catastrophe and the Case for Abolition* (Berkeley: University of California Press, 2011), 541.

英美烟草公司最近称美国是"能长期增长的、令人兴奋的机遇市场"[1]。美国是一个不断增长的香烟市场，因为尽管吸烟率下降了，但吸烟的人数却在上升。此外，美国的不平等说明人口中戒烟的情况差别很大，一些州的吸烟率和中国的一样高。2010年，中国总体吸烟率为28.1%；西弗吉尼亚州的比例为28.6%。[2] 此外，美国的法规没有造成太大阻力，而烟草利益相关者受征税率较低，为烟草公司提高价格留下了空间。公司在美国销售2包香烟的利润，与在其他发达国家市场销售6包和在发展中国家市场销售13包的利润相同。[3] 2017年，英美烟草公司再次在美国投资，以490亿美元收购了总部位于温斯顿–塞勒姆的雷诺美国烟草公司，使英美烟草公司再次成为世界上最大的烟草公司。[4]

香烟的价格和利润都在上涨，而工资却在下降。2012年，雷诺美国公司在温斯顿–塞勒姆的制造业雇用了大约2500名工人。2011年，公司实现了7.4%的利润增长，但仍削减了10%的工作岗位并降低了工资，据称是为了使工资水平与东南部整体制造业的工作岗位持平。[5] 尽管曾有人努力组织过工会，但该产业内终究没能成立工会。更弱势的是该州

1　Jessica Glenza, "Big Tobacco Still Sees Big Business in America's Poor," *Guardian*, July 13, 2017, https://www.theguardian.com/world/2017/jul/13/tobacco-industry-america-poor-west-virginia-north-carolina/.

2　"Smoking and Tobacco Use: West Virginia," Centers for Disease Control and Prevention. Data is for 2011. https://www.cdc.gov/tobacco/data_statistics/state_data/state_high lights/2012/states/west_virginia/index.htm/; World Health Organization factsheet: "Tobacco in China," http://www.wpro.who.int/china/mediacentre/factsheets/tobacco/en/.

3　Lauren Fedor and James Fontanella-Khan, "BAT Eyes Resurgent US Tobacco With Reynolds Deal," *Financial Times* (London), January 17, 2017; Jennifer Maloney and Saabira Chaudhuri, "Tobacco Comes Back From the Brink: Booming US Cigarette Makers Shrug Off Government Regulation, Legal Settlements, and the Decline of Smokers By Boosting Prices," *Wall Street Journal Asia* (Hong Kong), April 25, 2017, A1.

4　"RAI Shareholders Approve Proposals in Connection With Proposed Acquisition by BAT" (press release), Reynolds American Website, July 19, 2017, http://www.reynoldsamerican.com/about-us/press-releases/Press-Release-Details-/2017/RAI-shareholders-approve-proposals-in-connection-with-proposed-acquisition-by-BAT/default.aspx/.

5　"Reynolds American to Cut US Workforce by 10 percent," *Triad Business Journal*, May 14, 2012, https://www.bizjournals.com/triad/news/2012/03/14/reynolds-american-to-cut-us-work-force.html/.

的烟草农业工人，他们大多是非洲裔美国人，很多都在合同农场工作，拿着微薄的工资；许多烟草工人每小时只能挣 7.25 美元，就连 12 岁的儿童也能工作，还不限工作时间。美国劳联－产联农场劳工组织委员会（AFL-CIO Farm Labor Organizing Committee）追踪了英美烟草公司在北卡罗来纳州的合同农场的侵犯人权情况，与该公司在孟加拉国和印度尼西亚的合同农场的情况类似。英美烟草公司为了应对压力，已经启用了一项企业审计程序，该程序满足了劳工维权人士的要求，但该公司拒绝接受任何让农场工人在这一程序中有发言权的制度。[1]

在今天的全球经济中，中美之间的联系起源于一个多世纪前的全球化，尽管现代性的观念使我们很难辨别这种联系。像英美烟草公司这样的公司现在在那些想要拉拢他们而不断谄媚的国家面前显得尤为突出，而中国为世界各地的制造业工作设定了工资标准。[2] 1956 年，艾布拉姆·查耶斯曾说，我们对公司成员（包括股东和董事会）的定义过于狭窄，这意味着之后的经济和政治制度会越来越不民主。他认为，仅仅让股东在公司决策中拥有更真实有效的发言权并不能解决根本问题，"因为股东不是受公司管理的人，公司不必征得他们的同意"[3]。在民主政治体系与世界各地的右翼叛乱斗争之际，是时候认识到，公司的运作是一种治理形式。与此同时，企业是由人与人之间的接触而形成的，也是这样被重塑的。

我们需要这样的企业认知，它既包含资本主义历史的异质性，又包含当代的异质性，以及与我们对现代性的想象——自治、独立和通达——

---

1 "FLOC Speaks Out Against Abuses in the BAT Supply Chain," AFL-CIO Farm Labor Organizing Committee Blog, April 2017, http://www.floc.com/wordpress/floc-speaks-out-against-abuses-in-bat-supply-chain/.

2 Kenneth Rapoza, "China-Like Wages Now Part of U.S. Employment," *Forbes*, August 4, 2017.

3 Abram Chayes, "The Modern Corporation and the Rule of Law," in Edward S. Mason, ed., *The Corporation in Modern Society* (Cambridge: Harvard University Press, 1959), 40. 一些读者可能会提出企业社会责任运动来作为企业改革的一种模式。虽然企业责任可能比企业不负责任更可取，但企业社会责任是一种自我调节机制，经常被其同时具有的公共关系功能所混淆，它远不是一个民主的制度结构。

背道而驰的纠缠和依赖的关系。创造新的企业形象需要的不仅仅是自下而上地阅读历史，虽说这也是重要的事情。这需要我们认识到，一个人可以在谴责公司权力的同时高估公司的凝聚力，并抹杀了我们应该听到的故事。这需要我们认识到，公司结构，即使庞大繁杂，也是社会和金融组织，是通过各级无数的密切接触形成的。这些接触复杂而不可预测，有时鼓舞人心，有时残酷无情——这就是生活本身。在资本主义的废墟中，讲述公司中人与人之间的密切关系的故事是表达对复杂生命的尊重。

致　谢

本书开始于北卡罗来纳州的里兹韦尔，科里·格雷夫斯（Kori Graves）和我采访了年长的非洲裔美国人和退休的香烟厂白人工人。我理想中的想法是听从长辈的建议，从他们那里获得应该研究哪些问题的启示。我从采访中学到了很多，但这几位睿智热情的朋友在闲谈中让我学到了更多，他们是：鲁比·德兰西、詹姆斯·尼尔、露丝·戴维斯和威廉·戴维斯。从那以后，我的项目有过几次巨变，但和他们交谈后，我明白我应该将爵士乐、棒球和三K党纳入研究。不仅如此，我还学到了书本上不会教的关于种族隔离的知识。我希望我如实地呈现了这些谈话的内容。

这是一个对人文学科不太友好的时代，所以我特别感谢那些帮助过这项研究的机构，我希望它们都能在未来继续存在。我要感谢罗金厄姆县社区学院（Rockingham County Community College）历史收藏馆的档案保管员和财政支持者、北卡罗来纳州大学南方收藏馆、杜克大学大卫·M.鲁宾斯坦珍本及手稿图书馆、东卡罗来纳大学的J. Y.乔伊纳图书馆、国会图书馆、马里兰大学的烟草工人国际工会文件、哈佛燕京图书馆、威斯康星州历史学会的美国国家广播公司藏品和上海社会科学院。同样，我要感谢国家人文基金会给予的资金支持。威斯康星大学为我提供了一项重要的研究基金——维拉斯协会奖（Vilas Associate

Award),用作我的研究旅行经费。我感谢威斯康星大学人文研究所和女性主义学者奖在我写作的关键时刻提供的支持。

感谢帕特丽夏·布莱克(Patricia Black)、汤姆·杰克逊(Tom Jackson)、凯·洛夫莱斯(Kay Lovelace)、蒂姆·泰森(Tim Tyson)、佩里·摩根(Perri Morgan)、辛德·海普基(Cinder Hypki)、马克斯·格罗斯曼(Max Grossman)、海姆·拉宾(Hayim Lapin)和凯西·弗朗茨(Kathy Franz),感谢他们在我的研究之旅中为我提供住所和他们的友谊。肯·安东尼(Ken Anthony)和多萝西·菲尔普斯·琼斯(Dorothy Phelps Jones)为我提供了关于里兹韦尔的建议,海伦·B.马洛(Helen B. Marrow)和詹姆斯·马洛(James Marrow)与我分享了他们的祖辈去中国为英美烟草公司工作的事情,感谢他们。

我终于完成了一本部分内容发生在中国的书,最不可思议的莫过于我本人了。我很享受这一年的中文学习,也获益良多,当然我并不能因此而用中文进行研究。我非常感谢三位中国翻译的工作,正是他们让我能在整个项目中融入中文的资料。郭珏翻译了20世纪50年代中国历史学家编纂的关于英美烟草公司中国分公司和烟草业的四卷资料中的部分内容。这些卷宗包括英美烟草公司文件的摘录、工人的口述历史、报纸文章和其他资料。郭珏还和我在上海社会科学院的英美烟草公司收藏部一同工作。王昊晨翻译了许多在那次查阅中收集到的文件,以及许多通过馆际互借获得的文件。王昊晨经常做翻译之外的工作,帮我寻找其他文件,我最终让他承担了英语资源的主要研究任务。在我完成这本书的过程中,徐詹棋帮助我补充了一些文件。

我相信东亚学者可能是最友好的历史学家,在这个项目上有很多人帮助过我。史瀚波(Brett Sheehan)造诣颇深,他帮我了解到如何在上海做研究,给我推荐了一些小说和历史书,他还在读了一些内容之后提供了深刻的见解。蒂娜·陈和周永明为我提供了有用的建议,乔·丹尼斯帮我联系了两位出色的学生翻译。裴宜理(Elizabeth Perry)提供了有关上海档案馆方面的建议。班凯乐（Carol Benedict）和雪莉·陈（Shelly Chan）帮我审读了部分原稿。路易斯·杨（Louise Young）组织了一个团队审读我的原稿，她几乎自己阅读了全部原稿，并在关键时刻鼓励了我的工作。安东篱（Antonia Finnane）和安德鲁·大卫·菲尔德（Andrew David Field）通过电子邮件回答了我的一些问题。

我很荣幸能在大学里进行这个充满活力的研究项目，我希望它将来能一直发展下去。帮助我完成研究任务的学生包括西娅·布劳德（Thea Browder）、斯蒂芬妮·韦斯科特（Stephanie Westcott）、科里·格雷夫斯（Kori Graves）、海利·波拉克（Haley Pollack）、佐伊·范·奥尔斯多尔（Zoe Van Orsdol）、玛蒂·布里格尔（Maddy Brigell）和布伦娜·格里尔（Brenna Greer）。在写作的最后阶段，凡妮莎·库克整理了我的脚注，凡妮莎·索蕾尔（Vaneesa Cook）帮我在杜克档案馆找到那些很不好找的资料。然而，比这些帮助更重要的是，这些威斯康星大学研究生的热情和智慧为我的工作提供了动力。此外，还感谢如下这些朋友，并致以崇高敬意：艾比·马克文（Abby Markwyn）、大卫·吉尔伯特（David Gilbert）、玛雅·瑟德汉姆（Maia Surdham,）、克里斯托·莫顿（Crystal Moten）、约翰·霍格（John Hogue）、弗朗西斯·古丽尔（Francis Gourrier）、已故的多利亚·约翰逊（Doria Johnson）、法伦·莱维斯克（Faron Levesque）、丹·瓜答尼奥洛（Dan Guadagnolo）、布里·罗曼诺（Bree Romano）、托马斯·基威（Thomas Kivi）、乔汉娜·兰纳-卡辛（Johanna Lanner-Cusin）、瑞秋·格罗斯（Rachel Gross）、斯普灵·格里尼（Spring Greeney）、阿里·艾森伯格（Ari Eisenberg）、埃琳娜·麦格拉思（Elena McGrath）、阿雅娜·德拉考斯（Ayanna Drakos）、李林（Li Lin）、凯特·特纳（Kate Turner）和西沃恩·格克（Siobhan McGurk）。我在生活中得到了这么多人的帮助，这其中一定还有我忘记提及的名字。

我从研究生时期的老师戴维·W. 诺布尔（David W. Noble）先生（他在本书付印时过世了）和乔治·利普西茨（George Lipsitz）先生那

里得到了灵感和精神支持。在威斯康星大学，史蒂夫·斯特恩（Steve Stern）、弗洛伦西亚·马隆（Florencia Mallon）、已故的珍妮·博伊德斯顿（the late Jeanne Boydston）、玛丽·路易斯·罗伯茨（Mary Louise Roberts）、拉斯·卡斯特罗诺沃（Russ Castronovo）、卡玛·查韦斯（Karma Chavez）、萨拉·麦金农（Sara McKinnon）和洛里·利多·洛佩兹（Lori Lido Lopez）为我提供了重要的指导，或与我长期保持合作关系。

我将原稿发给了不同的群体，供大家评论和讨论，这使我受益匪浅，它们是：马尔斯希尔学院、多伦多大学的经济与影响因素研究小组（Affect and Economy Group）、圣巴巴拉大学的工作、劳动与民主研究中心、达特茅斯地理系、密歇根大学新唯物主义联合会，以及威斯康星大学的种族及帝国音乐研究联合会（Music Race and Empire Conference）。感谢大卫·吉尔伯特（David Gilbert）、埃尔斯佩思·布朗（Elspeth Brown）、艾琳·鲍里斯（Eileen Boris）、纳尔逊·利希滕斯坦（Nelson Lichtenstein）、莫娜·多莫什（Mona Domosh）、杰伊·库克（Jay Cook）、罗恩·拉达诺（Ron Radano）和特朱莫拉·奥拉尼扬（Tejumola Olaniyan）为我联系这些地方提供了帮助。

非常感谢那些从自己的工作中抽出时间来阅读和评论我的作品的人：卡罗尔·本尼迪克特（Carol Benedict）、雪莉·陈（Shelly Chan）、格雷格·米特曼（Gregg Mitman）、佩妮儿·伊普森（Pernille Ipsen）、南希·本格尔（Nancy Buenger）、米兰达·约翰逊（Miranda Johnson）、史蒂夫·坎特罗维茨（Steve Kantrowitz）、朱莉娅·米肯伯格（Julia Mickenberg）、科琳·邓勒维（Colleen Dunlavy）、埃尔斯佩思·布朗（Elspeth Brown）和杰伊·库克（Jay Cook）。阅读主要部分或全部原稿的读者有大卫·赫茨伯格（David Herzberg）、苏珊·卡恩（Susan Cahn）、温迪·科佐（Wendy Kozol）、路易斯·杨（Louise Young）、布雷特·希恩（Brett Sheehan）、彭妮·冯·埃辛（Penny Von Eschen）（为出版社审阅原稿）、雷切尔·巴福（Rachel Buff）和芬·恩克（Finn Enke）。另外

一位匿名的媒体评论员也帮了大忙。

　　写书需要心灵的滋养。雪花僧伽提供了社区和教学。我的父亲吉姆·恩斯塔德在我写这本书的时候提供了心灵上的安宁。就在图书付印的时候，他去世了。帕特丽夏·恩斯塔德（Patricia Enstad）、吉姆·蒙多（Jim Mondeau）、克里斯·恩斯塔德（Chris Enstad）、索菲·法伊弗（Sophie Pfeiffer）、活力十足的诺贝尔-奥尔森一家（Noble-Olson household）、已故的吉姆·奥尔森（the late Jim Oleson）和约翰·德埃米利奥（and John D'Emilio）、鲁比·巴洛托夫斯基（Ruby Balotovsky）、埃莉·雷·巴洛托夫斯基(Ellie Rae Balotovsky)、乔·奥斯汀(Joe Austin)、朱迪·霍克(Judy Houck)、丽莎·塞维尔（Lisa Saywell）、辛德·海普基（Cinder Hypki）、苏珊·卡恩（Susan Cahn）、克莱尔·文德兰（Claire Wendland,）、玛丽·摩尔（Mary Moore）、大卫·赫茨伯格（David Herzberg）和雷切尔·巴福（Rachel Buff），他们让我的生活充满了爱和目标，即使在最黑暗的时刻也让我相信可以到达另一个世界。还有芬·恩克（Finn Enke），他们用他们的眼光、他们的经历和他们最坚定的爱，让这个世界成为可能。

索 引

AFL-CIO 美国劳联—产联 167，343
AH Motley Tobacco Company AH 马特里烟草公司，122-124
Alexander III (Russian czar) 亚历山大三世（俄国沙皇），51
Allen, George 乔治·艾伦，125-126
Allen, John F. 约翰·F. 艾伦，33-35
Allen & Ginter Tobacco Company 艾伦和金特烟草公司，29，33，38，40-44，46，49-51，52，59-62，79，132，第 35 页注释 5；merger with Duke 与杜克烟草公司合并，74-76，83-84，93-94，第 89 页注释 1
Allison cigarette machine 艾里逊卷烟机，84，92
American Club 美国俱乐部，270，302，第 303 页注释 2
American Tobacco Company (ATC) 美国烟草公司，11-12，16，23-29，45，48，54-55，56，63，124-125，130，第 220 页注释 1; African Americans 非洲裔美国人，237-241；British American Tobacco Company (BAT) 英美烟草公司，114-115，118；chew and pipe tobacco industry 咀嚼和烟斗烟草行业，169-170；fragmentation of 分化 169，193，205，217-223，296-297，第 169 页注释 3; incorporation 合并，73-81，92-100，116，163-164，第 74 页注释 1，第 89 页注释 1，第 107 页注释 1；Lucky Strike 好彩，232-237，258-266；overseas expansion 海外扩张，112-115，160，165-167，第 112 页注释 1；property laws 财产法，109-112；workers 工人，178，181-183，193-200，237-238，第 3 页注释 1
American Trading Company 商茂生洋行，63，第 63 页注释 5
Anargyros, Sotirios 索蒂里奥斯·阿纳吉罗斯，52，54，55，56
Anderson, Ivy 艾薇·安德森 286
anti-imperialism 反帝国主义，66，70-71，113-114，126，225-232，321-334
Armstrong, Louis 路易斯·阿姆斯特朗，281
Arnold, Thurman 瑟曼·阿诺德，337
Arrington, Kate 凯特·阿灵顿，128
Arthur, Chester A. 切斯特·A. 阿瑟，51
Astor House Hotel 礼查饭店，141，143，268，302

350

Atlanta Daily World《亚特兰大世界日报》，266—267

Aunt Jemima's 杰迈玛阿姨牌，237

Australia 澳大利亚，12，16，24，29，46，63，91，112，124

Austria 奥地利，209

baby boomers 婴儿潮一代，2

Bailey, Pearl 珀尔·贝利，281

Baker, Josephine 约瑟芬·贝克，257

Baltimore Afro-American《巴尔的摩非洲裔美国人报》，276

Barbee, Anne Mack 安妮·马克·巴比，183，195

Barnett, Claude A. 克劳德·A. 巴内特，237—238

Baron, Bernhard 伯恩哈德·巴伦，100

Baseball 棒球，207，225，232—241

Bassett, Arthur 亚瑟·巴塞特，290，293—298，314，321

Bedrossian Brothers 贝德罗西安兄弟，36

Belgium 比利时，29，48，90

Belmany, Mrs. George 乔治·贝尔梅尼夫人，200

Bernays, Edward 爱德华·伯奈斯，237，260—263，第238页注释3

Bismarck, Otto von 奥托·冯·俾斯麦，51

Black, Robert 罗伯特·布莱克，195

Black Swan Records 黑天鹅唱片，264

Blackwell Tobacco Company 布莱克威尔烟草公司，第87页注释1

Bonsack, James 詹姆斯·邦萨克，82，90。See also Bonsack Machine Company 另参见邦萨克机械公司

Bonsack Machine Company 邦萨克机械公司，11，16，82—84，89—93，100

Boswell, E. V. E. V. 博斯维尔，198，200

Boyd, James M. 詹姆斯·M. 博伊德，93

Brady, Pat Foy 帕特·福伊·布雷迪，235

Briggs, Howard 霍华德·布里格斯，235，236

bright leaf tobacco 亮叶烟草 5，335，第129页注释3；cultivation in China 在中国栽培 122—123，126—137，145，159—160，第129页注释4—5；foreign novelty 异国情调，39—42，46，55—57，63—66；network 关系网，8—14，16—28，115，118—163，178，186—187，193，202—204，248，291，306，337—339；nicotine content 尼古丁含量，第42页注释3；origins of 起源，6，10，20—25，29—30，34，37—41，48—49；overseas marketing 海外营销，30—32，39—42，46，62—64，73，117，204，296—297；See also Ginter, Lewis 另参见路易斯·金特

Britain 英国，4, 6; British cigarette 英国香烟，39—42，46，52，58—59，62，71；and Egypt 埃及，30，48—49；Opium Wars 鸦片战争，27，112，第26页注释1

British American Tobacco Company (C): and China 英美烟草公司（C）与中国，2—3，6—7，8—12，16—20，26—28,37，62—73，78—79，114—167，178，186—192，205—249，258—259，268—343，第291页注释2；origins and development of 起源和发展，12，

351

24—25，77—78，114，116—117；Southern identity 南方身份，8—9，137—146，152—153，306；Yongtaihe 永泰和，289—334，341，第 309 页注释 1，第 322 页注释 1. See also corporate power: multinational 另参见企业权力：跨国

British (English) East India Company 英国（英格兰）东印度公司，25，339，第 26 页注释 1

Buck, Pearl 赛珍珠，213

Bull Durham 达勒姆公牛，219，236，第 242 页注释 1

burley tobacco 伯莱烟草，219—223，242—243，第 22 页注释 2

Burnaby, Frederick Gustavus 弗雷德里克·古斯塔夫斯·本纳比，第 61 页注释 2

business partnerships 商业伙伴关系，11

Butler, William 威廉·巴特勒，98

Cabarets 卡巴莱，244—288，299。See also jazz music and dance 另参见爵士乐和爵士舞

Cairo. See Egypt; Egyptian tobacco 开罗。见埃及；埃及香烟

Caldwell, C. C. C. C. 考德威尔，197

Calloway, Cab 凯比·卡洛维，266，281,282

Canada 加拿大，24，112

Canaday, Frank H. 弗兰克·H. 卡纳迪，156，211—214，227—229，269—270，289—334；photography of 照片，309—318

cancer. See smoking: health risks 癌症。另参见吸烟：健康风险

Canidrome 逸园，250—251，257，274—275，277，第 275 页注释 1

captains of industry 公司老板，4

Carolina Times《卡罗来纳时报》，281

Carr, C. Stuart C. 斯图尔特·卡尔，144

Carreras Tobacco Company Carreras 卡雷拉斯烟草公司，100

Carter, Benny 本尼·卡特，第 266 页注释 3

Carter, Jack 杰克·卡特，274—276

Castle, Irene 艾琳·卡索，255

Castle, Vernon 弗农·卡索，255

Cayce, Milton 米尔顿·凯西，93

Centennial Exposition (Phila.) 百年博览会（费城），37—39

Cercle Sportif Français (Shanghai) 法国体育俱乐部（上海），251

Chandler, Alfred D., Jr. 小艾尔弗雷德·D. 钱德勒，15，78，81，337，第 15 页注释 3

Chaney, Lib 利比·钱尼，181

Chayes, Abram 艾布拉姆·查耶斯，3—4，202，343

Cheatham, Patsy 帕齐·奇塔姆，183

Chen Xuyuan 陈恤园，231

Chen Zifang 陈子芳，133—135

chewing tobacco 嚼烟，11，20，35—39，63，97—99，169，219

child labor 童工，173，194，第 180 页注释 3

China 中国，2，29，第 291 页注释 2；Beijing 北京，8—9，226—229，271，302—303，

320—326；Boxer Rebellion 义和团，114，141；cigarette marketing 香烟营销，6，8，10—12，17—18，65，114—117，204—243，268—288，308—310，314—320；Confucian 儒家 69，145—146，305，321；courtesans 名妓，66—70，155—157，第 69 页注释 1，第 70 页注释 1；factory workers 工厂工人，161—187；farmers 农民，8，130—139，308—310；May 4th Movement 五四运动，325；May 30th Movement 五卅运动，71，191，207，225—232，303，321—334；rickshaws 人力车，278—279，第 70 页注释 1；servants 佣人，3，13，19，27，144—152，324，338，第 278 页注释 3；treaties 条约，112，126，325，第 27 页注释 1；US southerners 美国南方人，118—121，129—130，135—160；Western products 西方产品，31，62—72，254—255，260—288，292，308—325，341。See also British American Tobacco Company (BAT) 另参见英美烟草公司；Shanghai 上海

China Times《中国时报》，327

Chinese Exclusion Act. See US Chinese Exclusion Act(s)。《排华法案》参见美国《排华法案》

cigar. See smoking: cigar 雪茄。参见抽雪茄

cigarette advertisements 香烟广告，41—42，44—56，211—243，296—297，308—310，314—320，第 220 页注释 3，第 254 页注释 3；images of 插图，47，50—51，56，65，212，214，217，222，224，318

cigarette brands 香烟品牌，6，10，62；Black Cat 黑猫牌，100；Camel 骆驼牌，10，52，204—245，258，265—266，第 266 页注释 3；Chesterfields 切斯特菲尔德牌，182，223—224，225，258；Chinese 中国人，62—63，205—243，319；early brands 早期品牌，29—32，48，52—53，*56*，219—222；Golden Dragon 金龙牌，206；Hatamen 哈德门牌，225—231；Kool(Raleigh) 库尔（罗利）牌，258；Lucky Strike 好彩牌，170，173，182—183，196，206—207，223—225，232—245，258—267，282，第 266 页注释 3，第 267 页注释 1；modernity 现代性，10，19—20，205，309—319；My Dear 美丽牌 206，217；Old Gold 老金牌，206，223，224；as property 作为财产，109—111；Purple Mountain 紫金山牌，205，209；Richmond Gem 里士满宝石牌，29，40—42，44—46；Richmond Straight Cuts 里士满直切牌，49，51；rise of big brands 大品牌的崛起，205—206；Ruby Queen/Da Ying 皇后牌/大英牌，10，16，31—32，62，71，157，203—243，288—289，294，314，319；Vanity Fair 名利场牌，294—296；Victory 胜利牌，229,318

cigarette cards 烟卡，45—47，第 232 页注释 1

cigarette machine(s) 卷烟机，14，54，82—84，100，118，161—164，172—173，175—178，293，331；and James Duke 詹姆斯·杜克，14—18，75—94，115，第 80 页注释 4，第 84 页注释 1，第 84 页注释 3。See also Bonsack Machine Company 另参见邦萨克卷烟机公司；cigarette making: mechanization 卷烟制造：机械化

cigarette making: factories 卷烟制造：工厂，54—55，63—64，83—90，161—203，342—343；hand-rolled 手卷香烟，72，82—91，第 85 页注释 1，第 87 页注释 1，第 242 页注释 1；images of 插图，*177*，*179*；mechanization 机械化，12—13，54—55，72—73，79，80—93，161，第 80 页注释 4，第 84 页注释 1，第 84 页注释 3

cigarette terminology "香烟"术语，第 36 页注释 4

Citizens United 联合公民，340

Civil Rights Act (1964)《民权法案》(1964 年)，108，172，340

Civil War. See US Civil War 内战。参见美国内战

353

Clark, Ernest "Slick," 欧内斯特·"斯利克"·克拉克，276
Clayton, Buck 巴克·克莱顿，276–279，第 278 页注释 3
Cobbs, Thomas 托马斯·科布斯，295
Cochran, Sherman 高家龙，137，215
Columbia Records 哥伦比亚唱片公司，264
Communism 共产主义，191，227，231，326–327
Compradore Ou 姓欧的买办，133–135
Conrady, C. L. C. L. 康拉迪，301–302
Consolidated Tobacco Company 联合烟草公司，第 112 页注释 1
corporate power 公司权力，1–7，第 2 页注释 1，第 343 页注释 3；antimonopoly sentiment 反垄断情绪，96–97，340；corporate personhood 公司法人，76–79，104–105，111–112，116–117，第 2 页注释 1，第 107 页注释 1；incorporation laws 公司法，74–77，108–110，116，第 107 页注释 1；multinational 跨国，2–3，8–12，26，76，114–117，142–143，165，193，325；race or gender 种族或性别，2，10，12–13，21–23，108–109，121，144–160，163–203，236–237，289–334，337–340；railroads 铁路，95–96，107
Cosmopolitan Magazine《时尚杂志》，271
Cotton Club 棉花俱乐部，257，264–266
Coundouris, Nicholas 尼古拉斯·康德鲁斯，36
Cox, Laura 劳拉·考克斯，88
creative destruction. See Schumpeter, Joseph 创造性毁灭。见约瑟夫·熊彼特
Crow, Carl 卡尔·克罗，121
Cuba，古巴，24，92，112
Cushing, Caleb 顾盛，112，第 27 页注释 1

Da Ying. See cigarette brands: Ruby Queen/ Da Ying 大英。见香烟品牌：皇后牌/大英牌
dance. See jazz music and dance 跳舞。见爵士乐和爵士舞
Daniel, Joseph 约瑟夫·丹尼尔，290
Daniels, Jonathan 乔纳森·丹尼尔斯，182–183
Davis, Ruth 露丝·戴维斯，285
Davis, William 威廉·戴维斯，181，239–240，283–285
Delancy, Ruby 鲁比·德兰西，161–163，173–175，182，185
Democracy 民主，167，340，343，第 343 页注释 3
Democratic Party 民主党，23
Department of Labor (US) 美国劳工部，181
Dong–Feng Company 董和冯的公司，274–278，第 274 页注释 1，第 275 页注释 1
Dubec cigarette 杜拜克香烟，29
Ducreux, Joseph 约瑟夫·杜克鲁埃，45，50
Duke, James B. 詹姆斯·B. 杜克，11，22，46–48，52，98，208，335–337，第 99 页注释 2；American Tobacco Company 美国烟草公司，29，73–78，80，82，93–101，111–115，118–119，171，218，219–220，第 112 页注释 1；British American Tobacco Company

英美烟草公司, 78–79, 115–117, 166–167, 218; as cigar smoker, 抽雪茄的人, 61; corporate monopoly 企业垄断, 74–75, 95–101, 124–125; earliest cigarette production 最早的香烟生产, 62–64, 80–81, 84–93, 第 80 页注释 4, 第 84 页注释 1; as entrepreneur 作为企业家, 13–17, 29–30, 74–76, 81–82, 89–90, 115, 337, 第 15 页注释 3; image of 插图, 87; overseas expansion 海外扩张, 166–169, 336, 第 18 页注释 2; overseas marketing 海外营销, 62, 112–115; personality of 个性, 13, 337–338. See also cigarette machine(s): and James Duke 另参见卷烟机: 和詹姆斯·杜克

Duke, Washington 华盛顿·杜克, 45, 88, 139
Duke's Mixture 杜克混合烟, 219–220
Duke University (Trinity College) 杜克大学（三一学院）, 10, 139
Durante, Nicandro 尼桑德罗·杜兰特, 341
Durham, Eddie 艾迪·达勒姆, 282
Dutch East India Company 荷兰东印度公司, 25

Edwards, Paul K. 保罗·K. 爱德华斯, 237
Egypt 埃及, 17, 30–32, 37–38, 63–64, 84, 89, 166, 第 55 页注释 4
Egyptian cotton 埃及棉, 48
Egyptian cigarette 埃及香烟, 28, 30–31, 37–39, 57–59, 72, 98, 169, 第 49 页注释 2; and Egyptomania, 埃及热, 48–55, 58
Einstein, Benjamin 本杰明·爱因斯坦, 103
Ellington, Duke 艾灵顿公爵, 257, 266–267, 279, 281, 282–284
Ellison, Ralph 拉尔夫·埃利森, 286
Emerson, Ralph Waldon 爱默生，拉尔夫·沃尔多, 320, 第 305 页注释 1
Emery, Charles 查尔斯·埃默里, 83
Emery, William 威廉·埃默里, 83
Emery cigarette machine 埃默里卷烟机, 83–84
entrepreneur myth 企业家神话, 13–19。See also Duke, James B. 另参见詹姆斯·B. 杜克
environmental history 环境历史, 第 13 页注释 1
Europe, James Reese 詹姆斯·里斯·欧罗巴, 255
Evans, E. Lewis E. 刘易斯·埃文斯, 197–198, 201
extraterritoriality 治外法权, 27, 112, 114, 299, 340, 第 27 页注释 1

F. S. Kinney F. S. 金尼, 36, 39, 36, 74, 84–88, 98–100, 第 99 页注释 4
Fang Xiantang 方宪堂, 63
Farthing, Evelyn 伊芙琳·法辛, 182
Fatima 法蒂玛牌, 221
Fellowship of Reconciliation 和解资金, 341
Finnane, Antonia 安东篱, 67
Fiske, CE C. E. 菲斯克, 64
Flood, Henry D. 亨利·D. 弗勒德, 94
flue curing system 烤制系统, 8–9, 23, 129, 134

355

Forum 论坛，259

Fourteenth Amendment 第十四修正案，11–12，76，105–108，第 107 页注释 1

France 法国，27，29，35，36，169，209

Fu Manchu 傅满洲，141

Fuller, W. W. W.W. 富勒，101

gender and sexuality 性别和性，2，61，68，72，304–312，320，338–339，第 80 页注释 1。See also smoking: gender 另参见吸烟：性别

gentlemen's clubs 绅士俱乐部，29，39–46，58–59，257，299，302–303，第 303 页注释 1–2

Germany 德国，12，27，48，90，114，325，第 36 页注释 1

Gianaclis, Nestor 内斯特·贾纳克里斯，30，52，54

Ginter, Lewis 刘易斯·金特，第 18 页注释 1，第 35 页注释 3，第 99 页注释 2；bright leaf innovations 亮叶创新，28–30，37–39；business background 商业背景，33–41，116；cigarette machine 卷烟机，82–90；and James Duke 詹姆斯·杜克，11，14，29，63，72–74，79–82，88，92–96，第 15 页注释 3，第 89 页注释 1；monopoly 垄断，95–99；overseas marketing 海外营销，10–11，16–17，29–30，38–55，58–59，58，112–113，第 48 页注释 1，第 89 页注释 1；personal life 个人生活，60，79–80，99–100，116

Gladstone, William 威廉·格莱斯顿，51

Gompers, Samuel 塞缪尔·冈帕斯，167

Goodman, Benny 本尼·古德曼，265，266，第 266 页注释 3

Goodson, J. W. J. W. 古德森，139

Goodwin Tobacco Company 古德温烟草公司，74，83，85，88

Gordon, Charles George 查尔里·乔治·戈登，49

Great Britain. See Britain 大不列颠。参见不列颠

Great Depression 大萧条，259，280

Great Migration (African Americans) 大迁徙（非洲裔美国人），280

Greece 希腊，250

Greek cigarette producers 希腊卷烟生产商，36，49，53–55

Gregory, Hattie (Arrington) 哈蒂（阿灵顿）·格雷戈里，121，130–132，143–159，208，

Gregory, Jane 简·格雷戈里，145，148–150，155

Gregory, John 约翰·格雷戈里，149

Gregory, (Richard) Henry (理查德)·亨利·格雷戈里，121–143，145，152，157–158，208，268，330；images of 插图，127，128

Grey, Stanley 斯坦利·格雷，269

Griffin, Pat 帕特·格里芬，234

Grossman, Hyman 海曼·格罗斯曼，86

Guam 关岛，24

Hamilton House 汉密尔顿之家，274

Hancock, Theodore E. 汉考克, 74

Hardy, Marion 马里昂·哈迪, 267

Harris, Martha Gena 玛莎·盖纳·哈里斯, 194

Harris, William R. 威廉·R. 哈里斯, 167

Harvard University 哈佛大学, 289, 303

Hawai'i 夏威夷, 24, 76, 112

Henderson, Fletcher 弗莱彻·亨德森, 第 252 页注释 2, 第 266 页注释 3

Herrod, William 威廉·赫罗德, 200

Hewitt, A. M. A. M. 休伊特, 51

Hill, George 乔治·希尔, 194–195, 238, 260–261

Hill, Percival 珀西瓦尔·希尔, 221

Hoggard, Sherman 谢尔曼·霍格德, 234

Holiday, Billie 比莉·哈乐黛, 281

Hong'an Real Estate Corporation 宏安地产公司, 第 136 页注释 2

Huacheng Tobacco Company 华成烟草公司, 206, 217, 231

Huang Su'e 黄素娥, 151

Huang Yicong 黄以聪, 290, 293, 314

Huang Zhihao 黄志浩, 189

Hu Baoyu 胡宝玉, 68

Hudson Bay Company 哈德逊湾公司, 25

Huff, Will 威尔·赫夫, 198

Hughes, Langston 兰斯顿·休斯, 277–278

human rights 人权, 343

Hutchinson, James 詹姆斯·哈钦森, 68, 139–143, 157, 212–213, 215, 251, 158, 268–269, 304–308

immigrant import/immigration 移民, 2, 39, 55, 58, 84–87, 98, 171, 246, 329, 第 36 页注释 1

Imperial Tobacco Company 帝国烟草公司, 12, 25, 64, 114, 297

imperialism: assemblage theory 帝国主义：集合概念, 第 13 页注释 1, 第 26 页注释 2, 第 245 页注释 2

India 印度, 25, 29, 31, 48, 58, 63, 113, 144, 329–331

Italy 意大利, 169

Japan 日本, 5, 12, 25–27, 31, 72, 112–114, 165–166, 209, 226, 246, 249–250, 325

jazz music and dance 爵士乐和爵士舞, 3, 6, 17, 20, 244–288, 第 266 页注释 3

Jeffress, A. G. A. G. 杰夫里斯, 132, 139

Jeffress, Thomas F. 托马斯·F. 杰夫里斯, 93

Jewish cigarette producers 犹太卷烟生产商, 55, 84–88

Jian Zhaonan, 简照南, 138

Jim Crow segregation 美国南方种族隔离, 5, 第 24 页注释 1; corporate racial understandings 企业对种族的理解, 12–13, 20–23, 28, 120–121, 152, 158–159,

357

337—340；in factories 在工厂，163—186, 193—196, 200—203, 241, 248；isolation 隔绝，10, 280—287；jazz 爵士乐，247—248, 280—287；laws 法律，108—109；translated in China 引入中国，119—121, 132, 135—136, 144—187, 276—277, 338。See also race；segregation 另可参见种族；种族隔离

Johnson, Happy 哈皮·约翰逊，275—276
joint-stock companies 股份公司，25, 331
Jones, Esther 埃斯特·琼斯，197
Jones, Reginald 雷金纳德·琼斯，276
Jones, Ruby 鲁比·琼斯，181, 194
Joyner, James 詹姆斯·乔伊纳，192, 271—273

Kinney Brothers Tobacco Company 金尼兄弟烟草公司，36, 39, 36, 74, 84—88, 98—100，第99页注释4
kinship networks 亲属关系网，9, 304—307, 330—331
Koo, V. K. Wellington 顾维钧，323
Korea 朝鲜，76, 112, 247, 269
Ku Klux Klann 三K党，22, 198—201, 345, 第199页注释4

Leary, Herbert "Rabbit"，"兔子"·赫伯特·利里，234
Li Xinbao 李新宝，189
Liggett and Myers 利格特和迈尔斯烟草公司，98, 124, 163, 183, 194, 306, 220—221, 第99页注释2
Liu Lilin 刘丽琳，271—272
Locke, Alain 阿兰·洛克，241
Loews Inc. 洛斯公司，264
London 伦敦，11, 17, 29—30, 34, 39—48, 50, 58—60, 90—91。See also Britain 另参见英国
Lone Jack Tobacco Company 洛内·杰克烟草公司，89—91
Lorillard 罗瑞拉德，163, 206, 219—220
Lunceford, Jimmie 吉米·伦斯福德，281

Ma Wenyuan 马文渊，189
MacKay Twins 麦凯双胞胎，276—278
Mao Zedong 毛泽东，62, 第190页注释3
Marsalis, Wynton 温顿·马萨利斯，284
McCoy, Frank 弗兰克·麦考伊，102
Melachrinos, Miltiades 米提亚德·梅拉克里诺，30
The Messenger《信使》，257
Miller, Dora Scott 多拉·斯科特·米勒，194—195
missionaries 传教士，66, 151, 215, 328
modernity. See China: Western products in; mythos of modernity; smoking: idea of modernity 现代性。参见西方产品在中国；现代性的神话；吸烟：现代性的观念

358

Morris, William 威廉·莫里斯，290
Motley, A. H. See AH Motley Tobacco A. H. 马特里。参见 A. H. 马特里烟草公司
Mu Guilan 穆桂兰，189
Mu Shiying 穆时英，253
Murai Brothers Tobacco Company 村井兄弟烟草公司，25—26，63，113，165—166
Musical Digest《音乐文摘》，263
mythos of modernity 现代性的神话，17—19，77—79，292—293，304—305，309—313，331—334

Naegle, Walter 沃尔特·奈格尔，第 80 页注释 1
Nance, Ray "Floorshow"，小号手雷·南斯，281
Nanyang Brothers Tobacco Company 南洋兄弟烟草公司，138，176，202，206，217，第 291 页注释 2
national belonging 民族归属，2，32，174—178，246
National Broadcasting Company (NBC) 美国国家广播公司（NBC），264—266
National Cigarette and Tobacco Company (NCTC) 美国香烟烟草公司，100—102，117，第 100 页注释 1
National Labor Relations Act (Wagner Act) (1935)《国家劳工关系法》(《瓦格纳法案》)（1935 年），192—193，200—203
Neal, James 詹姆斯·尼尔，199，281，283—285
New Deal 新政，340
New Jersey 新泽西州，12，75，94—95
New York (state) 纽约州，95—106
New York City: corporate headquarters 纽约市：企业总部，10,24，32—36，84—87，94，100，125—126，130；James Duke 詹姆斯·杜克，94，99，170；factories 工厂，163—165，184，219；Ginter 金特，33—36，85—86，94；immigration/imports 移民，39，53—55，62，66，84—87；radio shows 广播节目，263—264，282—283；segregation 种族隔离，166—165，256—257
New York Syncopators 纽约切分音，274
New York Times《纽约时报》，57，60—61
New York Tribune (magazine)《纽约论坛报》（杂志），327
New Zealand 新西兰，16，63，112
North Carolina: bright leaf 北卡罗来纳：亮叶，5，20—22，29，34—37，42，118—120，125—126，130；business laws 商业法，17—18，108—109，135；China connection 中国关系，8—9，68，115，127—164，168—169，335—343；cigarette mechanization 香烟机械化，82，86—87；factories 工厂，165—173，*177*，*179*，180—181，187—188，191—196，202—203，208，340；jazz 爵士乐，280—283；Lucky Strike baseball 好彩棒球，207，225—232，239. *See also* bright leaf tobacco 另可参见亮叶烟草

Olcott, William M. K. 威廉·M. K. 奥尔考特，106
Old Smoker character 老烟民形象，50

Ole Virginny Cigarette and Tobacco Stores奥·维吉尼香烟烟草商店，40–42，第40页注释3

Omar 奥马尔，221–222

Opera 歌剧，257

Orientalism 东方主义，48–49，51–54，69，71–72，74–79，第49页注释2

Ottoman Empire 奥斯曼帝国，30，36，49–54，58

Palmer, Dr. William P. 威廉·P. 帕尔默博士，44

Paris 巴黎，39，257

Paris Peace Conference (1919) 巴黎和会（1919年），323

Parker, Lee 李·帕克，8，17–10，27，68，139–140，142–143，157

Parrish, Edward J. 爱德华·J. 帕里什，113，167，第167页注释1

Pater, Walter 沃尔特·佩特，46

Payne, Oliver 奥利弗·佩恩，第99页注释2

Peffer, Nathaniel 裴斐，327–328，333–334

Penn, Charles 查尔斯·佩恩，170–171，第170页注释1

Perry, Hap 哈普·佩里，235

Philippines 菲律宾，24–25，31，62，66，70，76，112，125，246，249–250，274，329–333，340

Pillsbury 皮尔斯伯里，205

Polo, Marco 马可·波罗，141

Pope, John 约翰·波普，33，59–60，79–80，93–94，99–100，116，第99页注释2

Porter, Thelma 塞尔玛·波特，第275页注释1，第278页注释3

postcolonial 后殖民，78

Pott, Francis Lister Hawks 弗朗西斯·李斯特·霍克斯·波特，151

Powell, Radford 拉德福德·鲍威尔，198–201

Powhattan Club 波瓦坦俱乐部，302，第303页注释1

Pratt, Bertie 伯蒂·普拉特，194

Prince Albert tobacco 阿尔伯特王子烟草，219–223，236，第220页注释1

print culture 印刷文化，18–19，42，237–238。See also cigarette advertisements 另可参见香烟广告

Proctor, Robert 罗伯特·普罗科特，341

Prussian Crown Prince 普鲁士王储，51

Puerto Rico 波多黎各，24，112

Qian Meifeng 钱美凤，161–163，174–175，188

race: African Americans 种族：非洲裔美国人，20–23，108–109，120，172–173，175–178，193–203，207，232–243，337–344，第267页注释1；China 中国，28，69–70，108–109，145–167，193；cigarette marketing 香烟营销，31，41–42，208,232–243，246，253–344；corporate privilege 企业特权，9，12，22–23，120–121，138–

360

139，193，337；cross-racial encounters 种族的碰撞，289-334。See also Jim Crow segregation 另可参见美国南方种族隔离

radio shows 广播节目，257-288，第 258 页注释 2，第 366 页注释 3，第 267 页注释 1

Reed, Alfred 阿尔弗雷德·里德，104-105

Reynolds, R. J. R. J. 雷诺，22，52，169-170，171，194-195，206，218-223，342，第 169 页注释 3。See also Reynolds American 另参见美国雷诺

Richards, John M. 约翰·M. 理查兹，39-40，44-46

Riddick, Ivy 艾维·里迪克，9，162，188，第 189 页注释 3

Rockefeller, John D. 约翰·D. 洛克菲勒，57

Rolfe, B. A. B. A. 罗尔夫，259，261

Ross, E. A. E. A. 罗斯，168

Russia 俄罗斯，54，55，246，249-250，第 36 页注释 1

Rustin, Bayard 贝亚德·鲁斯廷，第 80 页注释 1

Samoa 萨摩亚，24，76，112

Saturday Evening Post《星期六晚邮报》，223-224

Savoy 萨沃伊，257

Schooler, Samuel 塞缪尔·斯库勒，37

Schumpeter, Joseph 约瑟夫·熊彼特，14-15，37，80-82，116-117，337

Segregation 种族隔离，2，6-7，232-237；business culture 商业文化，155-158；in China 在中国，145-158，164，181-183，193，202-203，248-249，298-299，328-331；Plessy v. Ferguson (1898) 普莱西诉弗格森案（1898 年），108。See also Jim Crow segregation 另可参见种族隔离

sex workers 性工作者，3，19，339，第 69 页注释 1

Shafer, John C. 约翰·C. 谢弗，34，44

Shanghai: anti-imperialism 上海：反帝国主义，70，126，228-229；cigarette factories 香烟工厂，8-9，62-63，115，118，161-189，225-227；cigarette marketing 香烟营销，62-63，65，66-72，211，217-218；corporate headquarters 香烟总部，14-15，46，140，177，224-30；culture shock 文化冲突，2，15，46-47，88，104-5，231，235；entertainment 娱乐，17，46-48，186-216，229，313n33；gangs 团伙，141；racism 种族主义，210-14，221，229，231，251-52；US Southern culture 美国南方文化，97，106-19，157，231

sharecropping 分成制，11，69-70，88，98-100，第 135 页注释 2

shareholder/stockholder 股东，1-2，343

Sherman Anti-Trust Act《谢尔曼反托拉斯法》，98

Siam 暹罗，112,124

Siegel, David and J. M. Siegel, 大卫·西格尔和 J. M. 西格尔兄弟，第 87 页注释 1

Sino-Japanese War 甲午中日战争，27，113，166

Slade, Abisha 爱碧莎·斯莱德，23

slavery 奴隶制，21-23，42，97，138，146，154，176

Smith, Fred Porter 弗雷德·波特·史密斯，66

361

Smith, Irwin 欧文·史密斯，140，152，249，268

Smith, Whitey 惠特尼·史密斯，274

Smoker's Guide, Philosopher and Friend, The《烟民指南：智者和友人》，58

smoking: cigar 抽雪茄，10，38，42–43，61，69，88，169，269–270，第 36 页注释 4；gender 性别，41–46，54–55，58–59，68–70，287–288，341–342，第 61 页注释 2；health risks 健康风险，4–5，96，335–336，340–341；idea of modernity 现代性的概念，17–18，32，66–67，247，255，288；smoking 抽烟，303–304，308–321；leisure and ritual 休闲和仪式，4–5，38–39，41–47，54，68，207，319；photographs of 照片，*315*，*316*，*317*；pipe 烟斗 / 斗烟，10，11，20–21，35–37，42–43，66–69，97，169，219–220，253；urbanization 城市化，9–10，247；women 女性，287–288，341，第 254 页注释 3

Snow, Marion 马里恩·斯诺，284

Snow, Valeida 瓦莱达·斯诺，275

South (US). See US South 南部（美国）。参见美国南部

South Africa 南非，48，63，91

South Carolina 南卡罗来纳州，192

Spain 西班牙，209

Staley, S. James S. 詹姆斯·斯特利，274

Standard Oil Company 标准石油公司，98

Stephens, John 约翰·斯蒂芬斯，22

stock market 股票市场，11–12，76，109–111

Stockton, John 约翰·斯托克顿，103

strikes 罢工，9，184–186，225–230，327

Strouse, D. B. D. B. 斯特劳斯，91–92

Sun Yat-sen 孙中山，215

Switzerland 瑞士，48

Tang Foshu 唐佛书，272

tariffs 关税，166

taxi dancers. See cabarets 女舞者。参见卡巴莱

Thomas, James A. 詹姆斯·A. 托马斯，304，第 168 页注释 4，第 271 页注释 1，第 297 页注释 2；ATC 美国烟草公司，28–29，98，122–124；英美烟草公司中国分公司，6，115，120–132，137–141，164，205–209，259，291–297，327–334；Chinese labor 中国劳工，168，327–334；early life 早期生活，37–38，122–123；image of 插图，*123*；Southerner in China 中国南方人，152–153

Thompson, John R. 约翰·R. 汤普森，44

Tian Junchuan 田俊川，134

Tilley, Nannie 纳妮·蒂利，194

Tobacco 烟草，58，82–83

tobacco history 烟草史，14，第 169 页注释 3

Tobacco Workers International Union (TWIU) 国际烟草工人联盟（TWIU）, 196–197, 203
Tonga 汤加, 112
transnational 跨国, 6, 17–18, 32–33, 118, 142–158, 161–203, 341, 第 274 页注释 2。
    See also corporate power: multinational 另参见企业权力：跨国
Treaty of Wanghia 望厦条约, 第 27 页注释 1
Trinity College. See Duke University (Trinity College) 三一学院。参见杜克大学（三一学院）
Turkish tobacco 土耳其烟草, 18, 30–31, 35–39, 49–52, 56, 57–58, 209, 219, 221–222, 242, 第 242 页注释 1

Umberto I (Italy) 翁贝托一世（意大利）, 51
Uncle Ben's 本叔叔, 205, 237
Union Commercial Tobacco Company 联合商业烟草公司, 209, 第 112 页注释 1
unions 工会, 1, 168, 190–203, 340, 342, 第 185 页注释 2, 第 199 页注释 4
University of Chicago 芝加哥大学, 327
US Chinese Exclusion Act(s) 美国《排华法案》, 17, 30, 70, 85, 108, 126231, 306, 325, 第 168 页注释 4；and Yick Wo v. Hopkins (1886) 益和诉霍普金斯案（1886）, 108
US Civil War 美国内战／南北战争, 21–22, 33–35, 44, 48, 119, 122
US Department of Labor 美国劳工部, 181
US South 美国南部, 2, 9；cigarette factories 香烟工厂, 161–171；connection to China 与中国的联系, 118–121, 138–163, 204, 335–338；rural 农村地区, 8–10, 20–22, 28，small towns 小城镇, 140, 185, 248, 280–283. See also Jim Crow segregation; North Carolina; Virginia 另参阅种族隔离；北卡罗来纳州；弗吉尼亚州

Variety《视相》, 257
Victor Records 维克多唱片公司, 264
Victorians 维多利亚时代的, 54, 256
Virginia: bright leaf 弗吉尼亚亮叶, 5, 8–11, 20–21, 28–29,34–37, 52, 115–119, 130, 337；British colony 英国殖民地, 26；business charters/laws 商业法, 74–82, 93–97, 116, 135；China 中国, 117, 137–138, 142, 153, 302–303；cigarette mechanization 香烟机械化, 82–83, 91；factories 工厂, 168–169, 340；"Virginia cigarette,""弗吉尼亚香烟", 52, 57；and West Virginia 西弗吉尼亚, 266

W. D. & H. O. Wills 威尔斯烟草公司, 46, 52, 64, 90–91, 130
W. Duke and Sons W. 杜克家族烟草公司, 63, 75, 79, 88–91, 第 29 页注释 1, 第 87 页注释 1
W. S. Kimball Company W. S. 金博尔有限公司, 74
Wagner Act (National Labor Relations Act) (1935)《瓦格纳法案》《国家劳动关系法》（1935 年）, 192–193, 200–203
Wake Forest College 维克森林学院, 9–10
Wanghia, Treaty of 望厦条约 278n32
Wang Yanzi 王仰之, 133–135

Warnow, Mark 马克·沃诺, 第 266 页注释 3
Washington Naval Conference (1921–1922) 华盛顿会议（1921–1922 年）, 325, 327
Waters, Ethel Waters 埃塞尔·沃特斯, 286
Watt, R. L. R. L. 瓦特, 168
Weatherford, Teddy 特迪·韦瑟福德, 274–278, 第 275 页注释 1
Weber, Max 马克斯·韦伯, 77–78, 106–107
West, Irene 艾琳·韦斯特, 276
Western Union 西联, 264
West Virginia 西弗吉尼亚州, 342
Whiteman, Paul 保罗·怀特曼, 252
Wiebe, Robert H. 罗伯特·H. 威布, 78
Wilde, Oscar 奥斯卡·王尔德, 43, 46, 58–61
Williams, Mary Lou 玛丽·洛乌·威廉姆斯, 第 266 页注释 3
Williamson, Alice 爱丽丝·威廉姆森, 197
Wilson, Woodrow 伍德罗·威尔逊, 291, 325–326
Wolseley, Garnet 加内特·沃尔斯利, 49
women: Chinese 中国女人, 68, 271–273; and domesticity 国内, 53, 145–152; in factories 工厂, 83–89, 161–189, 193–197, 第 176 页注释 2; idea of modernity and 现代性的概念, 254, 287–288; rights of 权利, 107–109. *See also* smoking: women 另可参见女性吸烟

World War I 第一次世界大战, 31, 41, 164, 242, 248, 274, 297, 303, 325, 329, 第 242 页注释 1
World War II 第二次世界大战, 5, 14, 193–194, 333
World's Fair Columbian Exposition (Chicago, 1893) 世界博览会哥伦布博览会（芝加哥, 1893 年）, 53
Worsham, Barry 巴里·沃沙姆, 234
Wright, Richard H. 理查德·H. 赖特, 63, 91–92, 第 15 页注释 3
Wu Tingsheng 邬挺生, 130, 205, 208–209, 290

Xu Bing 徐冰, 335–337, 340–341

Yi, C. Y. 易先生 C. Y. 314
Yongtaihe. See British American Tobacco Company (BAT): 永泰和。参见英美烟草公司: 永泰和
Your Hit Parade《流行音乐榜》, 262
Yu Huixian 余慧娴, 253
Yuan Yecun 袁野邨, 253
Zhang Jiatuo 张伽陀, 138
Zhang Tao 张涛, 66
Zhang Yongsheng 张永生, 189

Zhao Qizhang 赵琪璋, 189—190

Zheng Bozhao: BAT 英美烟草公司郑伯昭 28, 64—66, 130, 157—158, 208—232, 243, 288—314, 331—332; image of 插图, 210; marketing 市场营销, 16—17, 30, 63—64, 66, 204—232, 242, 294—295

Zheng Guanzhu 郑观柱, 289—290, 293, 298—300, 305

Zubelda 祖贝尔达, 221